普通高等教育经管类专业平台课

管理学原理

主 编 | 高建军 董 婧 张曈光

中国轻工业出版社

图书在版编目（CIP）数据

管理学原理/高建军，董婧，张瞳光主编．—北京：中国轻工业出版社，2021.8

普通高等教育“十三五”规划教材

ISBN 978－7－5184－1463－5

Ⅰ．①管…　Ⅱ．①高…　②董…　③张…　Ⅲ．①管理学—高等学校—教材　Ⅳ．①C93

中国版本图书馆 CIP 数据核字（2017）第 168462 号

内 容 提 要

本书吸收了国内外管理领域的研究成果和管理实践经验，对现代管理学的基本理论、基本原理和基本方法做了较系统的介绍。全书共十章，重点阐述了计划、组织、领导、控制等管理职能。

本书体系完整、思路清晰、重点突出，在章节前，设有本章导读、管理情境，章节后配有本章小结、课后自测、案例分析、项目训练等内容。同时在章节内容中穿插“专家视野”“管理故事”“管理箴言”“阅读材料”“课堂思考”“案例探析”“管理启示”“管理探讨”等助学小组栏目，细化所论及的具体内容，增加教材的可读性和应用性，并扩展读者的知识面，以求读者迅速理解和把握管理学的精髓。

本书既可作为本科经管类专业的教材，也可作为管理学爱好者的读物。

责任编辑：张文佳　　责任终审：劳国强　　封面设计：锋尚设计
版式设计：王超男　　责任校对：晋　洁　　责任监印：张　可

出版发行：中国轻工业出版社（北京东长安街 6 号，邮编：100740）
印　　刷：河北鑫兆源印刷有限公司
经　　销：各地新华书店
版　　次：2021 年 8 月第 1 版第 2 次印刷
开　　本：787×1092　1/16　印张：18
字　　数：470 千字
书　　号：ISBN 978-7-5184-1463-5　　定价：39.80 元
邮购电话：010－65241695
发行电话：010－85119835　传真：85113293
网　　址：http://www.chlip.com.cn
Email：club@chlip.com.cn
如发现图书残缺请与我社邮购联系调换
210964J1C102ZBW

前言

PREFACE

在现代社会生产生活中，管理无时不在，无处不在。大至一个国家，一个社会，一个民族，小至一个企业，一个家庭，乃至一个人都处在管理的范围之内并受其影响。那么什么是管理？怎样进行有效的管理？这是人们千百年来一直在思考的一个问题，至今仍有待我们做进一步的思考和解答，对管理学的学习将为我们从一定程度上获得启发。

正如德鲁克所说：管理是一种实践，其本质不在于“知”而在于“行”；其验证不在于逻辑，而在于成果；其唯一权威就是成就。管理的这种属性和特征决定了其课程内容必须以能力培养为中心。本教材以典型管理实务和管理情景为培养载体，给学生一个整体、连续的管理思维、管理实务和管理能力的提升、认知与训练。

本书编写中注意博采众家之长，汲取国内外管理科学研究领域的积极成果，把握管理实践的脉搏，既注重西方先进科学理论的介绍和运用，又重视我国具体国情；既注重管理理论研究，又注重管理实践的运用；既注重学生应用能力的提升，又注重学生思维意识的培养；力求既有内容的深度和广度，又有表述上的精练简洁、通俗易懂。此外，在本教材的编写中还尝试进行大胆的理论创新和突破，提出了一些探索性的认识，在前瞻性、完整性、创新性、实用性、系统性和可读性方面都做了一定的考虑，在内容取舍、体系构建等方面均有较鲜明的特色。本教材按照“本章导读—管理情景—理论与实践—本章小结—课后自测—案例分析—项目训练”的结构进行编写，在阐述相关知识的同时，以“专家视野”“管理故事”“管理箴言”“阅读材料”“课堂思考”“案例探析”“管理启示”“管理探讨”等助学小组栏目穿插其中，细化所论及的具体内容，增加教材的可读性和应用性，同时扩展学生的知识面；便于读者迅速掌握知识架构和重要知识点，迅速把握管理学的精髓。

本书构思新颖，实用性强，具有一定的知识性、实践性和趣味性，是一本既便于教学，又可以自学的通俗易懂、层次分明、实用性强、颇有新意的管理学教材。

本书由黑龙江工业学院高建军、董婧和张瞳光任主编。具体分工为：第三章、第七章、第八章由高建军编写；第一章、第二章、第五章、第六章由张瞳光编写；第四章、第九章、第十章由董婧编写，全书由高建军总撰定稿。

本书在编写中直接或间接地参阅、借鉴、引用和吸收了国内外大量论著、教材、论文等文献资料，在此向这些作者和为管理学发展做出贡献的人们致以衷心的感谢和敬意！由于水平有限，疏漏之处在所难免，敬请广大读者批评指正。

编者

2017 年 5 月

目录
CONTENTS

第一章 管理概述

本章导读

公元前1046年1月，周武王带领九国军队向朝歌进军，与商纣王的军队在牧野交战，一举推翻了无道的纣王统治，建立了周王朝。在获得天下的领导权以后，周武王向被尊为尚父的姜子牙询问“藏之也简，行之也博”的治国之道。姜子牙——这位有着传奇色彩的历史人物，向周武王讲授了这样的治国之道：“敬胜怠则吉，怠胜敬则灭，义胜欲则从，欲胜义则凶”。“以仁得之，以仁守之，其量百世；以不仁得之，以仁守之，其量十世；以不仁得之，以不仁守之，必极其世。”这说的是什么意思呢？也就是说，作为管理者在处理国家事务的时候，如果恭敬、勤奋胜过懒惰、享乐是好现象；如果懒惰、享乐胜过敬业、勤奋则有亡国的危险。同样，如果处理政务以国家和民众的利益为出发点而不以个人的欲望为出发点，那么就会很顺利；如果以个人的利益而非国家和民众的利益为出发点，就得不到好结果。帝王的统治地位如果是靠仁政来获得并且能够通过实行仁政巩固，那么他的国家就能够长治久安；如果他的地位是通过武力、靠霸道来获得的，但是他能靠实行仁政来维护，那么他的国家统治可以保持十世；如果一个帝王的地位是靠暴力获得的又是靠凶残和暴力来统治，那么他的国家可能连一世也维持不了，很快就会灭亡。这个预言通过公元前221年建立的秦王朝的命运得到了验证。

周武王得到了这些教诲之后非常重视，因此就把由这几句话所想到的一系列感想都做成铭文，刻在座席上、桌子上、镜子上、盆子上、柱子上、腰带上，甚至连平时用的鞋子、酒具、窗户上都刻了这种铭言，时时警告自己。据记载，他在座席的前左端刻的是“安乐毕敬”，是说居于安乐行为必须恭敬、不可傲慢待人。右面刻的是“一反一侧亦不可忘”，也就是对先哲先王的教诲即使是在翻身时也不要忘记。席子的后端刻的是“所鉴不远，事迩而所化”，意思是能借鉴的亡国之事并不很久远，常常用它来对照自己的行为。镜子上刻的是“见尔前，虑尔后”，意思是看到眼前的事要想到身后的事。沐浴的盆子上刻的是“与其溺于人也宁溺于渊，溺于渊犹可游也，溺于人不可救也”。在衣带上刻的是“慎戒必恭，恭则寿”，意思是做人办事一定要小心谨慎，要恭恭敬敬，这样才能长久。剑上刻的是“带之以为服，动必行德，行德则兴，倍德则崩”。

第二个接受周武王咨询的是箕子，他曾是商朝的太师，给周武王提供了具体的规范性的治国方法，这篇“咨询报告”后来被收录入《尚书》，名字叫作《洪范》。这是一篇涉及领导素质、管理原则和方法的文章，主要内容是明五行，用五事，行八政，建皇极，立三德五福。

综合了姜子牙和箕子的咨询建议，周武王从此肩负起治理天下的重任。后来，周武王把姜子牙封在齐国，同时把箕子封在了朝鲜。

（资料来源：赵玉平．比强者更强［M］．北京：清华大学出版社，2004.）

时光荏苒，岁月如梭，周武王的故事离今天已经三千多年了，从过去到今天我们可以看到人类在管理的道路上一直进行着不懈的探索和追求……

第一节 管理

管理情境

什么是管理

李叶和王斌是大学同学，学的都是管理科学与工程专业。毕业后，李叶去了深圳一家有名的外资企业从事管理工作，而王斌却被学校免试推荐为该校的硕士研究生。一晃三年过去了，王斌又以优异的成绩考入北京某名牌大学攻读管理科学与工程专业的博士学位。李叶在当上部门经理后也来到该校参加 MBA 培训。

王斌在办理报到手续时与李叶不期而遇。老同学相见自然免不了要“促膝长谈”一番，因此两人约定：晚上来个“一醉方休”。王斌如约而至，两人在酒足饭饱之余闲聊起来，由于两人志趣相同，一会儿，他们就关于“什么是管理”的话题聊开了。

王斌非常谦虚地问：“李兄，我虽然读了许多有关管理方面的著作，但对于什么是管理我还是心存疑虑，管理学家西蒙说‘管理就是决策’，有的管理学家却说‘管理是协调他人的活动’，如此等等，真是公说公有理，婆说婆有理。你是从事管理工作的，那你认为到底什么是管理？”

李叶略为思索了一会儿，说道：“你读的书比我多，思考问题也比我深。对于什么是管理，过去我从来没有认真去想过，不过从我工作的经验看来，管理其实就是管人，人管好了，什么都好。”

“那么依你看，善于交际的、会拍‘马屁’的人就是最好的管理者了？”王斌追问道。

“那也不能这么说，”李叶忙回答说，“虽然管人非常重要，但管理也不仅仅是管人，正如你所说的，管理者还必须做决策、组织和协调各部门的工作，等等。”

“你说得对，管理不仅要管人，还要做计划、定目标、选人才、做决策、组织实施和控制，等等。那么，也就是说，做计划、定目标、选人才、做决策、组织实施和控制等活动就是管理啦？”王斌继续发表自己的见解。

“可以这么说，我们搞管理的差不多啥都得做，今天开会，明天制定规则，后天拟订方案，等等。所以说，搞好管理可真不容易。”李叶深有感触地说。

“那你怎么解释‘管理就是通过其他人来完成工作’，难道在现实中这种说法本身就是虚假的吗？”王斌显得有点激动地说。

李叶想了一会儿才回答道：“我个人认为，‘管理就是通过其他人来完成工作’这句话有失偏颇，管理的确要协调和控制其他人的活动，使之符合企业制定的目标和发展方向，但管理者绝不是我们有些人所理解的单纯的发号施令者，其实管理者的工作量非常大，在很多方面，他们还必须起到带头和表率的作用。”

“我同意你的观点，管理者不光是发号施令者，管理也并不就是叫别人帮你做事。管理者是‘舵手’，是‘领航员’，他必须带领其他人一起为组织目标的实现而奋斗。不过在咱们中国，听说在一些国有企业，只要你能吃、能喝、会拍‘马屁’，你就是一个好管理者，就会受到上级的器重，对此你有何高见？”

“在咱们中国，现在的确存在着相当普遍的官僚主义、拉关系的现象，这恐怕是我们的传统体制留下的弊端，但这不是说管理就是陪人吃饭、喝酒、拍领导‘马屁’，在外资企业，这种现象几乎不存在，只要你有本事，能干出成绩，用不着你去拍马屁送礼，上级也一样器重你，你就能获得提拔，得到加薪。因此，从某种意义上来说，管理就是管理者带领组织成员一起去实现组织的目标。”

“可是……”

夜深了，可李叶和王斌好像并没有丝毫的睡意，两人还在围绕着关于“什么是管理”的话题继续探讨着。

结合上述管理情境，思考并回答下列问题：

1. 你怎样看待这场谈话？它说明了什么问题？
2. 具有实际管理经验的李叶说“管理其实就是管人”，对此你有何看法？
3. 你怎样看待事例中所谈到的“吃、喝、拍马屁”现象？
4. 一项管理活动，一般有哪些环节，你是如何理解的？

（资料来源：李鹏，高建军．管理学［M］．北京：中国商务出版社，2010.）

要求：课前进行认真阅读和思考，课上针对问题进行探讨。

理论与实践

在现实生产生活中，我们为什么一定要进行管理，而且在各个组织中要设立专门从事管理工作的众多岗位呢？对于管理产生的原因，人们通常以为是共同劳动产生管理。在多个人进行集体劳动的条件下，为使劳动有序进行，获取劳动成果，就必须进行组织和协调，这就是管理。因此，管理是共同劳动的客观要求。

那么，到底是什么导致了管理的产生呢？人的欲望的无限性与人所拥有的资源的有限性之间的矛盾，是管理产生的根本原因。管理的功能就在于通过科学的方法来提高资源的利用率，力求以有限的资源实现尽可能多或高的目标。

一、管理的含义

管理，从字面上讲，就是管辖、处理的意思，但是这种字面的解释是不可能严格地表达出管理本身所具有的完整含义的。关于管理的定义，尽管尚未取得公认和统一的观点，但将其定义为一种组织活动在管理学界是有共识的。长期以来，在管理科学理论中，许多学者从不同的研究角度出发，对管理做出了不同的解释。

1. 中国古代管理的含义

“管”，在我国古代指钥锁，后来引申为管辖、管制之意，体现着权力的归属。“理”，本意是处理玉，后来引申为整理或处理。“管”“理”二字连用，即表示在权力的范围内，对事物的管束和处理过程，后来孔子概括为“治国，平天下”。

2. 西方管理的含义

管理理论最早出现在西方，但给管理下定义却是仁者见仁、智者见智的事情。长期以来，在管理科学理论中，各学派对于什么是管理有不同的看法，但将其定义为一种组织活动在管理学界是有共识的。许多学者从不同的研究角度出发，对管理做出了不同的解释，比较具有代表性的有：

“古典管理理论”的代表人物之一、法国工程师法约尔认为，管理是一种具有特殊职能的活动。他以大企业的整体为研究对象，指出：管理是企业经营的六种活动（技术活动、商业活动、财务活动、安全活动、会计活动和管理活动）之一，它包括计划、组织、指挥、协调和控制五种职能。

行为科学理论则把管理理解为协调人际关系，激发人的积极性，以求达成共同目标的一种活动。行为科学理论认为人的行为是由动机决定的，动机是由需要引起的，管理就是要解决人的行为、动机和需要这三者之间的关系。

决策理论学派的代表人物、1978 年度诺贝尔经济学奖获得者、美国卡内基—梅隆大学的西蒙认为，决策贯穿管理的全过程，管理就是决策。

经验主义学派的代表人物、美国的德鲁克对管理作了比较全面的概述。他认为，管理是一种工作，因此它有其技能、有其工具、有其技术；管理是一门学术，是一门到处均可运用的系统化知识；管理也是一种文化，它包含在价值、风格、信仰与传统之中；管理还是一种任务，它主要不在于“知”，而在于“行”。

作业学派的代表、美国加州大学管理学院院长孔茨把管理看作一种技能，是一种通过别人，并同别人一道完成工作的技能，是使集体成员互相协作完成工作的技能，是清除障碍和有效地实现目标的技能。

苏联科学院通信院士阿法纳西耶夫则把管理看作是一个过程。他认为，从一般意义上说，管理就是根据一个系统所固有的客观规律，施加影响于这个系统，从而使这个系统呈现一种新状态的过程。

【专家视野】管理，从本质上讲，意味着用智慧代替鲁莽，用知识代替习惯与传统，用合作代替强制。

——彼得 · 德鲁克

从以上论述可以看出，管理定义的多样化。这反映了人们对管理的多种理解，以及各管理学派的研究重点和特色。但是，也应该看到，不同的定义，只是观察的角度和侧重点不同，在总体上对管理实质内容的认识还是共通的。综上分析，我们认为管理就是通过计划、组织、领导和控制，协调以人为中心的组织资源与职能活动，以有效实现目标的社会活动。

这一定义包含以下含义：

（1）管理的目的是有效实现目标。管理行为就是促进人和组织有效实现组织目标的活动。

（2）管理过程是由一系列相互关联的基本职能所构成的，这些基本职能包括计划、组织、领导和控制。

（3）管理的本质是协调。所有的管理行为与活动在本质上都是协调，协调在管理工作中几乎无处不在。

（4）管理对象是以人为中心的组织资源与职能活动。

（5）管理的性质是人的有目的的社会活动。

二、管理的科学性与艺术性

1. 管理的科学性

管理的科学性是指管理作为人类重要的社会活动，其间存在着一系列规律，这些规律具有客观性。管理的科学性表现在它是大量管理实践经验的升华，管理活动的基本规律以及从事管理活动的科学手段与方法，对从事任何管理工作均有重要的指导作用。管理的科学性反映了其理论知识的准确性，所以它对管理实践具有重要的指导作用。如果不承认管理的科学性，不按照管理规律办事，违反管理的原理和原则，随心所欲地进行管理，必然会受到规律的惩罚，导致管理的失败。因此要想使管理高效，管理工作者就要认真地学习管理理论，掌握管理的本质。

【管理箴言】《韩非·主道》：道者，万物之始，是非之纪也。是以明君守始以知万物之源，治纪以知善败之端。故虚静以待，令名自命也，令事自定也。虚则知实之情，静则知动者正。其中“守始以知万物之源，治纪以知善败之端”，是指作为管理者只要把握了管理公司的最根本的知识，就可以知道公司是怎么发展的，把握了公司运行的规律就可以知道公司怎么发展是正确的，怎么发展是错误的。

2. 管理的艺术性

管理的艺术性就是强调管理的实践性，强调管理活动除了要掌握一定的理论和方法外，还要有灵活地运用这些知识和技能的技巧和诀窍。管理工作者只有根据管理基本理论和基本方法，密切结合实际，在实践中，发挥积极性、主动性和创造性，因人、因事、因时、因地制宜，灵活多变地将管理知识与具体管理活动相结合，才能有效地进行管理。在实际管理工作中，把管理只当成科学，排斥管理的艺术性，完全按照管理原理与原则刻板地解决管理问题，必然处处碰壁，难以取得成功。

【专家视野】管理工作像其他实践一样，如医学、音乐作曲、工程设计、会计甚至棒球运动，是一种艺术。管理是一种“艺术”，即根据实际情况行事，如果主管人员运用经过组合的管理知识，就能够把管理工作做得更好。这种工作不论是粗还是精，确切或不够确切，只要妥善组合，明确而又切题，就构成科学。因此，管理实践是一种艺术。这种指导实践的组合知识可以称为一门科学。关于这一点，科学和艺术不是互相排斥而是互相补充的。

正如生理学和生物学的发展一样，随着科学的发展，艺术也应该发展。不错，指导管理的科学相当粗糙，不够精确。这是因为主管人员要处理的许多变量是相当复杂的。但是现有的管理知识肯定能够改进管理工作。医生如果不掌握科学，几乎跟巫医一样了。高级管理人员如果不掌握科学，只能是碰运气的，凭直觉的，或者用老经验。

——哈罗德·孔茨

管理的科学性与艺术性是相辅相成的，管理是科学与艺术的有机结合体，有成效的管理艺术是以对它所依据的管理理论的理解为基础的。因此，二者之间不是互相排斥，而是互相补充的。如果说，管理的科学理论是“知”，那么管理的艺术就是“行”，“知”是“行”的基础，对管理的科学性“知”得越多，在管理实践中“行”得越有艺术性。

正如德鲁克所说，管理是一种实践，其本质不在于“知”而在于“行”；其验证不在于逻辑，而在于成果；其唯一权威就是成就。对管理的科学认识是为了指导管理实践，以达到最好的管理效果。管理的这一特性，对于学习管理学和从事管理工作的主管人员来说也是十分重要的。它可以促使人们既注重管理基本理论的学习，又不忽视在实践中因地制宜地灵活运用，这一点，可以说是管理成功的一项重要保证。

三、管理的要素

管理活动包含管理目标、管理主体、管理对象、管理媒介、管理环境等要素。

1. 管理目标

管理是组织有目的的活动，管理目标与组织目标紧密联系又不完全等同。管理是为了实现组织目标而进行的活动，管理的目标是组织目标的体现，不能仅仅为管理而管理，而只能使管理服务于组织目标的实现。

2. 管理主体

管理的主体，即从事管理活动的人，又称为管理者，是管理系统中最核心、最关键的要素。配置资源，组织活动，推动整个系统运行，促进目标实现，所有这些管理行为都要靠管理者去实施。管理主体既表现为单个管理者，又表现为管理者群体及其构成的管理机构。

3. 管理对象

所谓管理对象，就是指管理主体为达成预期目标而发挥管理职能于其上的管理客体。管理对象，作为管理行为的受作用一方，对管理成效以及组织目标的实现，具有重要的影响作用。管理对象包括不同类型的组织，也包括各组织中的构成要素和职能活动。科学地认识管理的对象（资源的运用）对于提高管理的效果有着十分重要的意义。

4. 管理媒介

管理媒介主要指管理机制与方法。管理机制是决定管理功效最关键、最核心的因素。管理方法是管理机制的实现形式，是管理的直接实施手段，具有十分重要的作用。

5. 管理环境

管理环境指的是管理活动以外的一切因素，包括组织内部和组织外部所有对管理产生影响的各种因素。管理总是在一定的环境中进行的，管理者必须重视组织的内外部环境，适应环境，并根据内外部环境的变化采用不同的有效的管理方法和手段。

四、衡量管理好坏的标准

管理工作的好坏可以用管理的有效性来评价，而有效性则包括两方面：效率与效益。

1. 管理的效率

管理的效率是指管理活动的输入和输出的关系。如果对于给定的输入能够获得更多的输出，或者对于较少的输入可以获得同样的输出，都意味着管理效率的提高。因为管理者拥有的输入资源是稀缺的（资金、人员、设备等），所以他们必须关心资源的有效利用问题，即要进行成本与收益的比较。效率涉及的是活动的方式，是手段，效率就是“正确地做事”。

2. 管理的效益

管理的效益是指管理目标的达成度。管理还必须使活动实现预定的目标，即追求活动的效果，只有当我们通过管理实现了既定的目标，我们的管理工作才是有效的。效益涉及的是活动的结果，效益就是“做正确的事”。

3. 效率与效益相比较，效益是第一位的

由上述可以看出，效率和效益是两个不同的概念。高效率只是正确地做事，好效益则是做正确的事，效率和效益又是相互联系的。只有“正确地做正确的事”，组织才具有最大的有效性。

件有害于目标实现的事，我们做得越好，损失就越大，而把一件可做可不做的事情做得很好，也无多大价值。因此，有效的管理，首先要求我们做对的事，其次才是把事情做好。

因此，管理的核心在于提高效率，但衡量管理是否有效，最终还是要看效益。

一个组织可能是有效率的但却是无效益的吗？完全可能，那种要把错事干好的组织就是如此！

【管理故事】一天，一家公司的职员匆匆忙忙去上班。这一天，他有一个非常重要的会议，是关于他个人提升的事宜。可是他偏偏今天早上起得迟了，今天若迟到，他的提升肯定完了。所以，今天他迟到不得，最糟糕的是，他现在只有30分钟的时间，一般情况下，坐公交的话，要坐一个小时。

这个职员只有坐出租车，才有希望能赶得及参加会议。

他好不容易才截到了一辆出租车，匆匆忙忙上车后，他便对司机说：“师傅，我很赶时间，拜托你走最短的路！”

司机问道：“先生，是走最短的路，还是走最快的路？”

小职员好奇地问：“最短的路不是最快的吗？”

“当然不是，现在是上班高峰期，最短的路通常都会交通堵塞。你要是赶时间的话，我建议你还是绕道走，虽然多走了一点路，却能节省时间。”

小职员最后还是选择走了最快的路。

途中他看见不远处有一条街道交通堵塞得水泄不通，司机解释说那条路，正是去你单位最短的路。司机所言不差，多走一点路果然畅通无阻，虽然路程较远，多花了点费用，却很快到达了目的地。

小职员最终赶上了会议，还顺利地升了职当上了部门主管。

现实中，人们总是希望能够一步到位。往往把效率跟效果联系在一起，以为有了效率，就有了效果，其实很多时候并不是这样。

（资料来源：《管理故事会》）

五、管理职能

管理者的管理行为，主要表现为管理职能。管理职能是管理者实施管理的功能或程序，即管理者在实施管理中所体现出的具体作用及实施程序或过程。管理者的管理职能具体包括：①管理者的基本职责；②执行这些职责的程序或过程。

管理学界普遍接受的观点是，管理职能包括计划、组织、领导和控制。任何管理者，为实现目标，实施有效管理，都要履行计划、组织、领导、控制的职能。

1. 计划

计划职能是指在一定时间内，管理者为实现组织目标对工作所进行的筹划活动。计划职能一般包括：调查与预测，制定目标，设计与选择活动方式等一系列工作。有效的计划不仅为组织指明了发展的目标和方向，统一了组织的思想，同时也为组织制订行动步骤提供了衡量的基点，它是管理首要职能。“凡事预则立，不预则废”，虽然准确的计划是很难做出的，但是如果没有计划，结局就会是听天由命。简单地说，计划工作就是要解决两个基本问题：干什么和怎么干。

2. 组织

组织职能是管理者为实现组织目标而建立组织结构并推进组织协调运行的工作过程。组织职能的任务是设计和维持一种职务结构，使人们明确自己在组织中的位置，了解自己在相互协调中所应起的作用，自觉地为实现组织目标而有效地工作。组织职能一般包括：设计与建立组织结构；合理分配职权与职责；选拔与配置人员；推进组织的协调与变革等。合理、高效的组织结构是实施管理、实现目标的组织保证。不同层次、不同类型的管理者总是或多或少地承担不同性质的组织职能。

3. 领导

领导职能是指管理者指挥、激励下级，以有效实现组织目标的行为。领导职能一般包括：选择正确的领导方式；运用权威，实施指挥；激励下属、调动下属积极性；进行有效沟通等。有效的领导工作是组织任务完成的关键因素，领导职能主要涉及组织中人的问题，往往和激励职能、协调职能一起发挥作用。为了使领导工作卓有成效，管理者必须了解个人和组织行为的动态特征、激励员工以及进行有效的沟通。只有通过卓有成效的领导，组织的目标才有可能实现。领导工作的核心和难点是调动组织成员的积极性，它需要领导者运用科学的激励理论和合适的领导方式。领导职能是管理过程中最经常、最关键的职能。

4. 控制

控制职能是指为了确保系统按预期目标运作，对其发展过程不断地调整和施加影响的过程。控制职能要求管理者识别当初所计划的结果与实际取得的结果之间的偏差。控制职能一般包括：制定标准、衡量工作、纠正出现的偏差等一系列工作。管理控制手段虽然多种多样，但其目的都在于使组织适应环境的变化，限制偏差的累积，以保证计划目标的实现，或根据客观环境的变化，适时地做出调整。

【管理故事】一天，时间管理专家为一群商学院的学生讲课，那堂课的演示让学生们终生难忘。“我们来做个小测验。”专家拿出一个一加仑的广口瓶放在桌上。随后，他取出一堆拳头大小的石块，把它们一块一块地放进瓶子里，直到石块高出瓶口再也放不下了。他问：“瓶子满了吗?”所有的学生应道：“满了。”他反问：“真的?”说着他从桌下取出一桶砾石，倒了一些进去，并敲击玻璃使砾石填满石块间的间隙。“现在瓶子满了吗?”这一次学生有些明白了，“可能还没有。”一位学生答道。“很好！”他伸手从桌子下又拿出了一桶沙子，把它们慢慢倒进广口瓶。沙子填满了石块和砾石之间的所有间隙。他又一次问学生：“瓶子满了吗?”“没满！”学生们大声地说。然后专家拿过一壶水倒进广口瓶直到水面与瓶口齐平。老师又让学生将程序反过来，先把这些沙子和石块放进木桶，结果无论怎么样都无法将这些东西全部再放到木桶里去了。

以上内容说明计划、组织、领导、控制这四项管理工作存在内在的逻辑关系，要尊重内在关系，一般不能随意颠倒，否则组织目标难以实现。

（资料来源：赖文燕．管理基础与实务［M］．北京：北京交通大学出版社，2010.）

上述管理职能是相互联系、相互制约的，其中计划是管理的首要职能，是组织、领导和控制职能的依据；组织、领导和控制职能是有效管理的重要环节和必要手段，是计划及其目标得以实现的保障，只有统一协调这四个方面，使之形成前后关联、连续一致的管理活动整体过程，才能保证管理工作的顺利进行和组织目标的有效实现。

管理者一般都要履行上述四种管理职能，但不同组织、不同管理层次、不同管理类型的管理者，在具体履行管理职能时，又存在着差异性。高层管理者更关注计划和组织职能，基层管理者更重视领导和控制职能。

【案例探析】设备部经理王威吩咐领班刘江带领一班人马去安装一套新的燃气系统，但是这套系统却出现了渗漏。王威的上司认为，王威必须对此负责，哪怕系统安装的时候王威正出差在外。同样，王威认为刘江必须对此负责，哪怕刘江从来不拿工具干活。

问题：从管理职能的角度分析，上述情况在管理方面可能存在哪些问题?

分析要点：由于他们没有正确地履行自己的管理职能，所以他们要负责。在管理方面可能存在以下问题。

1. 在计划方面：王威或刘江把这项任务，要么在工作日程上将时间安排得过于紧凑，没有经过充分的准备而匆忙安装，在时间紧任务重的情况下，没有必要的质量保证措施，极容易出现事故；要么由于计划订得很糟，缺少明确的可操作性的工作目标，任务难以完成。

2. 在组织方面：王威对下属指导不力，领班没有及时汇报安装情况；职责不清，权责不明，上至管理人员，下至作业人员，对自己的职责不清楚，也就不可能尽职尽责；缺乏绩效考核，干好干坏都一样；人员配备不合理，王威、刘江不能胜任管理者的工作，或者作业人员未经系统培训，尤其在关键作业上缺少一流技工操作。

3. 在领导方面：可能是王威无法调动领班刘江的积极性，也就命令不了他带领手下人不折不扣地去干好安装工作，或者是刘江没有明确地指挥这次安装。

4. 在控制方面：也许是王威没有检查安装进度表，对安装工作缺少必要的控制；也许是领班对手下人的工作缺少监督，任凭手下人应付了事。

（资料来源：张英奎，孙军．现代管理［M］．北京：清华大学出版社，2004.）

第二节 管理者

管理情境

认识不同的管理者——升任公司总裁后的思考

郭宁最近被一家生产机电产品的公司聘为总裁。在他就任此职位的前一天晚上，他回忆起自己在该公司工作二十多年的情况。

郭宁在大学里学的是工业管理专业，大学毕业后就到该公司工作，最初担任液压装配部门的助理监督。刚开始时他每天手忙脚乱，经过努力学习和监督长的帮助，最后胜任了此项工作。经过半年多的努力，他已有能力担任液压装配部的监督长工作。可是，当时公司没有提升他为监督长，而是直接提升他为装配部经理，负责包括液压装配在内的四个装配单位的领导工作。

在他担任助理监督时，主要关心的是每天的作业管理，技术性很强。他担任装配部经理后，要求自己不仅要关心当天装配工作状况，还要作出此后数周乃至数月的规划，同时还要完成许多报告和参与很多很多会议，因而没有时间去从事技术工作。在他担任装配部经理后不久，就发现原有的装配工作手册已经过时，于是他花了整整一年时间去修订工作手册。由于该公司的生产工艺频繁发生变化，工作手册不得不经常修订，郭宁对此都完成得很出色。几年后，他将工作手册交给助手，自己拿出更多的时间用于规划工作和帮助他的下属工作得更好，花更多的时间去参加会议、批阅报告和完成自己向上级的工作汇报。

在他担任装配部经理6年之后，公司负责规划工作的副总裁辞职，郭宁便主动申请担任这一职务。在同另外5名竞争者较量之后，郭宁被正式提升为主管规划工作的副总裁。他自信拥有担任这一职务的能力，但由于此职务工作的复杂性，仍给刚到任的他带来不少麻烦。经过努力，他逐渐适应了新职位，并获取了很好的成绩。之后，他又被提升为负责生产工作的副总裁，这一职位通常是由该公司资历最深、辈分最高的副总裁担任的。现在，郭宁又被提升为公司的总裁。他知道，一个当上公司最高主管的人应该相信自己有处理可能出现的任何情况的才能，但他也明白自己尚未达到这样的水平。想到自己明天就要上任了，今后数月的情况会是怎么样？他不免为此而担忧。

结合上述管理情景，思考并回答下列问题：

1. 你认为郭宁当上公司总裁后，他的管理责任与过去相比有了哪些变化？他应当如何去适应这些变化？

2. 你认为郭宁要成功地胜任公司总裁的工作，哪些管理技能是最重要的？你觉得他具有这些技能吗？试加以分析。

3. 如果你是郭宁，你认为当上公司总裁后自己应该补上哪些欠缺，才能使公司取得更好的绩效？

（资料来源：http：//www. docin. com/p－748441388. html）

要求：课前进行认真阅读和思考，课上针对问题进行探讨。

理论与实践

管理是一种实践的艺术，它必须艺术地为企业的经营提供更好的解决方法，并为企业的良好运行护航，这就需要发动全体员工为实现这样的目标而努力。因此，管理者的真正责任就是把每个人都变成管理者，这无数个管理者就构成了现代企业组织的管理行为与成效。因此，管理者的职责其实并不是管理，而是维持组织的正常运转，理顺复杂的员工关系，建立员工与企业交流、沟通与认同的心理渠道。

一、管理者的定义

传统观点认为，管理者是运用职位、权力，对人进行统驭和指挥的人，这一观点强调的是组织中正式的职位和职权，强调必须拥有下属。而美国学者彼得·德鲁克却认为：在一个现代组织里，每一个知识工作者如果能够由于他们的职位和知识，对组织负有贡献的责任，因而能够实质性地影响该组织经营及达成成果，即为管理者。这一定义强调作为管理者首要的标志是必须对组织的目标负有贡献的责任，而不是权力。一个人不从事上述管理活动当然不是一个管理者，而仅仅从事管理活动但并不“负责”，或者说没有扮演负责人的角色也不能成为管理者，当然也不在于他是否有下属。综上分析，管理者是指履行管理职能，对组织目标的实现负有贡献责任的人。

【管理启示】管理者的职责是引领而不是运营

一个小孩不小心掉入门前的深河里，他父亲见了赶忙游过去把他救上来，并说：“有父亲在，孩子你别怕。”

没过几天，小孩又掉进河里。他父亲又游过去把他救上来，此时，许多邻居都劝他教小孩游泳是一个避险的好方法。可小孩他父亲说：“不必了，我会游泳就足够了，他落水了，我能救他。”

谁知，小孩第三次又掉进深河里，由于他父亲没在身边，他自己不会游泳，河边又没人，他嘶喊了几声，便随河水东去再也没有回来。

只知道营救，而不懂教会孩子游泳才是避免溺水的根本，这个父亲不是聪明的父亲。

企业管理也一样，管理者的职责是引领而不是运营。引领就是自己可以站在幕后指挥，让下属贯彻自己的思想，去进行实际的操作和运营，不一定需要大事小事，事必躬亲。

（资料来源：赖文燕. 管理基础与实务［M］. 北京：北京交通大学出版社，2004.）

二、管理者的分类

管理者可以按多种标志进行分类。

（一）按管理层次划分

1. 高层管理者

高层管理者是指一个组织中最高领导层的组成人员。他们主要负责整个组织的重要决策，需要面向未来考虑问题，其最重要的责任是沟通组织的共同愿景，塑造文化和培育企业家精神，拥有人事、资金等资源的控制权，以决策为主要职能，故称为决策层。

【管理箴言】任能者责成而不劳，任己者事废而无功。

——汉·桓宽《盐铁论》

2. 中层管理者

中层管理者介于高层和基层管理人员之间，他们的主要职责是贯彻高层管理者所制定的方针、政策，指挥基层管理者的活动，故也称为执行层。中层管理者，如部门经理、机关里的处长等。中层管理者在组织中起承上启下的作用，对上下信息沟通，政令通行等均负有重要的责任。

3. 基层管理者

基层管理者是指生产经营第一线的管理人员，处于作业人员之上的组织层次中。他们负责将组织的决策在基层落实，制订作业计划，并直接指挥和监督现场作业人员，也称作业层。一线管理者遍布在组织的各个部门，如某个车间小组的主管人员，电脑销售公司中负责销售和服务质量的管理人员等。

【案例探析】王某是一所大学的主管教学的校长，李某是一位系教学主任，张某是该系教研室的主任，孙某为该教研室的教师。在新学期开学时王某召开教学会议进一步明确学校的教学要求，李某要求各教研室做好教学工作检查，并经常去听教研室教师的课。

思考：从管理学的角度看，以上人员属于什么层次管理人员？他们的职责各是什么？

分析：1. 王某属于高层管理者，李某属于中层管理者，张某属于基层管理者，孙某属于操作者。

2. 王某的主要职责在于对教学作总体规划和管理，李某的主要职责是根据学校的计划安排部门的教学工作，并指挥基层管理者的活动；张某的主要职责就是负责具体管理和监督教研室各位教员的工作，保证教学工作的顺利完成；孙某是直接从事具体教学工作的人，其主要职责就是做好自己的教学工作，完成教学任务。

（二）按隶属关系的性质划分

1. 直线管理人员

直线管理人员是指有权对下级进行直接指挥的管理者，他们与下级之间存在着领导隶属关系，是一种命令与服从的职权关系。直线管理人员的主要职能是决策和指挥。

2. 参谋人员

参谋人员是指对上级提供咨询、建议，对下级进行专业指导的管理者。他们与上级的关系是一种参谋、顾问与主管领导的关系，与下级是一种非领导隶属的专业指导关系。他们的主要职能是咨询、建议和指导。

（三）按职权关系的性质划分

1. 综合管理者

综合管理者是指负责整个组织或其所属单位全面管理工作的管理人员。他们是一个组织或其所属单位的主管，对整个组织或该单位目标负有全部的责任；他们拥有这个组织或单位的所必需的权力，有权支配该组织或该单位的全部资源与职能活动。如工厂的厂长、车间主任都是综合管理者。

2. 职能管理者

职能管理者是指组织内只负责某一类管理职能的管理人员，职能管理者大多数具有某种专业或技术专长。他们只对组织中某一职能或专业领域的工作目标负责，只在本职能或专业领域内行使职权、指导工作。如一个工厂的总工程师、财务处处长等。

三、管理者的角色

20 世纪 60 年代末，加拿大麦吉尔大学的教授明茨伯格在实际调查研究的基础上，提出了管理角色理论，对管理者（主要指高层管理者）所扮演的角色进行了分类，对我们认识管理者的具体角色很有启发。他认为管理者的角色可归纳为三个方面共十种角色，管理者通过这些角色的履行以影响组织内外个人和群体的行为。组织内的人包括其他的管理者和员工，组织外的人包括投资者、消费者、供应商、组织所在的社区的区民，以及任何与组织及其活动有关的政府或当地机构。

（一）人际关系角色

人际关系角色主要是指管理者在处理与组织成员和其他利益相关者的关系时所担当的角色。管理的核心是处理各种人际关系。管理者扮演人际型角色的目的是与组织其他成员协作互动，并为员工和组织整体提供导向和监督管理。

1. 挂名首脑

管理者所承担的挂名首脑角色是指成为组织或部门的象征。管理者需要决定组织的使命与目标，并将它传达给员工和其他的有关群体，必须履行礼仪性、象征性和法律性的义务，如出席集会、签署法律文件等。此时，领导的身份和地位是其单位的管理者，是单位的代表。

2. 领导者

管理者的领导者角色意味着他需要负责选拔所属职工并对他们进行指导和激励。领导者角色的重要目的是把组织成员的个人需要同组织目标结合起来，以便促进有效的作业。领导者的个人行为直接或间接地影响着员工的态度和行为。下属是否想要发挥出高的绩效水平，甚至是否想要准时上下班，是否想请假，在很大程度上取决于他们是否对在组织里的工作感到满意。

3. 联络员

管理者的联络人角色意味着他要对组织内外个人和群体的行为进行联系和协调。在组织内部，管理者需要协调各个不同部门的活动以提高其合作水平；在组织外部，管理者需要与供应商、消费者以及当地社区建立起联系，以获得稀缺的资源。

（二）信息角色

信息角色是指管理者为了保持和开发信息网络所展开的活动，管理者是组织的中枢神经，他既是获取外部信息的焦点，也是传递信息的来源。管理者不可能知道每件事情，但却肯定比任何下属知道得多。

1. 监督者角色

作为监督者，管理者持续关注组织内外环境的变化以获取对组织有用的信息。有了这些信息，管理者才可能有效地组织、控制人力资源和其他资源。管理者为了得到信息而不断审视自己所处的环境。他们询问联系人和下属，接收主动提供的信息。担任监督角色的管理者所收集的信息很多都是口头形式的，通常是传闻和流言。

2. 传播人角色

作为传播者，管理者把重要的信息传递给工作小组成员并影响他们的态度和行为。管理者必须分享并分配信息。

3. 发言人角色

管理者代表本组织，向外界发布有关组织的信息，以使组织内部和外部的人员对组织进行积极地反应。管理者会代表公司把一些信息发送给组织之外的人员。

（三）决策角色

管理者在处理信息并得出结论的过程中即扮演决策角色，其一般与管理者必须进行选择和采取行动的事件有关。

1. 企业家角色

作为企业家，管理者必须决定将从事怎样的项目和计划，决定怎样利用资源以提高组织绩效。管理者必须努力组织资源去适应周围环境的变化。

2. 混乱的处理者角色

作为混乱的处理者，管理者需要处理可能影响组织运营的突发事件或危机。实际上，每位管理者必须花大量时间对付高压或混乱。没有组织能够事先考虑到每个偶发事件，混乱发生的原因不仅是因为拙劣的管理者忽略形势直到它们达到了危机程度，还因为即使是好的管理者也不可能预测自己采取的所有行动的结果。

3. 资源分配者角色

作为一个典型的情况，管理者必须扮演资源分配者这一个重要的角色，以决定怎样最佳地运用有限的人力和其他资源来提高组织绩效。

4. 谈判者角色

管理者还必须扮演谈判者的角色，以与其他的管理者，以及组织内外部群体如投资者、消费者等在资源第一分配权方面达成共识。

各个层次的管理者都需要这些技能的组合。不同的技能在不同管理层级的重要性有差异。概念技能在高层管理一级是最重要的，技术技能在监督管理一级是最重要的，而人际关系技能在每一层级都是重要的。

【案例探析】他们在扮演什么角色?

玛丽是一家造纸厂的厂长，这家工厂面临着一项指控：厂里排泄出来的废水污染了邻近的河流。因此，玛丽必须到当地的治水管理局去为本厂申辩。奥利弗是该厂的技术工程部经理，他负责自己那个部门的工作与销售部门相协调。拉尔夫负责厂里的生产管理，他刚接到通知：每天向本厂提供包装纸板箱的那家供应厂商遭了火灾，至少在一个月之内无法供货，而本厂的包装车间想知道，现在他们该干什么。拉尔夫说，他会解决这个问题的。最后一个是罗丝，她负责办公室的文字处理工作，办公室里的员工之间为争一张办公桌刚发生了一场纠纷，因为它离打印机最远，环境最安静。

思考：运用管理者角色理论，分析在这家企业里，玛丽、奥利弗、拉尔夫和罗丝各自扮演了什么角色?

分析：从本案提供的材料看，玛丽、奥利弗、拉尔夫和罗丝在要处理的工作上扮演了不同的角色：玛丽是厂长，她要以企业的挂名首脑身份去到治水管理局为本厂申辩废水污染问题；奥利弗作为工程部门经理，主要以联系者、传播者的角色去负责与销售部门相协调；拉尔夫在本案中以资源分配者、传播者、监督者的角色去处理问题；而罗丝则主要以混乱驾驭者的角色来解决内部纠纷问题。

（资料来源：http：//www. docin. com/p－509249951. html）

（四）组织规模对角色重要性的影响

组织规模是不同的，有的组织甚至大到有成千上万的成员，有的组织或许只有几个成员。尽管划分组织规模大小除了用成员多少为标准外，还可以用其他标准，如企业的年销售收入、净资产规模，或者如医院的病床拥有量等。虽然不能说组织规模大这个组织就特别具有重要性，小组织就微不足道。但由于组织规模的不同，不同组织内的管理者角色的重要性却是不同的。

小组织管理者最重要的角色是发言人，这是因为小组织的管理者要花大量时间让他人认识本组织，要花大量时间筹措资源，寻找新的机会促进发展。而大组织的管理者则已没有这些事务（因为已解决了）缠身，故他可以主要处理内部资源的有效配置以获得最佳的资源配置效果。与大组织的管理者相比，小组织的管理者更可能是一个多面手，他的工作内容可能上至最高领导的必要工作，下至基层管理者的必要工作。

四、管理者的素质

（一）管理者的基本素质

管理者的素质，是指一个管理者应具备的各种条件在质量上的综合。孙子提出的为将“五德”标准：“将者，智、信、仁、勇、严也。”“智”，是智谋，多谋善断；“信”，是诚信，赏罚有信；“仁”，是仁慈，爱护士卒；“勇”，是勇敢坚定；“严”，是严明，明法审令。孙子认为，将领应该对复杂多变的战争做出灵活的处置；没有丰富的作战经验和良好的军事素养，没有综合判断的洞察力和高人一筹的预见能力，是不可能成为名垂千古的一代名将的。

早在管理科学发展的初期，美国管理专家泰罗在论及工段长的工作时就谈道：“要得到一个具备多种专门知识以及为完成其全部工作所必需的各方面的智力和道德品质的人极不容易，因为一个全才必须具有下列九种品德：脑力；教育；专门知识或技术知识，手艺或体力；机智；充沛的精力；毅力；诚实；判断力或常识；良好的健康情况。”

【管理故事】秦昭王五跪得范雎

引才纳贤是国家强盛的根本，而人才，尤其是高才，并不是那么容易引得到，纳得着的。秦昭王雄心勃勃，欲一统天下，在引才纳贤方面显示了非凡的气度。范雎原为一隐士，熟知兵法，颇有远略。秦昭王驱车前往拜访范雎，见到他便屏退左右，跪而请教：“请先生教我?”但范雎支支吾吾，欲言又止。

于是，秦昭王“第二次跪地请教”，且态度上更加恭敬，可范雎仍不语。秦昭王又跪，说：“先生卒不幸教寡人邪?”这第三跪打动了范雎，道出自己不愿进言的重重顾虑。秦昭王听后，第四次下跪，说道：“先生不要有什么顾虑，更不要对我怀有疑虑，我是真心向您请教。”范雎还是不放心，就试探道：“大王的用计也有失败的时候。”秦昭王对此责并没有发怒，并领悟到范雎可能要进言了，于是，第五次跪下，说：“我愿意听先生说其详。”言辞更加恳切，态度更加恭敬。这一次范雎也觉得时机成熟，便答应辅佐秦昭王，帮他统一六国。后来，范雎鞠躬尽瘁地辅佐秦昭王成就霸业，而秦昭王五跪得范雎的典故，千百年来被人们所称誉，成为引才纳贤的楷模。

今天的企业老板做何感想，将如何引才纳贤？秦昭王五跪得范雎的典故，是否有老板们来做续呢？

（资料来源：《管理故事会》）

法约尔也认为：“每一种能力（指职能能力）都以下面简述的几个方面的素质与知识为基础：①身体——健康、体力旺盛、敏捷；②智力——理解和学习的能力、判断力、精力充沛、头脑灵活；③道德——有毅力、坚强、勇于负责任、有首创精神、忠诚、有自知之明、自尊；④一般文化——具有不限于从事职能范围的各方面知识；⑤专业知识——技术，或商业，或财务；⑥经验——从业务实践中获得的知识，这是人们自己从行动中吸取的教训和记忆。”泰罗、法约尔几乎不约而同地强调了作为一名管理者应具备一些基本的知识、能力和道德品质。概括地讲，它们包括：一般的文化和专业知识、体力、智力与经验、坚强、毅力、责任心和首创精神。

由上可见，管理者应该具备的素质是多方面的，但有些素质，是优秀的管理者都应该具备的。概括而言，将管理者素质分为三个方面，即思想品质素质、知识素质和能力素质。品德是推动个人行为的主观力量，决定着一个人工作的愿望和努力程度。知识体现了一个人的智能水平和状况。能力反映出一个人干好本职工作的本领。

（二）管理者技能

为了有效地实行管理者的活动，管理者需要拥有一定的管理技能。罗伯特·卡茨认为管理者必须具备三方面技能，即概念技能、人际技能和技术技能。

1. 概念技能

概念技能是把组织作为一个整体进行考察和考虑各个部门之间关系的认知能力。它包括管理者的思维、信息处理和计划能力，包括对某个部门如何适应整个组织，组织如何适应所在产业、社区，以及对于广泛的经营环境与社会环境的认知能力，体现了用广泛和长远的眼光进行战略思维的能力。其核心是一种观察力和思维力。这种能力对于组织的战略决策和发展具有极为重要的意义，是组织高层管理者所必须具备的，也是最为重要的一种技能。

2. 人际技能

人际技能是指管理者与他人一起工作和作为一名小组成员而有效工作的能力。具体表现为管理者与他人的关系。在以人为本的今天，人际能力对于现代管理者，是一种极其重要的基本功。没有人际技能的管理者是不可能做好管理工作的。

3. 技术技能

技术技能是指管理者掌握与运用某一专业领域内的知识、技术和方法的能力。技术技能包括：专业知识、经验；技术、技巧；程序、方法、操作与工具运用熟练程度等。这些能力，是管理者对相应专业领域进行有效管理所必备的技能。管理者虽不能完全做到内行、专家，但必须懂行，必须具备一定的技术技能。特别是一线管理者，更应如此。

尽管上述三种技能要求对于一名合格的管理人员都是不可缺少的，但针对不同层次的管理人员其侧重点有所不同。

【专家视野】如果你理解管理理论，但不具备管理技术和管理工具的运用能力，你还不是一个有效的管理者；反过来，如果你具备管理技巧和能力，而不掌握管理理论，那么充其量只是一个技术员。

——彼得·德鲁克

对高层管理人员而言，特别需要具备很强的概念技能。如果把一个企业比作一艘轮船的话，高层管理者应是这艘船的船长、大副、二副等，他们肩负着在市场中把握航向、规避暗礁，壮大自身、回报社会的重任。因此，高层管理者的概念技能更多地发挥在整个企业使命和经营理念的建立，企业文化的建设，战略决策的制定，创新的实施和风险的承担上。可以说，概念技能是管理技能发展的最高境界。

中层管理人员，需要掌握更多的人际技能和概念技能。例如分厂厂长、分公司经理这样的中层管理者，一方面要领导、激励下属努力工作，另一方面还要同上级领导、同级同事以及各职能部门负责人打交道，同时还要联络企业外部的客户和单位以求得各方面力量的配合，这就要求中层管理人员具备很强的人际技能。中层管理者还肩负着领导本部门发展，为总部或总公司实现销售额和利润的重任，因而还应具备一定的概念技能。在所从事的领域内业务的取舍；如何把握市场机遇，规避风险；面对同行竞争，应制定什么对策；根据形势发展，制定本部门的中长期规划。这些都是摆在中层管理者面前，需要利用概念技能解决的问题。

基层管理人员，主要需要的是技术技能和人际技能。基层管理人员面对的主要是一线员工，由于直接指挥实际工作，因此他必须对技术和工艺熟练精通，对下属工作了如指掌，这样才能有效地指挥和管理。基层管理人员需要掌握的另一个技能是人际技能，协调和沟通是日常管理的一个重要内容。基层管理者需要充分施展自己的人际技能，开展协调和沟通工作，将日常工作中发生的一些小问题、小矛盾解决和消除在萌芽状态。这不仅有利于基层成员的团结和企业目标的实现，而且还可为中高层领导分忧解难。

概括而言，高层管理者的主要职责是为公司设定发展方向、目标和具体的战略，因此，需要更强的概念技能。一线管理者的职责是如何很好地实施已经确定的战略计划，支持战略目标的实现，因此，技术技能对于一线管理者最为重要。而高层、中层、基层管理者由于都涉及对人的管理，所以，人际技能对所有层次的管理者都很重要。

【课堂思考】他为什么得不到提拔

李师傅是企业的劳动模范、技术标兵，一直担任车间班组长，十几年了没大挪过窝。眼看着他的徒弟有的当了车间主任，还有的当了副厂长，可他就是不着急，一天到晚总是乐呵呵的，一副心满意足的样子。李师傅新来的徒弟小张很为师傅抱不平，对师傅说：“师傅，你年年出色完成任务，奖状一个接一个拿，那有啥用？为什么他们就不提拔你？你是不是也应该跑跑关系？”李师傅说：“小张，你别看当官威风，也不是那么好当，那么容易当的。我不是没当过，头两年他们让我当车间主任，上下左右各种关系要应付，还要做计划、搞检查，天天忙得要死，很多时候还真应付不过来。后来，工作没多大起色，只好自个不干了。我就是当工人的料，工作干好，睡觉舒坦，比啥都强。”

思考：李师傅这么优秀，为什么得不到提拔？你怎么看待李师傅的想法？

本章小结

1. 管理就是通过计划、组织、领导和控制，协调以人为中心的组织资源与职能活动，以有效实现目标的社会活动。

2. 管理是科学与艺术的有机结合体，有成效的管理艺术是以对它所依据的管理理论的理解为基础的。

3. 管理活动包含管理目标、管理主体、管理对象、管理媒介、管理环境等要素。

4. 管理工作的好坏可以用管理的有效性来评价，而有效性则包括两方面：效率与效益。

5. 管理的核心在于提高效率，但衡量管理是否有效，最终还是要看效益。

6. 管理职能是管理者实施管理的功能或程序，即管理者在实施管理中所体现出的具体作用及实施程序或过程。

7. 管理者是指履行管理职能，对组织目标的实现负有贡献责任的人。

8. 管理者合格与否，在很大程度上取决于管理职能的履行情况。为了有效履行各种职能，管理者必须明确自己要扮演的角色。

9. 管理者素质，是指一个管理者应具备的各种条件在质量上的综合。

10. 罗伯特·卡茨认为管理者必须具备三方面技能，即概念技能、人际技能和技术技能。

课后自测

一、单项选择题（在下列各小题中，选择一个最合适的答案）

1. 一艘船要顺利驾驶到目的地，船长的角色职能包括：设计方向的领航员、实际控制方向的舵手、轮船的设计者和选用者，以及与全体船员形成支持、参与和沟通关系的促进者。这些是组织中的（　）。

A. 计划、控制、组织和领导　　B. 计划、组织、领导和控制

C. 领导、计划、组织和控制　　D. 领导、组织、计划和控制

2. 管理者按职权关系的性质划分，可分为（　）。

A. 直线管理人员和参谋人员　　B. 综合管理者和职能管理者

C. 高层管理者、中层管理者和基层管理者　　D. 生产管理者和人事管理者

3. 管理者必须因地制宜地将管理知识与具体管理活动相结合，这里强调的是（　）。

A. 管理的科学性　　B. 管理的艺术性

C. 管理学的创造性　　D. 管理学的动态性

4. 管理的职能也就是管理工作所包含的几类基本活动，这些基本活动具有以下的性

质（　）。

A. 彼此独立，分别由不同部门的人员担当

B. 各不相同，分别由不同层次的人员担任

C. 在空间和时间上彼此交融，每一个主管人员都要承担这些活动

D. 形式不同但本质相同

5. 对于管理人员来说，一般需要具备多种技能，如概念技能、人际技能、技术技能等。当一名管理人员在组织中的职位趋升时，这三种技能相对重要性的变化是（　）。

A. 同时等幅增加

B. 概念技能重要性增加最为明显，其次是人际技能，最后是技术技能

C. 概念技能的相对重要性增加，技术技能的相对重要性降低，人际技能相对不变

D. 人际技能重要性增加最明显，其次是概念技能，最后是技术技能

6. 对于企业处于最高层次的管理人员来说，最为重要的是（　）。

A. 技术技能和人际技能　　B. 概念技能和人际技能

C. 概念技能　　D. 其他

二、多项选择题（下列各题中正确的答案不少于两个，请准确选出全部正确的答案）

1. 管理者所扮演的人际角色包括（　）。

A. 代表人角色　　B. 领导人角色

C. 联络人角色　　D. 监督者角色

2. 现代社会中，管理可以说无时不在，无处不在，其主要作用有（　）。

A. 促进生产力发展的关键因素　　B. 提高组织经济效益

C. 促进社会快速发展　　D. 提高人们的生活质量

3. 管理者核心技能包括（　）。

A. 技术技能　　B. 概念技能

C. 人际技能　　D. 组织技能

4. 管理的目的就是有效地实现组织的目标，较为完整的有效性包括（　）。

A. 效率　　B. 效益

C. 效应　　D. 效果

5. 卡尔森以前只有宾馆管理经验而无航运业管理经验，但是他被聘为美国泛美航空公司总裁后，短短三年，就使这家亏本企业成为高盈利企业，你认为下面总结有道理的是（　）。

A. 最高管理者无需专业知识，只要会学习，勤于思考就够了

B. 成功的管理经验具有一定的普适性，所以可以成功移植

C. 成功管理的关键是，只要做好人的管理，就可以取得成功

D. 这是一种巧合，只能说明卡尔森有很强的环境适应能力

三、简答题

1. 简述管理职能的相互关系。

2. 管理者在实施管理活动时通常要扮演哪些角色？

3. 管理者所处的管理层次与管理者所需要具备的技能的关系是怎样的？

4. 如何正确地理解管理学“既是一门科学，也是一种艺术”这句话？

四、思考题

1. 为什么说世界上不存在普遍适用的某种固定的管理模式，有效的管理者必须能在管理理论、原理和方法的指导下，结合具体情况因地制宜、灵活应变地开展管理工作？

2. 管理常常被描述为一个普遍的过程，即管理的基本原理可以被转移并应用于几乎所有的情况。你认为在企业中的成功管理者放在大学或学院也会一样出色吗？解释你的理由。

3. 在一个给定的组织中，如何确定谁是管理者，谁不是管理者？例如，街角小卖部这样的个体生意经营者是管理者吗？给出解释。

4. 考虑你自己的个性、技能和工作经验，你觉得自己可以成为优秀的管理者吗？为什么？

5. 假如你想和别人一起创业，你将重点考虑合伙人哪些方面的能力和素质？

案例分析

查克·斯通曼的一天

查克·斯通曼真的相信那句老话“早鸟得虫”。这一天是星期二，清晨，他比往常早一个小时就起来了。先是原地不动地骑车运动，接下来是洗澡、穿衣、吃早饭、快速地浏览晨报，当查克驱车上路时，他看了一眼手表5:28，从家里开车到上班地点只需15分钟。查克是勒那食品公司奥马哈工厂的经理。勒那公司生产牛肉和猪肉产品，以私有商标卖给六七十家大型超级市场连锁店。

一边开着车，查克的思绪一边回到昨天晚上。昨夜，查克和他的妻子安妮外出吃饭，庆祝他们结婚15周年纪念日。他们回忆起他们的初次约会，他们俩事先都没抱多大希望。他们还谈起一些老朋友，他们之间已经多年没有通过信了。昨天晚上的谈话使查克萌生出一种怀旧感，他的思绪开始漫游。他想到他是怎么最后来到奥马哈，经营一家肉类加工厂，手下管着650名工人的。

查克1979年毕业于伊利诺伊州立大学，获商学学士学位。毕业后他进入勒那食品公司，一直干到今天。开始是在芝加哥工厂作生产计划助理，在后来的12年中，他逐级晋升高级生产计划员、生产领班、轮班工长，以及塔萨斯城工厂的经理助理。1991年，他被提升担任了现在的职务。查克和安妮喜欢奥马哈，打算在这里把他们的两个儿子抚养成人，安妮最后利用她的统计学学位在奥马哈投资公司找到了一份保险统计员的工作。

查克今天早晨心情特别好，最后的生产率报告表明，奥马哈工厂超过了堪萨斯城工厂和伯明翰工厂，成为公司人均劳动生产率最高的工厂。经过10个月的经营，奥马哈工厂已成为公司所属7家工厂中获利最多的工厂。昨天，查克在与上司的通话中得知，他的半年绩效奖金为23000美元，而过去，他最多只拿到过8500美元。

查克决定今天要把手头的许多工作清理一下，像往常一样，他总是尽量做到当日事当日毕。除了下午3:30有一个幕僚会议以外，整天的其他时间都是空着的，因此他可以解决许多重要的问题。他打算仔细审阅最近的审计报告并签署他的意见，并仔细检查一下工厂TQM计划的进展情况。他还打算开始计划下一年度的资本设备预算，离申报截止日期还有不到两个星期了，他一直抽不出时间来做这件事。查克还有许多重要的事项记在他的“待办”日程表上：他要与工厂厂长讨论几个雇员的投诉；写一份10分钟的演讲稿，准备应邀在星期五的商会会议上致辞；审查他的助手草拟的贯彻美国职业安全健康法（OSHA）的情况报告，工厂刚接受过安全检查。

查克到达工厂时是5:45，他还没走到自己的办公室，就被会计总监贝斯拦住了，查克第一个反应是：她这么早在这里干什么？很快他就清楚了。贝斯告诉他工资协调员昨天没有交上来工资表，贝斯昨晚一直等到10点，今天早上4:30就来了，想在呈报的最后期限之前把工资表做出来。贝斯告诉查克，实在没办法按时向总部上报本月的工资表了。查克做了个记录，打算与工厂的总会计师交换一下意见，并将情况报告他的上司——公司副总裁。

查克总是随时向上司报告任何问题，他从不想让自己的上司对发生的事情感到突然。

最后，在他的办公室里，查克注意到他的计算机在闪烁，一定是有什么新到的信息。

在检查了他的电子邮件后，查克发现只有一项需要立即处理的工作。他的助手已经草拟出下一年度工厂全部管理者和专业人员的假期时间表，它必须经查克审阅和批准。处理这件事只需10分钟，但实际上占用了查克20分钟的时间。

现在首先要办的事是资本设备预算，查克在他计算机的工作表程序上，开始计算工厂需要什么设备以及每项的成本是多少。这项工作刚进行了1/3，查克便接到工厂厂长打来的电话。电话中说在夜班期间，三台主要的输送机有一台坏了，维修工修好它得花费45000美元，这些钱没有列入支出预算，而要更换这个系统大约要花费120000美元。查克知道，他已经用完了本年度的资本预算，于是他在10:00安排了一个会议，与工厂厂长和工厂会计师研究这个问题。

查克又回到他的工作表程序上，这时工厂运输主任突然闯入他的办公室，他在铁路货车调度计划方面遇到了困难，经过20分钟的讨论，两个人找到了解决办法。查克把这件事记下来，要找公司的运输部长谈一次，好好向他反映一下工厂的铁路货运问题，其他工厂是否也存在类似的问题？什么时候公司的铁路合同到期重新招标？

看来打断查克今天日程的事情还没有完，他又接到公司总部负责法律事务的职员打来的电话，他们需要数据来为公司的一桩诉讼辩护，奥马哈工厂一位前雇员向法院起诉公司歧视他。查克把电话转接给他的人力资源部。查克的秘书又送来一大沓信件要他签署。突然，查克发现10:00到了，会计师和厂长已经在他办公室的外面等候。3个人一起审查了输送机的问题并草拟了几个选择方案，准备将它们提交到下午举行的幕僚会议上讨论。现在是11:05，查克刚回到他的资本预算编制程序上，就又接到公司人力资源部部长打来的电话，对方花了半个小时向查克说明公司对即将与工会举行的谈判的策略，并征求他对与奥马哈工厂有关的问题的意见。挂上电话后，查克下楼去他的人力资源部部长办公室，他们就这次谈判的策略交换了意见。

查克的秘书提醒他与地区红十字运动的领导约定共进午餐的时间已经过了，查克赶紧开车前往约定地点，好在不过迟到了10分钟。

下午1:45，查克返回他的办公室，工厂厂长已经在那里等他。两个人仔细检查了工厂布置的调整方案，以及通道面积是否符合专为残疾雇员制定的法律要求。会议的时间持续得较长，因为中间被3个电话打断。现在是下午3:35，查克和工厂厂长穿过大厅来到会议室，幕僚会议通常只需要1个小时，不过，讨论劳工谈判和输送系统问题的时间拖得很长。这次会议持续了2个多小时，当查克回到他的办公室时，他觉得该回家了。他和安妮今晚要在家中招待几位社区和企业的领导人。

开车回家的时间对查克来说仿佛用了1个小时而不是15分钟：他已经精疲力竭了。12个小时以前：他还焦急地盼望着一个富有成效的工作日，现在这一天过去了，查克不明白："我完成了哪件事？"当然，他知道他干完了一些事，但是本来有更多的事他想要完成的。

是不是今天有点特殊？查克承认不是，每天开始时他都有着良好的打算，而回家时都不免感到有些沮丧。他整日就像置身于琐事的洪流中，中间还被不断地打断。他是不是没有做好每天的计划？他说不准。他有意使每天的日程不要排得过紧，以使他能够与人们交流，使得人们需要他时他能抽得出时间来。但是，他不明白是不是所有管理者的工作都经常被打断和忙于救火，他能有时间用于计划和防止意外事件发生吗？

思考及讨论题：

1. 用计划、组织、领导和控制四种职能理论评价查克的活动。

2. 查克在完成他的职责上是有效率的吗？是有效果的吗？请说明理由。

3. 查克要成为更好的管理者应当做些什么？

（资料来源：http：//www. docin. com/p－372872121. html）

项目训练

实训项目　调查与访问——企业和企业家

一、实训目标

1. 使学生结合实际，加深对管理工作的感性认识与理解。

2. 初步培养认知与自觉养成现代管理者素质的能力。

3. 理解并能运用管理机制分析与解决实际管理问题。

二、实训内容与形式

1. 由学生自愿组成小组，每组5人。利用课余时间，选择当地典型的中小企业进行调查与访问。

2. 通过调查和对话交流使学生对管理的概念和重要性有大概的了解。对企业家应具有的素质和人格魅力有初步认识。

3. 在调查访问之前，每组需根据课程所学知识经过讨论制定调查访问的提纲，包括调研的主要问题与具体安排，具体问题可参考下列问题：

①该企业管理工作状况。②企业的组织层次，管理者的分类，并重点访问一位管理者，向他了解他的职位、工作职能、胜任该职务所必需的管理技能，管理中遇到的主要困难有哪些，什么是最重要的管理学知识，你的企业最需要哪种类型的人才以及所采用的管理方法等情况。③该企业的一般环境与任务环境是什么？④该企业中有哪些你感兴趣的管理机制？并作简要分析。⑤管理者角色分析。

4. 以采访的形式或直接对话，并录制采访录音和录像保存起来。

5. 调查访问结束后，针对不同的企业家，进行课堂交流与讨论。

第二章 管理思想

本章导读

从福特公司发展看管理理论的发展

从福特汽车公司以及现代管理学的发展历史中，我们不难看出，福特公司在其发展过程中应用了多种管理学理论。

1. 科学管理

19 世纪末至 20 世纪初，西方管理学发展到了科学管理阶段，泰勒是科学管理的先锋，科学管理注重研究如何运用科学的方法提高生产现场的生产效率问题。亨利·福特在泰勒的单工序动作研究基础之上，进一步对如何提高整个生产过程的效率进行了研究。他充分考虑了大量生产的优点，规定了各个工序的标准时间定额，使整个生产过程在时间上协调起来，创建了第一条流水生产线——福特汽车流水生产线，使成本明显降低。同时，福特进行了多方面的标准化工作，包括在产品系列化，零件规格化，工厂专业化，机器、工具专业化，作业专门化，等等。泰勒的科学管理还有一大贡献是劳资双方的精神革命。泰勒和福特在对待员工的问题上都很积极，体恤员工的工作和生活。可以说，两人都是人性化管理的倡导者。泰勒和福特均强调劳资双方利润均衡分配，利益共享的原则，劳资双方并不是对立关系，而是协作、双赢的关系。福特也极为关注提高工人的工资，福特认为一个国家的兴盛与这个国家人民的生活水平是有着密切联系的，生活水平的提高又对应着工资的增长。如果说泰勒是侧重于从理论上研究管理问题，那么福特就是身体力行实践了泰勒的科学管理思想。除了科学管理，亨利·福特时期，清晰的劳动分工以及“非人格化”的人际关系也有法约尔一般行政管理理论的影子。

2. 组织行为和管理的定量分析方法

到福特二世接班时，现代管理理论已初具规模，人际关系学说和行为科学理论也在发展之中。科学管理学派强调严格管理，认为管得严才能出效率。“行为科学”学派则强调人的行为，认为从人的行为本质中激发动力，才能提高效率。工人不是被动的，孤立的个体，他们的行为不仅仅受工资的刺激，影响生产效率的最重要因素不是待遇和工作条件，而是工作中的人际关系。职工是“社会人”。社会人不但有经济方面和物质方面的需求要得到满足，更重要的是在社会方面和心理方面的需求要得到满足。要调动职工的积极性，就应该使职工的社会和心理方面的需求得到满足。这种认识正好与泰勒的科学管理理论对人的本性的基本认识相反。因此，基于“社会人”假设建立起来的人际关系学说正好是从与科学管理理论相反的角度研究如何提高企业的生产效率的问题。相应地，行为科学理论也认为管理的着重点在于人，需关注人的兴趣态度、情绪积极性等对工作及其效率的影响，从人性、心理的角度来剖析和改善参与者的主观条件，从而带动对客观因素的改变，以期总体上完善管理体制提高工作效率，其中又特别强调对领导者的行为的研究。管理行为是人的行为，行为科学管理理论是从管理的主体角度进行的。福特二世也将让员工快乐工作作为管理三项任务之一，他也提出知识员工要民主管理。福特二世接班时就初尝了一下民主管理的甜头，他接受了祖父的教训，对职工问题十分重视，主张团结一致共建福特，尊重每一位职工，要使职工真正地感觉到自己是重要的，认真倾听职工意见，对每一位职工都要真诚相待，信而不疑；更重要的是，他主张全员参与生产与决策，使得福特汽车可以再创辉煌。福特二世的时候，除了对组织行为的应用，福特二世还利用了管理的定量分析的方法，开始应用统计方法和定量模型技术改进决策制定。

3. 所有权、经营权分离与以人为本

从 1982 年开始，公司开始重视所有权与经营权分离的政策。两权分离可以使企业资源与经营管理人员达到最优的组合，发挥最大的效益，为所有者带来最大的利润。因为，所有者不一定懂经营，而资产只有运动起来才可能增值，而经营者能来完成这个流动资产增值的任务，这些经营人员有丰富的经济知识和营销能力，但却不掌握资产，公司企业的所有权和经营权分离的制度，为那些不懂经营却想为自己掌握的资产寻找增值机会的人以及懂经营却没有资产的人提供了一个合作的契机。

随着社会的飞速发展，知识大爆炸时代的到来使知识在生产中的地位愈加重要。而人是知识的载体，因此管理开始由最初以管理物品为主向管理人转变。对人的管理也不仅是简单的监督工人工作，而是向脑力管理、开发工人的创造力转变，从而为企业创造最大价值。从目前各大企业都在尽力网罗高级人才，并在员工的培训方面斥以重资，就可以看出这一点。福特汽车公司各个阶段的管理重心不断向工人倾斜，就是对现代管理学理论“以人为本”重要思想的具体体现。最初，工人只被视为机器的一部分，认为他们只要拿到足够的薪水就会拼命干活；逐渐地，工人有了一定的发言权，可以适当地发挥能动性；后来，工人被视为保证汽车质量的关键，并被允许参与公司的利润分配；直至现在，公司不仅关心工人的收入，还同时关注他们的健康安全，以及发展培训。

（资料来源：陈石清．管理学［M］．北京：北京交通大学出版社，2012.）

第一节 中国古代管理思想

管理情境

如何进行有效的管理

在一次管理经验交流会上，有两个工厂的厂长分别论述了他们各自对如何进行有效管理的看法。

A 厂厂长认为，只有实行严格的管理，采用某些命令式、强制性手段，才能保证实现企业目标。因此，企业要制定严格的规章制度和岗位责任制，建立严密的控制体系；注重上岗培训；实行计件工资制等。员工们都非常注重遵守劳动纪律和规章制度，努力工作以完成任务，工厂发展迅速。

B厂厂长则认为，企业管理的资产是员工，只有员工们都把企业当成自己的家，都把个人的命运与企业的命运紧密联系在一起，才能充分发挥他们的科研成果和力量为企业服务。因此，管理者在执行管理的决策、组织、领导、控制等职能时，充分提高透明度，在需要职工参与时，与职工们商量解决；平时十分注重对员工需求的分析，有针对性地给员工提供学习、娱乐的机会和条件；每月的黑板上公布出当月过生日的员工姓名，祝他们生日快乐；如果哪位员工生儿育女，厂里派专车接送，厂长亲自送上贺礼等。员工们都普遍把企业当作自己的家；全心全意地为企业服务，工厂也因此日益兴旺发达。

结合上述管理情境，思考并回答下列问题：

1. 这两位厂长的观点分别代表什么管理思想？

2. 你认为哪一种观点更具有优越性，为什么？

（资料来源：邢以群．管理学［M］．杭州：浙江大学出版社，2016.）

要求：课前进行认真阅读和思考，课上针对问题进行探讨。

理论与实践

在漫长的人类发展过程中，人类虽积累了大量的管理实践经验，创造了一些宝贵的管理思想，但并没有形成系统的管理理论。直至19世纪末20世纪初，随着科技和生产力的飞速发展，出现了科学管理，才标志着系统的管理理论的诞生。在这之后的时间里，管理理论以极快的速度得到发展。

作为四大文明古国之一，中国自古至今，有极其丰富的管理思想，其中很多管理思想仍有着重要的指导作用。尤其古代关于管理的论述，如《论语》《孙子兵法》《三国演义》《资治通鉴》等著作中对管理的精致论述，至今备受各国管理学界的重视。

【管理箴言】《韩非子·五蠹》：是以圣人不期修古，不法常可，论世之事，因为之备。管理者不是一切都学习过去，墨守一成不变的旧规，而应该根据具体的情况，据此采取相应的办法和准备。

一、中国传统管理思想的三大主流学派

1. 以“仁”为核心的儒家——王者之道，仁政德治

儒家思想的代表人物是孔子。作为中国文化最有代表性的儒家思想，其蕴含了丰富的管理思想，儒家提出人性善的人性假设，依此相应提出施仁政，德治礼制的管理方式，用礼制规范和道德感化的手段，实现治国的目的。孟子做了发展，提出“以和为贵”的思想，主张保持人与人之间和谐的关系，以达到社会的安定协调。

孔子的管理思想：以民为本——群体本位的管理着眼点；追求稳定——孔子的管理目标；中庸之道——通权变达的管理艺术；德治——言传身教的管理路线；举贤育才——孔

子的人才管理思想；正名——孔子的组织管理思想。

2. 以“法治”为基础的法家——霸者之道，法制刑治

“法治”管理思想的代表人物是韩非子。在韩非子看来，实行人治，则主要靠贤人、能人，这类人很难找到。实行法治，中人之君也可使国治；法家主张“依法治国”，而且要法、术、势三者结合，法是中心，术与势是行使法的必要条件。通过严刑重罚推法护法，实现治国的目的。

韩非子的管理思想：世异事异，事异备变——韩非子的变革管理思想；乱世重典——务法不务德的管理路线；“人多”“事功”——韩非子的成本效益思想；治吏不治民——韩非子的分级管理体制。

3. 以“无为”为最高原则的道家——王霸杂合之道，无为而治

道家创始人是老子，他的《道德经》（今俗称《老子》），蕴藏着丰富的管理思想。道家崇尚自然，其思想核心是“道”。道家提出人性自然的假设，认为“道法自然”，“无为而万物化”，主张以弱小胜刚强，以反求正，以实现至德之世的理想境界。

“无为”并非是什么都不干，而是指人的行为应顺应自然，而不是主观臆断，做事要非常认真和严格。“无为”对管理方法而言，要求管理者要善于抓大事，无须事必躬亲，把具体的工作分配给具体的机构和人员去做。

老子的管理思想：道——管理原则的不懈追求，以人为中心的管理：无为而治——老子管理思想的核心；软性管理——无为的管理模式；负阴而抱阳——老子的辩证管理思维；柔弱胜刚强——老子的竞争谋略。

二、中国传统管理思想的主要内容

（一）系统管理思想

系统管理思想集中表现在整体观上，在系统管理方面最具代表性的实例有《孙子兵法》、万里长城和都江堰工程。

万里长城是体现我国古代系统管理思想的一大杰作。在工程上，明代是由镇城、路城、卫城、关城、堡城、城墙、放台、烟墩等不同等级、不同形式、不同用途的建筑组合形成的一个完整的防御工程体系。在管理上，沿线设九个镇，每镇设总兵，上受兵部指挥，每镇之下又分别设路、关及城堡、墩台，这种“金字塔”式的多级管理系统，命令从上而下，层层传达；如遇敌情，信息从烽火台自下而上，层层反馈，直到朝廷。万里长城在整个构思、建造、使用和管理过程中，体现了系统工程和系统管理思想。

闻名中外的大型水利枢纽工程——都江堰工程也是系统工程的古代杰作。该工程由岷江鱼嘴分水工程、飞沙堰溢洪排沙工程、宝瓶口引水工程及水利信息系统构成，融灌溉、蓄水、防洪、排沙于一体，合理地解决了分水导江、防洪防旱、引水灌溉、排除泥沙等一系列重大问题。这是中国古代劳动人民运用系统思想的典范。

（二）信息管理思想

万里长城的修筑，主要目的是防御敌人的进犯，因而及时传递信息、掌握敌情是十分重要的，其信息传播技术、方法都令人叹服。长城上的烽火台就起着“信息源”的作用，白日以烟、夜晚以火作为传递信息的媒介。明代规定，来敌百人左右，一烟一炮示之；五百人二烟二炮；千人以上，三烟三炮；五千人以上五烟五炮。这种信息传递，既定性（敌

人来犯），又定量（来敌人数），烟炮配合，光声并举，相互核对，几小时之内就能把军情准确地传递至千里之外的指挥机关。我国古代不仅在军事上运用信息管理手段，在经济管理上也运用信息手段。唐代刘晏建立全国信息网，以迅速掌握全国各地的经济信息和物价状态。他以朝廷用驿道快马传递公文的办法，设置知院官，收集各种庄稼好坏、市场价格的变动、四方物资的余缺等情报交给招募来的“驶足”，由他们一站接一站传递。数日内可将全国各地的信息迅速传递到刘晏处，再由刘晏等人综合各地信息，做出决策。由于信息灵活，渠道多，使市场长年保持稳定，国家掌握了足够资金。虽经数十年战乱，仍保证了唐代国富民安。可见，信息管理对国家政治、经济的发展所起的重要作用。

（三）经济管理思想

春秋末期的政治家兼巨商范蠡认为：物价贵贱的变化是因为供求关系的有余和不足，建议谷贱时由官府收购，谷贵时平价售出。他提出了很多经营原则：“积著之理，务完物，无息币。以物相贸易，腐败而食之物勿留，无敢居贵。论其有余不足，则知贵贱。贵上极则反贱，贱下极则反贵。贵出如粪土，贱取如珠玉，财币欲其行如流水。”主张增加利润要从加速资金周转中来实现。

孔子主张重义轻利，不要积极追求物质财富，要“知命安贫”；主张财富的分配要适当。老子、庄子主张寡欲，对财富要有知足感。

孟子：分工，并加以引申：“劳心者治人，劳力者治于人”。

荀子：人的需求是无止境的，需要用礼节来调节，人类想要满足群体的欲望，就必须分工；“下贫则上贫，下富则上富”，富国首先必须富民，只有国民富裕，才有税收充足、需求旺盛，进而国力强劲。

白圭的基本经营原则是“乐观时变”，即善于预测市场行情，并根据预测进行动态决策，他总结出了以下经营原则：①人弃我取，人取我与。②岁熟取谷，予之丝、漆、茧；凶，取帛絮，予之食。③趋时若猛兽鸷鸟之发。

到秦始皇时期，专门设立治粟内史统管全国财政，为两千多年封建集权统一的财政管理制度奠定了基础。

（四）运筹决策的思想

我国古代有一句名言：运筹帷幄之中，决胜千里之外。说明在治军、治国、治生等一切竞争和对抗的环境中，都必须统筹谋划，正确研究对策，以智取胜。

“凡事预则立，不预则废”，主张“三思而行”。诸葛亮雄才大略，纵观天下，预测未来，做出三分天下的关键决策，并通过联孙抗曹，使一无所有的刘备雄踞一方。诸葛亮的《隆中对》，就是一个高瞻远瞩，善于分析形势和未来的计划与决策的典范。

墨子的“三表”决策思想，提出了正确的决策必须以实事求是为前提的思想。墨子提出：“有本之者，有原之者，有用之者。于何本之？上本之于古者圣王之事；于何原之？下原察百姓耳目之实；于何用之？废（发）以为刑政，观其中国家、百姓、人民之利，此所谓言有三表也。”即在判断一件事是否可行时，先考察历史，看是否符合古代圣王的遗训；然后要听取百姓的意见，看是否符合民心；最后看是否真正有利于国家民众。

张良是汉高祖刘邦的谋士，他为汉朝的建立和巩固谋划了很多英明决策，因而被刘邦誉为“运筹于帷幄之中，决胜于千里之外”的最优决策者。

苏辙在《宇文融》中所说“详其小，必废其大”，指的就是决策者只专注于小事、细枝末节，必然在重大决策上产生失误。

（五）组织管理思想

《周礼》记载，周朝官员的设置按天、地、春、夏、秋、冬分为六官，六官又分为360职，并规定了设置官员的级别和员额，职责分明。

在《韩非子·扬权》一书中，韩非子的“事在四方，要早中央。圣人执要，四方来效”，区分了决策层和执行层两个组织层次：中央政府决策，地方政府执行。

在《管子·明法》中，管仲的“威不两错，政不二门”，强调了统一指挥原则，不能政出二门，必须维护中央政府的权威。

【阅读资料】《周礼》：以官府之六属举邦治：一曰天官，其属六十，掌邦治，大事则从其长，小事则专达。二曰地官，其属六十，掌邦教，大事则从其长，小事则专达。三曰春官，其属六十，掌邦礼，大事则从其长，小事则专达。四曰夏官，其属六十，掌邦政，大事则从其长，小事则专达。五曰秋官，其属六十，掌邦刑，大事则从其长，小事则专达。六曰冬官，其属六十，掌邦事，大事则从其长，小事则专达。

（六）财务管理思想

宋郑伯谦在《太平经国之书》中，提出了会计原则：“出纳移用之权”，主张把主管财务的官吏的职能与主管会计官吏的职能由不同的官员掌管，也就是把会计和出纳分开。在公元9—23年的王莽时代，就有了核算酒类成本的记载，这是我国最早的成本核算思想。

（七）物料管理思想

我国古代早就重视财物的收纳、保管和支出，并制定有严格的制度。如周朝设有内府、大府、王府、外府，并配有专职官员管理这些府库财物。

（八）工业管理思想

在清代乾隆年间，苏州纸坊条议章程有十一条，按章程规定，纸坊中设备属于作坊主所有。纸坊工匠有月工资，并供给粮食，纸坊对纸匠实行了定额管理，一个纸匠每日以刷制600张为一个工，另外，设立各种督察人员，对工匠进行管理和监督。

（九）行为管理思想

在探索人类行为动机、需要的奥秘方面，中国古代先祖们起到了创始人和开路先锋的作用。韩非曰：“天有大命，人有大命。”即天有天的规律，人有人的规律。孙子提出：“人情之理，不可不察。”即关于人的心理活动应该进行研究，不研究是不行的。对于人的本性问题，荀子认为：人之性恶，其善者伪也。而孟子则认为：人之性善也，犹水之就地下；人无有不善，水无有不下。告子认为人性无善恶，人性之无分于善不善也，犹水之无分于东西也。人性如水，向哪儿引导就向哪儿流淌。对于人的欲望和需要方面，荀子提出：“养人之欲，给人以求，使欲不穷乎物，物必不属于欲，两者相持而去。”

（十）中国古代管理艺术思想

《孙子兵法》：“将能而君不御者胜”。主张：顺“道”，重“人”，求“和”，守“信”。

1. 顺“道”

中国历史上的“道”有多种含义，属于主观范畴的“道”，是指治国的理论，属于客观范畴的“道”，是指客观经济规律，这里用的是后一种含义，指管理要顺应客观规律。

《管子》认为自然界和社会都有其自身的运动规律。《管子·形势》：天不变其常，地不易其则，春秋冬夏，不更其节。社会活动，如农业生产、人事、财用、货币、治理农村和城市，都有“轨”可循。《管子·山国轨》：不通于轨数而欲为国，不可。人们要取得自己行为的成功，必须顺乎万物之“轨”，万物按自身之“轨”运行，对于人毫不讲情面，“万物之于人也，无私近也，无私远也”，你的行为顺乎它，它必“助之”，你的事业就会“有其功”，“虽小必大”；反之，你如逆它，它对你也必“违之”，你必“怀其凶”，“虽成必败”，“不可复振也”（《管子·形势》）。

司马迁把社会经济活动视为由各个个人为了满足自身的欲望而进行的自然过程，在社会商品交换中，价格贵贱的变化，也是受客观规律自然检验的。他写道“贱之征贵，贵之征贱”，人们为求自身利益，“以得所欲”，“任其张，竭其力”，“各劝其业，乐其表，若水之趋下，日夜无休时，不召而民自来，不求而民出之，岂非道之所符，而自然之验邪?”对于社会自发的经济活动，他认为国家应顺其自然，少加干预，“故善者因之”，顺应客观规律，符合其“道”，乃治国之善政。

“顺道”，或者“守常”“守则”“循轨”，是传统管理活动的重要指导思想。

2. 重“人”

这是中国传统管理的一大要素。①民贵君轻的思想：“民为贵，社稷次之，君为轻”（《孟子·尽心下》）；②重才识才用才的思想：如“厚乎德行，辩乎言谈，博乎道术”（《墨子》）。

人才标准就是德才兼备，司马光指出：“才者得之资也，德者才之帅也”。“是故才德全尽谓之圣人，才德全亡谓之愚人；德胜才谓之君子，才胜德谓之小人”，就是论述了德与才的关系。

关于择人的原则，《六韬》中有六字标准：一曰仁，二曰义，三曰恕，四曰信，五曰勇，六曰谋。北宋王安石的用人思想可概括为“教之、养之、取之、任之”。其中，教之之道，即坚持学用一致，造就人才；养之之道，即维持政府官员生活的俸禄报酬应采取的方针：“饶之以财”“约之以礼”“裁之以法”；取之之道，即选拔官吏的途径；任之之道，任用人才首先要根据其专长，知农的为农官，知工的为工官。

老子曾说“知人者智”；他又说“善用人者为之下”。要夺取天下，治好国家，办成事业，人是第一位的，故我国历来讲究得人之道，用人之道。

关于选人，诸葛亮说：“有温良而伪诈者，有外恭而内欺者，有外勇而内怯者，有尽力而不忠者”，他提出了识别人才的“七观法”：问之以是非而观其志，穷之以辞辩而观其变，资之以计谋而观其识，告之以祸难而观其勇，醉之以酒而观其性，临之以利而观其廉，期之以事而观其信。

关于识人，魏徵则提出了识别人才的“六观法”：贵则观其所举，富则观其所养，居则观其所好，习则观其所言，穷则观其所不受，贱则观其所不为。因此，识别人才要通过观察人的举止、言行、兴趣、修养、追求等多方面进行考察。庄子的九征说：“君子远使之而观其忠，近使之而观其敬，烦使之而观其能，卒然问焉而观其知，急与之期而观其信，委之其财而观其仁，告之以危而观其节，醉之以酒而观其侧，杂之以处而观其色。九征至，不肖人得矣。”

【阅读材料】如果不是重用人才，晋文公重耳也无缘成为春秋五霸之一。重耳是礼贤下士的明主，他有一段逃亡的经历。四十三岁那年，晋文公因骊姬陷害，被武士勃抵追赶到蒲城，砍了一只袖子，逃到狄国（在今陕西渭水一带）。当时跟随他逃难的，还有晋国的一帮文人武将，较有名的是狐毛、狐偃、赵衰、魏仇、狐射姑、颠颉、介子推、先轸等人。正是靠着文人武将，晋文公才得以复国兴邦，创造了晋国在春秋时期一百五十多年的霸主地位，这在三百多年的春秋史中，是唯一的。晋文公“父事狐偃，师事赵衰，而长事贾佗”，能把狐偃、赵衰、贾佗等人才当父亲、老师和兄长一样敬重。先轸甚至唾骂过晋文公，晋文公不以为意，反而重用先轸，正是有这样的用人气度，晋国才能由衰转盛，成为春秋各国中的霸主。

晋文公复国后，对曾经有杰出贡献的人才进行大肆封赏，不慎漏了介子推，后来醒悟后到处找介子推，介子推躲进深山，晋文公就烧山逼介子推出来，结果介子推被烧死山中。晋文公号啕大哭，命人将旁边烧剩下的残木劈成板子，做成木鞋，穿于脚上，用以“以志吾过”。

（资料来源：http：//pcccp. bokee. com/6950907. html）

3. “守信”

守信，是中华民族的传统美德之一，在古代文明中，“信”占有很重大的意义，与“忠”“孝”“节”“义”并提。治国要守信，办企业要守信，办一切事业都要守信。孔子说：君子信而后劳其民。信誉是人类社会之间建立稳定关系的基础，是国家兴旺和事业成功的保证。

对于“信”的坚守，有时就体现了人格的高下，受人敬仰抑或遭人唾弃。《左传·宣公十五年》中晋大夫解扬的故事就表现了“信”的力量。晋大夫解扬处在一个两难的境地中，对楚王守信，就是对国君失信；对国君失信，就是对楚王失信。但是解扬在大是大非的问题上作出了正确的选择，以国家民族的利益为重，他对国家的守信也赢得了敌方的尊重，楚王最终“舍之以归”。

【阅读资料】楚国攻打宋国睢阳，宋国向晋国求救。晋国派大夫解扬去宋国传达命令，说晋军已经开拔，要宋人坚守城池。可是，解扬在路上被楚人抓获，楚王威逼解扬对宋人诳说晋国根本不能救宋，解扬假意答应了。可他登上楼车后却喊道：“我是晋大夫解扬，不幸为楚所俘，他们威逼我劝诱你们投降。我假意应承，好借机传达消息，我主公亲率大军来救，很快就会到了。”楚王大怒，认为他不守信用，喝令将解扬推出去斩首。解扬面无惧色，理直气壮地答道：“我根本没有失信，作为晋臣的我如果取信于你楚王，必然失信于晋君。假如楚国有一位大臣公然背叛自己的主子，取悦于他人，你说这是守信用还是不守信用呢？好了，没什么可说了，我愿意立刻就死。以此来说明楚国对外讲信用，对内则无信用可言。”

楚王听后怒气顿消，感慨地说：“解扬真是个忠臣烈子啊！”就赦免了他。

4. 求“和”

人和：“礼之用，和为贵。先王之道斯为美。小大由之，有所不行。知和而和，不以礼节之，亦不可行也。”（《论语·学而》）这是讲，“礼”以“和”为贵，是“和”的体现。制度化的“礼”与精神性的“和”，两者刚柔相济，不可或缺。如果事事循“礼”而不知尚“和”，便会“礼胜则离”，缺乏凝聚力和向心力；反之，如果处处求“和”而没有“礼”的制度保障，则会失之于流。自古认为：天时不如地利，地利不如人和，人和有利于处理各种人际关系，君臣和、将相和等都是人和的具体应用。对治国来说，和能兴邦；对治生来说，和气生财。

综上所述，中国古代的管理思想极为丰富，以上几个方面远远不能概括丰富多彩、博大精深的中国古代管理思想之源，需要我们继续挖掘、研究、继承这笔宝贵的遗产。中国古代管理思想虽未形成独立的理论体系，也很少有专门的研究，但其价值极高，对现代管理科学的发展做出了不可估量的伟大贡献。

第二节 西方管理理论的产生与形成

管理情境

管理理论真能解决实际问题吗?

海伦、汉克、乔、萨利四个人都是美国西南金属制品公司的管理人员。海伦和乔负责产品销售，汉克和萨利负责生产。他们刚参加过在大学举办的为期两天的管理培训班学习。在培训班里学习了泰罗的科学管理理论、法约尔的管理职能及一般管理理论、马克斯·韦伯的理想行政组织理论、巴纳德的一般组织管理理论、梅奥的人际关系学说以及当代管理理论等内容。他们对所学的理论有不同的看法，展开了一场激烈的争论。

乔首先说：“我认为马克斯·韦伯的理想行政组织理论对于像我们这样的公司是很有用的，不建立严格的组织和权力分配，公司就会乱套。”

萨利插话说：“你说的我不赞成。组织的建立和权力分配固然重要，但对我们公司而言，最重要的是进行人性化管理，以人为本，充分调动人的积极性，如果人没有积极性，组织建立的再好也没用。”

海伦对他们的讨论表示有不同的看法，她说：“组织的建立、权力的分配和进行人性化管理我还没有很好地考虑。但是，我认为建立学习型组织对我们是很有用的。现在是知识爆炸的时代，不学习新知识、新理论我们会被淘汰的。其他的对我们有什么帮助呢?”

汉克显得有些激动地插话说：“我不懂这些被大肆宣传的理论是什么东西。教授们都把自己的理论吹得天花乱坠，他们的理论听起来很好，但他们的理论却无助于我们的管理实际。”

结合上述管理情景，思考并回答下列问题：

1. 你怎样看待他们的争论?
2. 汉克认为学习管理理论是无用的，你如何看待这一问题? 应该怎样学习管理理论?

（资料来源：http：//www. docin. com/p－98238548. html）

要求：课前进行认真阅读和思考，课上针对问题进行探讨。

理论与实践

管理理论的产生与形成阶段是指19世纪末到20世纪40年代初，即第二次世界大战结束前，这主要是科学管理理论的创立阶段。在管理理论创立与发展的早期，管理理论主要沿着两个方向发展：一是注重管理的科学化，而形成的组织技术流派，主要指古典管理论及其发展，包括泰罗的科学管理、法约尔的一般管理理论、韦伯的行政组织论；二是强调人的作用，注重对人的行为与人群关系的研究，而形成的人际关系流派，主要指梅奥的人际关系论。

一、古典管理理论

古典管理理论的产生与发展时期又被称为科学管理思想发展阶段，其间经历了19世纪末至20世纪的三四十年代。这一时期的管理理论主要是以泰罗的科学管理理论、法约尔的一般管理理论、韦伯的行政组织理论等为代表。这些管理思想的日渐成熟，是对社会化大生产发展初期管理思想较为系统的总结，标志着管理科学的建立。

（一）泰罗的科学管理理论

泰罗是美国古典管理学家，科学管理的创始人，一生的研究硕果累累，著作很多，他的主要著作有《科学管理原理》《车间管理》《计件工资制》等，其代表作是1911年发表的《科学管理原理》，提出通过对工作方法的科学研究来提高工人劳动素质的基本理论和方法。泰罗在该书中提出的理论奠定了科学管理的理论基础，标志着科学管理思想的正式形成，使管理从此走上了科学发展之路，因此被称为“科学管理之父”。

泰罗在米德维尔工厂，从一名学徒工开始，先后被提拔为车间管理员、技师、小组长、工长、设计室主任和总工程师。在工厂的经历使他了解工人们普遍怠工的原因，他感到缺乏有效的管理手段是提高生产率的严重障碍。为此，泰罗开始探索科学的管理方法和理论。

泰罗从“车床前的工人”开始，重点研究企业内部具体工作的效率。在他的管理生涯中，他不断在工厂实地进行试验，系统地研究和分析工人的操作方法和动作所花费的时间，逐渐形成其管理体系——科学管理。泰罗在他的主要著作《科学管理原理》中所阐述的科学管理理论，使人们认识到了管理是一门建立在明确的法规、条文和原则之上的科学。泰罗的科学管理理论主要有两大贡献：一是管理要走向科学；二是劳资双方的精神革命。

科学管理的中心问题是提高劳动生产率。

科学管理思想的核心是认为应该通过科学的研究来决定工作方法，而不是凭每个人自己过去的经验。管理科学的根本目的是谋求最高工作效率。泰罗认为，最高的工作效率是工厂主和工人共同达到富裕的基础。达到最高工作效率的重要手段，是用科学的管理方法代替旧的经验管理。实施科学管理的核心问题，是要求管理人员和工人双方在精神上和思想上来一个彻底变革。

1. 泰罗科学管理理论的主要观点

（1）制定工作定额。泰罗把工人的操作分解为基本动作，再对尽可能多的工人测定完成这些基本动作所需的时间，加上必要的休息时间和其他延误时间，得到完成这些操作的标准时间，据此制定一个工人的“合理的日工作量”。泰罗制定定额，工资率随着完成定额的程度上下浮动。

（2）差别计件工资制。泰罗提出了一种差别计件工资制，差别计件工资制指计件工资率随着完成定额的程度而上下浮动。若超额完成定额工作量，则按比正常单价高25%计酬；若完不成则按比正常单价低20%计酬，以此提高工人的积极性。

（3）标准化管理。泰罗认为工作中要使工人掌握标准化的操作方法，使用标准化的工具、机器和材料，并使作业环境标准化。因此标准化是泰罗研究的一个重要方面。

（4）科学选人。泰罗认为：为了提高劳动生产率，必须为工作挑选“第一流的工人”，即能力最适合做这种工作而且也愿意去做这种工作的人，并使工人的能力同工作相配合。泰罗的做法使人的能力、态度与工作得到了科学、合理的配合，同时泰罗主张对上岗的工人进行教育和培训，教会他们科学的工作方法，激发他们的劳动热情，使他们成为第一流的工人。

（5）计划职能与执行职能相分离。泰罗主张明确划分计划职能与执行职能，有专门的计划部门承担计划职能，由所有的工人和部分工长承担执行职能。

（6）例外原则。所谓例外原则，就是指企业的高级主管人员应把处理一般事务的权限下放给下级管理人员，自己只负责对下级管理人员的监督和处理例外事务。这种原则的实质是实行分权管理，它的提出具有非常积极的现实意义。

（7）大饼原理。双方只有不断地提高劳动效率，才有利可图。因此，需要增强责任观念，用相互协作代替对抗与斗争，共同把饼做大，每个人才能分到更多。

【课堂思考】联合邮包服务公司

联合邮包服务公司（UPS）雇了15万名员工，平均每天将900万个包裹送到美国各地和180个国家。为了实现他们的宗旨“在邮运业中办理最快捷的运送”，UPS的管理当局系统地培训他们的员工，使他们以尽可能高的效率从事工作。UPS的工业工程师们对每一位司机的行驶路线都进行了时间研究，并对运输、暂停和取货活动设立了标准。这些工程师记录了红灯、通行、按门铃、穿过院子、上楼梯、中间休息喝咖啡的时间，甚至上厕所的时间，将这些数据输入计算机中，从而给出每位司机每天中工作的详细时间标准。

为了完成每天去送130件包裹的目标，司机们必须严格遵循工程师设计的程序。当他们接近发送站时，他们松开安全带，按喇叭，关发动机，拉起紧急制动，把变速器推到1挡上，为送货完毕的启动离开做好准备，这一系列动作严丝合缝。然后，司机从驾驶室出溜到地面上，右臂夹着文件夹，左手拿着包裹，右手拿着车钥匙。他们看一眼包裹上的地址把它记在脑子里，然后以每秒钟3英尺的速度快步走到顾客的门前，先敲一下门以免浪费时间找门铃。送货完毕后，他们在回到卡车上的路途中完成登录工作。

问题：

1. 你如何看待联合邮包服务公司的做法？

2. 该事例主要体现了什么管理理论？是谁提出来的？结合事例谈谈自己对该管理思想的看法？

（资料来源：http：//www.doc88.com/p－134710075101.html）

2. 对泰罗科学管理理论的评价

科学管理理论最大的贡献是提倡用科学的管理方法代替传统的管理方法。由于科学管理方法的逐步普及和发展，极大地促进了企业生产效率的提高，也促进了当时工厂管理的根本变革。其意义是历史性的，科学管理理论是管理发展史上的一次伟大的革命，它的提出也标志着管理学作为一门科学开始形成。但由于历史条件的限制，这个理论不免有其局限性。由于泰罗自身条件、背景，使他对较高层次的研究相对较少，理论深度也相应的显得不足。泰罗的生活经历决定了其理论偏重于基层管理。最大的不足是，他把工人看成为“经济人”，视为一个仅仅能够用金钱刺激的群体，工人的一切行为都是受经济利益驱动。

（二）法约尔的“一般管理”理论

法约尔与泰罗一样同属于管理学派，泰罗的理论侧重于在工厂中提高劳动生产率的问题，而法约尔则侧重于高层管理理论，他们的理论互为补充。作为高层管理人员，亨利·法约尔以企业整体作为研究对象，以管理过程和管理组织为研究重点，致力于研究适用于各种组织类型的管理理论，被后人称为“管理过程之父”，其代表作是1916年发表的《工业管理与一般管理》一文，1925年此文作为著作正式出版，但是这本书的英译本1929年才问世，而直到1949年法约尔的思想才在美国受到广泛的重视，后人将他的管理理论称为一般管理理论或职能管理理论。

1. 法约尔的“一般管理”的主要内容

（1）企业的工作与人员能力结构。法约尔认为，企业里所发生的所有行为都可以概括为六类：技术性的工作——生产、制造；商业性的工作——采购、销售和交换；财务性的工作——资金的取得与控制；会计性的工作——盘点、会计、成本及统计；安全性的工作——商品及人员的保护；管理性的工作——计划、组织、指挥、协调与控制。

法约尔对这六大类工作分析之后发现，对基层工人或其他人员主要要求其具有技术能力。随着组织层次中职位的提高，管理就显得越重要，而技术能力的重要性相对减少。

（2）管理的五个基本职能。法约尔首次把管理活动划分为计划、组织、指挥、协调与控制五项职能，揭示了管理的本质，并对这五大职能进行了详细的分析。另外，法约尔还认为，管理的这五大职能并不是企业经理或领导人个人的责任，而是一种分配于领导人与整个组织成员之间的职能。

（3）管理十四项原则。法约尔根据自己多年的管理实践总结出了著名的十四项管理原则。这些原则是任何一个管理人员在管理过程中都会遇见的，既普遍又重要，今天仍然是管理者们在实践中所遵循的，也是管理学者一直关注和研究的主题。

劳动分工原则：法约尔认为劳动分工是属于自然规律的范畴，是关于劳动专业化的古典概念，实行劳动的专业化分工可以提高人们的工作效率，一样的劳动由于进行了劳动分工可以得到更多的东西。法约尔认为劳动分工不仅适用于技术工作，在管理方面和职能的权限划分方面也同样适用。但需要注意的是专业化分工要有一定的限度，不能超出这个限度，如果分工过细或过粗，效果都不好。

权力与责任原则：法约尔把权力分为个人权力和正式权力。前者与管理人员的智慧、经验、学识、道德品质、管理能力、以往成绩等因素有关。后者则是由管理者所处的职位和职务所决定的。一个出色的管理者应该学会用个人权力弥补正式权力的不足，把个人权力作为正式权力的必要补充。一个人在组织中的地位越高，明确其责任范围就越难。避免滥用权力的最好方法是提高领导者个人素质，尤其是要提高其道德素质。对于责任，法约尔指出："权力是责任的孪生物，责任是权力的当然结果和必要补充，凡有权力行使的地方就有责任的存在。"为了贯彻权力与责任相符的原则，应该建立有效的奖惩制度，用来鼓励好的行为，制止不良行为的发生。

纪律原则：是以尊重而非恐惧为基础的。纪律是企业领导人同下属员工之间在服从、积极、勤勉、举止和尊敬等方面所达成的一种协议。纪律包含两个方面：一是纪律协定，二是人们对纪律协定的态度及遵守情况。纪律是一个企业取得成功的关键。一个企业要有良好的纪律应做到以下三点：①要有好的各级领导；②要有尽可能明确而又公平的纪律协定；③奖惩的执行必须合理。纪律是由领导人制定的，组织的纪律状况取决于领导人的品德状况。不良的纪律往往由不良的领导造成，因此领导也要和下属人员一样，必须接受纪律的约束，遵守纪律。

统一指挥原则：法约尔在这方面产生了与泰罗截然相反的观点，泰罗的分权制是法约尔绝不容许的，他对职能工长制极力反对。他认为无论什么时候，什么工作，一个下属都应接受而且只应接受一个上级的命令。如果没有统一指挥，那么权力将遭到损害，纪律也会受到破坏，秩序和稳定也会受到威胁。如果组织中有两位领导对同一个人或事下达了不同的命令，将会使下属人员无所适从，造成组织活动出现紊乱。因此，必须避免出现多重指挥的现象。

统一领导原则：是指具有同一目标的全部活动，仅应有一个领导者和一项方案。统一领导与统一指挥既有区别又有联系，统一指挥是一个下属人员只能听从一个领导者的指挥，而统一领导则是指组织机构设置的问题，即人们可以通过建立完善的组织机构来实现一个社会团体的统一领导，充分发挥员工的作用。

个人利益服从集体利益原则：个人利益与集体利益之间是一场持久的较量。在一个企业中，个人利益不能置于企业利益之上。为了贯彻这一原则，企业目标应尽可能多地包含个人目标，在企业目标实现的同时满足个人的合理需求；企业领导人要以身作则，起模范带头作用，以集体利益为重；对员工进行教育，努力使其做到当个人利益与集体利益发生冲突时，优先考虑集体利益。

公平报酬原则：报酬制度应首先考虑能够维持职工的最低生活消费，其次考虑企业的资本经营状况，然后再结合员工劳动贡献的多少，制定一个公平合理的报酬制度，人员报酬应符合三个条件：①报酬要公平；②奖励努力工作的员工；③报酬要有一个合理的限度。

适当集权与分权原则：管理的集权与分权本身并没有好坏之分，适合企业发展就是好的，只是需要把握好一个尺度的问题，即掌握好集权与分权的尺度。一个组织，必须有某种程度的集权，问题是合适的集权程度是什么。合适的集权程度是由领导者的能力、员工素质、企业领导对发挥下属工作积极性的态度等因素决定的。这些因素总是在不断变化的，因此，一个机构的最合适的集权程度也要根据因素变化和组织的实际情况发生相应的变化。

【阅读资料】摩西和岳父叶忒罗

《旧约全书·出谷记》第十八章中记载，摩西是希伯莱人的领袖，他在行政法、人际关系、人员挑选和训练等方面都有出色的能力。

一天，摩西坐在帐篷内处理百姓的一些事情。一些百姓站在摩西的左右，叶忒罗看见问摩西："你为百姓做的是什么事呢？你为什么独自坐着，众百姓从早到晚都站在你的左右呢？"摩西对岳父说："这是百姓到我这里来问神，他们有事的时候就到我这里来，我便在他们之间施行审判，我又叫他们知道，神的律例和法度。"摩西的岳父批评摩西处理政务事必躬亲的做法，他提出三点建议：第一，制定法令，昭示民众；第二，建立等级制度，委任管理人员；第三，分级管理，各司其职。他说："你这样做不好，你和这些百姓都疲惫，事情这么多，你一个人怎么办得了呢？我为你出个主意，愿神与你同在。你要百姓到神面前，将案件奏告神，又要将律例和法度教给他们，指示他们当行的道、当做的事；并从百姓当中挑选一些有才能的人，一定要是敬畏神、诚实无妄、恨不义之财的人，派他们作千夫长、百夫长、五十夫长、十夫长，管理百姓。叫他们随时审判百姓的事，大事呢就呈到你这里来，小事你就让他们自己审判。这样，你就可以轻省些，他们也可以担当此任。"

于是，摩西听从他岳父的话，按着他说的去做。从以色列人中挑选了一些有才干的人，立他们为百姓的首领，作了千夫长、百夫长、五十夫长、十夫长。他们随时审判百姓的日常事情，有难断的案件就呈到摩西那里。

等级制度与跳板原则：等级制度就是从企业的最高领导层到基层管理人员的管理系列。等级制度一方面表明组织中各个层级之间的权力关系，另一方面也可以表明组织中信息传递的通道，在一个正式组织中，信息的传递是按照组织的等级系列进行的，贯彻等级系列原则有利于组织加强统一指挥，但是有时候可能会因为信息沟通的路线太长而延误了信息传递的速度，甚至会出现信息在传递过程中的失真现象。为了既能维护统一指挥原则，又能避免这种信息的延误和失真问题，法约尔提出了著名的"跳板原则"，即在相同层次的人员之间也要有直接联系，在需要沟通的部门之间建立一个"跳板"，利用这种"跳板"可以进行横向的信息交流，但只有在各方面都同意而上级又始终知情的情况下才能这样做。

法约尔认为"跳板"原则简单、迅速，而且可靠，它减少了信息失真和时间延误，既维护了统一指挥原则，又大大地提高了组织的工作效率，但是，必须事先请示，事后报告。在实际工作当中，违反"跳板"原则的现象屡见不鲜，怕负责任是这种现象的主要原因，换句话说，领导人管理能力不够是"跳板"原则的主要原因。

秩序原则：法约尔指出秩序是指"凡事各有其位""各尽所能"。管理人员首先要了解每一工作岗位的性质和内容，使每个工作岗位都有称职的职工，每个职工都有合适的岗位。同时还要有条不紊地精心安排物资、设备的合适位置。贯彻秩序原则时要注意防止表面上整齐而实际混乱的现象发生，法约尔认为要使人们做到内外统一，就要对企业的社会需要与资源有确切的了解。另外，还要慎重选人用人，消除任人唯亲，做到知人善任，利用好人才。

【阅读资料】瓦罗，古罗马奴隶主思想家，曾任大法官，曾受帝王之命筹建了罗马第一所公立图书馆。瓦罗著有《论农业》一书，在此书中，瓦罗讲到农庄人员的选择，他说：要选择那些能够从事劳动并有农业习性的农庄工人，这可以用几种工作对他们进行测验，并询问他们在以前的主人那里做些什么。对于监工，瓦罗认为：应该受到一点教育，性情好，有节约的习惯，最好比工人年纪大些。监工在农业工作方面应该很有经验，以便使工人尊重他，只要监工能用语言来达到目的，就无权用鞭子来强制执行纪律。选择一个结过婚的奴隶作监工是较为明智的，因为，婚姻使人更为稳定和依附在一个地方。如果对监工付给报酬，他就会工作得更愉快……

平等原则：法约尔认为，公平就是“善意”加上“公道”。公道是执行已订立的协定。领导人为了激励下属人员全心全意地做好工作及对组织忠诚，就要善意地对待下属，鼓励他们忠诚地履行自己的职责。在实际的工作过程中，由于受各种因素变化的影响，原来的公道协定可能会变成不公道的协定，导致工作努力得不到公正的体现，如不及时改变这种状况，就会打击员工的工作积极性。作为领导者应重视员工在工作中希望公平和受到鼓励的愿望，努力做到公正、合理、善意地对待员工。

人员稳定原则：员工从事的工作需要一定的时间来熟悉和了解，不要轻易变动，如果他刚刚对自己的工作熟悉一些就被调离，那么他就没有时间和办法为组织提供良好的服务。管理人员尤其如此，他们熟悉工作往往需要很长的时间。因此，一个成功企业的员工和领导人员必须是相对稳定的。人员变动频繁的企业或组织是很难成功的。当然，人员的稳定是相对的，对于企业而言，关键是要把握好人员流动的合适尺度，保持企业员工的稳定性与适应性。

人员团结原则：法约尔强调，不团结对企业的生存和发展是极为有害的，企业中的员工往往由于管理能力的缺乏，有私心的人由于追求个人利益而忽视或忘记了组织的团结。组织的集体精神的强弱取决于这个组织内部员工之间是否和谐团结。为了加强组织的团结，培养员工的集体精神，最有效的方法是遵守统一指挥原则，加强组织内部交流，鼓励交流与沟通。一个企业全体成员的和谐与团结是这个企业发展的巨大力量，领导者有责任尽一切努力保持和维护组织内部成员的团结。

首创原则：就是鼓励员工在工作中发挥自己的聪明才智，提出具有创造性想法或有所发明、有所创造。它能够带给员工极大的快乐和满足，也是激励员工努力工作的最大动力之一。企业的领导者不但自身要具有首创精神，而且更应该肯定和激励员工的首创精神。

法约尔认为，原则是灵活的，可以适应一切需要，问题在于懂得如何去使用这些原则，这是一门很难掌握的管理艺术。领导者要充分运用自己的智慧、经验与判断力去运用这些原则。没有原则，人们就处于黑暗和混乱之中。但是，如果没有经验与尺度，即使有最好的原则，人们仍将处于困惑不安之中。原则是灯塔，它能使人辨明方向，但它只能为那些知道通往自己目的地道路的人所利用。

2. 对法约尔一般管理理论的评价

法约尔研究了管理的一般性（普遍性），为管理理论的形成构筑了一个科学的理论框架。提出了管理教育的必要性。法约尔认为对管理知识的需要是普遍的，尤其是对企业的中上层领导人。缺陷在于理论缺乏弹性，管理原则过于僵硬，如在他的统一指挥原则中，他认为一个下级只接受一个上级的指挥，这与劳动分工原则之间可能会发生冲突。同泰罗一样，也认为工人是经济人。

（三）韦伯的行政组织理论

马克斯·韦伯生于德国，曾担任教授、政府顾问、编辑，对社会学、宗教学、经济学与政治学都有相当的造诣。韦伯行政组织理论产生的历史背景，正是德国企业从小规模世袭管理，到大规模专业管理转变的关键时期，了解韦伯的思想更具有重要的现实意义。韦伯和泰罗、法约尔是同时期人，是德国的古典管理理论代表人物之一。韦伯的研究对象主要是正式组织，他在管理思想上的最大贡献是提出了所谓“理想的行政组织体系理论”，因而被后人尊称为“组织理论之父”。其代表作是《社会组织与经济组织》。

1. 韦伯的行政组织理论的主要内容

韦伯对管理理论的贡献，主要是提出了一套理想的行政组织体系。所谓理想的行政组织体系，是指通过职务或职位而不是通过个人或世袭地位来管理，他所讲的“理想的”并不是指最合乎需要的，而是指现代社会最有效和合理的组织形式。

马克斯·韦伯是对权威进行理论剖析的第一人，他对权威进行了历史的考察，认为正当的（或称为合法的）权威不外乎三种历史形态。即传统型权威、魅力型权威、法理型权威。韦伯认为，组织与权威的关系密切，任何一种形式的组织都以某种形式的权威作为基础，没有权威，组织就失去了其存在的条件，这就是著名的权威理论。

（1）传统型权威。传统型权威是一种最古老的权威形式，来自于习俗、惯例、经验、祖训，等等。由传统权威支配的社会组织，统治者依照传统形成的组织规则来治理臣民，芸芸众生对长官的服从来自于传统赋予长官的固有尊严。这种社会组织就是人们常说的家长制。在家长制组织中，统治者与被统治者的关系，并非“上司”与“下属”的关系，而是主子与奴仆、家长与子女的关系，他们所遵从的规则，是社会传统的习俗和惯例，而不是法律制度。传统权威的本质是“顺从”。传统型权威支配下的社会组织有三种亚形态，即族长制、世袭官僚制与封建制。族长制是传统权威统治的最初级形态，起源于氏族社会，但它大量存在于各种社会形态之中，即便现代社会中也不乏这种组织形态的存在。各种家族制企业、乡土社会组织以及初级形态的帮会等，仍较多地拥有传统权威特征。世袭官僚制与封建制是传统型权威的两种进化形态，是社会组织在发展过程中规模扩大与制度细化的结果，是由氏族组织向国家及其他大型组织转变时出现的更高级形态。

（2）魅力型权威。这种权威又可称为超人权威或神授权威，它建立在非凡人格、英雄气概、创业奇迹的基础上，也就是说它来自于对领袖个人魅力的崇拜。所谓魅力，即一个领袖人物的超越凡俗的品质，它可以是不同凡响的气质、人品、性格、学识、智慧和能力，也可以是凡人不能理解的神授魔力。具有魅力权威的领袖人物，必须拥有某种超人类甚至超自然的，也是其他人无法企及的力量或素质。超人权威的本质是“敬仰”。魅力型权威的核心是个人崇拜，这种组织所依赖的往往是某种信仰，而不是强制性因素。所以，要维持个人崇拜组织的生存发展，领袖人物就必须不断地以某种新的方式来表现出他的魅力。这就像现在体育明星、演艺明星一样，只有不断地创造出新的奇迹，为“粉丝”提供新的刺激，才能保持崇拜者的兴奋和激情，否则就会失去其受人崇拜的魅力。所以，这种权威是最不稳定的，也是不能持久的。一般来讲，伴随着领袖的魅力的失去，这种个人崇拜组织就会转化为传统型组织或法理型组织。这种转化过程，即社会学中常说的“祛魅”。

（3）法理型权威。这种权威又可称为法定权威，是建立在相信规章制度和行为规则的合法性基础之上。法理型权威以规则为统治的出发点和最终的归宿点，只有根据法定规则所发布的命令才具有权威，人们普遍遵守规则、信守规则，规则代表了一种大家都遵守的普遍秩序。法律和规章有契约式的，也有强制式的，但是，法理权威的形成依赖于法律和规章表现出来的理性。“通过协议的或强加的任何法理都可能以理性为取向，即目的合乎理性或价值合乎理性为取向（或者两者兼而有之），并制订成章程，同时有权至少要求团体的成员必须尊重它。”正是这种从理性所衍生出来的规则成为了法理型权威所赖以存在的基础。法理权威的本质是“理性”。法理型权威是由传统社会走向现代社会的必然产物，是理性追求的体现。相对传统权威和超人权威，它最稳定且最有效率。这种权威下的组织关系是法定的，组织的行为规则体现了理性。所以，它是现代社会最为普遍的权威类型，其他两种权威最终会向这种权威演变。

对于传统权威，韦伯认为：人们对其服从是因为领袖人物占据着传统所支持的权力地位，同时，领袖人物也受着传统的制约。但是，人们对传统权威的服从并不是以与个人无关的秩序为依据，而是在习惯义务领域内的个人忠诚。领导人的作用似乎只为了维护传统，因而效率较低，不宜作为行政组织体系的基础。

而魅力型权威的合法性，完全依靠对于领袖人物的信仰，他必须以不断的奇迹和英雄之举赢得追随者，超凡权力过于带有感情色彩并且是非理性的，不是依据规章制度，而是依据神秘的启示。所以，超凡的权力形式也不宜作为行政组织体系的基础。

韦伯认为，只有法定权威才能作为行政组织体系的基础，其最根本的特征在于它提供了慎重的公正。原因在于：①管理的连续性使管理活动必须有秩序地进行。②以“能”为本的择人方式提供了理性基础。③领导者的权力并非无限，应受到约束。

2. 理想的行政组织体系应具备的特点

（1）劳动分工。工作应当分解成为简单的、例行的和明确定义的任务。

（2）职权等级。公职和职位应当按等级来组织，每个下级应当接受上级的控制和监督。

（3）正式的选拔。所有的组织成员都是依据经过培训、教育，或正式考试取得的技术资格选拔的。

（4）正式的规则和制度。为了确保一贯性和全体雇员的活动，管理者必须倚重正式的组织规则。

（5）非人格性。规则和控制的实施具有一致性，避免掺杂个性和雇员的个人偏好。

（6）职业定向。管理者是职业化的官员，而不是他所管理的单位的所有者，他们领取固定的工资并在组织中追求他们职业生涯的成就。

3. 韦伯的组织管理理论的评价

这种理想的科层组织体系能提高工作效率。它在精确性、稳定性、纪律性和可靠性方面都优于其他组织形式。摆脱了传统组织的随机、主观、偏见的影响，这种组织适合于工业革命以来的大型企业组织的需要。不足点在于经济人假设、管理僵化倾向、脱离周围环境，忽视了企业外部环境。

以上三个代表人物的管理理论，尽管研究的侧重点不同，但他们都是对传统的管理的突破，致力于管理的科学化，故都属于古典的科学管理理论。古典管理理论的共同点是：比较注重组织机构、正式的权力关系、规章程序和经济利益等“物”的因素，都主张一种理性化、规范化、标准化的管理。他们都有共同的缺点，就是“见物不见人”，忽视人的因素，忽视人的多方面需要，不注意充分调动人的积极性。

二、人际关系论

1. 梅奥及其霍桑试验

乔治·埃尔顿·梅奥原籍澳大利亚，后移民美国。1927 年，梅奥应邀参加并指导在芝加哥西方电气公司霍桑工厂进行有关科学管理的试验，研究工作环境、物质条件与劳动生产率的关系，通常称“霍桑试验”。试验结果表明，生产率提高的原因不在于工作条件的变化，而在于人的因素，生产不仅受物理、生理因素的影响，也受社会环境、社会心理因素的影响。梅奥的代表作《工业文明的人类问题》。他总结了亲身参与并指导的霍桑试验及其他几个试验的成果，并阐述了他的人际关系理论的主要思想，从而为提高生产效率开辟了新途径。

2. 梅奥人际关系理论的主要内容

（1）工人是社会人，而不是经济人，人的行为与情感有密切的关系。他们不仅追求金钱收入，而且还追求人与人之间的友情、安全感、归属感等社会和心理方面的欲望。

（2）企业中存在着非正式组织。非正式组织以其特有的感情倾向和精神导向，左右着成员的行为。非正式组织对企业而言有利有弊。其缺点是可能集体抵制上级的政策或目标，优点是使个人有表达思想的机会，可以提高士气，促进人员的稳定，有利于信息沟通，有利于提高员工的自信心，提高劳动生产率。

（3）生产效率主要取决于职工的工作态度以及与周围人的关系。梅奥认为，提高生产效率要注意每一个职工的个人情况的特殊性和他与周围人员关系的好坏情况，在工作中不仅要考虑职工的物质需求，还应充分考虑职工在精神方面的需求。

第三节 西方管理理论的发展

管理情境

赵助理的难题

利达公司是一家经营绩效良好的企业，在前些年有过骄人的业绩。但近几年来，公司的盈利水平不断下降，一个中等规模的企业，盈利水平甚至不如本地一家小型企业。公司上下对此颇感迷惑，人心浮动，企业面临着严峻的考验。

一天，公司总经理把总经理助理赵立叫到办公室。总经理首先跟他简单地讨论了公司目前的经营状况，明显地表示了对这一现状的担忧。接着，总经理交给小赵一个特殊的任务，集中一段时间，深入调查造成本企业目前盈利水平下降的根本原因是什么，并提出对策建议。

小赵来这个企业工作时间不长。他过去曾系统学习过管理理论，对古典管理理论与现代管理理论都有较深的研究。他对总经理交办的这个任务高度重视，决心运用所学的管理理论分析解决本企业实际问题。

小赵首先将目光投向市场，在激烈竞争的今天，市场是决定企业盈利水平最首要的因素。在调查的过程中，小赵了解到，本公司为开拓市场，建立了本地同行业最庞大的营销队伍，而且每年的营销预算都高于同行其他企业，占有了与本地几家最大企业旗鼓相当的市场份额。他觉得营销环节问题不大。接着他调查了本企业产品开发与价格情况。他了解到，本企业有很强的技术力量，有一支高水平的科技开发队伍。本企业的产品不比同行业的差，而且价格合理，不高也不低。他也感到困惑，这怎么会造成赢利水平的不断下降呢？

他又深入车间了解一线生产情况。生产线运行正常，员工们工作也较为认真。当然，也发现有些员工积极性不是很高，工作节奏较慢。车间主任抱怨道："去年每个人都涨了一级工资。咱厂工人在本地工厂中是工资最高的。可是这些工人的积极性一点也没提高。"关于严格管理，他说道："其实咱厂管理是很严格的，有那么多的管理规章制度。我本人管理也是非常严格的，对那些迟到早退、生产不合格产品、材料损失浪费的工人从不客气，都狠狠地进行批评。可是这些现象就是屡禁不止，这生产率就是上不去，有的工人好像是在同厂里作对，其实厂子黄了，工人的饭碗也砸了，这不是两败俱伤吗？我是没办法了。"小赵还了解到公司的管理机构庞大，管理费用高，产品生产成本也普遍高于同行，据说原材料进价也偏高。

调查的情况千头万绪，小赵决心运用管理理论进行分析，并提出有效的对策方案，以出色地完成总经理交办的任务。但他也似乎觉得在运用泰罗的经济刺激手段与现代行为科学原理之间还有些冲突或需要进一步理顺的地方。

问题：

1. 造成该公司盈利水平下降的原因有哪些？最主要的原因是什么？

2. 你认为解决该公司问题，应用泰罗的科学管理原理还是应用行为科学原理，哪个更为有效？

3. 请你对赵助理制订解决该公司问题的对策方案提出建议。

（资料来源：http：//www. docin. com/p－315744511. html）

要求：课前进行认真阅读和思考，课上针对问题进行探讨。

理论与实践

现代管理理论产生与发展的时期为20世纪40年代末，即第二次世界大战后，到20世纪末。这是管理思想最活跃、管理理论发展最快的时期，也是管理理论步入成熟的阶段。

一、管理理论的分散化

进入20世纪50年代，现代管理思想的发展异常活跃，众多的学者，从不同方向、不同角度，采用不同方法研究管理问题，各树一帜，建立了许多管理理论学派，形成了管理理论研究的分散化。美国管理学者孔茨和奥唐奈将这种现象称为“热带的丛林”。

（一）管理过程学派

又称管理职能学派，管理过程学派是在法约尔一般管理思想的基础上发展起来的。该学派的代表人物是美国的管理学家哈罗德·孔茨和西里尔·奥唐奈，代表作是他们合著的《管理学》。

管理过程学派主要研究管理者的管理过程及其功能，并以管理职能作为其理论的概念结构。其主要观点包括：①认为管理是一种普遍而实际的过程，尽管各类组织的性质不同，不同类型与层次管理者的实际工作有很大的差别，但他们所履行的基本管理职能是相同的，即都在履行计划、组织、人事、领导和控制职能；②他们深入分析每一项管理职能，如该职能的特点与目的、职能的基本结构、职能的过程与技术方法、实施的障碍及排除方法等，以总结出管理的原理、原则、方法、技术，以便更好地指导管理实践；③该学派设计出一个按管理者实际工作过程的管理职能来建立管理理论的思想构架，把一些新的管理原则与技术容纳在计划、组织、人事、领导及控制等职能框架之中，从而建立起更加实用的理论体系。

【管理学家】哈罗德·孔茨

孔茨于1908年5月19日出生在美国俄亥俄州的芬雷，于1984年2月逝世。1931年，成绩优异的孔茨被美国西北大学录取，攻读企业管理硕士学位。1935年获得耶鲁大学哲学博士学位。从大学毕业之后到1935年，他先后在科尔孟特大学经济学专业担任助理教授、战时生产部运输部主任、美国铁路联合会副主席助理、特朗斯世界航空公司总经理、计划部主任、维沃特飞机公司商业销售部主任等职。1962年为加利福尼亚大学洛杉矶分校管理学院管理学教授。1963年任美国管理科学院院长。1965年起任行政管理研究所所长。并于1965年至1971年兼任行政管理研究公司总裁。1957年到1972年还兼任捷尼斯科公司董事会主席，1950年至1978年期间，兼任法尔公司、德斯特控制公司的顾问。1962年获“米德·约翰逊奖”，1971年获美国“空军航空大学奖”，1974年获“泰罗金钥匙”，1975年获“福特·芬雷奖”。孔茨教授还是国际管理科学院成员，美国管理协会会员，美国交通运输学会会员，管理科学研究所成员，世界未来学会会员等。

（二）社会系统学派

社会系统学派是从社会学的观点来研究各种组织和组织理论的。这一学派把企业及组织视为一个人们可以有意识加以协调和影响的社会协作系统，其代表人物是美国的管理学家切斯特·巴纳德，其代表作是1938年出版的《经理人员的职能》，巴纳德被称为“现代管理理论之父”。其主要观点包括：①组织是一种人的行为和活动相互作用的社会协作系统，只有依靠管理人员的协调，才能维持一个“努力合作”的系统；②组织不论大小，其存在和发展都必须具备三个基本要素：明确的目标、协作的意愿和良好的沟通；③组织效力和组织效率是组织存在和发展的两项重要原则；④管理者的权威并不是来自上级的授予，而是来自由下而上的认可；⑤经理人员的作用就是在一个正式组织中充当系统运转的中心，并对组织成员的活动进行协调，指导组织的运转，实现组织的目标。

【管理学家】 切斯特·巴纳德

巴纳德（1886—1961），美国著名管理学家，近代管理理论奠基人之一。代表作：1938 年出版的《经理人员的职能》，开创组织管理理论研究，揭示了管理过程的基本原理，经后人进一步发展，形成管理学领域的组织管理流派，对当代管理学体系产生了重要影响。

在现代管理学领域，巴纳德可以说是首屈一指的大师级人物。他对现代管理学的贡献，犹如法约尔和泰罗对古典管理学的贡献。一般来说，管理学的时代划分，可以分为三个时期，即古典管理学、现代管理学、当代管理学。按照这三个时期的代表性学派，也有人称其为科学管理时期、行为科学时期、系统管理时期。巴纳德属于第二个时期（即行为科学时期）的代表。从学理上看，巴纳德的贡献，主要是理论上的贡献，尤其是组织理论上的创新。所以，巴纳德是“现代管理理论之父”。巴纳德还是一个出色的钢琴演奏家，担任过美国新泽西巴赫协会主席。

（三）经验学派（案例学派）

经验主义学派又称案例学派，经验主义学派的代表人物主要有彼得·德鲁克，代表作有《有效的管理者》《管理：任务、责任和实践》，还有欧内斯特·戴尔，其代表作有《伟大的组织者》《企业管理：理论和实践》等。该学派的特点是：①该学派对管理理论的研究是通过对大量管理的实例和案例的研究，来分析管理人员在个别情况下成功及失败的管理经验，从中提炼和总结出带有规律性的结论，这样可以使管理人员能够学习到更多的管理知识与管理技能。②该学派否认管理理论的普遍价值，主张从“实例研究”“比较研究”中导出通用规范；由经验研究来分析管理。

【管理学家】 彼得·德鲁克

彼得·德鲁克——现代管理学之父，“大师中的大师”。彼得·德鲁克于 1909 年生于奥匈帝国的维也纳，祖籍为荷兰，1937 年移居美国，终身以教书、著书和咨询为业。德鲁克一生共著书 39 本，在《哈佛商业评论》发表文章 30 余篇。他文风清晰练达，对许多问题提出了自己的精辟见解。杰克·韦尔奇、比尔·盖茨等人都深受其思想的影响。德鲁克一生笔耕不辍，年逾九旬还创作了《德鲁克日志》，《纽约时报》赞誉他为“当代最具启发性的思想家”。2002 年 6 月 22 日，美国总统乔治·W·布什宣布彼得·德鲁克为当年的“总统自由勋章”的获得者，这是美国公民所能获得的最高荣誉，这是一份迟到的荣誉，当时德鲁克已经 93 岁了，幸亏他活得足够久，给了美国政府一个改正错误的机会。2005 年 11 月 11 日，德鲁克在加州家中逝世，享年 95 岁。尊为“现代管理学之父”的德鲁克，是这个时代最出色的管理学者，他曾发誓：“如果我能活到 80 岁，我就要写到 80 岁。”

“假如世界上果真有所谓大师中的大师，那个人的名字，必定是彼得·德鲁克”——著名财经杂志《经济学人》如此评价彼得·德鲁克。

（四）决策理论学派

决策理论学派的代表人物是赫伯特·西蒙，代表作是 1960 年出版的《管理决策新科学》。该学派认为决策贯穿于管理的全过程，管理的关键在于决策，管理必须采用一套制定决策的科学方法及合理的决策程序。其主要观点包括：①“管理就是决策”。强调决策行为贯穿于整个管理过程之中。②对于决策的程序、准则、类型及其决策技术等作了科学的分析，提出在决策中应用“令人满意”的准则代替“最佳化”准则。③强调不仅要注意在决策中应用定量方法、计算技术等新的科学方法。而且，要重视心理因素、人际关系等社会因素在决策中的应用。

【管理学家】赫伯特·西蒙

西蒙（1916—2001），经济组织决策管理大师，1978 年诺贝尔经济学奖获得者，瑞典皇家科学院在贺词中说：其科学成就远超过他所教的任何一门学科——政治学、管理学、心理学和信息科学。他的研究成果涉及科学理论、应用数学、统计学、运筹学、经济学和企业管理等方面，在所有的这些领域中西蒙都发挥了重要的作用，人们完全可以以他的思想为框架来对该领域的问题进行实证研究。但西蒙首先是一位经济学家，因终生从事经济组织的管理行为和决策的研究而获诺贝尔经济学奖。

西蒙的研究涉及政治学、经济学、管理学、社会学、心理学、运筹学、计算机科学等众多领域，并且在这些领域均做出了重大的贡献。这可以从他获得的奖项看出：1958 年，西蒙获得美国心理学会颁发的心理学领域的最高奖——心理学的杰出贡献奖；1975 年获得计算机领域的最高奖——图灵奖；1978 年获得诺贝尔经济学奖；1986 年获得美国总统科学奖——科学管理的特别奖。

西蒙的博学足以让世人折服，他获得过 9 个博士头衔：1943 年的加利福尼亚大学哲学博士学位、1963 年凯斯工学院科学博士学位、1963 年耶鲁大学科学博士学位、1963 年法学博士学位、1968 年瑞典伦德大学哲学博士学位、1970 年麦吉尔大学法学博士学位、1973 年鹿特丹伊拉斯莫斯大学经济学博士学位、1978 年密歇根大学法学博士学位、1979 年匹茨堡大学法学博士学位。瑞典皇家科学院总结性地指出：“就经济学最广泛的意义上来说，西蒙首先是一名经济学家，他的名字主要是与经济组织中的结构和决策这一相当新的经济研究领域联系在一起的。”西蒙的学术贡献，可以从 1978 年瑞典皇家科学院的公告中窥其一斑：“组织决策理论已经被成功地用于解释和预测各方面的活动，如公司内部取得信息能力的分布和决策的制定，市场调整与有限竞争，选择证券投资和选择一个国家进行国外投资。现代企业经济学和管理研究大部分基于西蒙的思想。”

（五）行为科学学派

行为科学学派的主要代表人物：马斯洛、赫兹伯格和道格拉斯·麦戈雷戈。行为科学学派主张要研究人，尊重人，关心人，满足人的需要以调动人的积极性，并创造一种能使组织成员充分发挥力量的工作环境。

行为科学学派的主要观点包括：①重视人在组织中的关键作用，注重探索人类行为的规律，积极推进人力资源的开发。②强调个人目标和组织目标的一致性。③主张打破传统组织结构和关系造成的紧张气氛，在组织中恢复人的尊严，实行民主参与管理，使上下级之间的关系由命令服从变为支持帮助，从监督变为引导，使员工自我控制、自主管理。

【课堂思考】冷冻食品厂

王中是一个冷冻食品厂厂长，该厂专门生产一种奶油特别多的冰激凌。在过去的 4 年中，每年的销售量都稳步递增。但是，今年的情况发生了较大的变化，到 8 月份，累计销量比去年同期下降 17%，生产量比所计划的少 15%，缺勤率比去年高 20%，迟到早退现象也有所增加。

王中认为这种情况的发生，很可能与管理有关，但他不能确定发生这些问题的原因，也不知道应该怎样去改变这种情境。他决定去请教管理专家。

讨论：假如王中分别去请教具有科学管理理论、行为管理理论、管理科学理论思想的三位专家，您认为这三位专家将如何诊断这一管理问题?

（六）管理科学学派

管理科学学派又称数理学派，是泰罗科学管理理论的继续和发展。代表人物是美国的学者埃尔伍德·斯潘赛·伯法，其代表作为《现代生产管理》。

管理科学学派致力于在企业管理中，摒弃凭经验、凭直觉的传统管理，探索科学有效的工作方法和最优方案，以到达最高的工作效率。管理科学作为一个学派，是指把现代自然科学和技术科学的最新成果广泛地应用于管理中来，建立一系列新的组织管理方法和现代管理技术的管理理论体系。管理科学的核心就是寻求决策的科学化，主张尽可能地减少决策的个人艺术成分，而要建立一套决策程序和数学模型以增加决策科学性。

【管理学家】埃尔伍德·斯潘赛·伯法

伯法曾任教于美国加利福尼亚大学管理研究院，哈佛大学工商管理学院，出版的著作很多，是西方管理科学学派的代表人物之一，代表作是《现代生产管理》(1975)。《生产管理基础》是伯法根据《现代生产管理》改写的，简明易懂，曾被《哈佛商业评论》推荐为经理必读书目。在这本书里可以看到大量的图表和数学公式，正是这些科学的计量方法，使得管理问题的研究由定性走向定量。

二、管理理论的集中化

针对管理学派林立，众说纷纭的状况，从 20 世纪 60 年代开始，管理学界出现一种寻求管理理论的统一或集中的趋势，力求建立公认的、普遍适用的管理理论，这主要表现为 20 世纪 60 年代的系统管理理论和 20 世纪 70 年代的权变管理理论。

（一）系统管理学派

系统管理学派是用系统科学的思想和方法来研究组织管理活动及管理职能。系统学派的代表人物有美国的弗里蒙特·E. 卡斯特、詹姆斯·E. 罗森茨韦克等人，其代表作是《系统理论和管理》。

系统管理学派认为，从系统观点来考察和管理企业有助于提高企业的效率和效益。系统管理能够使得企业管理人员不至于因为只注意一些专门领域的特殊职能，而忽略了企业的总目标；也不至于忽略自己这个企业在更大的系统中的地位和作用。系统管理能够使得企业的系统管理把信息、能源、材料和人员等没有联系的资源，结合成为一个达到一定目标的整体系统。系统管理能够使得组织资源的企业并不会消除企业的各项基本管理职能，但能把企业中的各个子系统和有关部门的关系网络看得更清楚。计划、组织、控制和信息联系等基本职能不是孤立的，而是围绕着系统及其目标而发挥作用，以达到所预期的企业的目标。

【管理学家】弗里蒙特·E. 卡斯特、詹姆斯·E. 罗森茨韦克

弗里蒙特·E. 卡斯特：美国西雅图华盛顿大学的教授，管理理论中系统管理学派的主要代表人物，著名的管理学家。

詹姆斯·E. 罗森茨韦克：著名的管理学家，系统管理学派代表人物之一，1963 年与约翰逊、弗里蒙特·卡斯特三人合写《系统理论和管理》，1970 年与弗里蒙特·E. 卡斯特合作发表的《组织与管理：系统方法与权变方法》比较全面地论述了系统管理理论。以他们为代表的系统管理学派主张：要用系统理论的范畴和原理来全面分析和研究管理问题；把系统理论和管理理论结合起来，通过系统来管理，以提高管理效率。

（二）权变理论学派

权变理论学派是 20 世纪 70 年代在西方形成的一种较新的管理思想学派。权变理论学派的代表人物是美国管理学家弗雷德·卢桑斯，以及英国女学者琼·伍德沃德等人。

权变理论认为在企业管理中没有一成不变、普遍适用的管理理论和方法，因为环境是复杂而多变的，管理应随机应变，即采用什么样的管理理论、方法及技术应取决于组织环境；管理学者的任务，就在于归纳出管理中的情境究竟是由哪些因素组成，它们又有多少种存在状态，又有多少种不同管理方法。

卢桑斯的权变管理的基本思路是：先确定有关的环境条件，然后根据权变关系的理论，求得与之相应的管理观念和技术，以最有效地实现管理目标。他提出一个观念性的结构，这一结构由环境、管理观念与技术、它们两者之间的权变关系等三部分组成。也就是说如果环境条件一定，那么就必须采用与之相适应的管理原理、方法和技术，以有效实现企业目标。

【管理学家】琼·伍德沃德

权变理论学派代表人物，英国女管理学家，不列颠大学教授，组织设计权变理论主要代表人物之一，开创了公司生产过程类型的技术型模式，著有《经营管理和工艺技术》《工业组织：理论和实践》《工业组织：行为和控制》。

三、管理理论新发展

随着管理技术和水平的应用，效率的提高越来越困难，组织资源的构成也在发生变化，新环境、新形势使传统的管理观念面临挑战，管理越来越面临复杂的组织问题，维持和谐和润滑的组织越来越困难，这些都要求管理理论的发展。

（一）企业战略

企业战略是 20 世纪 60 年代在美国出现的，是有关企业长远和企业全局发展的谋划和策略。安索夫的《公司战略》（1965）一书的问世，开创了战略规划的先河。到 1976 年，安索夫的《从战略规则到战略管理》出版，标志着现代战略管理理论体系的形成。战略管理就是根据对企业经营条件和外部环境的分析，确定企业总的经营宗旨和经营目标，并且制定一种或几种有效的战略，使企业达到经营宗旨和经营目标所采取的一系列管理决策和行动。战略管理的核心是对企业现在和未来的整体效益活动实行全局性管理。也就是说，

战略管理不仅仅是制定企业战略，还应当具有战略的实施、评价、控制、调整等多种功能。一般来讲，企业战略管理的内容包括从阐明企业战略的任务、目标、方针到战略实施的全过程。该过程一般由战略制定、战略实施和战略评价及控制等组成。

（二）企业文化

进入20世纪80年代以来，随着社会生产的发展和现代管理理论的深入，“企业文化建设”成为西方管理理论发展的一个重要特点。

西方“企业文化建设”的兴起，有着深刻的经济和政治原因。从国际竞争来说，西方面临着来自东方国家日本的强力竞争。管理学家在对日本的比较研究中，认为东、西方管理上存在着很大差异，这种差异主要表现在文化上。他们认为，为了更好地吸收外国的管理经验，提高本国的管理水平，不断在国际竞争中取胜，必须要重视对企业文化的研究。从企业内部讲，随着科学技术的发展，企业中劳动的性质和劳动力的构成也发生了巨大变化。原来的一些管理理论和管理制度逐渐不适应，企业中的各种矛盾逐渐加剧，这就不得不以更高的管理境界和更好的管理方式来使企业产生一种精神凝聚力。

20世纪80年代以来，在西方，主要是美国管理理论的研究中，关于企业文化的论著很多，形成一种热潮，综观这些著作对企业文化的论述，主要包括以下几方面的内容：

（1）关于企业文化的内涵和外延及构成要素的论述。认为企业文化主要是由企业的最高目标或宗旨、共同价值观、作风和传统习惯、行为规范、规章制度等构成。它是一种以价值观为核心的对全体职工进行企业意识教育的微观文化体系。

（2）关于企业文化形成与发展的论述。认为企业文化不是少数企业家主观想象出来的，而是随着企业的建立和发展，通过全体职工的实践而形成的。影响企业文化形成的因素主要有企业人物、外部环境、民族习惯、历史传统等。

（3）关于企业文化的建设重要性的论述。企业文化的研究者和提倡者普遍认为，企业文化是现代企业生存和发展、成功与失败的关键。这种说法难免有些夸大，但也在一定程度上反映了当代企业管理的客观要求和发展趋势。

（4）关于企业文化建设原则、内容、方式、方法等方面的研究。认为重点是要构筑企业精神和企业形象。

（三）学习型组织

“学习型组织”理论是美国麻省理工学院教授彼得·圣吉在其著作《第五项修炼》中提出来的。彼得·圣吉认为，有两个加速的趋势在加速管理的变革：一是全球一体化的竞争增加了变化的速度；二是组织技术的根本变化促进了管理的变化。传统的组织设计是用来管理以机器为基础的技术；而新的组织却是以指示为基础的，即组织设计的是用来处理思想和信息。从而认为，传统的组织类型已经越来越不适应现代环境发展的要求，现代企业是一个系统，这个系统可以通过不断学习来提高生存和发展的能力。这一理论的提出，受到了全世界管理学界的高度重视，许多现代化大企业，乃至其他组织，包括城市，纷纷采用这一理论，努力建成“学习型企业”“学习型城市”等。

学习型组织是指营造整个组织的学习气氛，组织成员对环境、竞争者和组织本身的各种情况分析、探索和交流，而建立起来的一种符合人性的、有机的、扁平化的组织。它能认识环境、适应环境，进而能动地作用于环境。

学习型组织的特征：

（1）人性是善良的，但并不是一成不变的。

（2）成员之间的交流既是垂直指令式的，又是横向协商式的。

（3）组织的战略是先导型的，思考问题的方式是系统的。

（4）领导方式一般是民主参与式的。

（5）组织分工强调扩大每个员工的工作使其灵活丰富，组织利用经济、非经济两类因素激励实现组织目标，保证成员目标的一致性。

学习型组织的建立需要进行所谓的“五项修炼”，即自我超越、改进心智模式、勾画共同的远景蓝图、团体学习、系统思考。

修炼对于组织而言，就是通过学习和训练，提高组织内部结构和机能对社会、市场变化的适应能力；对个人而言，是指通过学习提高自身素质。

1. 自我超越

自我超越是指充分挖掘自身的潜能，努力获取新知识和新技能，为了追求目标和理想，全身心地投入工作，逾越心理障碍，积极进取，不断创造，最大限度地自我实现的过程。

2. 改进心智模式

心智模式是指在人的成长过程中，伴随着与周围世界的接触而在内心形成的处事模式。改进心智模式就是组织成员打破既成的思维模式，解放思想，进行创造性思维的过程。

3. 勾画共同的远景蓝图

勾画共同的远景蓝图是组织成员树立共同远大理想和宏伟目标的过程。这样做的目的就是将全体成员团结在一起，增加凝聚力和号召力，使大家从中得到鼓舞。

4. 团体学习

团体学习是培养团体成员互相配合、整体搭配、共同实现目标能力的过程。它可以互相交流思想和技术，激励大家的学习热情，做到取长补短、互相启发、共同创新，以获得高于个人智慧的团体智力和力量，并在相互学习过程中互相理解、增进情感、达成默契。

5. 系统思考

系统思考是五项修炼的核心，它可以使组织成员以系统的观点看待组织的生存和发展，并将每一个成员的智慧和行动融为一体。

以上五个方面是有机的整体，缺一不可，并且要坚持不懈，只有这样才能逐渐形成学习型组织。

彼得·圣吉认为，判断一个组织是否是学习型组织，有以下四条基本标准：

①人们能不能不断检验自己的经验；②人们有没有生产知识；③大家能否分享组织中的知识；④组织中的学习是否和组织的目标息息相关。

（四）企业再造

进入20世纪七八十年代，市场竞争日趋激烈，企业面临严重的挑战；知识经济的到来与信息革命使企业原有组织模式受到巨大冲击。面对这些挑战与压力，企业只有在更高层次上进行根本性的改革与创新，才能真正增强企业自身的竞争力，走出低谷。1993年，企业再造理论的创始人原美国麻省理工学院教授迈克尔·哈默博士与詹姆斯·钱皮合著了《再造企业——管理革命的宣言书》一书，正式提出了企业再造理论。1995年，钱皮又出版了《再造管理》。哈默与钱皮提出应在新的企业运行空间条件下，改造原来的工作流程，以使企业更适应未来的生存发展空间。这一全新的思想震动了管理学界，企业再造的思潮迅速在美国兴起，并快速传到日本、欧洲，乃至全世界。其要点是通过对组织运作过程的再设计，最大限度地发挥过程的增值作用，通过组织管理环节与手段的优化，使企业效益得到最大程度的改善。

企业再造是指“为了飞越地改善成本、质量、服务、速度等重大的现代企业的运营基准，对工作流程作根本的重新思考与彻底翻新”。这也就是为适应新的世界竞争环境，企业必须抛弃已成惯例的运营模式和工作方法，以工作流程为中心，重新设计企业的经营、管理及运营方式。目的是增强企业竞争力，从业务流程上保证企业能以最低的成本、高质量的产品和优质的服务在不断加剧的市场竞争中战胜对手，赢得市场和发展的机会。

企业再造流程的过程。企业再造流程的过程大致分为四个阶段：①诊断原有流程。②选择需要再造的流程。③了解准备再造的流程。④重新设计企业流程。

当然，随着科学技术和生产的迅速发展，现代管理理论也在不断更新与创造。

本章小结

1. 中国传统管理思想的三大主流学派：以“仁”为核心的儒家——王者之道，仁政德治；以“法治”为基础的法家——霸者之道，法制刑治；以“无为”为最高原则的道家——王霸杂合之道，无为而治。

2. 中国传统管理思想的主要内容：系统管理思想、信息管理思想、经济管理思想、运筹决策的思想、组织管理思想、财务管理思想、物料管理思想、工业管理思想、行为管理思想、中国古代管理艺术思想。

3. 管理理论的产生与形成阶段是指 19 世纪末 20 世纪初到 20 世纪 40 年代初，即第二次世界大战结束前。这一时期主要是科学管理理论的创立阶段。

4. 古典管理理论主要是以泰罗的科学管理理论、法约尔的一般管理理论、韦伯的行政组织理论等为代表。

5. 现代管理理论产生与发展的时期为 20 世纪 40 年代末，即第二次世界大战后，到 20 世纪末。这是管理思想最活跃、管理理论发展最快的时期，也是管理理论步入成熟的阶段。

6. 管理理论的分散化——“热带的丛林”：管理过程学派、社会系统学派、经验学派、决策理论学派、行为科学学派、管理科学学派。

7. 管理理论的集中化：系统管理学派、权变理论学派。

8. 管理理论新发展：企业战略；企业文化；学习型组织；企业再造。

课后自测

一、单项选择题（在下列各小题中，选择一个最合适的答案）

1. 被称为“科学管理之父”的是（　）。

A. 亚当·斯密　　　　B. 泰罗

C. 韦伯　　D. 法约尔

2. 下列哪位管理学者提出“管理就是决策”的主张（　）。

A. 西蒙　　B. 德鲁克

C. 费德勒　　D. 卡斯特

3. 上级管理人员把一般的日常事务授权给下级管理人员去处理，而自己只保留对例外事项的决策和监督权，这是泰罗所提倡的（　）。

A. 职能工长制　　B. 工作定额原理

C. 例外原则　　D. 心理革命

4. 某技术专家，从事专业工作，因业务专精，绩效显著，近来被提拔到所在科室负责人的岗位。随着工作性质的转变，他今后应当注意把自己的工作重点调整到：（　）。

A. 放弃技术工作，全力以赴，抓好管理和领导工作

B. 重点仍以技术工作为主，以自身为榜样带动下级

C. 以抓管理工作为主，同时参与部分技术工作，以增强与下级的沟通和理解

D. 在抓好技术工作的同时，做好管理工作

5. 某企业有严格的上下班制度并一直严格执行，一天深夜突降大雪，给交通带来极大不便，次日早晨便有许多员工迟到，领导决定对此日迟到者免于惩罚。对此（　）。

A. 领导滥用职权

B. 领导执行管理制度应征询职工意见

C. 治理企业的制度不是领导一人订立的，领导无权随意变动

D. 管理制度应有一定的灵活性，特殊情况可以特殊处理

二、多项选择题（下列各题中正确的答案不少于两个，请准确选出全部正确的答案）

1. 泰罗在工作中发现，当时劳动生产率不高的主要原因是（　）。

A. 劳动工具落后　　B. 工作分配不合理

C. 劳动方法不正确　　D. 工人不愿干

E. 生产组织与管理不科学

2. 下列结论中，通过霍桑实验可以得出的有（　）。

A. 工人是社会人而不是经济人

B. 在组织中存在大量的非正式组织

C. 工人的积极性仅受报酬的驱动

D. 新型的领导在于提高工人的满意度，从而激发工人的劳动积极性

3. 古典管理理论主要是以（　）为代表。

A. 泰罗的科学管理理论　　B. 法约尔的一般管理理论

C. 韦伯的行政组织理论　　D. 梅奥的人际关系学说

4. 由于现代环境的日益复杂多变，封闭式的管理在实际中越来越行不通，因此，权变管理理论应运而生，并且日益得到了重视，在下面的四种对权变理论的看法中，你认为正确的有（　）。

A. 权变理论认为没有一成不变的、普遍适用的“最佳”的管理理论与方法

B. 权变理论是建立在“复杂人”的假设上的

C. 权变理论研究的是领导者、被领导者之间在特定情况下发生相互作用关系的过程

D. 以上都正确

5. 人际关系学说的主要内容是（ ）。

A. 企业的职工是“社会人”　　B. 企业的职工是“经济人”

C. 企业中存在“非正式组织”　　D. 工作效率取决于职工的积极性

三、简答题

1. 梅奥人际管理学说的主要内容是什么？

2. 法约尔管理思想的贡献与不足是什么？

3. 权变管理理论的内容是什么？

4. 科学管理的贡献是什么？它存在哪些弊端？

四、思考题

1. 你是否同意“管理思想的发展是由时代和当时的条件决定的”这句话？

2. 谈谈你对中国古代管理思想的理解。

3. 实践中的管理者怎样从权变方法的应用中受益？

案例分析

康洁利公司的“洋”经理

康洁利公司是一家中外合资的高科技专业涂料生产企业，总投资594万美元，其中固定资产324万美元，中方占有60%的股份，外方占有40%的股份，生产多彩花纹涂料等11大系列高档涂料产品。这些高档产品不含苯、铅和硝基等有害物质，无毒无味，在中国有广阔的潜在市场。

开业在即，谁出任公司总经理呢？外方认为，康洁利公司引进的先进技术、设备和原材料均来自美国，中国人没有能力进行管理，要使公司迅速发展壮大，必须由美国人来管理这个高新技术企业。中方也认为，由美国人来管理，可以学习借鉴国外企业管理方法和经验，有利于消化吸收引进技术和提高工作效率。因此，董事会形成决议：从美国聘请米勒先生任总经理，中方推荐两名副总经理参与管理。

米勒先生年近花甲，但身心爽健，充满自信，有18年管理涂料生产企业的经验，自称“血管里流淌的都是涂料”，对振兴康洁利公司胸有成竹。公司员工也都为有这样一位洋经理而庆幸，想憋足劲大干一场，好好地大赚一笔钱。

谁料事与愿违。公司开业9个月不但没有赚到1分钱，反而亏损70多万美元。当一年的签证到期时，米勒先生被公司的董事会正式辞退了。1994年3月26日，米勒先生失望地返美。

来自太平洋彼岸的洋经理被“炒鱿鱼”的消息在康洁利公司内外引起了强烈的反响，这位曾经在日本、荷兰主持建立并成功管理过涂料工厂的洋经理何以在中国败走麦城呢？这自然成了议论的焦点。

多数人认为，米勒先生是个好人，工作认真，技术管理上是内行，对搞好康洁利公司怀有良好的愿望，同时，在吸收和消化先进技术方面做了许多工作。他失败的主要原因是不了解中国的实际情况，完全照搬他过去惯用的企业管理模式，对中国的许多东西不能接受，在经营管理方面缺乏应有的弹性和适应性。中方管理人员曾建议根据中国国情，参照我国有关三资企业现成的成功管理模式，结合国外先进的管理经验，制定一套切实可行的管理制度并严格监督执行。对此，米勒先生不以为然。他的想法是“要让康洁利公司变成一个纯美国式的企业”。他对计划不信任，甚至忧虑，以致对正常的工作计划都持抵触态度，害怕别人会用计划经济的一套做法去干预他的管理工作。米勒先生煞费苦心地完全按照美国的模式设置了公司的组织结构并建立了一整套规章制度，但最终还是使一个生产高新技术产品且有相当实力的企业缺乏活力，在起跑线上就停滞不前，陷入十分被动的局面。

也有人认为，米勒先生到任后学会的第一个中文词就是“关系”，而他最终还是因搞不好关系而离华返美。

对于中国的市场，特别是中国“别具一格”的市场情况和推销方式，米勒先生也不甚了解。他将所有有关市场营销的事情都交给一位中方副总经理，但他和那位副总经理的关系并没有“铁”到使副总经理为他拼命去干的程度。

在管理体制上，米勒先生试图建立一套分层管理制度：总经理只管两个副总经理，下面再一层管一层。但他不知道，这套制度在中国，如果没有上下级间的心灵沟通与相互间的了解和信任，会出现什么样的状况和局面。最后的结果是，造成管理混乱，人心涣散，员工普遍缺乏主动性，工作效率大大降低。

米勒先生还强调，我是总经理，我和你们不一样，你们要听我的。他甚至要求，工作进入正轨后，除副总经理外的其他员工不得进入总经理的办公室。米勒先生不知道，聪明的中国企业负责人在职工面前总是强调和大家一样，以求得职工的认同。米勒先生走时扔下一句话：“如果这个企业出现奇迹的话，肯定是上帝帮忙的结果。”

然而，上帝并未伸出援助之手，奇迹却出现了。康洁利公司在米勒先生走后，中方合资厂家选派了一位懂经营管理、富有开拓精神的年轻副厂长刘思才任总经理，并随之组成了平均年龄只有33岁的领导班子。新班子迅速制定了新的规章制度，调整了机构，调动了全体员工的积极性。在销售方面，基于这样一个现实：自己的产品虽好，但尚未被人认识，因而采取了多种促销手段，并确定在1994年零利润的状态下，主动向消费者让利销售，使企业进入了良性循环。1994年5月，康洁利第一次盈利3万元，宣告扭亏为盈。

问题：

1. 运用管理的有关原理分析康洁利公司起落的原因。
2. 试总结米勒先生的管理思想及管理哲学。
3. 从本案例中你得到了什么启示？

（资料来源：王凤彬，朱克强．管理学教学案例精选［M］．上海：复旦大学出版社，2009.）

项目训练

实训项目　管理思想分析

一、实训目标

1. 增强对现代管理原则、管理思想的感性认识；
2. 培养对组织的管理思想的分析能力。

二、实训内容与形式

1. 从网络、报纸、杂志中，搜集一个有关我国企业管理的案例或资料；
2. 运用本章所学的管理思想，分析案例中企业管理思想。

三、实训要求

1. 每人写成简要书面分析报告；
2. 在班级组织一次关于管理理念和管理思想交流与讨论。

第三章 计划

本章导读

诸葛亮的“隆中策”

亮躬耕陇亩，好为《梁父吟》。身长八尺，每自比于管仲、乐毅，时人莫之许也。惟博陵崔州平、颍川徐庶元直与亮友善，谓为信然。

时先主屯新野。徐庶见先主，先主器之，谓先主曰：“诸葛孔明者，卧龙也，将军岂愿见之乎？”先主曰：“君与俱来。”庶曰：“此人可就见，不可屈致也。将军宜枉驾顾之。”由是先主遂诣亮，凡三往，乃见。因屏人曰：“汉室倾颓，奸臣窃命，主上蒙尘。孤不度德量力，欲信大义于天下；而智术浅短，遂用猖蹶，至于今日。然志犹未已，君谓计将安出？”

亮答曰：“自董卓已来，豪杰并起，跨州连郡者不可胜数。曹操比于袁绍，则名微而众寡。然操遂能克绍，以弱为强者，非惟天时，抑亦人谋也。今操已拥百万之众，挟天子而令诸侯，此诚不可与争锋。孙权据有江东，已历三世，国险而民附，贤能为之用，此可以为援而不可图也。荆州北据汉、沔，利尽南海，东连吴会，西通巴蜀，此用武之国，而其主不能守，此殆天所以资将军，将军岂有意乎？益州险塞，沃野千里，天府之土，高祖因之以成帝业。刘璋暗弱，张鲁在北，民殷国富而不知存恤，智能之士思得明君。将军既帝室之胄，信义著于四海，总揽英雄，思贤如渴，若跨有荆、益，保其岩阻，西和诸戎，南抚夷越，外结好孙权，内修政理；天下有变，则命一上将将荆州之军以向宛、洛，将军身率益州之众出于秦川，百姓孰敢不箪食壶浆，以迎将军者乎？诚如是，则霸业可成，汉室可兴矣。”

诸葛亮的“隆中策”是我国最早、最大的成功战略计划工作案例之一。

隆中策的第一步是确定组织目标：兴汉室，图中原，统一天下。

隆中策的第二步是制定分步实施方案，即确定分步计划的阶段目标：第一，先取荆州为家，形成“三分天下”之势；第二，再取西川建立基业，壮大实力，以成鼎足之状；第三，“待天下有变，命一上将将荆州之兵以向宛、洛，将军身率益州之众以出秦川”，这样，“大业可成，汉室可兴矣”。

隆中策的第三步是确定实现目标的指导方针：“北让曹操占天时，南让孙权占地利，将军可占人和”。内修政理，外结孙权，西和诸戎，南抚彝、越，等待良机。

隆中策又进一步对敌、我、友、天、地、人做了极为细致透彻的分析，论证了为什么应当有这样的指导方针。

诸葛亮所作之隆中策并非主观臆断，而是在调查研究和预测的基础上，在于他准确、及时、充分地掌握信息。诸葛亮的信息来源，一靠交友，二靠云游，这才能做到晓天下事、知天下人。

诸葛亮的隆中策正是一项完整的计划工作。三分天下之后，如果不是后来关羽交恶东吴，丢了荆州；如果不是刘备又在战术上犯了错误，使鼎盛时期的蜀汉大伤元气；如果后主刘禅是明君，诸葛亮也不会功败垂成。蜀汉之所以被晋灭掉，可能并非隆中决策之失，而是执行计划有误。

第一节 计划概述

管理情境

东方电力公司的计划工作

王力是东方电力公司的总经理，这是一家位于中国东部地区的大型企业。长期以来，王总经理一直认为，编制一份可行的公司计划，将有助于企业的成功。他花了近十年的时间，想方设法促使公司编制计划方案并进一步完善，但是没有取得成效。在这段时间里，他先后指派了三位副总经理负责编制计划，虽然每位副总经理似乎都努力工作，他也注意到，个别部门经理继续各行其是。部门经理的独立决策造成相互之间的不一致，主管电力调度的负责人总是提请上级电力部门允许提高电费，却没有进展。公共关系的领导不断地向公众呼吁，要理解电力部门的难处。用户却认为，电业的利润已经够高了。公司应该通过内部解决问题，而不是提高电费。负责电力供应的副总经理受到社区的压力，要他把所有输电线路埋入地下，避免出现不雅观的电线杆和线路，同时向顾客提供更好的服务。他觉得顾客是第一位的，费用则是第二位的。

应王力总经理要求，一位咨询顾问来公司检查情况。他发现，公司并没有真正把计划做好。副总经理负责编制计划，而他的职员正在努力地进行研究和做预测，并把研究和预测情况提交给总经理。由于所有部门经理都把这些工作看作是对公司发展没有多少意义的文书工作，因此，他们对此兴趣不大。

上述情景描述了企业计划工作中存在的种种问题，人们可以从中得到一些启示，结合上述管理情景，思考并回答下列问题：

1. 企业为什么要编制计划？企业计划有哪些类型？
2. 如果你是咨询顾问，有关计划的类型方面，你会给公司怎样的建议？

（资料来源：李鹏，高建军．管理学［M］．北京：中国商务出版社，2010.）

要求：课前进行认真阅读和思考，课上针对问题进行探讨。

理论与实践

在所有的管理职能中，计划职能是最为重要和关键的一项职能。管理者的职责是运用其权限范围内的资源，动员其他人来完成要做的工作，从而达到预期的目的，而计划工作则是管理者合理利用资源，协调和组织各方面力量以实现目标的重要手段，在管理工作中居于首要的地位。

一、计划的概念

对计划的理解可以从不同的角度来分析，从静态来看，是指用文字和指标等形式所表述的组织以及组织内不同部门和不同成员，在未来一定时期内关于行动方向、内容和方式安排的管理事件。从动态来看，计划是指为了实现决策所确定的目标，预先进行的行动安排，即计划工作。无论从静态角度来看，还是从动态角度来看，计划工作都包括“5W1H”，计划必须清楚地确定和描述这些内容。

（1）做什么（what）：明确计划的具体任务和要求，如生产什么产品，生产多少产品等。

（2）为什么（why）：要明确计划的宗旨、目标和战略，并论证其可行性，对企业的宗旨、目标和战略认识得越清楚，就越有助于他们在计划中发挥主动性和创造性。

（3）何时做（when）：规定计划中各项工作的开始和完成的进度，以便进行有效的控制和对各种资源能力进行平衡。

（4）何地做（where）：规定计划实施的地点、场所，了解计划实施的环境条件和限制，以便合理安排计划实施的空间、组织和布局。

（5）谁去做（who）：计划中不仅规定目标、任务、地点、速度，还应规定由哪个主管部门负责。

（6）怎么做（how）：制定实现计划的措施、人员及相应的政策和规则。

从中我们可以看出，计划就是预先决定要做些什么、为何要做、如何去做、何时何地去做和由谁去做。计划是面向未来的，而未来在空间上和时间上都具有不确定性和变动性。计划工作的意义就在于它能够在尽可能大的程度上将未来的不确定性和变化转化为肯定和不变化。组织可以通过周密细致的预测，在尽可能充分地把握未来的各种可能性和变动趋势的基础上制定相应的补救措施，并在需要的时候对计划作必要的修正，最大限度地提高计划的科学性。尽管计划不是万能的，周密的计划也会受到各种环境因素的干扰，但如果没有了计划，许多事情的发展就只有听之任之，听天由命了。常言道，人无远虑，必有近忧，深刻的道出了计划的重要性。

【管理故事】《古今图书集成 · 兵略部》载：殷纣王无道，杀比干，囚箕子，微子奔周。这时周武王问太公曰：“仁者贤者亡矣，商可伐乎?”太公对曰：“先谋后事者昌，先事后谋者亡，夏条可结，冬冰可折，时难得而易失。”其中“先谋后事者昌，先事后谋者亡”，就是说应谋划在先，行动在后，才能确保成功，反之则事必败。

二、计划与决策

1. 区别

计划工作和决策工作需要解决的问题不同。计划是对组织内部不同部门或不同成员在一定时间内的行动任务的具体安排，它详细规定一定时间内所从事活动的具体内容和要求。决策是对组织活动方向、内容及方式的选择。在从事某项活动之前，组织必须首先对活动方向和方式进行选择。

2. 联系

决策是计划的前提，计划是决策的逻辑延续。决策为计划的任务安排提供了依据，计划则为决策所选择的目标活动的实施提供了组织保证。在实际工作中，决策与计划是相互渗透的，有时甚至不可分割地交织在一起。决策制定过程中，不论是对内部能力优势或劣势的分析，还是在方案选择时关于各方案执行效果或要求的评价，实际上都已经开始孕育着决策的实施计划。反过来，计划的编制过程，既是决策的组织落实过程，也是决策的更为详细的检查和修订的过程。

三、计划的作用

计划工作是一个指导性、科学性、预见性很强的管理活动，同时又是一项十分复杂而困难的工作。其作用主要有以下几点。

1. 计划能够引导组织的行动

在组织管理中，计划为来自组织所有领域的员工的积极参与提供了一条途径。有了一个好的计划，从上到下都能知道朝哪个方向前进，而且也能知道怎么去做，就好比一条船驶向大海后所有船员都看到了航向而且都知道了自己要怎么干，这对于航行是至关重要的。举例来说，通过计划，销售部门能理解和赞赏生产部门的计划以及与组织目标之间的联系。在计划过程中的参与培育了一种对计划更为强烈的责任心，这个计划会变成“我们的”计划而不是“他们的”计划。这种全员参与计划和创造的积极态度也会提高整个组织的士气和忠诚度。它一方面使所有人集中精力，另一方面可以用目标激励每一个参加组织工作的成员，使他们看到远方、看到未来，而不至于被眼前的不利条件影响。

2. 通过对未来的展望，考虑变化的因素，从而降低风险

未来的不确定性是普遍存在和不可消除的，在这种情况下，一个组织如何来降低风险，需要对这些因素做提前的分析，并对未来做大概描述，基于这种分析和描述来安排行动，这实际上是用内部确定性来应付外部不确定性的方法。现实中，我们每个人都需要用这种内部的确定去应对外部的不确定。计划使管理者和组织能够积极地影响未来而不是消极地接受未来。通过设置目标和制定行动路线，组织致力于“促成某事发生”，这使得组织能够影响未来。

3. 计划可以减少重叠和浪费性活动从而提高效率

有了计划就有了确定的目标，对于那些无助于目标实现的行动就可以大胆地清除；而且通过行动方案的安排，可以合理地分配资源、确定职责，从而有效地避免重复性的工作。

4. 计划有助于控制和评价

计划提供了一个有效的标准，企业中很多考核的依据、控制的标准都是根据计划制定的。当前，目标管理已经成为企业管理的一个有效手段，目标管理的巨大价值在于它的综合性，它融合了计划、过程控制和绩效管理的有效手段，从而能够充分调动下属的积极性，提高组织效率。

【课堂思考】假如您今天晚上有一场重要的约会，说说您打算怎么去应对？（可提示答案方向：是倾向于去了再随机应变，还是事先做好计划？）

四、计划的特征

1. 计划的目的性

每一个计划都是旨在促使企业或各类组织的总目标和一定时期目标的实现。没有计划目的的行动将是盲目的行动，计划工作旨在促使组织目标的实现，它的一个主要方面就是确立目的。然后，使今后的行动集中于目标，并预测和确定哪些行动有利于达到目标，哪些行动不利于达到目标或与目标无关，从而指导今后的行动朝着目标的方向迈进。可以说，没有计划和目标的行动是盲目的行动。

2. 计划的首位性

计划是进行其他管理职能的基础或前提条件。在企业的各个管理职能中，计划处于组织、领导和控制之前，是最先进行的职能，任何管理工作总是从计划出发的；计划在前，行动在后。组织的管理过程首先应当明确管理目标、筹划实现目标的方式和途径，而这些恰恰是计划工作的任务。因此，计划位于其他管理职能的首位。

计划与控制密不可分。人们常常将这两项职能称为管理的一对孪生子。从一定意义上说，计划与控制是同一活动的两个方面，没有计划就谈不上控制，控制就是纠正偏离计划的偏差，以保持活动的既定方向。离开了计划的控制是毫无意义的，人们如果不知道自己要到哪里去，当然也就无法知道自己是否正在走向要去的地方。

3. 计划的普遍性

计划的普遍性是指计划是所有的管理活动所具有的普遍职能，是管理者要完成的基本任务。组织中的所有管理者，无论是高层主管，还是基层管理人员，无论是职位高低、职权大小，都或多或少地需要订计划，做计划工作。一般来说，高层管理人员负责制订战略性计划，中低层管理人员负责制订战术性计划或生产作业计划。此外，授予下级某些制订计划的权力，有助于调动下级的积极性，这对于顺利完成计划、实现组织目标是大有好处的。因此计划工作是各级主管人员的一个基本职能，具有普遍性。另外，有研究表明，计划工作本身能够使人产生成就感，因而让下级人员从事计划工作有利于调动他们的积极性和主动性。

4. 计划的实践性

计划的实践性主要是指计划的可操作性，并且最终为了实施。符合实际、易于操作、目标适宜，是衡量一个计划好坏的重要标准。另外，为了适应环境的变化，克服不确定因素的干扰，应适当增加计划的弹性。

5. 计划的效益性

计划工作就是从效益出发，找到合理利用资源的方案的过程。一个好的计划必须最能实现组织的高效率。如果一个计划能够达到目标，但在计划的实现过程中付出了较高的代价或者是不必要的代价，那么这个计划的效率就是很低的。如果计划按合理的代价实现了目标，这样的计划就是有效率的。

计划工作的效益是以实现计划目标所带来的收益，扣除执行计划所支出的费用以及各种非预期的代价之后的总额来衡量的。在这个效益概念中，既包括人们通常所理解的按照资金、工时或产品单位等表示的投入产出关系，也包括了诸如个人或群体的满意、组织的士气等评价标准。如果一项计划提高了产量，但却造成了职工的恐惧、不满和士气低落，那么这一计划的效益就不会很高。因此，在衡量代价时，不仅要考虑时间、资金的投入，而且还要考虑个人和集体的满意程度。

6. 计划的创造性

计划工作总是针对需要解决的新问题和可能发生的新变化、新机会而做出决定的。因而它是一个创造性的管理过程。

五、计划的形式

计划是对未来行动的安排，其具体形式多种多样。孔茨和韦里克把计划内容分九个部分宗旨（目的或使命）、目标、战略、策略、政策、程序、规则、规划、预算。

1. 宗旨（目的或使命）

目的或使命是为了说明组织存在的根本价值和意义，也是不同组织相互区别的根本标志。它是一个组织继续生存的理由，也是社会赋予它们的基本职能。

任何组织的存在都有其目的或使命。一所大学的目的或使命是为了培养人才和研究学问，医院的目的或使命是为了救死扶伤，而一个工商企业的使命或目的则是向社会提供有经济价值的商品或服务。任何一个组织或企业只有搞清楚了自己存在的目的或使命，才能够确立其奋斗的目标。使命表明组织是干什么的，应该怎么干？要正确解答这个目的或使命问题，首先必须明确谁是本企业的顾客，这些顾客所期望的是什么。应当说，社会上的每一个组织都应当知道自己的顾客是谁，自己是在为谁生产。唯有如此，它才不负其使命。

【专家视野】通常有人认为，企业的目的在于追求利润。我认为利润确实是推行健全事业所不可欠缺的工具，但绝不是最终目的。企业的根本目的在于通过经营事业来谋求提高人类的共同生活。

——松下幸之助

2. 目标

目标是企业生产经营活动所要达到的结果。它既是计划的终点，也是组织工作、领导工作以及控制工作的结果。组织中各个管理层次都应该建立自己的目标，各层次目标应相互一致。企业在一定时期内的目标不能单靠主观愿望和猜测来确定，而必须根据企业的总目标和企业所面临的内外部环境来决定。

【管理故事】父子打猎

有一位父亲带着三个孩子，到沙漠去猎杀骆驼。他们到了目的地。父亲问老大：“你看到了什么？”老大回答：“我看到了猎枪，还有骆驼，还有一望无际的沙漠。”父亲摇摇头说：“不对。”父亲以同样的问题问老二。老二回答说：“我看见了爸爸、大哥、弟弟、猎枪，还有沙漠。”父亲又摇摇头说：“不对。”父亲又以同样的问题问老三。老三回答：“我只看到了骆驼。”父亲高兴地说：“你答对了。”

启示：制定目标而能产生效果，秘诀就是“明确”二字，成功的目标，必须是明确的。进一步说，目标要具体化、要量化。对于企业而言，一个时期的战略目标必须是明确、具体的；对于一个团队来说，行动的目标也必须是明确的、具体的，只有这样，才能让全体成员明确下一步努力的方向，才能对全体成员产生巨大的激励作用。有了明确、具体的目标，不管具体到哪一个阶段，也不管在实现目标的进程中遇到了什么意外的情况或问题，都能保证能始终朝着既定的目标前进。

3. 战略

战略是为实现组织目标所确定的发展方向、行动方针、行为原则、资源分配的总体谋划。战略是指导全局和长远发展的方针，对于组织的思想和行动起引导作用。战略总是针对竞争对手而言的。制定战略的根本目的是取得竞争优势。

4. 策略

策略决定一个企业基本的长远目标，以及为实现这些目标所必须采用的行动过程和资源的分配方案。策略是为实现宗旨和目标服务的，同时又为政策和规划的确定提供一些基本原则。它为企业的经营活动指明了方向，尽管它并不是确切地说明企业应当如何去实现其目标，而是对企业的经营思想和行动起到指导的作用。策略实际上是一种复合性的计划形式，一项策略往往是目标、政策和各种方案的综合。

5. 政策

政策是决策的指南，是组织在决策时或处理问题时指导以及沟通思想活动的方针和一般规定。它规定了行动的方向和界限，它使各级主管人员在决策时有一个明确的思考范围，同时也有利于统一和协调组织成员之间的思想和行动。政策允许管理人员有斟酌裁量的自由，它是一种鼓励自由处置问题和进取精神的手段，尽管其自由处置的权限也有一定的限度。企业为了确保其目标实现，要充分分析组织的目标，应当尽量保证其政策具有一贯性和完整性。

6. 程序

程序是完成未来某项活动的方法和步骤，是将一系列行为按照某种顺序的排列安排。它具体规定了某一件事情应该做什么、如何去做，其实质是确定活动的时间顺序，规定了如何处理未来活动的例行方法。通常，程序说明了进行某种活动或完成某项工作的方法、时间、负责人员及所需要的资金、工具等。人们常常将反复出现的业务编制出程序，一旦该项业务再次出现便可依例而行。程序规定了如何采取行动，而不是说明如何思考问题。通过对例行活动制订程序，可使管理人员将注意力集中于例外事情上。组织中的程序多种多样，如采购程序、请假程序、费用报销程序等。

7. 规则

规则规定了某种情况下能采取或不能采取的某种具体行动，即什么可为，什么不可为。在通常情况下，一系列规则的总和就构成了程序，就其本质而言，规则和程序旨在抑制思考，所以往往用于不希望人们自由行动的场合。

规则常常与政策和程序相混淆，所以要特别注意区分。规则与政策的区别在于，政策的目的在于指导人们决策，留有自由裁量的余地；而规则尽管也起着指导的作用，但不允许人们自由行动。规则与程序的区别在于，规则不规定时间顺序，可以把程序看成是一系列规则的总和。比如，“禁止吸烟”是一条规则，和程序没有任何联系；而一个规定为顾客服务的程序可能表现为一些规则，如在接到顾客投诉的信息后5分钟内必须给予解答。

8. 规划

规划是为了实现既定方针所必须的目标、政策、程序、规则、使用资源以及其他要素的复合体。规划是粗线条的、纲领性的计划，规划有大有小，有长远的和近期的，其目的在于划分总目标实现的进度。

9. 预算

预算是用数字来表示预期结果的一种计划。它既可以用货币来表示，也可以用诸如工时、机时、产品单位或任何用数字表示的其他指标来表示。通过预算可以考核管理工作的成效和对预算目标的偏离情况，从而实现控制的目的。

六、计划的类型

为了更准确地把握和认识计划在不同情况下的特性和作用，有必要按照不同的标准对计划进行分类。但现实中的计划往往是综合的，计划工作必须追求时间与空间、明确性、程序化程度等方面的平衡。

（1）按计划执行时间的长度，可以将计划划分为长期计划、中期计划和短期计划。

长期计划通常称为远景计划，规定了组织的长远目标以及达到目标的总的方法。长期计划一般都比较抽象和不具体，计划方案也比较有弹性。

中期计划主要起衔接长期计划和短期计划的作用。它将长期计划的内容细化为每个时段的目标。

短期计划是将中期计划的内容更加具体化，它对活动有着较为详细的说明和规定。

一般来说，短期计划必须依照长期计划所确定的目标和阶段性任务来加以确定，短期计划的完成是为长期计划的实施服务的。

（2）根据计划的广度和层次，可将计划分为战略计划、战术计划和作业计划。

战略计划是由高层制定的，它是为组织设立总体目标，是关于组织活动长远发展方向的计划，涉及时间跨度长，覆盖的范围广泛，内容不追求具体、明确，不要求直接的可操作性，其只规定总的发展方向、基本策略和具有指导性的政策、方针。

战术计划是由中层管理人员制定的，是关于组织活动如何具体运作的计划。涉及的时间跨度比较短，覆盖的范围比较窄，内容要求具体、明确，并要求具有可操作性。

作业计划是由基层管理人员制定的。它是战术计划的具体执行计划，它为各种作业活动制订详细具体的说明和规定，是实际执行和现场控制的依据。

（3）按照计划的不同功能，可将计划分为业务计划、财务计划、人力资源计划。

这些计划通常都是与组织中按职能划分的管理部门的组织结构体系相对应的。

业务计划是组织的主要计划，作为经济组织，企业业务计划包括产品开发、生产作业、市场营销等内容。

财务计划是关于如何从资本的提供和使用上，促进组织的业务活动有效地进行的计划，财务计划对于企业而言非常重要，它对组织的各种活动起到了保证和监督作用。

人力资源计划是分析如何为企业业务规模的维持或扩大，提供人力资源的保证。

（4）按照计划内容的详尽程度，可将计划分为指导计划、具体计划。

指导性计划只规定一些一般的方针，它指出重点但不把管理者限定在具体的目标上，或是特定的行动方案上。它具有内在的灵活性。

具体性计划具有明确的目标，不存在模棱两可，没有容易引起误解的问题。它有特定的程序、方案和各类活动目标。

第二节 计划工作原理与编制方法

管理情境

第二机器制造厂的生产计划

第二机器制造厂是生产矿山机械的中型国有企业，在过去高度计划经济管理体制下，企业生产经营由国家统一规定，企业有稳定的外部环境。企业的计划工作主要是编制生产计划与国家计划衔接，并以生产计划为中心编制销售、财务、技术等专业计划，企业计划的准确性和可执行性都较高。经济体制改革后，企业是相对独立的商品生产者，必须参与市场竞争，基本由自己确定生产计划。但因为市场变化大，企业生产经营活动常常因实际情况与计划指标数字差别较大而受影响。如 1990 年，根据市场调查和预测，企业确定生产某种型号装载机 150 台，根据这个任务，生产部门相应调整了生产能力，供应部门组织了有关部门原材料和配件的供应。但到年中，国家压缩基本建设投资，市场对装载机需求大幅度减少，企业只好调整生产计划，造成企业的损失和原材料及配件的积压。这种情况这几年经常发生，企业的领导人认为，与其编制计划而造成损失，不如以销定产，市场需要什么，企业就生产什么。所以，从 1991 年开始，第二机器制造厂就不再强调年度计划的严肃性，对年度计划的编制就相当粗略，企业只是根据订货合同和国家任务，编制生产作业计划。于是企业一方面加强广告宣传工作，积极参加各种订货会和展销会等，通过各种机会获取订单；另一方面，加强生产调度工作，以应付各种临时的意外情况。这种管理方式实行不久就产生成效，企业对市场的适应性提高了，原材料和产品的积压减少，取得较好的经济效益。但进入 90 年代中后期，这种计划方式暴露出许多问题，主要是一方面对市场缺乏分析，而企业的主要竞争对手——北方机器厂推出一种能适应市场新需求的新型装载机，使第二机器厂的主要产品的市场地位受到严重挑战；另一方面，由于企业对长远的发展方向没有明确的目标，使得企业几年来不能有计划地进行技改工作，造成现在工艺落后，设备老化，没有发展后劲。在前一次的大型矿山机械设备招标会上，由于产品性能低，制造成本高，使得第二机器厂败给北方机器厂。

这引起来第二机器制造厂领导的反思：在市场经济体制下，企业的管理工作应如何适应？

思考题：

1. 企业的计划模式如何适应市场形势的变化？计划与市场变化怎样有效结合？
2. 怎样有效发挥计划的职能？
3. 计划工作的步骤是什么？怎样才能使该公司有效地制订计划？

（资料来源：http：//www.doc88.com/p－210758702513.html）

要求：课前进行认真阅读和思考，课上针对问题进行探讨。

理论与实践

为了把计划工作做好，使编制的计划能够顺利实现，计划工作和其他管理工作一样，必须按一定的原理、方法和技术去执行。实践表明，计划工作的许多失误，就是因为对这些基本的东西缺乏了解所致。

一、计划工作的主要原理

（一）限定因素原理

限定因素是指妨碍组织目标实现的因素。限定因素原理是指管理者在制订计划时，应该尽量了解那些对目标实现起主要限制作用的环境因素或战略因素，才能有针对性地、有效地拟订各种方案，计划方案才可能趋于最优。毛泽东同志曾在《矛盾论》中用哲学的语言说明了相同的原理："任何过程如果有多数矛盾存在的话，其中必定有一种是主要的，起着领导的、决定的作用，其他则处于次要的和服从的地位。因此，研究任何过程，如果是存在着两个以上矛盾的复杂过程的话，就要用全力找出它的主要矛盾。捉住了这个主要矛盾，一切问题就迎刃而解了。"限制因素原则也被形象地称为"木桶原理"。这一原则是决策的精髓。

这一原则在于告诉计划人员，决策的关键就是解决抉择方案所提出的问题，必须全力找出影响计划目标实现的主要限定因素或关键因素，有针对性地采取措施。否则，如果对问题面面俱到地检查，不仅会浪费时间和费用，而且还有可能把主要注意力转移到决策的非关键性问题上。从而影响目标的预期实现。

【管理知识】木桶理论

众所周知，一只木桶盛水的多少，并不取决于桶壁上最高的那块木板，而恰恰取决于桶壁上最短的那块木板。人们把这一规律总结成为"木桶定律""木桶理论"或"短板理论"。

根据这一核心内容，"木桶定律"还有三个推论：

其一，只有当木桶壁上的所有木板都足够高时，木桶才能盛满水；只要这个木桶里有一块木板不够高度，木桶里的水就不可能是满的；

其二，比最低木板高的所有木板的高出部分都是没有意义的，高得越多，浪费就越大；

其三，要想提高木桶的容量，应该设法加高最低木板的高度，这是最有效也是唯一的途径。

与木桶定律相似的还有一个链条定律：一根链条最薄弱的环节和其他环节一样承受着相同的强度，那么链条越长，就越薄弱。

评论：对一个组织来说，构成组织的各个部分往往是参差不齐的，而劣质的部分往往决定了整个组织的水平。“最短的木板”与“最弱的环节”都是组织中有用的一部分，只不过比其他部分稍差一些，你不能把它们当作烂苹果扔掉。因此，管理的真正意义就是去修补最短的那块木板。

（二）许诺原理

计划期限的合理选择应该遵循许诺原理。许诺原理是指任何一项计划都是对完成各项工作所做出的许诺，许诺越大，实现时间就越长，实现许诺的可能性就越小。该原理要求合理地确定计划期限，不能随意缩短计划期限，计划承诺也不能过多致使计划期限过长。

根据许诺原则，合理的计划要确定一个未来的时期，这个时期的长短取决于实现计划所许诺任务所必需的时间。

遵循许诺原则，需要把握三点：

（1）完成计划必须明确严格的期限要求；

（2）必须合理地确定计划期限，避免制定计划期限的随意性；

（3）计划的许诺不能太多，因为许诺任务越多则完成计划的时间就越长。

许诺原理要求计划的许诺不能太多，因为许诺（任务）越多，则计划时期就越长，时间越长，相应的计划工作和作为计划工作的预测就越费力，耗资也越大。再者，计划期限越长，未来的不确定性就越大，从而影响计划工作的准确性，在人力、物力、财力上都是不合算的。因此，在计划工作中选择合理的期限还应加强短期计划和长期计划之间的协调，即长计划短安排，如果短期计划实现了，那么长期计划的实现就会比较顺利。

当短期计划也有风险，那么合理的计划期限如何确定呢？

关于合理的计划期限的确定问题体现在“许诺原理”上，即合理计划工作要确定一个未来的时期，这个时期的长短取决于实现决策中所许诺的任务所必须的时间。例如，由于出现了意料之外的原材料大幅度涨价，某企业为了保证实现年度生产经营计划的利润目标，需要补充制订一个增加销售收入的计划，那么这个计划的期限至少要多长时间呢？这个计划至少要在一年中的什么时间以前制订并实施才能确保实现呢？根据许诺原理，该计划期限主要取决于从增加订货到之后实现销售收入的最短周期。假如对该企业来说，从接受订单、签订合同到完成工程图设计，一般要两个月的时间。从生产准备、投产到出产品的生产周期一般也为两个月。商品通过铁路发运，整个发运过程的延续时间均为半个月左右，也就是说，计划工作的开始时间至少要在六月底以前。这也是为什么该企业每年要在六月底以前审查年度计划完成情况的原因，这项工作已成为一项惯例。

（三）灵活性原理

计划必须具有灵活性，其灵活性越大，出现意外事件时适应能力越强，对组织的危害性越小。对管理人员来说，灵活性原则是十分重要或最重要的原则，在承担的任务重而计划期限又长的情况下，这一原则的重要性便显现出来了。

当然灵活性也是有一定限制的，不能灵活性过大，这种限制主要有三个：

一是未来更多难以预料的不确定因素使我们不能总是以推迟决策的时间来确保计划的灵活性；

二是确保计划有灵活性必须是以花费代价为前提的，而代价过大的灵活性又使计划缺乏效率；

三是有时现有的客观条件和现实情况会影响甚至完全扼制计划的灵活性。

必须指出，灵活性原理就是制定计划时要留有余地，至于执行计划，则一般不应有灵活性。例如执行一个生产作业计划必须严格准确，否则就会发生组装车间停工待料或在制品大量积压的现象。

（四）改变航道原理

环境在变化，我们常说："计划赶不上变化"。计划制定后，在执行计划过程中，计划工作者要经常检查计划、重新调整、修订计划，改变实现目标的进程（即航道），以达到预期目标的实现。就像航海家一样，必须经常核对航线，一旦遇到情况就可绕道而行，故此原理称为"改变航道原理"。这说明执行计划要有应变能力。应该注意的是，该原理与灵活性原理不同，灵活性原理是使计划本身具有适应未来情况变化的能力。而改变航道原理是使计划执行过程具有应变能力。

【案例探析】"工程提前的奥秘"

铁道部工程某局是一支特别能战斗，特别能吃苦的队伍。20 世纪 90 年代他们承担的西南某铁路隧道工程，号称"地质博物馆"。各种不同的地质状况全都出现在不到 10 公里的地段。施工难度之大，工期要求之短，质量要求之高，前所罕见。在竞标中很多施工队都知难而退了。只有该局逆流而上，一举夺标。还提前 20 天完成任务。他们是怎样实现工程提前的呢？首先，在招标前他们详细地阅读了有关地质资料，找出了施工的主要矛盾是瓦斯爆炸和涌水，采取了相应的技术措施；其次，在制订计划时，从人员、设备、材料、时间上都留有余地，用十二分措施确保证十分指标的实现；再次，针对各种突发情况，制订了各种应急计划，从而做到有条不紊，忙而不乱。周密的计划，科学的管理，终于使计划得以提前实现。

思考题，请问本案中铁道部工程某局使用了哪些计划工作原理？

分析：（1）工程能够提前，主要在于制订计划时，充分设想了各种可能发生的问题和困难，如瓦斯爆炸、涌水等，抓住了主要矛盾。这体现了限定因素原理。（2）在制订计划时，量力而行，从人员、设备、材料、时间上都留有余地，用十二分的措施确保十分指标的实现，这体现了灵活性原理。（3）针对各种可能的突发情况，制订了各种应急计划，这体现了改变航道原理。（4）由于计划科学周密，提前完成了任务，体现了许诺原理。

（资料来源：http：//www. docin. com/p－276948595. html）

二、计划工作的步骤

为了保证编制的计划合理，确保能实现决策的组织实施，计划编制过程必须采用科学合理的方法。虽然可以用不同标准把计划分成不同类型，计划的形式也多种多样，但管理人员在编制任何完整的计划时，实质上都遵循相同的逻辑和步骤。一般来说，编制计划应遵循以下步骤。

1. 审视机会

在实际的计划工作开始之前，管理者应该对环境中的机会做一个扫描，在全面清楚地了解这些机会的基础上，充分认识到自身的优势、劣势，根据自己的长处和短处，搞清楚自己所处的地位，做到心中有数，知己知彼。同时还应该弄清楚面临的不确定性因素有哪些，并对可能取得的成果进行机会成本分析。总之，编制计划之前首先需要实事求是地对机会的各种情况进行判断。严格地说，它不是计划编制过程的一个组成部分，但它却是计划工作的真正起点。

【阅读材料】孙子曰：“夫未战而庙算胜者，得算多也，未战而庙算不胜者，得算少也。多算胜，少算不胜，而况于无算乎！”（《计篇》）意思是说，拉开战斗序幕之前，就已“庙算”周密，认真审视，充分估量了有利条件和不利条件，开战之后就往往会取得胜利；拉开战斗序幕之前，没能进行周密“庙算”，没有认真审视机会，很少分析有利条件和不利条件，开战之后往往会失败，更何况开战之前无“庙算”呢？

2. 确定目标

计划工作的关键步骤就是为整个计划确立目标，计划工作的目标是指组织在一定时期内所要达到的效果。它指明所要做的工作有哪些，重点放在哪里，以及通过策略、政策、程序、预算和规划等这个网络所要完成的任务。

目标确定影响因素和依据有三点：一是组织目的：组织目的决定组织目标。二是组织本身的因素：主体因素或组织资源，人力、资金、技术、信息、组织结构、综合实力等。三是环境因素：政治因素、经济因素、社会因素、文化因素、科技因素、地域环境因素等。

【专家视野】目标并非命运，而是方向。目标并非命令，而是承诺。目标并不决定未来，而是动员企业的资源与能源以便塑造未来的那种手段。

——彼得·德鲁克

作为一个组织，应在哪些重要方面制定出自己的目标呢？管理学家们在这方面进行了许多研究，并提出了不少的建议。其中，彼得·德鲁克提出的建议最具代表性。德鲁克认为，凡是经营管理成功的企业都在市场、生产力、发明创造、物质和金融资源、人力资源、利润、管理人员的行为表现及培养发展、工人的表现及社会责任等方面有自己的目标。具体说来，包括以下内容：

（1）市场方面：应表明本公司希望达到的市场占有率或在竞争中占据的地位。

（2）技术改进与发展方面：对改进和发展新产品，提供新型服务内容的认识及措施。

（3）提高生产率方面：有效地利用各种资源，最大限度地提高产品的数量和质量。

（4）物质和金融资源方面：获得物质和金融资源的渠道及其有效利用。

（5）利润方面：用一个或几个经济指标表明希望达到的利润率。

（6）人力资源方面：人力资源的获得、培训和发展，管理人员的培养及其个人才能的发挥。

（7）员工积极性发挥方面：发挥员工在工作中的积极作用，激励和报酬的支付等措施。

（8）社会责任方面：注意本公司对社会产生的影响。

3. 确定计划的前提条件

计划的前提条件是指计划在未来实施时预期的内外部环境。确定计划的前提条件就是研究、分析和确定计划工作的环境，弄清计划执行过程中可能存在的有利条件和不利条件。确定计划的前提条件主要靠预测，但未来预期环境的内容多种多样，错综复杂，影响的因素很多，这些因素分为可控、部分可控和不可控三种。一般来说，不可控因素越多，预测工作的难度就越大，对管理者的素质要求就越高。由于计划的未来情况比较复杂，要想对每个细节都作出预测是不可能的。因此，应选择那些对计划具有关键性的、有战略意义的、对执行计划最有影响的因素进行预测。

这里我们要注意，企业实际计划工作中所出现的很多问题都是由于在确定计划前提条件方面的工作做得不好而造成的，因此对于计划中的这一步骤工作必须予以充分的重视。为了有效确定计划的前提条件，必须注意以下几个方面：

（1）合理选择前提条件。要找出和记住影响将来计划进程的所有因素是不现实的。管理人员必须把精力集中于那些具有战略意义的、对计划实施有着显著影响的关键前提条件上。

（2）准备多套备选的前提条件。未来总是存在着各种各样的不肯定性，管理人员必须考虑到将来有可能发生的各种偶然事件，事先准备好若干套前提条件，并依此拟定好相应的应变或权变计划。

（3）保证前提条件的协调一致。协调一致的计划前提条件意味着组织的各部门和各级、各类管理人员对未来的预期环境形成一致的认识，这种一致的认识是使计划本身协调一致的重要保证。

（4）有效地沟通计划的前提条件。即使组织已经制定和批准了关于计划的前提条件，但如果不能有效地将之传达给与之有关的全体管理人员和一般职工，那也还是很难保证计划工作的协调一致。因此，能否有效地做好计划的沟通工作，在很大程度上影响着计划工作的效果。

4. 拟定可供选择的方案

在计划的前提条件明确以后，就要着手去寻找实现目标的方案和途径。一般来说，实现一个计划往往有几个可供选择的方案。确定备择方案不是找可供选择的方案，而是减少可以提供选择方案的数量，以便对最有希望的方案进行分析。管理人员应当牢记这一格言：如果看起来似乎只有一种行动方案，这一方案很可能就是错误的。因为这容易使人们放弃去探索更好的方案。但在实践中，通常的问题并不在于备择方案太少，而是我们所面临的选择常常太多。这就要求主管人员通过初步的考察和计算，排除希望不大的那些方案，将备择方案的数目减少为最有成功把握的有限几个方案。

5. 评价各种方案

找出了各种可供选择的方案并明确了它们的优缺点后，下一步就是根据前提和目标，权衡它们的轻重，对方案进行评估。各种备选方案一般都各有其优缺点，有的方案最有利可图，但需要投入的资金多且回收慢；有的方案看起来可能获利较少，但风险也小；还有的方案对长远规划有益等等，这就要求管理者根据组织的目标并做到定性分析和定量分析相结合，才能选择一个最合适的方案。

评价备择方案的尺度有两个方面：一是评价的标准；二是各个标准的相对重要性，即权数。在评价时要考虑以下几点：

（1）注意发现每一个方案的制约因素或隐患。

（2）在评估时，即将一个方案的预测结果和原有目标进行比较时，既要考虑到许多有形的可以用数量表示的因素，也要考虑到许多无形的不能用数量表示的因素。

（3）要用总体的效益观点来衡量方案。

6. 抉择可行性方案

选择方案是决策的关键，管理人员或者依据自己的经验，或者通过对备选方案进行实验，或者对方案进行分析研究来做出选择。在做出抉择时，应当考虑在可行性、满意度和可能效益三方面结合得最好的方案。通常可以先确定一个较满意的方案为计划方案，而把其他几个方案作为备选方案。这样可以加大计划工作的弹性，一旦计划实施的条件有变化，管理者也能够从容应对，迅速适应变化的环境。

7. 拟订派生计划

在完成选择，选定一个基本的计划方案后，计划工作并没有结束，还必须围绕基本计划来制订一系列派生计划来辅助基本计划的实施。例如，某大企业在作出新建一个分厂的决策后，这个决策就成为制订一系列派生计划的前提，各种派生计划都要围绕它来进行拟定。如人员的招聘和培训计划、材料和设备的采购计划、广告宣传计划、资金筹措计划等。大多数的总计划都需要派生计划的支持和保证，完成派生计划是实施总计划的基础。

8. 编制预算

在完成上述各个步骤之后，最后一项便是把计划转化为预算，使之数字化，以大体反映整个计划。预算实质上是资源的分配。它既是汇总各种计划的工具，又是衡量计划进度的重要标准。这种表现可能是财务方面的，如收入、支出和资本预算等；也可以是非财务方面的，如材料、工时、产量等方面的预算。预算是汇总各类计划的工具，同时也是衡量计划执行情况的重要标准，因此预算又常常被看作是一种重要的控制手段。

应该指出的是，计划工作中的某些步骤，即提出备选方案、对备选方案进行评价以及选择备选方案，实际也就是决策过程。由此我们可以看出，在机会和目的为已知的条件下，计划工作的核心确实就是决策的过程。

【课堂思考】制订计划

一家公司即将举办的一项大型营销活动，作为公司的一员，你的顶头上司把该任务交给了你，要求你为该活动制订一份草案。

思考问题：

1. 你需要搜集哪些方面的信息？
2. 依据什么确定目标？订立一个还是几个目标？
3. 一份简单的计划书包括哪些基本的内容？

三、计划制订的方法

（一）滚动计划法

对于中长期计划而言，由于环境的不断变化，由于在制订计划时存在着众多的不确定因素，因而在计划实施一段时间之后，很可能出现与实际不符的情况。这时如果仍然按照原计划实施下去，就可能导致巨大的错误和损失。滚动计划法就是一种根据情况变化定期修订未来计划的方法。这种方法综合考虑了计划的执行情况、外界环境的改变情况以及组织的方针政策的变化，采用近细远粗的方式对实施中的计划进行定期的修订，并逐期向前推移，从而使短期计划、中期计划和长期计划有机地结合起来，不断地随时间的推移而更新。

1. 基本思想

滚动计划法是一种定期修改未来计划的方法，其基本思想是：根据计划执行的情况和环境变化的情况，定期调整未来的计划，并不断逐期向前推移，使短期计划和中期计划有机地结合起来。在滚动计划中，采用远粗近细的方法，即把近期的详细计划和远期的粗略计划结合在一起，在近期计划完成后，再根据执行结果的情况和新的环境变化逐步细化并修正远期的计划。

2. 滚动计划的编制

在已编制出的计划的基础上，每经过一段固定的时期（例如一年或一个季度等，这段固定的时期被称为滚动期），便根据变化了的环境条件和计划的实际执行情况，对原计划进行必要的调整，以确保实现计划目标。每次调整时，保持原计划期限不变，只将计划期限顺序向前推进一个滚动期，或者说平行移动一个滚动期。

3. 编制滚动计划法的关键

编制滚动计划的关键在于科学地确定计划修正因素，即要搞清未来时期企业内外部条件变化的情况。只有如此，才能使新编制的计划符合实际情况，适应变化了的内外部环境。计划修正因素主要有以下几项内容：

（1）差异分析。差异是指第一个执行期的计划和实际之间的差距。第一个执行期结束时，无论是超额完成了计划或是没有完成计划，都应对差异产生的原因进行定性或定量分析。因为分析结果对新计划的编制有着直接的影响。

（2）环境变化。环境是指企业周围的情况，它由多种因素构成。由于企业的生存和发展是以外部环境为条件的，而且外部环境又是不断发生变化的，因此，企业必须重视调查收集和研究分析来自外部环境的各种信息，并据此编制计划，使计划更具有适应性。

（3）经营方针调整。经营方针是指为实现经营目标，根据企业的经营思想，所确定的企业总体或某项重要经营活动所应遵循的原则。它是针对某一时期生产经营活动所要解决的主要问题提出来的。由于企业外部环境和内部条件在不断发生变化，因而不同企业或同一企业在不同时期，其经营方针是不相同的。这就要求企业必须根据变化了的情况，调整其经营方针，以使外部环境、内部条件和经营目标三者实现动态平衡。

4. 滚动计划法优缺点

优点：①推迟了对远期计划的决策，增加了计划的准确性，提高了计划工作的质量；②这种计划方法使长、中、短期计划能够相互衔接，即保证了长期计划的指导作用，使得各期计划能够基本保持一致；③使计划更富有弹性，特别是在环境剧烈变化的今天，有助于提高组织的应变能力。

缺点：滚动计划法的工作量比较大，需要大量的人力和时间。

（二）网络计划方法

网络计划方法是20世纪50年代在美国产生和发展起来的一种计划控制方法。1956年美国杜邦公司在编制公司内部各业务部门的系统规划时，制订了第一套网络计划。这种计划借助网络来表示各项工作与所需要的时间，以及各项工作的相互关系，效果非常明显。1961年以后网络计划技术被广泛采用，我国是20世纪60年代初开始在大型工程中使用该方法，也称为“统筹法”，取得了显著的效果。

1. 网络计划方法的基本原理

把一项工作或项目分成各种作业，然后根据作业顺序进行排列，利用所形成的网络对整个工作或项目进行统筹规划和控制，以便用最短的时间和最少的人力、物力、财力的消耗去完成既定的目标或任务。

2. 网络计划方法的关键因素

网络计划方法的关键是网络图的形成，它根据一张网络图可以确定出对整个工期造成影响的那些作业，即关键路线或关键作业。然后依据上述分析，重新调整人、物、财等各种资源的分配，最终得到一个最好的方案。一般来说，网络计划方法特别适用于项目性的作业，如大型设备的制造、各种工程建设等。

在网络计划法中主要包含三个关键因素：

（1）“→”，工序。工序是指一项工作的过程，箭线下的数字表示完成该项工作所需要的时间。

（2）“○”，事项。事项是指两个工序之间的连接点，事项只表示前一道工序的结束，后一道工序的开始的瞬间，因此事项是不消耗资源和时间的。当然，在一个网络图中，只有一个起始事项和一个终点事项。

（3）路线：是网络图中由始点事项出发，沿箭线方向前进，连续不断地到达终点事项为止的一条通道。

比较各路线的路长，可以找出一条或几条最长的路线。这种路线被称为关键路线。关键路线上的工序被称为关键工序。

3. 网络计划方法的步骤

（1）确定目标。确定目标，是指决定将网络计划方法应用于哪一个工程项目，并提出对工程项目和有关技术经济指标的具体要求。依据企业现有的管理基础，掌握各方面的信息和情况，利用网络计划方法为实现工程项目寻求最合适的方案。

（2）分解工程项目，列出作业明细表。一个工程项目是由许多作业组成的，在绘制网络图前就要将工程项目分解成各项作业。作业项目划分的粗细程度视工程内容以及不同单位要求而定，通常情况下，作业所包含的内容多，范围大可分粗些，反之则细些。作业项目分得细，网络图的结点和箭线就多。对于上层领导机关，网络图可绘制得粗些，主要是通观全局、分析矛盾、掌握关键、协调工作、进行决策；对于基层单位，网络图就可绘制得细些，以便具体组织和指导工作。

在工程项目分解成作业的基础上，还要进行作业分析，以便明确先行作业，平行作业和后续作业。即在该作业开始前，哪些作业必须先期完成，哪些作业可以同时平行地进行，哪些作业必须后期完成，或者在该作业进行的过程中，哪些作业可以与之平行交叉地进行。

（3）绘制网络图，进行结点编号。根据作业时间明细表，可绘制网络图。网络图的绘制方法有顺推法和逆推法。

①顺推法：从始点时间开始根据每项作业的直接紧后作业，按顺序地依次绘出各项作业的箭线，直至终点事件为止。

②逆推法：从终点事件开始，根据每项作业的紧前作业逆箭头前进方向逐一绘出各项作业的箭线，直至始点事件为止。

(4) 计算网络时间，确定关键路线。根据网络图和各项活动的作业时间，就可以计算出全部网络时间和时差，并确定关键线路。具体计算网络时间并不太难，但比较烦琐。在实际工作中影响计划的因素很多，要耗费很多的人力和时间。因此，只有采用电子计算机才能对计划进行局部或全部调整，这也是为推广应用网络计划技术提出了新内容和新要求。

(5) 进行网络计划方案的优化。找出关键路径，也就初步确定了完成整个计划任务所需要的工期。这个总工期，是否符合合同或计划规定的时间要求，是否与计划期的劳动力、物资供应、成本费用等计划指标相适应，需要进一步综合平衡，通过优化，择取最优方案。然后正式绘制网络图，编制各种进度表，以及工程预算等各种计划文件。

(6) 网络计划的贯彻执行。编制网络计划仅仅是计划工作的开始。计划工作不仅要正确地编制计划，更重要的是组织计划的实施。网络计划的贯彻执行，要发动群众讨论计划，加强生产管理工作，采取切实有效的措施，保证计划任务的完成。

4. 网络计划方法的优缺点

优点：能全面而明确地反映出各项工作之间的相互依赖、相互制约的关系和时间顺序；能指出完成任务的关键线路和关键环节，使得管理人员不仅可以统筹安排，还可以重点管理；可合理配置人力、物力、财力等资源，从而降低成本，减少时间，提高工作效率；通过优化，可在若干可行方案中找出最优方案；便于控制和调整。

缺点：流水作业的情况很难在计划上反映出来。

（三）线性规划

在目标已定，资源有限的情况下，可以用线性规划的方法来确定计划。首先是确定一个目标，比如：利润最大、成本最小、产量最大等，这个目标就是目标函数；其次，确定可用资源，比如：多少台设备、多少原料、多少劳动工时等；然后，根据各种产品的资源消耗定额和产量定额，确定约束条件；最后，把目标函数、资源条件、产量定额、资源消耗定额之间的数量关系，用方程式表示，就形成了线性规划的数学模型。

第三节 目标管理

管理情境

NF 机床厂的目标管理

NF 机床厂从 1981 年开始推行目标管理：为了充分发挥各职能部门的作用，充分调动 1000 多名职能部门人员的积极性，该厂首先对厂部和科室实施了目标管理。经过一段时间的试点后，逐步推广到全厂各车间、工段和班组。多年的实践表明，目标管理改善了企业经营管理，挖掘了企业内部潜力，增强了企业的应变能力，提高了企业竞争力，取得了较好的经济效益。

按照目标管理的原则，该厂把目标管理分为三个阶段进行。

第一阶段：目标制订阶段

1. 总目标的制订

该厂通过对国内外市场机床需求的调查，结合长远规划的要求，并根据企业的具体生产能力，提出了19××年"三提高""三突破"的总方针。所谓"三提高"，就是提高经济效益、提高管理水平和提高竞争能力；"三突破"是指在新产品数目、创汇和增收节支方面要有较大的突破。在此基础上，该厂把总方针具体化、数量化，初步制订出总目标方案，并发动全厂员工反复讨论、不断补充，送职工代表大会研究通过，正式制定出全厂19××年的总目标。

2. 部门目标的制订

企业总目标由厂长向全厂宣布后，全厂就对总目标进行层层分解，层层落实。各部门的分目标由各部门和厂企业管理委员会共同商定，先确定项目，再制订各项目的指标标准。其制订依据是厂总目标和有关部门负责拟定、经厂部批准下达的各项计划任务，原则是各部门的工作目标值只能高于总目标中的定量目标值，同时，为了集中精力抓好目标的完成，目标的数量不可太多。为此，各部门的目标分为必考目标和参考目标两种。必考目标包括厂部明确下达目标和部门主要的经济技术指标；参考目标包括部门的日常工作目标或主要协作项目。其中必考目标一般控制在2~4项，参考目标项目可以多一些。目标完成标准由各部门以目标卡片的形式填报厂部，通过协调和讨论最后由厂部批准。

3. 目标的进一步分解和落实

部门的目标确定了以后，接下来的工作就是目标的进一步分解和层层落实到每个人。

(1) 部门内部小组（个人）目标管理，其形式和要求与部门目标制订相类似、拟定目标也采用目标卡片，由部门自行负责实施和考核。要求各个小组（个人）努力完成各自目标值，保证部门目标的如期完成。

(2) 该厂部门目标的分解是采用流程图方式进行的，具体方法是：先把部门目标分解落实到职能组，任务再分解落实到工段，工段再下达给个人。通过层层分解，全厂的总目标就落实到了每一个人身上。

第二阶段：目标实施阶段

该厂在目标实施过程中，主要抓了以下三项工作。

1. 自我检查、自我控制和自我管理

目标卡片经主管副厂长批准后，一份存企业管理委员会、一份由制订单位自存。由于每一个部门、每一个人都有了具体的、定量的明确目标，所以在目标实施过程中，人们会自觉地、努力地实现这些目标，并对照目标进行自我检查、自我控制和自我管理。这种"自我管理"，能充分调动各部门及每一个人的主观能动性和工作热情，充分挖掘自己的潜力，因此，完全改变了过去那种上级只管下达任务、下级只管汇报完成情况，并由上级不断检查、监督的传统管理办法。

2. 加强经济考核

虽然该厂目标管理的循环周期为一年。但为了进一步落实经济责任制，及时纠正目标实施过程中与原目标之间的偏差，该厂打破了目标管理的一个循环周期只能考核一次、评定一次的束缚，坚持每一季度考核一次和年终总评定。这种加强经济考核的做法，进一步调动了广大职工的积极性，有力地促进了经济责任制的落实。

3. 重视信息反馈工作

为了随时了解目标实施过程中的动态情况，以便采取措施、及时协调，使目标能顺利实现，该厂十分重视目标实施过程中的信息反馈工作，并采用了两种信息反馈方法：

(1) 建立"工作质量联系单"来及时反映工作质量和服务协作方面的情况。尤其当两个部门发生工作纠纷时，厂管理部门就能从"工作质量联系单"中及时了解情况，经过深入调查，尽快加以解决，这样就大大提高了工作效率、减少了部门之间不协调现象。

(2) 通过"修正目标方案"来调整目标，内容包括目标项目、原定目标、修正目标以及修正原因等，并规定在工作条件发生重大变化需修改目标时，责任部门必须填写"修正目标方案"提交企业管理委员会，由该委员会提出意见交主管副厂长批准后方能修正目标。

该厂长在实施过程中由于狠抓了以上三项工作。因此，不仅大大加强了对目标实施动态的了解，更重要的是加强了各部门的责任心和主动性，从而使全厂各部门从过去等待问题找上门的被动局面，转变为积极寻找和解决问题的主动局面。

第三阶段：目标成果评定阶段

目标管理实际上就是根据成果来进行管理的，故成果评定阶段显得十分重要。该厂采用了"自我评价"和上级主管部门评价相结合的做法，即在下一个季度第一个月的10日之前，每一部门必须把一份季度工作目标完成情况表报送企业管理委员会（在这份报表上，要求每一部门自己对上一阶段的工作做一恰如其分的评价）；企业管理委员会核实后，也给予恰当的评分；如必考目标为30分，一般目标为15分。每一项目标超过指标3%加1分，以后每增加3%再加1分。一般目标有一项未完成而不影响其他部门目标完成的，扣一般项目中的3分，影响其他部门目标完成的则扣分增加到5分。加1分相当于增加该部门基本奖金的1%，减1分则扣该部门奖金的1%。如果有一项必考目标未完成则扣至少10%的奖金。

该厂在目标成果评定工作中深深体会到：目标管理的基础是经济责任制，目标管理只有同明确的责任划分结合起来，才能深入持久，才能具有生命力，达到最终的成功。

结合上述管理情景，思考并回答下列问题：

1. 根据上述管理情景，说说什么是目标管理，你怎么理解的？
2. 在目标管理过程中，应注意一些什么问题？
3. 目标管理有什么优缺点？

（资料来源：http://www.docin.com/p-4619100.html）

要求：课前进行认真阅读和思考，课上针对问题进行探讨。

德鲁克认为，并不是有了工作才有目标，而是相反，有了目标才能确定每个人的工作。所以“企业的使命和任务，必须转化为目标”，如果一个领域没有工作目标，那么这个领域的工作就会被忽视，因此在企业经营中应重视目标管理。

一、目标

（一）目标的含义

任何一个组织要想生存，都要有一定的任务和使命，即组织的目标。目标是一个组织根据其任务和目的，确定在未来一定时期内所要达到的最终结果。对于组织管理来说，目标是管理行动的出发点，是组织内部各项管理活动的依据；同时目标又是管理行动的归宿，是判断一个组织管理有效性和合理性的标准。

（二）目标的作用

1. 为组织活动指引方向

目标的作用首先在于为管理指明了方向。目标往往为组织成员描绘未来的组织发展蓝图，为成员确定努力方向，为使目标方向明确，就要使目标尽量简化。所以，简化目标应当作为制定目标的一条原则。

2. 激励作用

目标对组织成员具有激励作用，从组织成员个人的角度来看，目标的激励作用具体表现在两个方面：个人只有明确了目标才能调动起潜在能力，尽力而为，创造出最佳成绩；个人只有在达到了目标后，才会产生成就感和满意感。

3. 凝聚作用

组织的凝聚力要受到很多因素的影响，其中的一个因素就是组织目标。特别是当组织目标充分体现了组织成员的共同利益，就能够极大地激发组织成员的工作热情、献身精神和创造力。而组织目标与个人目标之间潜在的冲突，则是削弱组织凝聚力的主要原因。因此，使组织目标与群体或组织成员个人目标之间取得和谐是制定目标的又一条原则。

4. 目标是绩效考评的标准

大量管理实践表明，凭上级的主观印象和对下级主管人员的价值判断作为对主管人员绩效的考核依据，是不客观、不科学的，因而不利于调动下级主管人员的积极性。目标是管理活动追求的结果，是可考核的，根据目标的完成情况考核进而奖惩更为客观、合理。为此，目标本身必须是可考核的，这也是进行目标管理的一个主要原因。

【管理故事】目标永远在技巧和方法前面

张总和刘主管都是《西游记》迷，这天，两人闲着无事，讨论起《西游记》中的人物来。

张总问刘主管：“你认为师徒四人中，谁最没本事、谁最不重要呢?”

“当然是唐僧了，”刘主管毫不犹豫地说，“在保护唐僧去西天取经的路上，孙悟空能七十二般变化、降妖除魔、冲锋陷阵；猪八戒虽然贪吃贪睡，但打起仗来也能上天入海，助猴哥一臂之力；沙僧憨厚老实、任劳任怨，把大家的行李挑到西天；唐僧最舒服，不仅一路上有马骑、有饭吃，而且妖魔挡道也不用其动一根手指头，自有徒儿们奋勇上阵。他做事不明真伪，总是慈悲为怀，动不动还要给孙猴子念上几句紧箍咒玩玩。”

张总摇摇头：“此言差矣。”

刘主管问：“那依你之见呢?”

张总说：“四个人中，最重要的是唐僧。只有他明白去西天的目的是取回真经普度众生。就是他，在孙悟空赌气回了花果山、猪八戒开小差跑回高老庄、沙僧也犹豫的情况下，他毅然一个人奋勇向前，不达目的誓不罢休。因为他知道为什么要去西天，他知道他为什么去做，他知道他要做什么；而他的三个徒弟并不知道为什么要去西天，他们只是知道保护好唐僧就行，至于为什么要保护好唐僧，他们不用去考虑。所以，无论路程多么艰险，无论多少妖魔挡道，无论多少鬼怪想吃其肉，唐僧都毫不畏惧，奋勇前进。最后，唐僧不仅取回了真经，而且还使曾经被称为妖精的三个徒弟最终功德圆满成佛。”

启示：目的，永远在技巧和方法前面。一个人如果一开始就不知道他要去的目的地在哪里，他就永远到不了他想去的地方。企业如果没有明确的目标，就永远不能强大。

（资料来源：中国人力资源开发网 . http：//www. chinahrd. net）

（三）目标制定的基本原则

1. 以满足社会或市场需求为前提，并要考虑到组织的社会责任

每一个组织作为一个社会存在体，要取得社会的认同，就必须体现出一定的社会价值，能满足一定的社会需求，只有这样，组织才有可能得到社会的承认并取得不断的发展。

2. 以提高投入产出率为出发点

由于任何组织所拥有的资源都是有限的，所以组织在选择目标方案时，要充分体现获取最大效益的原则，即要选择能较好地使有限的资源发挥最大效益的目标方案。

3. 所制定的目标值应具有先进、合理性

目标是在未来一段时间内在某一方面要达到的目的，因此目标值的确定必须有切实可行性。既不能脱离实际，凭主观愿望把目标定得很高，失去指引和激励作用，从而使组织成员丧失信心；也不要妄自菲薄，不求进取，满足于提出在现有的基础上，通过自身的努力就能实现的目标，以至于发展缓慢，在竞争中趋于落后。为了充分发挥目标的激励作用和在激烈的竞争中脱颖而出，在制定目标时，我们应致力于制定尽可能高而合理的目标值。

（四）目标制定中的问题

1. 目标能否被事先预定？

由于未来各种因素的变化难以预计，我们确实很难根据前几年的情况来推断当年可能达到的目标。那么这是否意味着在多变的环境中目标无法制定或没有必要事先制定目标呢？目标是在未来的一段时间内要达到的程度，它既可以从现实出发来预定，也可以根据我们内心的追求来确定。因此，在我们难以从现状出发，根据对未来的预计确定目标时，我们可以从使命和愿景出发，倒推我们在未来一段时间内应该达到的程度，或根据竞争的需要，推测我们在未来一段时间内必须达到的程度，以此作为目标；或综合两方面的推测，综合形成我们的目标。

2. 怎样的目标表述是符合要求的？

一个合理的目标表述应包含以下内容：①目标内容：应该做什么工作，或哪一方面的工作？②时间要求：明确在何时或多少时间内完成？③目标程度：最终所期望得到的结果、达到的程度或状态。④衡量方法：结果或状态具体衡量方法。

3. 目标是否一定要以书面形式明确？

管理者必须向下属阐明组织目标，口头介绍是很好的办法，但在做过口头介绍后，一定要形成书面备忘录。每个人的目标都应该以书面形式记录下来，并且尽可能详细。书面记录可以帮助我们节省许多不必要的工作，让我们免掉以后因没做记录而产生的反复、误解、错误和沟通障碍。同时，书面记录有助于我们不断补充、更加准确描述、防备遗忘和可作为日后考核的依据。所以，目标应尽可能地以书面形式明确。

4. 目标是否一成不变？

根据现有的对外部环境的变化、自身实力和愿望的分析，制定出相应的目标，根据三方面的变化情况，及时修订既定目标，形成新的目标。

二、目标管理

（一）目标管理的含义

目标管理是由美国著名的管理专家彼得·德鲁克在 1954 年发表的《管理实践》一书中提出的一个具有划时代意义的概念。我国企业于 20 世纪 80 年代初开始引进目标管理法，并取得较好成效。由于这种制度特别适用于对主管人员的管理，所以被称为“管理中的管理”。

目标管理不是像传统的目标设定法那样完全由上司设定和分派目标给下级，而是采取参与的方式来决定目标，也即上下级共同参与目标的选择并对如何实现目标达成一致意见。目标管理法的实质是员工参与制定目标，实现自我管理和自我控制。

目标管理法提出了一种新的目标设定逻辑，使组织内目标制定过程从单纯的自下而上转变为上下结合，并形成了一个通过协调的目标层级结构。在此结构中，某一层的目标与下一层的目标连接在一起，而且对每一位员工都提供了具体的个人绩效目标。这样，目标管理法就不仅保证了各层管理人员的“承诺意识”，而且也使得目标设定真正成为提高工作绩效的动力。目标管理法被认为是一种科学合理的现代管理方法，而不单单是计划或目标的设定方法。

目标管理方法提出来后，美国通用电气公司最先采用，并取得了明显效果。其后，在美国、西欧、日本等许多国家和地区得到迅速推广，被公认为是一种加强计划管理的先进科学管理方法。我国 20 世纪 80 年代初开始在企业中推广，目前采取的干部任期目标制、企业层层承包等，都是目标管理方法的具体运用。

【阅读材料】日本人在总结战后经济腾飞的原因时，重点强调了两位外国学者的贡献。一位是彼得·德鲁克，他把目标管理介绍给了日本；另一位是全面质量管理理论的创造者戴明，他的全面质量管理理论在日本经济腾飞中产生了巨大的贡献。美国总统布什在将 2002 年度的“总统自由勋章”授予 93 岁的彼得·德鲁克时，提到他的三大贡献之一就是目标管理。它已经在全世界为数众多的公司中得到了成功的应用。

（二）目标管理的基本思想

（1）企业的任务必须转化为目标，企业管理人员必须通过这些目标对下级进行领导并以此来保证企业目标的实现。

（2）目标管理是一种程序，使一个组织中的上下各级管理人员会一起来制订共同的目标，确定彼此的成果责任。

（3）每一个企业管理人员的分目标都是企业总目标对他的要求。

（4）管理人员和工人是靠目标来管理，由所要达到的目标为依据，进行自我指挥、自我控制，而不是由他的上级来指挥和控制。

（5）企业管理人员对下级进行考核和奖惩也是依据这些分目标。

（三）目标管理的特点

目标管理指导思想上是以 Y 理论为基础的，即认为在目标明确的条件下，人们能够对自己负责。具体方法上是泰罗科学管理的进一步发展。它与传统管理方式相比有鲜明的特点，可概括为以下几个方面。

1. 重视人的因素

目标管理是一种参与式的、民主的、自我控制的管理制度，也是一种把个人需求与组织目标结合起来的管理制度。在这一制度下，上级与下级的关系是平等、尊重、依赖、支持的，下级在承诺目标和被授权之后是自觉、自主和自治的。

2. 建立目标体系

目标管理通过专门设计的过程，将组织的整体目标逐级分解，转换为各单位、各员工的分目标。从组织目标到经营单位目标，再到部门目标，最后到个人目标。在目标分解过程中，权、责、利三者已经明确，而且相互对称。这些目标方向一致，环环相扣，相互配合，形成协调统一的目标体系。只有每个人员完成了自己的分目标，整个企业的总目标才有完成的希望。

3. 重视成果

目标管理以制定目标为起点，以目标完成情况的考核为终结。工作成果是评定目标完成程度的标准，也是人事考核和奖评的依据，成为评价管理工作绩效的唯一标志。至于完成目标的具体过程、途径和方法，上级并不过多干预。所以，在目标管理制度下，监督的成分很少，而控制目标实现的能力却很强。

（四）目标管理的优缺点

1. 目标管理的优点

（1）有助于提高管理水平。目标管理，关键在于建立一个合理的目标网络体系，这需要管理人员不仅要明确组织目标，同时还需要充分放权。这样，管理者才能把大部分的精力都放在重要问题的解决上。

（2）有助于暴露组织的缺陷。目标管理实施过程中，通过监督、控制和反馈可以快速发现问题的产生原因和组织中存在的缺陷。

（3）有助于调动员工的积极性、创造性和责任心。目标管理过程中，对员工具有激励作用。首先是目标的亲自参与制定；其次是目标作为考核标准，可以据此进行奖励。因此，目标管理可以调动员工的工作积极性，发挥其工作的创造性和责任心。

（4）有利于控制。管理控制的主要问题之一是要懂得如何进行监督，而一套明确的可考核的目标就是管理者了解如何进行监督的最好指导。

2. 局限性

（1）对目标管理的原理和方法阐明的不够。目标管理看起来简单，但要把它有效地付诸实施，则需要各级主管人员对它有详尽的了解和认识。这就需要对目标管理的整个体系做耐心的解释工作，说明目标管理是什么；它怎样发挥作用；为什么要这样做；它在评价管理工作成效时起些什么作用；以及参与目标管理的人能得到什么好处等。否则会产生相反的效果。

（2）给予目标制定者的指导不够，致使管理人员难以把握上级的指导方针。目标管理和其他各种计划工作一样，如果那些拟订目标的各级主管人员得不到必要的指导方针，不了解计划工作的前提条件和企业的基本战略和政策，那么他们就无法制定出正确的目标，也就无法发挥目标管理的作用。

（3）目标难以确定。一方面，可考核的目标是难以确定的；另一方面，使同一级主管人员的目标都具有正常的“紧张”和“费力”程度更是困难的，而这两个问题恰是使目标管理取得成效的关键。这就为目标管理的有效实施设置了难以逾越的障碍。

（4）目标一般是短期的。几乎在所有实行目标管理的组织中，所确定的目标一般都是短期的，很少超过一年，常常是一季度或更短些。强调短期目标的弊病是显而易见的，因此，为防止短期目标所导致的短期行为，上级主管人员必须从长期目标的角度提出总目标和制定目标的指导方针。

【阅读资料】目标管理的短视缺陷

目标管理的短视缺陷可以用踢足球的例子来说明：假如，你是一个足球队的教练，俱乐部的老板要求你，在今年的赛季结束之前，必须要让他的球队进多少个球，并且球队要从甲 B 升为甲 A。如果教练以这个指示为目标，那么你会让什么人上场去踢球？一般而言，为了达到这个目标，谁有把握能踢进去球就会用谁，就是让那些经验老到、技术好的老队员上场。结果是让新队员坐冷板凳，限制了新队员的发展，因为，新队员不能保证会进球。结果，最后可能及时地完成了任务，球队由甲 B 升为甲 A，你也升了级。但你牺牲了这个队伍的什么呢？长期的发展。其实这是目标管理的最大缺点，即短期行为。企业的目标和考评期定得越短，员工越容易冲着这个短期的目标去努力，而放弃一些长远的东西。

（5）不灵活的危险。目标管理要取得成效，就必须保持其明确性和肯定性，如果目标经常改变，就难以说明它是经过深思熟虑和周密计划的结果，这样的目标是没有意义的。但是，计划是面向未来的，而未来存在许多不肯定因素，这又使得企业必须根据已经变化了的计划工作前提对目标进行修正。然而修订一个目标体系与制定一个目标体系所花费的精力相差无几，结果可能迫使主管人员不得不中途停止目标管理的过程。

（五）目标管理的基本过程

孔茨认为，目标管理是一个全面的管理系统，它用系统的方法，使许多关键管理活动结合起来，并且有意识地瞄准，有效地和高效率地实现组织目标和个人目标。

在理想的情况下，这个过程开始于组织的最高层，并且有总经理的积极支持和指导。但是目标设置并非一定开始于最高层。它可以从分公司一级开始，也可以在职能部门这一级或甚至更低层开始。

1. 目标建立

在目标建立过程中，要注意以下问题：①目标要具有一定的挑战性，保证组织经过一定努力能够实现。②目标要保证质与量的有机结合，尽可能量化组织目标，确保目标考核的准确性。③目标期限要适中。④目标数量要适中。

2. 目标分解

在目标分解中要注意以下几点：①目标体系要逻辑严密，纵横成网络，体现出由上到下目标越来越具体的特点。②目标要突出重点，与组织总目标无关的其他工作不必列入各级分目标。③鼓励员工积极参与目标分解，尽可能把目标分解中的“要我做”变成“我要做”。④目标一旦分解完毕，要进行严格的审批。明确责任，并承诺通过完成目标的条件，保证目标的严肃性。

3. 目标控制

目标控制管理中应注意以下几点：①充分发挥员工自我控制能力，必须将领导的信任与完善的自检制度相结合，保证组织具有进行自我控制的积极性与制度保障。②建立目标控制中心。③保证信息反馈渠道畅通，以便及时发现问题，对目标作出必要的修正。④创造良好的工作环境，形成团结互助的工作氛围。

4. 目标评定

这个阶段的工作内容是当目标实施活动已按预期要求结束时，就必须按照定量目标值对实际取得的成果作出评价，并使这种评价与奖励挂钩；同时，还要把评价结果及时反馈给执行者，让其主动地总结经验教训。

目标评定要注意以下几点：①首先进行自我评定。②上级评定要全面、公正。③目标评定与人事管理相结合。④及时反馈信息是提高目标管理水平的重要保证。

第四节 战略计划

管理情境

格兰仕公司的战略分析

广东格兰仕集团有限公司由一个乡镇小厂摇身为与全球200多家跨国公司建立全方位合作联盟的“全球家电制造中心”，关键在于格兰仕多年来集中有限资源、充分挖掘出了自身的比较竞争优势。随着世界制造业大举向中国转移，全球经济一体化，格兰仕正在走向世界最高制造水平：从成本优势走向与技术优势并举；从中国市场走向与世界市场并举。2002年年底，格兰仕提出“从优秀到卓越”的新的奋斗目标，全面启动“世界光波炉工厂”、“世界柜机（空调）制造中心”，微波炉、空调两大核心产业均侧重于向高新技术产品制造领域深入拓展。在追求新的奋斗目标进程中，格兰仕将一如既往地坚持“伟大，在于创造”的企业理念和“努力，让顾客感动”的经营宗旨，加速向国际一流企业、世界名牌进军。

格兰仕的成功基本是在一种理论下指导获得的，这就是格兰仕的“全球制造中心”（过去叫全球生产车间）模式。这种理论也被格兰仕自己叫“拿来主义”——将对方的生产线搬过来，贴牌生产（OEM）的同时做自己的产品。比如A品牌的生产线搬过来，就生产A；B生产线搬过来，就生产B；多余出来的生产时间就属于格兰仕的，因为格兰仕还有另外一招叫“拼工时”。在法国，一周生产时间只有24小时，而在格兰仕这里可以根据需要三班倒，一天就可以24小时连续生产。也就是说，同样一条生产线，在格兰仕做一天相当于在法国做一星期。格兰仕现在和200多家跨国公司全方位合作，就是依靠这种“拿来主义”。靠这种成本优势，格兰仕连续几次大降价，获得了微波炉的霸主地位，同时也加速了微波炉这一产业的价格下降趋势。通过降价，格兰仕成功地为这个行业树起了一道价格门槛：如果想介入，就必须投巨资去获得规模，但如果投巨资做不过格兰仕的盈利水平，就要承担巨额亏损，即使做过格兰仕的盈利水平，产业的微利和饱和也使对手没有多少利可图。凭此，格兰仕成功地使微波炉变成了鸡肋产业，并成功地使不少竞争对手退出了竞争，更使很多想进入的企业望而却步。

结合上述管理情景，思考并回答下列问题：

1. 格兰仕实施的是什么战略？请运用相关理论，谈谈格兰仕公司为什么要推行此战略。

2. 试分析迈克·波特的企业竞争理论中五种基本的竞争力量。请你谈谈格兰仕公司战略怎样作用于其他五种基本的竞争力量。

3. 随着形势的改变，格兰仕公司战略应该进行怎样的调整？为什么？

（资料来源：http：//www. docin. com/p－558278606. html）

要求：课前进行认真阅读和思考，课上针对问题进行探讨。

理论与实践

卓越的管理在本质上需要卓越的战略思维和卓越的战略计划。当今的管理者必须从战略的角度思考公司的状况，思考变化的环境对公司的影响。简而言之，战略计划的基本要义是从一个整体的长远的角度来管理一家公司。

一、战略计划

战略计划是指应用于整体组织的，为组织未来较长时间（通常是5年）设立总体目标和寻求组织在环境中的地位的计划。它是对企业长远发展的全局性的谋划，涉及组织发展中带有全局性、长远性和根本性的问题，是组织的管理思想、管理方针的集中表现。

战略性计划的任务在于看清企业将来会成为什么样子。彼得·德鲁克曾言：“一个企业不是由它的名字、章程和公司条例来定义，而是由它的任务来定义的。企业只有具备了明确的任务和目的，才可能制定明确和现实的企业目标。”

战略计划的首要任务是远景陈述和使命陈述。远景和使命陈述回答的是：“我们想成为什么和我们的使命是什么”？它包括两个主要部分：①核心意识形态；②远景展望。核心意识形态由核心价值观和核心目标两部分构成，它给组织提供了长久存在的基础，是组织的精神。远景展望由 10～30 年的宏伟、大胆、有难度的目标和生动逼真的描述两部分构成。

战略计划的第二项内容是战略定位，即确定企业在行业中的地位。

战略计划的第三项内容是战略选择，即选择企业合适的发展途径。

最后制定一系列战术计划将战略计划付诸实施。

二、战略计划的特点

一个组织的战略计划是涉及一定时期内组织的发展方向、行动方针以及资源使用方向的运筹计划。一般来说，战略计划具有如下特点。

1. 战略具有对抗的含义

战略计划总是在分析企业的内、外部环境的基础上，针对竞争对手的优、劣势及其正在和可能采取的行动而制订的企业长期的、全局性的发展谋划。它突出了本身资源、技术与外界的结合，以及现实的机会与潜在的冒险性相结合。

2. 计划过程由高层管理者直接控制

战略计划行动都是由高层管理者直接控制的。在许多组织里虽然有庞大而有经验的专门制订战略计划的人员，在制订战略计划过程中也有很好的循环系统，但是成功制订战略计划的关键仍是高层管理者自己。

3. 具有较长远的时间性

战略计划着重是为实现组织长远目标而选择途径，一般具有较长的时间周期。

4. 经营方向的选择是战略的核心问题

一般来说，一个战略包含着四个基本方面：战略范围（对组织经营领域的表述，实际上，范围规定了组织希望进入的竞争市场）、资源部署（战略应包括组织设计的资源部署，如何在各领域中分配其有限的资源。这里需分清主次，以充分利用这些资源）、可能的有利竞争条件（战略应规定由组织的范围及资源配置所导致的竞争优势）以及最佳协同（所谓协同作用即指整体作用要大于各单个部分之和。对战略而言，应考虑组织中不同部门如何有效合作，以取得协作增效的效果），这四个基本方面无不围绕组织经营的主要方向而展开。

三、战略计划的作用

战略计划对组织活动和各项工作起着先导的作用。

（1）制订战略计划可以对组织当前和长远发展的工作环境、工作方向和工作能力有一个正确的认识。从而全面了解自己的优势和劣势，机遇和挑战，利用机会，扬长避短，求得生存和发展。

（2）有了战略计划，就有了发展的总纲。有了奋斗的目标，就可以进行人力、物力、财力的优化配置，统一全体职工的思想，调动职工的积极性和创造性，实现组织目标。

（3）实行战略计划，既可以理顺内部的各种关系，又可以顺应外部的环境变化，加强管理活动。

（4）有利于组织领导者集中精力去思考、制定战略目标、战略思想、战略方针、战略措施等带有全局性的问题，可提高领导者的素质。

四、战略环境分析

环境是组织的生存条件，是组织赖以生存和发展的土壤。它既为组织的活动提供条件以及发展的机会，同时也会对组织活动起到制约作用，甚至带来威胁。所以，有效的管理必须研究组织所处的环境。组织环境是指一切存在于组织内外并对组织有现实和潜在影响的因素。

战略环境分析包括企业外部一般环境、企业竞争所处的行业环境、企业竞争对手、企业自身条件、企业为之提供产品或服务的消费者等的分析。

战略环境分析的目的是清楚组织所处的外部环境、行业环境和自身条件，了解市场和顾客需要，选择、制订适合于组织发展的战略。

【管理箴言】《孙子兵法》：故经之以五事，校之以计，而索其情：一曰道，二曰天，三曰地，四曰将，五曰法……曰：主孰有道？将孰有能？天地孰得？法令孰行？民众孰强？士卒孰练？赏罚孰明？吾以此知胜负矣。孙子认为：战略计划应从“道、天、地、将、法”五方面入手，才能保证战争的胜利。

（一）外部一般环境

外部一般环境，或称总体环境，是在一定时空内社会中各类组织均要面对的环境，其大致可分归纳为政治、社会、经济、技术、自然等五个方面。

（1）政治环境包括一个国家的社会制度，执政党的性质，政府的方针、政策、法令等。

（2）社会环境包括一个国家或地区的居民教育程度和文化水平、宗教信仰、风俗习惯、价值观念等。

【阅读材料】麦当劳的英文名称是“McDonald's”，它是店主人名字的所有格形式。西方人习惯以姓氏给公司命名，像爱迪生公司、沃尔特·迪斯尼公司、福特公司等。但是中国人通常喜欢以喜庆、兴隆、吉祥、新颖的词汇给店铺命名，如“百盛”“大润发”“好来顺”“全聚德”“喜来登”等。McDonald 是个小人物。他比不上爱迪生先生，爱迪生是当今世界闻名的大科学家；也不如迪斯尼先生，因为迪斯尼成了“卡通世界”的代名词，所以如果老老实实地把“McDonald's”译成“麦克唐纳的店”，就显得过于平淡。而“麦当劳”就非常成功：

①大致保留了原发音；②体现了食品店的性质；③蕴涵着“要吃麦就应当劳动”的教育意义；④风格既“中”又“洋”，符合中国人的口味。

（3）经济环境主要包括宏观和微观两个方面的内容。宏观经济环境主要指一个国家的人口数量及其增长趋势，国民收入、国民生产总值及其变化情况以及通过这些指标能够反映的国民经济发展水平和发展速度。微观经济环境主要指企业所在地区或所服务地区的消费者的收入水平、消费偏好、储蓄情况等。

（4）技术环境是指与本行业有关的科学技术状况及其发展趋势。

（5）自然环境主要指企业经营所处的地理位置、气候条件和资源禀赋状况等自然因素。

（二）行业环境

行业分析的基本目的是考察进入这个行业获利的可能性以及企业自身在产业中竞争居于优势地位还是劣势地位，掌握主动还是处于被动。

根据美国学者波特的研究，行业环境研究主要包括行业竞争结构、行业内战略群分析等内容。

1. 行业竞争结构分析

一个行业内部的竞争状态取决于五种基本竞争作用力，即行业内现有竞争对手、入侵者、替代品生产商、买方和供应商，如图3－1所示。一个公司的竞争战略目标在于使公司能在行业内进行恰当定位，以最有效地抗击五种竞争作用力并影响它们朝有利于自己的方向变化。对于一般环境，企业无法影响和控制，策略是适应和利用。

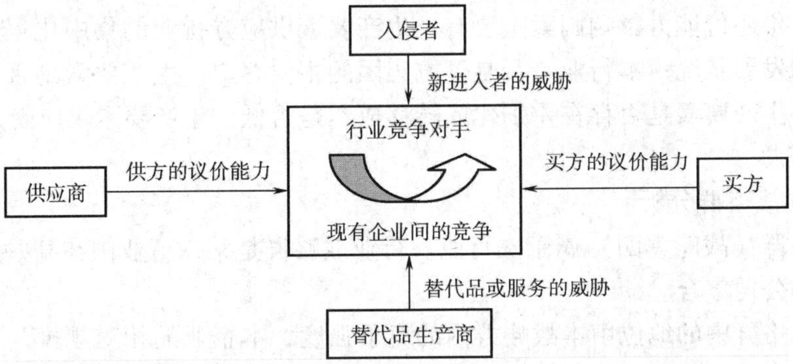

图3－1　驱动行业竞争的五种力量

（1）行业内现有竞争对手研究。行业内现有竞争对手研究是指主要研究主要竞争对手的现状和发展动态。

现有企业间的竞争状态取决于如下因素：现有竞争者的力量和数量；产业增长速度；固定或库存成本；产品特色或转移购买成本；生产能力增加趋势；形形色色的竞争对手；高战略利益相关性；退出成本。

（2）入侵者研究。一个行业中新的竞争对手的进入，必然会侵占市场份额和市场资源，由此而构成对现有企业的威胁。

某一行业被入侵的威胁大小取决于：行业进入障碍；行业产品价格水平；行业对入侵者的报复能力以及入侵者对报复的估计。

影响行业进入的障碍因素主要有：规模经济；产品差别化；转移成本；资本需求；在位优势；政府投资。

影响行业报复能力的因素：行业所处的发展阶段；行业的集中度以及行业的退出障碍。

影响入侵者对报复估计的因素：行业过去对入侵者的行为反应以及入侵者对自身能力的估计。

（3）替代品生产商研究。向市场提供任何一种产品的企业都在不同程度上受到替代品的威胁，这种威胁可以是直接的，也可以是间接的，这主要取决于两种产品之间的替代性。

替代品生产商的分析主要包括两个内容：第一，判断哪些产品是替代品；第二，判断哪些替代品可能对本企业经营构成威胁。前项工作较易进行，后项较为复杂。在判断威胁最大的替代品时，应特别重视以下两类替代品研究：那些容易导致价格（总成本）改善的替代品和那些现行盈利率很高的替代品。

（4）买方的讨价还价能力研究。它主要是指某行业中产品和服务的买方对供方所能产生影响的程度。

买方讨价还价能力影响因素主要有：买方是否大批量或集中购买；买方这一业务在其购买额中的份额大小；产品或服务是否具有价格合理的替代品；买方面临的购买转移成本大小；本企业的产品、服务是否是买方在生产经营过程中的一项重要投入；买方是否采取“后向一体化”的威胁；买方行业获利状况；买方对产品是否具有充分信息。

（5）供应商的讨价还价能力研究。供应商可以通过提价或降低产品或服务的质量来影响企业。

供应商讨价还价能力影响因素主要有：生产要素供应方行业的集中化程度；生产要素替代品行业的发展状况；本行业是否是供方集团的主要客户；生产要素是否是该企业的主要投入资源；生产要素是否存在差别化或转移成本是否低；生产要素供应者是否有“前向一体化”的威胁。

2. 行业内战略群分析

行业战略群（战略集团）属于次行业。行业战略群是某一行业内在某些战略特征方面相同或相似的公司集合。

企业在战略群中的地位由本战略群内的竞争强度、本企业的相对规模、入侵本群体的成本、企业执行既定战略的能力决定。

战略群间的竞争程度由战略群间的市场相互依赖程度或者目标顾客的相互重叠程度；战略群所建立的产品差异性；行业内战略群的数目及其相对规模；各战略群间的差异度或离散度决定。

（三）竞争对手

竞争对手范围要广于“行业内的现有竞争对手”，包含潜在的竞争对手；竞争对手研究的第一步是识别竞争对手，其目的是认识在行业竞争可能成功的战略的性质、竞争对手对各不同战略可能做出的反应以及竞争对手对行业变迁及其更广泛的环境变化可能做出的反应。

识别潜在的竞争对手并非易事，竞争对手可以从以下群体中辨识出来：不在本行业但可以克服进入壁垒进入本行业的企业；进入本行业可以产生明显的协同效应的企业；由其战略实施而自然进入本行业的企业；那些通过后向或前向一体化进入本行业的买方和供方。

（四）企业自身研究

企业自身应与竞争对手相对应地进行研究，其目的是“识长短”，即与对手相比，认清企业自身的实力与不足。

关于企业自身和竞争对手的比较分析可以借用波特的“价值链”分析法。根据价值链分析法，每个企业都是设计、生产、营销、交货以及对产品起辅助作用的各种价值活动的集合。企业的各种价值活动分为两类：基本活动、辅助活动。

基本活动：内部后勤、生产作业、外部后勤、市场营销与销售、顾客服务。

辅助活动：企业基础设施、人力资源管理、技术开发、采购。

（五）顾客（目标市场）研究

企业顾客研究的主要内容：总体市场分析、市场细分、目标生产市场确定和产品定位。

1. 总体市场分析

总体市场分析不仅要注意分析经济、基础建设等硬件，更要注意分析政治、法律、社会等软件。

市场特征可用市场容量和市场交易便利程度两个指标描述。

市场容量决定企业发展的可能边界，市场交易便利程度（市场交易成本）反映市场交易的可实现程度。市场交易的便利程度主要取决于市场基础建设、法规建设、产权制度和市场制度建设状况等。

2. 市场细分

市场细分是将一个总体市场划分为若干个具有不同特点的顾客群，每个顾客群需要相应的产品或市场组合。一般来说，一个总体市场可以根据一定的标准将顾客归类，每一类顾客具有相同或相似的偏好。

典型的工业品市场细分变量有四类：①地理因素；②生产运作变量，如顾客的能力、技术水平等；③采购方式因素；④状态因素，如交货和服务、对产品的态度（厌恶、可使用、喜欢、热爱）。

典型的消费品市场细分变量有四类：①地理因素；②人口统计因素；③心理特征因素，主要包括社会分层、生活方式、个性特征等；④行为因素，是与顾客的知识、态度、使用以及顾客对产品的反应有关的因素，主要包括场合、利益（如豪华、中等还是经济的）、使用率、使用状态、忠诚度、了解情况、对产品的态度（厌恶、可使用、喜欢、热爱）。

典型的工业品市场细分变量有四类：①地理因素；②生产运作变量；③采购方式因素；④状态因素。

3. 目标市场确定

企业必须评价各细分市场并选择企业所服务的目标市场。

评价细分市场的主要目标：①细分市场规模及其成长状况；②细分市场结构的吸引力；③企业的目标和资源状况。

细分市场特征：可测量性、丰富性、可接近性、可实现性。

4. 产品定位

公司或产品在顾客心目中的位置。是企业为了满足目标市场，确定产品（或服务）的功能、质量、价格、包装、销售渠道、服务方式，等等。相应的战略选择方式：抢先定位策略、领导定位策略、依附定位策略、空隙定位策略、重新定位策略。

五、战略计划的制定与选择

在一定意义上说，制定战略主要是一种管理艺术，它是计划工作中最精彩，也是最困难的部分。尽管如此，制定战略还是有一定的规律可循的，有一些基本的原则可依的。

（一）战略计划制定的原则

1. 以社会需要为出发点原则

一个组织只有不断地满足社会的某种持久的、日益增长的需要，才可能存在和发展。因此，满足社会需要应当作为组织制定战略的一条基本原则。具体而言，满足社会需要也就是满足市场需要、顾客需要。

制定战略时常犯的错误是：把眼光局限于现有的产品和服务上，认识不到产品只是一种满足顾客需要的形式，而形式是可以改变的；不能够认识到顾客需要的到底是什么，以及顾客的价值准则是什么。

【管理启示】美国通用汽车公司

对卡迪拉克公司的人来说，他们是制造汽车的这件事几乎是不言而喻的。但是，很少有人想到那个花了7000美元（20世纪30年代的价格）买一部新的卡迪拉克汽车的人，是为了得到一种运输工具呢？还是主要为了取得声望？看上去，卡迪拉克公司是在同福特汽车公司、德国的大众汽车公司竞争，但真是这样的吗？对此，30年代的萧条时期接管卡迪拉克公司的德雷斯达却有不同的看法，他认为，卡迪拉克汽车是同钻石和貂皮大衣在竞争，卡迪拉克汽车的买主购买的，不是一种“运输工具”，而是“地位”。这个见解在卡迪拉克公司正趋于衰落时挽救了它。在两年左右的时间里，尽管当时美国经济正处于萧条时期，但该公司却成为一个主要的成长中的企业。

2. 把握时机原则

制定计划，是要防备可能发生的变化，而制定战略则不同，是要利用可能发生的变化。因为变化预示着机会。所以，应当把利用变化，把握时机作为制定战略的一条基本原则。战国时期大商人白圭被后世称为“治生祖”，其经营之术就特别强调待机而发，足见其对利用变化、把握时机的重视程度。

【阅读材料】《史记·货殖列传》中记载，白圭，周人也。当魏文侯时，李史务尽地力，而白圭乐观时变，故人弃我取，人取我予。能薄饮食，忍嗜欲，节衣服，与用事僮仆同苦乐，趋时若猛兽挚鸟之发。故曰：“吾治生犹伊尹、吕尚之谋，孙、吴用兵，商鞅行法是也。故智不足与权变，勇不足以决断，仁不能以取予，强不能以有守，虽欲学吾术，终不告也。”盖天下言治生者祖白圭。

3. 扬长避短原则

战略具有对抗的含义，制定战略实质是要研究如何以弱胜强，以小胜大，后来居上，高屋建瓴，而欲达此目的，必须扬长避短、发挥优势。这应作为一条基本的战略原则。扬长避短，重在扬长，也就是充分发挥优势，不断强化优势地位。这就要求要专心本行。“田忌赛马”是个流传了几千年的脍炙人口的故事，内中的道理，就是扬长避短。三国时期的赤壁之战，吴军尽管在数量上处于绝对劣势，但由于巧妙利用了长江天险和魏军不善水战的弱点，结果大败魏军，传为千古佳话。

4. 出奇制胜原则

以弱胜强、以小胜大、后来居上，除了要扬长避短、发挥优势以外，还要靠出奇制胜。应当把出奇制胜看作一条重要的战略原则。

【管理箴言】《孙子·势篇》:“故善出奇者，无穷如天地，不竭如江河? 声不过五，五声之变，不可胜听也；色不过五，五色之变，不可胜观也；味不过五，五味之变，不可胜尝也；战势不过奇正，奇正之变，不可胜穷也。”

5. 集中资源原则

任何一个组织，资源总是有限的，要使有限的资源发挥出最大的效益，就必须集中使用。集中资源的前提，是方向明确，重点突出。也就是说，首先要明确经营方向和找出关键的成功因素。只有找准了行业的关键成功因素，再加上集中资源，才可能获得成功。

6. 量力而行原则

制定战略还应遵循量力而行的原则，应使战略与组织或企业的规模相适应。企业的规模对战略有重大影响，不同的规模要求不同的战略。同时不同的战略又要求不同的规模。一个试图在某一大市场中取得领先地位的企业，必须是一个大企业。而如果企业的规模较小，那还是以在一个大市场中占据一个特殊位置或一个有利的细分市场为目标更好。

7. 权变原则

企业经营战略的制订是基于一定的环境条件的假设，在战略实施中，事情的发展与原先的假设有所偏离是不可避免的，战略实施过程本身就是解决问题的过程。但如果企业内外环境发生重大的变化，以致原定的战略的实现成为不可行，显然这时需要把原定的战略进行重大的调整，这就是战略实施的权变问题。其关键就是在于如何掌握环境变化的程度，如果当环境发生并不重要的变化时就修改了原定的战略，这样容易造成人心浮动，带来消极后果，缺少坚韧毅力，最终只会导致一事无成。但如果环境确实已经发生了很大的变化，仍然坚持实施既定的战略，将最终导致企业破产，因此关键在于如何衡量企业环境的变化。

以上简单地讨论了制定战略的基本原则。尽管制定战略是计划中最困难的工作，却是任何组织或企业的最高主管人员不可推卸的任务。

【阅读材料】《孙子兵法》: 昔之善战者，先为不可胜，以待敌之可胜。不可胜在己，可胜在敌。故善战者，能为不可胜，不能使敌必可胜。故曰：胜可知，而不可为。

从前善于作战的人，先要做到不会被敌战胜，然后待机战胜敌人。不会被敌战胜的主动权操纵在自己手中，能否战胜敌人则在于敌人是否有隙可乘。所以，善于作战的人，能够做到自己不被敌人所战胜，但不能绝对保证自己一定会战胜敌人。所以说，胜利可以预知，但并不能强求。

（二）战略计划的制定过程

1. 确定目标

也就是确定面向未来一定时期的较具体的目标和更长时期的远景目标。

2. 分析组织现行的战略

也就是分析组织的现行战略与组织的使命和目标是否一致，如果不一致，或者组织的使命和目标采用现行战略无法达到，就应当考虑战略的修改和战略转移问题。

3. 环境调查分析

组织的环境因素对组织战略计划的制订起着关键性的影响作用。任何一个组织的高级管理人员，要想制订一个能引导组织走向成功的战略计划，必须全面地调查和分析组织的环境因素，从而发现组织发展的机会和存在的威胁。

4. 组织内部资源分析

组织内部资源分析主要是分析组织在生产、营销、财务、技术和管理方面的现状或能力，从而找出区别于其他竞争者的优势和弱点、强项和弱项，以便扬长避短。

5. 战略机会与威胁的识别

战略识别、环境分析和资源分析都是为第五步决定组织的机会和面对的威胁提供依据。机会是指有助于组织达到战略目标的环境特征。威胁则是指妨碍组织达到战略目标的环境特征。虽然同处相同产业，但由于拥有的资源不同，因此，即使面对相同的环境，对于一个组织来说属于机会，也许对另一个组织就是威胁。

6. 确定战略改变的程度

通过资源和环境分析，可以预测出继续执行战略的结果。根据预测结果，管理者可以决定是否修改战略。这个决策取决于是否存在绩效差距。绩效差距是指在第一步目标确定过程中设置的目标，与现行战略如果继续执行可能获得的结果之间的差异。

7. 制定战略

如果需要改变战略来缩小绩效差距，那么第七步就是制定新的战略计划。战略需要分别在公司层、事业层和职能层设立。制定这些战略应遵循管理决策程序。特别是管理者需要开发和评价不同的战略选择，然后选定一组符合三个层次要求的战略，这些战略能够最佳地利用组织的资源和充分利用环境的机会。在这一步上，管理者将寻求组织的恰当定位，以利获得领先于竞争对手的相对优势。

8. 实施战略

战略一旦决定就必须贯彻，即落实到组织的经营活动中去。这是因为即使是最高明、最富有创造性的战略，除非得到有效的贯彻，否则不会对组织有任何益处。战略无论是否用正式的、详细的战略计划来记录，它都必须转化为能够行动的计划。

9. 战略控制

在战略贯彻的过程中，管理者必须定期或在关键阶段检查战略的执行进度。与战略控制相关的主要问题是：战略是否在按计划贯彻执行？战略是否达到了预期的结果？

【阅读资料】韩信《汉中对》

“惟信亦为大王不如也。然臣尝事之，请言项王之为人也。项王喑恶叱咤，千人皆废，然不能任属贤将，此特匹夫之勇耳。项王见人恭敬慈爱，言语呕呕，人有疾病，涕泣分食饮，至使人有功当封爵者，印刓敝，忍不能予，此所谓妇人之仁也。项王虽霸天下而臣诸侯，不居关中而都彭城。有背义帝之约，而以亲爱王，诸侯不平。诸侯之见项王迁逐义帝置江南，亦皆归逐其主而自王善地。项王所过无不残灭者，天下多怨，百姓不亲附，特劫于威强耳。名虽为霸，实失天下心。故曰其强易弱。今大王诚能反其道：任天下武勇，何所不诛！以天下城邑封功臣，何所不服！以义兵从思东归之士，何所不散！且三秦王为秦将，将秦子弟数岁矣，所杀亡不可胜计，又欺其众降诸侯，至新安，项王诈坑秦降卒二十余万，唯独邯、欣、翳得脱，秦父兄怨此三人，痛入骨髓。今楚强以威王此三人，秦民莫爱也。大王之入武关，秋毫无所害，除秦苛法，与秦民约法三章耳，秦民无不欲得大王王秦者。于诸侯之约，大王当王关中，关中民咸知之。大王失职入汉中，秦民无不恨者。今大王举而东，三秦可传檄而定也。"

韩信《汉中对》包含有四个基本层次：第一，对敌形势的分析预测，也即对双方战略条件的综合比较。第二，对主要战略方向（目标）的选择。第三，关于战略进攻时机的把握。第四，关于实现基本战略目标的手段的论述，这四个层次彼此互为联系，相辅相成，从而融合成为一个有机的整体。

（三）战略计划选择

企业到底应该怎样成长？是采取单一化经营还是多元化经营？当企业家准备扩大投资或者考虑涉足其他产业的时候，这些问题就不得不考虑，不得不面对并做出抉择。战略环境的分析就是使企业认清企业所面临的机遇和威胁，了解企业的优势和劣势，明确企业能够为哪些顾客提供哪些服务。战略选择的实质是企业选择恰当的战略，从而扬长避短，趋利避害和满足顾客。

1. 企业总体战略

企业总体战略也称为公司战略，是企业的最高层次战略，是指企业高层管理人员根据投资回报和构筑竞争优势的需要，合理配置企业资源，使各业务部门或单位相互支持、相互协调。它分为发展型战略、稳定型战略和紧缩型战略三种类型。

（1）发展型战略。发展型战略也称进攻型战略、成长型战略，是现有企业依靠自身力量或与其他企业联合，以促进企业不断发展的战略。其实质就是寻找企业发展的新机会。它适用于处于有利的发展环境，在产品、技术、市场上占有优势的企业，尤其是拥有名牌产品或良好形象的企业，寻找开发潜在市场的机会。

发展战略主要包括：密集性成长战略、一体化战略和多样化战略。

一般来说，企业在选择上述发展战略时，应先从密集性发展战略入手，再尝试一体化发展战略，最后才是选择多元化发展战略。

（2）稳定型战略。其又称维持型战略或防御型战略，是企业在一定时期内对产品、技术、市场等方面采取以守为攻，伺机而动，以安全经营为宗旨，稳定和巩固企业现有竞争地位的一种发展战略。该战略重点是维持现有产销规模和市场占有率，降低成本减少债务，适用于企业外部环境和内部条件暂时处于劣势或市场不稳定，企业经营无突出优势又无明显有利因素的企业。

（3）紧缩型战略。其又称撤退型战略，是指企业在一定时期内缩小生产规模或取消某种产品生产的一种战略。企业一般在经济不景气时期常采用此战略，以便集中力量开发实力较强的业务和市场。紧缩型战略包括转变战略、撤退战略和清理战略。

紧缩型战略一般适用的范围是：一是经济危机时期处于困境的企业；二是衰退期产品；三是市场供过于求的产品；四是财务困难的企业。

2. 经营单位战略（竞争战略）

经营单位战略是战略制定中第二个层级的战略，有时也叫作竞争战略。经营单位战略集中关注在既定的业务中如何进行竞争。一项经营单位战略在范围上比公司战略小，一般运用于某个单一业务的单位。虽然经营单位战略通常在性质上是随着情景变化的，但绝大部分还是可以分为总成本领先、差异化和集中化三个类型。

经营单位战略就是无论什么行业或什么企业都可以采取的竞争战略。企业一般竞争战略有三种：成本领先战略、产品差异化战略、集中战略。

（1）成本领先战略。成本领先战略是指以比竞争者更低的成本生产和提供产品或服务的战略。成本领先通常要通过对经验和效率的结合来实现。更具体地说，成本领先要密切关注生产方法、日常费用、边际客户和诸如销售及研发等领域的总成本的最小化。达到低成本的地位常常需要公司发展一些超过其竞争者的独特的优势和长处。其目的是扩大市场占有率，以低价获取竞争优势。实施这种战略的关键是提高管理效益。高市场占有率、获取原材料的有利方法、最先进设备的使用或者使大规模制造变得容易的特殊设计功能等都是这方面的例子。沃尔玛和家得宝公司就已经采用了这一战略并取得了巨大的成功。

①实施成本领先战略的必要条件。拥有高效率的生产设备，生产工艺简捷；企业生产同质产品或标准化产品，生产规模大，产量达到一定的规模经济；市场需求量大，企业市场占有率高；严格控制一切费用支出，采取各种措施降低成本；强化劳动管理，实行绩效工资；建立低成本的分销渠道；具有良好的融资渠道，加大设备更新改造的投入；拥有技术熟练的工人。

②实施成本领先战略的途径。途径包括规模经济、提高效率、技术创新、降低人工成本、降低原材料价格等。

实施成本领先战略的优点：夺取对手的市场份额，承受原材料涨价，大量采购的优惠，对付买方讨价还价，建立进入壁垒。

实施成本领先战略的缺点：投资较大（设备专用），适应能力差，退出障碍高，需求变化转换成本高。

（2）差异化战略。差异化战略又称为特色优势战略，是指企业为顾客提供与众不同的产品或服务，树立起一些在全行业范围内具有独特性的东西，从而形成竞争优势的战略。差异化战略的基本目的是获取顾客的品牌忠诚度以及由此导致对价格的更低的敏感度。但遵从差异化战略并不是指公司不关心成本，而是指所追求的主要竞争优势应该是通过差异来获得。形成差异化产品的方法有两种：一是产品内在因素差异化，二是产品外在因素差异化。

产品内在因素差异化是指企业在产品性能、设计、质量、技术、专利等方面与竞争者相比具有独特优势。产品外在因素差异化是指企业利用商标、包装、定价、分销渠道和促销等措施建立起来的独具特色的企业产品形象。

①实施差异化战略的前提条件。拥有良好品牌信誉，资金雄厚的大企业；拥有一流的创造型人才，在基础研究、产品创新、市场开发等方面拥有强大的实力；拥有专利技术；建立鼓励创新的激励机制。

②实施差异化战略的途径。通过产品质量的不同来实现差异化战略；通过提高产品的性能来实现差异化战略；通过产品的名称不同来实现差异化战略；通过提供不同的服务来

实现差异化战略。

实施差异化战略的优点：可避开对手，供应商讨价还价能力弱，有力对付替代品。

实施差异化战略的缺点：一是研发费用高，市场营销费用大，生产成本高；二是各种产品的市场占有率较低。

公司是否觉得有必要承担相对较高的费用，这取决于需要实现差异化的是什么。比如说，如果高质量的原料和大量的研究是必要的，那么由此生产的产品或服务也许会以相对较高的价格定价。在这种情况下，公司所持有的想法是：这种产品或服务的独特性将会使部分顾客愿意支付额外的溢价。虽然这种战略是很有利可图的，但是它也许会阻碍公司获得很高的市场占有率。比如说，劳力士对其手表的定价很高，并由此带来了利润，但是它只有很小的市场占有率。圣大保罗运动服和梅赛德斯—奔驰是另外一些运用差异化战略的例子。差异化可以通过卓越的产品（微软）或者高质量的形象（梅赛德斯—奔驰）来获得。

（3）集中战略。集中战略也称重点战略、专一化战略，指企业选择产业内一种或一组细分市场，聚焦于或者将其注意力集中于一个狭小的市场部分，并专门为他们服务而不是为其他细分市场服务的一种竞争战略。这个部分也许是一个特殊的购买人群、一个地区性市场或者生产线的某个部分。与那些服务于界定过宽或过窄的市场的竞争者相比，运用集中化战略的公司可以更好地服务于一个界定合理但狭小的市场。比如说，高露洁棕榄公司（Colgate-Palmolive）为了成功吸引西班牙裔顾客，决定必须利用这个不断增长的市场共享特征。它的西班牙裔牙膏销售量的市场占有率达到了70%，这主要因为其了解到3/4的西班牙裔通过西班牙语电台看电视或者听收音机。于是，高露洁棕榄公司对这些电台的受人喜欢的节目做了大量的赞助。

①集中战略的实施条件。行业中有特殊需求的顾客存在；没有其他竞争者在该目标市场进行集中战略。该战略一般适用于中小企业。

②实施集中战略的途径。通过选择产品系列来实现目标集聚战略；通过细分市场选择重点顾客来实现目标集聚战略；通过细分市场选择重点区域来实现目标集聚战略；通过发挥优势集中经营基础来实现目标集聚战略。

实施集中战略的优点：目标和资源集中，实现高度专业化，低成本。

实施集中战略的缺点：需求发生变化，新技术和替代品出现，适应能力差。

成本领先战略和产品差异化战略是在广泛的范围内谋求竞争优势，而集中战略是在狭窄的范围内取得低成本或差别化优势。企业究竟选择哪一种战略姿态取决于组织本身的专长以及竞争对手的短处。

3. 职能战略

职能战略又称职能支持战略，是按照总战略或竞争战略对企业内各方面职能活动进行的谋划。它是为贯彻、实施和支持公司战略与竞争战略而在企业特定的职能管理领域制定的战略，其重点是提高企业资源的利用率，使企业资源的利用最大化。职能战略与企业总体战略（公司战略）及竞争战略必须相辅相成。它是公司战略、竞争战略与实际达成预期战略目标之间的一座桥梁。

职能战略有如下作用：

（1）它阐明、明确和检验公司战略与竞争战略，而不仅仅是受其制约。

（2）精心制定职能战略，可使公司战略与竞争战略明朗化，以指导各项具体经营活动。

（3）可使公司战略与竞争战略具体化，以将战略目标和任务落到实处。

（4）可使公司战略与竞争战略面向行动，以检验其是否正确，可行。

从上述意义上讲，只有提炼出切合实际的职能战略，企业公司战略和竞争战略才有实际的操作价值，否则，企业战略就难能奏效。

本章小结

1. 计划是对未来行动的安排，其具体形式多种多样。孔茨和韦里克把计划内容分为九个部分：宗旨（目的或使命）、目标、战略、政策、策略、程序、规则、规划、预算。

2. 计划工作的主要原理：限定因素原理、许诺原理、灵活性原理、改变航道原理。

3. 计划工作的步骤：审视机会、确定目标、确定计划的前提条件、拟定可供选择的方案、评价各种方案、抉择最优方案、拟定派生计划、编制预算。

4. 计划制定的方法：滚动计划法、网络计划方法、线性规划。

5. 目标管理是由美国著名的管理专家彼得·德鲁克在1954年发表的《管理实践》一书中提出的一个具有划时代意义的概念。目标管理被称为“管理中的管理”。

6. 战略计划是指应用于整体组织的，为组织未来较长时间（通常是5年）设立总体目标和寻求组织在环境中的地位的计划。

7. 战略环境分析的目的是清楚组织所处的外部环境、行业环境和自身条件，了解市场和顾客需要，选择、制定适合于组织发展的战略。

8. 战略选择的实质是企业选择恰当的战略，从而扬长避短，趋利避害和满足顾客。

9. 企业总体战略也称为公司战略，是企业的最高层次战略，是指企业高层管理人员根据投资回报和构筑竞争优势的需要，合理配置企业资源，使各业务部门或单位相互支持、相互协调。它分为发展型战略、稳定型战略和紧缩型战略三种类型。

10. 经营单位战略也叫作竞争战略。经营单位战略集中关注在既定的业务中如何进行竞争，可以分为总成本领先、差异化和集中化三个类型。

课后自测

一、单项选择题（在下列各小题中，选择一个最合适的答案）

1. 计划工作的第一步骤是（　）。

A. 估量机会　　B. 确定前提条件

C. 确定目标　　D. 拟定可供选择的方案

E. 评估选择方案

2. 在计划工作中，制订“弹性计划”是运用计划工作的（　）。

A. 灵活性原理　　B. 许诺原理

C. 限定因素原理　　D. 改变航道原理

3. “计划赶不上变化”的说法，在下面的诸多观点中，哪一种最有道理？（　）

A. 变化快要求企业只需要制定短期计划

B. 计划制定出来之后，在具体实施时要进行大的调整，因此计划的必要性不大

C. 尽管环境变化速度很快，还应该像以前一样制订计划

D. 变化的环境要求制订的计划更倾向于短期的和指导性相结合的计划

4. 企业经营环境变化速度的加快，使得企业中长期计划制定的难度不断加大，并且需要不断调整，下面的几种说法，你最赞同哪一种？（ ）

A. 计划一旦制定就应该保持其严肃性，可采取以不变应万变的做法

B. 一旦环境发生了变化，就应该主动放弃原计划而制订新计划

C. 通过动态调整计划来适应新环境，以保持中长期计划的灵活性

D. 在保持原计划不变的同时，根据突发情况另外制订应急计划

5. 每一位顾客都具有不同的偏好，并且企业对顾客的偏好具有完全信息，企业能够根据每位顾客需要提供别具一格的产品或服务的市场是（ ）。

A. 同质市场　　B. 细分市场

C. 顾客市场　　D. 用户化市场

6. 在成熟产业中选择竞争战略时，如果是大批量生产则采用（ ）战略较好。

A. 差异化战略　　B. 集中战略

C. 成本领先战略　　D. 市场开发战略

二、多项选择题（下列各题中正确的答案不少于两个，请准确选出全部正确的答案）

1. 下列对计划的作用理解正确的是（ ）。

A. 计划工作在组织管理活动中具有承上启下的作用

B. 计划工作是决策的逻辑延续，为决策所选择的目标活动的实施提供了组织实施保证

C. 计划工作是组织、领导、控制和创新等管理活动的基础

D. 计划是组织内不同部门，不同成员行动的依据

2. 下列哪些属于计划工作的原理？（ ）

A. 责权一致原理　　B. 职务明确原理

C. 许诺原理　　D. 灵活性原理

E. 管理宽度原理

3. 下列说法正确的有（ ）。

A. 组织的使命支配着组织各个时期和各个部门的目标

B. 组织各个时期，各个部门的目标是围绕组织存在的使命而制定的

C. 所有组织的活动，如要使它有意义，至少应该有自己的目标

D. 目标指明一定时期的组织机构在社会上应该起的作用和所处的地位

4. 按计划的明确性程度，计划可以分为（ ）。

A. 战略计划　　B. 战术计划

C. 指导性计划　　D. 生产计划

E. 指令性计划

5. 关于程序和规则理解正确的有（ ）。

A. 规则指导行动但不说明时间顺序

B. 程序可以看作是一系列的规则

C. 一条规则可能是也可能不是程序的组成部分

D. 就性质而言，规则和程序都旨在约束思想

6. 行业环境研究主要包括（ ）。

A. 行业竞争结构分析　　　　B. 行业竞争者的数目

C. 行业内战略群分析　　　　D. 以上都是

7. 一般来说，竞争对手可以从以下的群体中识别出来。（ ）。

A. 不在本行业。但可以克服进入壁垒进入本行业的企业

B. 进入本行业可以产生明显的协同效应的企业

C. 因战略实施而自然进入本行业的企业

D. 那些通过后向或前向一体化进入本行业的买方或供方

三、简答题

1. 什么是计划？计划的性质体现在哪些方面？

2. 计划的分类有哪些？

3. 计划工作应遵循的原理有哪些？其内涵分别是什么？

4. 企业战略选择的原则是什么？企业进行战略选择，要分析哪些环境因素？为什么？

5. 企业在发展中有哪些战略选择？如何进行战略选择？

四、思考题

1. 计划是开展管理工作的重要工具，但现实生活中常出现为制订计划而制订计划的现象，为什么？

2. 结合自己的实际给自己制订一个中期学习计划，并试着将其转化为一个行动计划。

3. “编制计划是展望未来，而控制是回顾过去。”请说明你的看法。

4. 调查一家企业，运用“五种竞争力模型”分析该企业所在的行业发展状况。

5. “鸡蛋放在一个篮子里”好，还是“放在多个篮子里”好？

案例分析

宏远实业发展有限公司的发展之路

进入 12 月份以后，宏远实业发展有限公司（以下简称宏远公司）的总经理顾军一直在想着两件事：一是年终已到，应抽个时间开个会议，好好总结一下一年来的工作。今年外部环境发生了很大的变化，尽管公司想方设法拓展市场，但困难重重，好在公司经营比较灵活，苦苦挣扎，这一年总算摇摇晃晃走过来了，现在是该好好总结一下，看看问题到底在哪儿。二是该好好谋划一下明年怎么办？更远的该想想以后 5 年怎么干，乃至于以后 10 年怎么干？上个月顾总从事务堆里抽出身来，到淮海大学去听了两次关于现代企业管理的讲座，教授的精彩演讲对他触动很大。公司成立至今，转眼已有十多个年头了。十多年来，公司取得过很大的成就，靠运气、靠机遇，当然也靠大家的努力。细细想来，公司的管理全靠经验，特别是靠顾总自己经验，遇事都由顾总拍板，从来没有公司通盘的目标与计划，因而常常是干到哪儿是哪儿。可现在公司已发展到有几千万资产。三百来号人，再这样下去可不行了。顾总每想到这些，晚上都睡不着觉，到底该怎样制订公司的目标与

计划呢？这正是顾总最近一直在苦苦思考的问题。

宏远公司是一家民营企业，是改革开放的春风为宏远公司的建立和发展创造了条件。因此顾总常对职工讲，公司之所以有今天，一靠他们三兄弟拼命苦干，但更主要的是靠改革开放带来的机遇。15 年前，顾氏三兄弟只身来到了省里的工业重镇 A 市，当时他们口袋里只有父母的积蓄 800 元人民币，但顾氏三兄弟决心用这 800 元钱创一番事业，摆脱祖祖辈辈日出而作、日落而归的脸朝黄土、背朝天的农民生活。到了 A 市，顾氏三兄弟借了一处棚户房落脚，每天分头出去找营生，在一年时间里他们收过破烂，贩过水果，打过短工，但他们感到这都不是他们要干的。老大顾军经过观察和向人请教，发现 A 市的建筑发展很快，城市要建设，老百姓要造房子，所以建筑公司任务不少，但当时由于种种原因，建筑材料却常常短缺，因而建筑公司也失去了很多工程。顾军得知，建筑材料中水泥、黄沙都很缺。他想到，在老家镇边上，他表舅开了家小水泥厂，生产出的水泥在当地还销不完，因而不得不减少生产。他与老二、老三一商量决定做水泥生意。他们在 A 市找需要水泥的建筑队，讲好价，然后到老家租船借车把水泥运来，去掉成本每袋水泥净得几块钱。利虽然不厚，但积少成多，一年下来他们挣了几万元。当时的中国，“万元户”可是个令人羡慕的名称。当然这一年中，顾氏三兄弟也吃了不少苦，顾军一年里住了两次医院，一次是劳累过度晕在路边被人送进医院，一次是肝炎住院，医生的诊断是营养严重不良引起抵抗力差而得肝炎。虽然如此，看到一年下来的收获，顾氏三兄弟感到第一步对了，决心继续走下去。他们又干了两年贩运水泥的活，那时他们已有一定的经济实力了，同时又认识了很多人，有了一张不错的关系网。顾军在贩运水泥中，看到改革开放后，A 市角角落落都在大兴土木，建筑队的活忙得干不过来，他想，家乡也有木工、泥瓦匠，何不把他们组织起来，建个工程队，到城里来闯天下呢？三兄弟一商量说干就干，没几个月一个工程队开进了城，当然水泥照样贩，这也是两条腿跑路了。

一晃 15 年过去了，当初贩运水泥起家的顾氏三兄弟，今天已是拥有几千万资产的宏远公司的老板了。公司现有一家贸易分公司、一家建筑装饰公司和一家房地产公司，有员工近 300 人。老大顾军当公司总经理，老二老三做副总经理，并分兼下属公司的经理。顾军老婆的叔叔任财务主管，他们表舅的大儿子任公司销售主管。总之，公司的主要职位都是家里的人担任，顾军具有绝对权威。

公司总经理顾军是顾氏兄弟中的老大，当初到 A 市时只有 24 岁，他才在老家读完了小学，接着断断续续地花了 6 年时间才读完初中，原因是家里穷，又遇上了水灾，两度休学，但他读书的决心很大，一待条件许可，他就去上学，而且边读书边干农活。15 年前，是他带着两个弟弟离开农村进城闯天下的。他为人真诚，好交朋友，又能吃苦耐劳，因此深得两个弟弟的敬重，只要他讲如何做，他们都会去拼命干。正是在他的带领下，宏远公司从无到有，从小到大。现在在 A 市顾氏三兄弟的宏远公司已有大名了，特别是去年顾军代表宏远公司一下子拿出 50 万元捐给省里的贫困县建希望小学后，民营企业家顾军的名声更是不同凡响了。但顾军心里明白，公司这几年日子也不好过，特别是今年。建筑公司任务还可以，但由于成本上升创利已不能与前几年同日而语了，只能是维持，略有盈余。况且建筑市场竞争日益加剧，公司的前景难以预料。贸易公司能勉强维持已是上上大吉了，今年做了两笔大生意，挣了点钱，其余的生意均没成功，况且仓库里还积压了不少货无法出手。贸易公司日子不好过，房地产公司更是一年不如一年，当初刚开办房地产公司时，由于时机抓准了，建两个楼盘，着实赚了一大笔，这为公司的发展立了大功。可是好景不长，房地产市场疲软，生意越来越难做。好在顾总当机立断，微利或持平把积压的房屋作动迁房基本脱手了，要不后果真不堪设想，就是这样，现在还留着的几十套房子把公司压得喘不过气来。

面对这些困难，顾总一直在想如何摆脱现在这种状况，如何发展。发展的机会也不是没有。上个月在淮海大学听讲座时，顾军认识了A市的一家国有大公司的老总，交谈中顾总得知，这家公司正在寻求在非洲销售他们公司当家产品——小型柴油机的代理商，据说这种产品在非洲很有市场。这家公司的老总很想与宏远公司合作，利用民营企业的优势，去抢占非洲市场。顾军深感这是个机会，但该如何把握呢？10月1日顾总与市建委的一位处长在一起吃饭，这位老乡告诉他，市里规划从明年开始江海路拓宽工程，江海路在A市就像上海的南京路，两边均是商店。借着这一机会，好多大商店都想扩建商厦，但苦于资金不够。这位老乡问顾军，有没有兴趣进军江海路。如想的话他可牵线搭桥。宏远公司的贸易公司早想进驻江海路了，但苦于没机会，现在机会来了，机会很诱人，但投入也不会少，该怎么办？随着改革开放的深入，住房分配制度将有一个根本的变化，随着福利分房的结束，顾总想到房地产市场一定会逐步转暖。宏远公司的房地产已有一段时间没正常运作了，现在是不是该动了？

总之，摆在宏远公司老板顾军面前的困难很多，但机会也不少，新的一年到底该干些什么？怎么干？以后5年、10年又该如何干？这些问题一直盘旋在顾总的脑海中。

讨论题：

1. 你如何评价宏远公司？如何评价顾总？

2. 宏远公司是否应制订短、中、长期计划？为什么？

3. 如果你是顾总，你该如何编制公司发展计划？

（资料来源：http：//www.doc88.com/p-392166987392.html）

项目训练

实训项目　运筹帷幄

一、实训目的

1. 培养学生创意性思维能力。

2. 培训学生制订计划能力。

3. 培养学生分析评价能力。

4. 培养学生沟通能力。

二、实训内容与形式

1. 将全班分成A、B两组，并相对而坐，围成圆圈。

2. 教师每10分钟发放一个题目（也可以抽签）。

3. 先由A组制订计划，B组分析评价计划；再两组轮换角色。

4. 教师公布题目后，负责制订计划的一组用抢答的方式确定制订计划者，经过5～10分钟准备后提出一个简要的计划。

5. 计划提出后，另一组成员对该计划进行评论，指出其合理之处，存在的问题和不足；制订计划一方的本组人员可对计划做进一步补充和解释说明。

三、实训要求

1. 制订计划要注重创意思维；注重方案运筹，形成基本合理的可行方案。

2. 评价方争取做到客观、公正，有理有据。

3. 课程结束后，上交计划提纲。

4. 计划题目由教师提供。

附：计划项目

（1）如果你是班长，怎样抓好一个班级建设，请草拟一份计划书；

（2）请为我班策划一次周末联欢活动，草拟计划书；

（3）计划在 3. 15 消费者权益日策划一次街头宣传活动，请你做一份策划书；

（4）如果你想承包一家校园超市，你怎样进行策划？

（5）请你为“校园十大歌手”大赛进行策划；

（6）请你为高职学院学生会体育部将要进行的足球比赛做一份计划书；

（7）最近班级频繁发生违纪现象，请对此制定一个整顿纪律的工作方案；

（8）假如你所在寝室同学之间关系不和，寝室卫生较差，你作为新任寝室长将如何改变这种局面？

（9）如果你所在班级厌学，学习气氛不浓，请制定一份激励全班同学努力学习的方案；

（10）学生会举行校内大规模校园文化活动，需要你去拉赞助，请制定一份工作方案。

第四章 决策

本章导读

耐克的成功决策

如果你是一名认真的长跑者，那么在20世纪60年代末或70年代初，你只有一种合适的鞋可供选择：阿迪达斯。阿迪达斯是德国的一家公司，是为竞技运动员生产轻型跑鞋的先驱。在1976年的蒙特利尔奥运会上，田径赛中有82%的获奖者穿的是阿迪达斯牌运动鞋。

阿迪达斯的优势在于试验。它使用新的材料和技术来生产更结实和更轻便的鞋。它采用袋鼠皮绷紧鞋边。四钉跑鞋和径赛鞋采用的是尼龙鞋底和可更换鞋钉。高质量、创新性和产品多样化，使阿迪达斯在20世纪70年代中支配了这一领域的国际竞争。

20世纪70年代，蓬勃兴起的健康运动使阿迪达斯公司感到吃惊。一瞬间成百万以前不好运动的人们对体育锻炼产生了兴趣。成长最快的健康运动细分市场是慢跑。据估计，到1980年有2500万~3000万美国人加入了慢跑运动，还有1000万人是为了休闲而穿跑鞋。尽管如此，为了保护其在竞技市场中的统治地位，阿迪达斯并没有大规模地进入慢跑市场。

20世纪70年代出现了一大批竞争者，如美洲狮（Puma）、布鲁克斯（Brmks）和虎牌（Tiger）等。但有一家公司比其他公司更富有进取性和创新性，那就是耐克（Nike）。由前俄勒冈大学的一位长跑运动员创办的耐克公司，在1972年俄勒冈的尤金举行的奥林匹克选拔赛中首次亮相。穿着新耐克鞋的马拉松运动员获得了第四至第七名，而穿阿迪达斯鞋的参赛者在那次比赛中占据了前三名。

耐克的大突破出自1975年的“夹心饼干鞋底”方案。它的鞋底上的橡胶钉比市场上出售的其他鞋更富有弹性。夹心饼干鞋底的流行及旅游鞋市场的快速膨胀，使耐克公司1976年的销售额达到1400万美元。而在1972年仅为200万美元，自此耐克公司的销售额飞速上涨。今天，耐克公司的年销售额超过了35亿美元，并成为行业的领导者，占有运动鞋市场26%的份额。

耐克公司的成功源于它强调的两点：①研究和技术改进；②风格式样的多样化。公司有将近100名雇员从事研究和开发工作。它的一些研究和开发活动包括人体运动高速摄影分析，对300个运动员进行的试穿测验，以及对新的和改进的鞋及材料的不断的试验和研究。

在营销中，耐克公司为消费者提供了最大范围的选择。它吸引了各种各样的运动员，并向消费者传递出最完美的旅游鞋制造商形象。到20世纪80年代初，慢跑运动达到高峰时，阿迪达斯已成了市场中的“落伍者”。竞争对手推出了更多的创新产品，更多的品种，并且成功地扩展到了其他运动市场。例如，耐克公司的产品已经统治了篮球和年轻人市场，运动鞋已进入了时装时代。到20世纪90年代初，阿迪达斯的市场份额降到了可怜的4%。

从中我们可以看到，合理的决策应该具备明确的目标、切实的可行性、可靠的保证、符合经济原则、应变的能力。耐克选择了新兴的市场，靠创新的技术适应多变的市场。这些都保证了耐克决策的成功。而阿迪达斯没有对新兴市场做出反应，决策没有变化。

不确定性是决策中的重要影响因素，多数情况下只能估计未来时间是否发生的可能程度，即可能发生的概率。阿迪达斯制定了不良的决策，对市场的不确定性估计错误造成了整个经营的失误。

（资料来源：http：//www.doc88.com/p－795222701007.html）

第一节 决策概述

管理情境

娃哈哈的一步险棋

1994年，长江三峡开始施工，但也同时产生了一个难题，就是百万移民如何安置，这是全国瞩目乃至举世瞩目的难题。1994年8月的一天，娃哈哈集团的老总宗庆后，随一支由浙江省副省长带队的浙江省政府及企业对口支援代表团来到了三峡库区——有着2000多年历史的涪陵市。在三天考察时间里，宗庆后天天忙碌于考察涪陵工厂，调查了解涪陵的交通、工业生产能力等。三天后，宗庆后提出了一份计划：娃哈哈同意在涪陵合并三家当地特困企业，投资4000万元组建娃哈哈涪陵分公司，初步决定上矿泉水、果奶、罐头食品、保健酒等四个项目。

为增加杭州干部对涪陵公司的感性认识，宗庆后回杭州后组织了有近20名中层干部参加的队伍考察了涪陵。涪陵自然条件恶劣，崎岖的公路，湿漉漉的空气，生产条件艰苦，配套生产落后，而且当地人的思想观念也很落后，还停留在计划经济阶段，所有这些都令前往考察的干部们大为踌躇。回到杭州后，大部分干部都反对这个项目，“到穷地方来背个大包袱，风险太大”，“弄不好前功尽弃，也拖累整个集团的发展”。反对意见充斥在宗庆后的耳边。

宗庆后知道干部们的反对有一定道理：涪陵境内的运输不畅；劳动力虽然便宜，但是就业观念、纪律观念淡薄，对现代企业的快节奏、高效率还不适应；三家特困企业厂房破落，恢复生产代价很大。更大的问题在于杭州与涪陵相隔千里，指挥协调极其不便，而公司干部还没有在外独立工作的经验。总的来说，风险确实很大。然而，宗庆后认为这个项目有很多有利条件，主要理由是：

1. 政策优势：对口支援，对口扶贫，是我国的国策，政府一定会给予有力支持，贫困地区发展经济的愿望比发达地区更强烈，国家也会给与贫困地区十分优惠的政策扶持，涪陵政府尤其有合作的诚意。

2. 企业发展的需要：在涪陵建厂，可以实现销地产，进一步占领西南大市场，实现跨省经营，为将来形成跨国集团公司打好基础。

3. 可以培养出一支能够独当一面的干部队伍。

4. 可以树立良好的企业形象。

权衡利弊后，宗庆后最终决定上涪陵公司这个项目。

结合上述管理情景，思考并回答下列问题：

1. 宗庆后所作的决策是什么性质的决策？为什么？

2. 他的决策依据是什么？

（资料来源：http：//wenda. so. com/q/1371770049066639）

要求：课前进行认真阅读和思考，课上针对问题进行探讨。

理论与实践

决策是管理工作的核心。有人曾对高层管理者做过一项调查，要他们回答三个问题："你每天花时间最多的是哪些方面?""你认为你每天最重要的事情是什么?""你在履行你的职责时感到最困难的工作是什么?"结果，绝大多数人的答案只是两个字："决策"。决策如此重要，在管理中我们必须重视决策。

【专家视野】决策是管理的心脏，管理是由一系列决策组成的，管理就是决策。

——赫伯特·西蒙

一、决策的定义

决策是指管理者为了实现组织目标，在调研分析的基础上，运用科学理论和方法设计与选择优化方案并予以实施的管理行为。决策是一个全过程，而不仅仅是最终选定某个方案的那一步骤。决策定义包含如下含义：

（1）决策者是决策的主体。既可以是单个的管理者，也可以是多个管理者组成的集体或小组。

（2）决策的目的是解决问题或利用机会。就是说，决策不仅仅是为了解决问题，有时也是为了利用机会。

（3）凡是人的行动能够施加影响的系统都可以成为决策的对象。

（4）信息是决策的依据。

（5）决策是一个过程。这一过程由多个步骤组成。

决策是管理工作成败的关键，是实施各项管理职能的保证，是管理者最重要的职责。

【课堂思考】东山再起面对的抉择

巨人集团在20世纪90年代靠电脑起家，迅速崛起，并大力向房地产和保健品进军。由于战线过长，资金周转困难，不能及时偿还贷款，导致破产。经过大起大落，其掌门人史玉柱总结了战线过长的教训，在重整旗鼓，东山再起时，拟采取重点经营战略。可是主攻方向选在哪里？有的人主张从老本行电脑做起，但有的人反对，认为电脑行业属于更新极快的高不确定产业，离开这么多年，已经陌生，经营电脑风险太大。还有人建议从脑黄金做起，因为为了搞脑黄金已投入了一个亿，而且保健品处于低不确定性的环境之中。但也有人反对：企业破产时就栽在脑黄金上，再搞脑黄金岂不是“重蹈覆辙”吗？史玉柱面临两难抉择……

问题：

1. 你认为影响巨人集团决策有哪些因素？
2. 应该按照怎样的程序进行他们的决策？请做出你的选择，并说明理由。
3. 结合此例，谈谈你对决策的理解。

（资料来源：http：//www. docin. com/p－454895198. html）

二、决策的原则

1. 满意原则

西蒙认为：“决策遵循的是满意原则，而不是最优原则。”对决策者来说，要想使决策达到最优，必须：

（1）容易获得与决策有关的全部信息。

（2）真实了解全部信息的价值所在，并据此制订所有可能方案。

（3）准确预期到每个方案在未来的执行结果。

在决策实践中，由于存在着众多的彼此相互作用并对决策产生影响的因素，决策者常常出于各方面的考虑，往往不得不接受所能够发现的“最满意”的行动方案，即以“最满意”作为决策的基本准则。这主要是由于信息的非充分完全性、时间和资源的有限性，以及人的认识能力、记忆能力的有限性和智力状况等决定。

【管理故事】小驴之路

有一头小驴，在一望无际的草原上迷失了方向，走了一天一夜都没有找到回家的路径，眼前是一片枯黄的草地，饥饿使它四肢无力，它不得不坚持着一边朝前走，一边寻找食物。找啊，找啊，终于在一块洼地里出现了两堆鲜嫩的青草，草叶在微风中飘动着，叶上的露珠在阳光下闪闪发亮。它高兴极了，朝这两堆救命草狂奔而去……然而，它并没有立即吃掉这两堆草，而是站在草丛跟前，用鼻子嗅了好一阵，又用眼睛瞧了好一阵，却久久难以启齿，为什么？此刻它脑子里突然出现了许多疑问——这里为什么会出现两堆青草？这两堆草有没有毒？这两堆草为什么没有被其他的动物吃掉？经过一番否定之否定，最后，它相信这两堆草是可以给它用来充饥的草。然而，当它准备张开嘴巴吃掉这两堆草的时候，脑子里又出现了一道难题：既然这两堆草都是上等的好草，先吃哪一堆草好呢？……就这样，小驴在长时间的犹豫、徘徊、选择中，最后饿死在草堆旁。时下，不少创业者在选择经营项目时，与小驴的心理有着惊人的相似。他们为寻找项目，整天忙忙碌碌，四处奔波，终于找到了一个项目，然而，在论证是否采纳其项目时，因追求“万全之策”，追求“最优方案”，最后不得不将到手的项目放弃，而错失良机。创业者选择项目固然重要，但不能因其重要而过分谨慎。市场经济充满了风险性、偶然性与不确定性，任何项目都有利弊，且前途未卜。智者千虑，也有一失。一个决策的高手，只能在险中求稳，劣中求优，矮中求长，或“两利相衡从其重，两害相权从其轻”。若面对项目优柔寡断，举棋不定，势必走向“小驴之路”。

（资料来源：http：//www. docin. com/p－102596046. html）

2. 可行性原则

任何决策都要进行可行性研究，要克服盲目性、片面性和局限性，要权衡利弊得失。可行性研究要根据自身条件从技术、经济以及社会效益等方面全面考虑，同时，还要考虑未来各种不确定因素对决策可能造成的影响。

3. 集体性原则

决策的集体性原则是指对于重大的问题进行决策，必须发挥集体的力量，重视发挥专家和专业管理人员的作用。在个人制订方案时，往往因各种原因使得方案存在若干缺陷或失误。而通过集体决策，可以大大地提高决策的质量水平，减少决策失误的机会，使决策方案更加满意合理。

4. 科学性原则

决策的科学性原则是指在决策过程中要按照管理决策的一般规律办事，尊重客观实际，决策必须有科学依据，使用科学方法。科学的决策要求把以经验判断为主的定性分析与以现代科学方法为主的定量论证结合起来。过分强调或忽视某一方面，都不可能作出正确的决策。

5. 整体效用的原则

组织作为独立个体，它内部有许多单元。这些单元同组织之间存在着局部和整体的关系。组织作为社会的一环，又是社会的一个单元，同社会存在着局部与整体的关系。因此，决策者在作决策时，应正确处理组织内部各个单元之间、组织与社会、组织与其他组织之间的关系，在充分考虑局部利益的基础上，把提高整体效益放在首位，实现决策方案的整体满意。

【课堂思考】“一个军工厂的覆灭”

20 世纪 80 年代中期，由于国际环境的变化，军工企业面临军转民的艰巨任务。某军工厂决定转产气枪，理由很简单，工艺相近，能充分利用原有设备和技术，产品出口国外有销路。第一年出口 5 万支换回 50 万美元，员工们非常高兴，认为这是一个正确的决策。决定第二年继续生产，不料国外经销商突然取消定货。产品只有在国内销售，每支售价 50 元人民币。由于售价适中，质量可靠，在本市销路很好。但好景不长，公安部门经常找上门来。由于气枪口径达 5.45 毫米，有效射程 50 米，杀伤力巨大，在 30 米距离内能穿透成年人大腿肌肉。不断引发各种刑事案件。最后经市领导决定停产该厂生产的大口径气枪。在这种形势下，该厂只有选择下马。一个国家投资几千万元，有近两千员工的军工厂就这样倒闭了，给国家造成了巨大的损失。

阅读上述事例后，回答下述问题：

1. 该厂的决策为什么失误？具体原因是什么？

2. 如果你是决策者，应怎样决策？

（资料来源：http：//www. docin. com/p－464898785. html）

三、决策的依据

管理者在决策时离不开信息，信息的数量和质量直接影响决策水平。这就要求管理者在决策之前以及决策过程中尽可能地通过多种渠道收集信息，作为决策的依据。管理者收集数据、处理数据、产生信息的成本应低于信息所带来的效益。所以我们说，适量的信息是决策的依据。

四、决策的地位

西蒙认为："管理就是决策"，这一论断使决策在管理中的地位跃然而出。无论是进行计划、组织还是领导和控制，各项管理职能的开展都离不开决策，决策是管理工作的基本要素。决策质量的好坏对于管理各项职能工作的效率和效果都有着不容忽视的影响作用。正是为了突出决策的地位和作用，我们通常说：决策是管理的中心，管理就是决策。

五、决策的类型

根据决策所要解决的问题的实质，可以将决策分为若干种类型。决策者首先必须弄清楚面临的决策属于什么类型，才可能做到有的放矢，寻找适合该类型的决策方法。

（一）从决策影响的时间看，可把决策分为长期决策与短期决策

长期决策是指有关组织今后发展方向的长远性、全局性的重大决策，又称长期战略决策。

短期决策是为实现长期战略目标而采取的短期策略手段，又称短期战术决策。

（二）从决策的重要性看，可把决策分为战略决策、战术决策与业务决策

战略决策是指谋求在组织与环境之间达成动态平衡、直接关系到组织长远利益的重大决策。战略决策对组织最重要，牵涉组织的方方面面，具有长期性和全局性。战略决策最终要解决组织在未来一段时期活动的内容和方向，即回答"干什么"。这类决策一般由高层管理者做出。

战术决策又称管理决策，是在战略思想指导下的具体方法的选择和运用，要解决如何执行战略决策问题，这类决策一般常由中层管理者来做出。

业务决策又称执行性决策，是在日常的生产和服务活动中为了提高劳动效率所作的决策。这类决策一般由基层管理者做出。

（三）从决策的主体看，可把决策分为个人决策与集体决策

个人决策是指主要靠个人的知识、经验、价值观以及个人所掌握的信息所进行的决策。

集体决策是指由多数人参与分析，共同制订的决策。相对于个体决策，集体决策有一些优点：能更大范围地汇总信息；能拟订更多的备选方案；能得到更多的认同；能更好地沟通等。但群体决策也有一些缺点，如花费较多时间，产生责任不明的情况以及"从众现

象”等。

（四）从决策的起点看，可把决策分为初始决策与追踪决策

初始决策是零起点决策，它是在有关活动尚未进行，而且环境未受到影响的情况下进行的。初始决策是面向尚未发生的事件，决策追求“一次成功率”。

随着初始决策的实施，组织环境发生变化，这种情况下所进行的决策就是追踪决策。因此，追踪决策是非零起点决策，是对以前决策的修订或发展。

（五）从决策所涉及的问题看，可把决策分为程序化决策与非程序化决策

组织中的问题可被分为两类：一类是例行问题，另一类是例外问题。西蒙根据问题的性质把决策分为程序化决策与非程序化决策。程序化决策涉及的是例行问题，而非程序化决策涉及的是例外问题。

程序化决策又称常规决策或重复决策，是指经常重复发生，能按照原有规定的程序、处理方法和标准进行的决策。这类决策问题比较明确，有一套固定的程序来处理。如日常工作任务布置，常用物资的采购，库存盘点，工资发放等。

非程序化决策又称一次性决策，它是属于非常规的、非例行的决策。这类决策活动不是经常重复出现的，在决策时没有固定的模式和规则可循，往往取决于决策者的洞察力、思维、知识及对类似决策问题的处理经验。如新市场的开拓决策和新产品的开发决策等。

（六）从环境因素的可控程度看，可把决策分为确定型决策、风险型决策与不确定型决策

确定型决策，指决策事件未来的环境因素明确，每一种备选方案只有一种确定的执行后果，易于分析、比较和抉择，最终选择哪个方案取决于对各个方案结果的直接比较。

风险型决策也称随机决策，在这类决策中，自然状态不止一种，决策者不能知道哪种自然状态会发生，但能知道有多少种自然状态以及每种自然状态发生的概率。所以不管哪个决策方案都是有风险的。

不确定型决策，指决策事件未来的环境因素完全未知，各种环境因素出现的概率也无从估计，完全凭决策者主观经验、感觉做出的决策。

【阅读材料】现实中更多的决策常是不确定型的，我们来看一个日常生活中的实例：

一家餐馆的厨师打算用六个鸡蛋（假设其是好是坏不知道）摊煎饼，现已向碗里打了五个鸡蛋，在是否向碗里打第六个鸡蛋时，厨师设想了三个方案：

A. 向已敲了五个鸡蛋的碗里打第六个鸡蛋；

B. 在另一个碗里单独打第六个鸡蛋，经检验为好的以后再倒进第一个碗中；

C. 放弃第六个鸡蛋，不论第六个鸡蛋好坏都只用五个鸡蛋摊煎饼。

上述三个方案均面临着两种不确定的自然状态，即第六个鸡蛋是好的和第六个鸡蛋是坏的两种情况。这是在确知前五个鸡蛋为好的信息基础上，面对第六个鸡蛋好坏不确定的情况，对如何打第六个鸡蛋问题的决策。在这个例子中，决策的后果（好鸡蛋、坏鸡蛋）是可以预料得到的，但究竟什么样的后果会最终出现则带有一定的或然性（下一个鸡蛋既可能是好的，也有可能是不好的）。

第二节 决策过程与方法

管理情境

失败的营销决策——对一家企业经营失败的原因分析

×厂是中国北方一家生产电工产品的大型企业，也是“一五”期间中国156个重点工程项目之一，一直列在全国500家最大工业企业和500家利税大户之中。20世纪90年代初，企业主要经济指标一直居同行业之首，生产的产品是名牌产品，产品主要用在电力、铁路、矿山系统和大型基础建设项目中。但就是这样一个企业，目前经营却陷入困境，明亏潜亏达7亿元，到了资不抵债的边缘。

一、病急乱投医遍地设点

20世纪90年代以前，×厂产品由国家计划订货量每年就有3亿~4亿元。国家物资部门根据订货以计划价格向其供料，在当时，中小企业和乡镇企业是无法与之抗衡的。90年代以后，随着中国的经济体制逐步由计划经济向市场经济转变，市场全面放开，×厂面临着严峻的形势。

为了适应新的形势，厂领导采取了很多措施。其中之一就是专门成立了销售总公司，统一销售×厂的产品。但由于观念陈旧和根深蒂固的老大思想，销售公司的工作远不能适应市场竞争的需要。这时，厂领导受相邻一个厂家实行“全员销售”经验的启发，也搞起了全员销售，除销售总公司的直属门店外，又陆续办了大批销售门店。这些销售门店有四种类型：

一是厂里投资在各中心城市办的销售处或公司；二是各分厂、车间办的集体性质的销售门店，解决部分富余人员就业问题，厂里给予优惠条件；三是本厂职工合伙或个人办的销售门店，人员停薪留职或是业余时间销售；四是各地其他单位或个人挂×厂的牌子办的门店，每年向×厂交管理费。这些销售公司和门店销售形式各异，或是厂里下达任务，或是承包，或是代销，还有的做中间人牵线。一般是先交一部分定金，由厂里按出厂价供货，货售完后，货款返回厂里，高出出厂价部分（费用加利润）归个人或单位。

二、彻底失去控制

经过几年的运营，×厂的销售门店几乎失去控制，总厂、分厂、各部门、三产、个人和其他单位在各地办的大大小小的门店近1000个，具体到底多少谁也说不清，这些销售环节出现了严重问题：

1. 各销售门店普遍拖欠货款，每年有上亿元收不回来，到1998年年底，账面反映有162户门店欠×厂货款共达1.5亿元。

2. 厂里投资的销售公司有的大量占用货款挪作他用。其中本厂所属的南方一家销售公司，1992年至1998年，销售×厂产品亿元，其中1.6亿元货款没有直接返回厂里，而是无偿地占用这笔货款与他人共同投资兴办了一个股份公司，还打时间差，不间断地用货款做流动资金，发展起了一个3亿多元净资产的企业。

3. 由于推销组织没有统一规划，分散、重复设置，出现各销售门店争夺市场，破坏了统一的价格体系，使客户有机可乘，压低产品价格。

4. 本厂职工或三产办的门店公开赖账，有钱不还。

5. 外单位和个人以×厂名义办的门店，拿到货款后，人走店空，无处追寻。有的根本不卖×厂的货，而卖其他厂家的货。

厂领导针对这种情况，曾绞尽脑汁想了一些对策。比如，简单地要求客户先交款后提货，但这样做又赶走了一些大的客户；再有，让中间商直接带客户到厂里签合同，返给一定的利，结果有些有推销手段和固定客户的门店感到利少而不愿做。两种方法都影响了产品的销售。更致命的是，有些门店已控制了×厂的部分销售渠道，使×厂处于想清理这些门店又不能清理的境地。

三、难咽的苦果

由于×厂销售环节管理出现的问题，使×厂的整个营销活动受到了严重的影响。

1. 滞留在销售中间环节的货款不能及时回收，使×厂流动资金原本不足的困难状况更加严重，不得不增加贷款。20世纪90年代中期是银行利率较高时期，贷款的增加使×厂财务费用激增，加剧了营销活动的困难。

2. 由于财务费用和原材料价格上升以及其他原因，×厂的产品成本在同行业中处于较高水平，失去了市场竞争优势，又使困境中的×厂雪上加霜。

3. 由于许多销售门店以×厂名义注册或挂靠×厂，当这些门店发生民事纠纷后，由×厂承担连带责任，又造成了一部分损失。

结合上述管理情景，思考并回答下列问题：

1. ×厂营销决策是属于什么类型的决策？又是怎样制订出来的？

2. 请根据决策理论分析×厂营销失败的主要原因是什么？

（资料来源：黄雁芳，宋克勤．管理学教程案例集［M］．上海：上海财经大学出版社，2006.）

要求：课前进行认真阅读和思考，课上针对问题进行探讨。

理论与实践

科学的经营决策能使企业在风雨变幻的市场上独居领先地位，并可保持企业立于不败之地，而错误的经营决策会使企业陷入被动，濒临险境。因此，如何科学合理地制定决策对企业经营而言非常重要。

【管理箴言】苏辙《孙览河北运副除右司郎官》：事无巨细，毕陈于前。若网在纲，振之则举，弛则尽废。决策者应抓主要矛盾，抓住关键，才能纲举目张，作出正确决策。

一、决策理论

（一）古典决策理论

古典决策理论又称规范决策理论，是基于“经济人”假设提出来的，主要盛行于20

世纪 50 年代以前。古典决策理论认为，应该从经济的角度来看待决策问题，即决策的目的在于为组织获取最大的经济利益（追求利润最大化）。这一理论认为决策者是完全理性的，能够作出“最优”选择。

古典决策理论的主要内容包括：

（1）最优化标准，决策者全面掌握有关决策环境的信息情报，充分了解备选方案的情况，决策者是理性的、能按最优化的原则作选择；

（2）决策者应建立一个合理的层级结构，一个自上而下的执行命令的组织体系，以确保命令的有效执行；

（3）决策者进行决策的目的在于使本组织获得最大的经济效益。

该理论忽视了非经济因素在决策中的作用，这种理论不一定能指导实际的决策活动，从而逐渐被更为全面的行为决策理论代替。

（二）行为决策理论

又称西蒙模型。20 世纪 50 年代，诺贝尔经济学奖获得者赫伯特·A. 西蒙提出“有限理性标准”和“满意标准”。用“社会人”取代“经济人”，大大拓展了决策理论的研究领域。

行为决策理论主要内容包括：

（1）人是有限理性的，介于完全理性与非理性之间，原因是：不确定的复杂的决策环境的影响；知觉上偏差的影响；决策时间及可利用资源的限制等。

（2）识别和发现问题受知觉偏差影响，直觉分析多于逻辑分析。

（3）受到资源的限制，决策选择的理性是相对的。

（4）对待风险的态度高于经济利益的考虑。决策中，受经济利益的影响，决策者厌恶风险，倾向于接受风险较小的方案，尽管风险较大的方案可能会带来更可观的收益。

（5）以满意标准代替古典的最优化标准，即只求满意结果，不愿费力寻求最佳方案。

（三）当代决策理论

当代决策理论主要内容包括：

（1）当代决策理论的核心内容是：决策贯穿于整个管理过程，决策程序就是整个管理过程。

（2）决策过程：分析内外环境，识别机会或诊断问题——识别目标——拟订备选方案——评估备选方案——作出决定——选择实施战略——监督和评估。

当代决策理论把古典决策理论和行为决策理论有机地结合起来，它所概括的一套科学行为准则和工作程序，既重视科学的理论、方法和手段的应用，又重视人的积极作用。

二、决策的影响因素

1. 环境

环境的特点首先影响组织活动的选择。比如，在一个相对稳定的市场环境中，企业的决策相对简单，大多数决策都可以在过去决策的基础上作出；如果市场环境复杂，变化频繁，那么企业就可能要经常面对许多非程序性的、过去所没有遇到过的问题。

此外，对环境的习惯反应模式也影响着组织活动的选择。即使在相同的环境背景下，不同的组织也可能作出不同的反应。而这种组织与环境之间关系的模式一旦形成，就会趋向固定，影响人们对行动方案的选择。

2. 过去的决策

“非零起点”是一切决策的基本特点。因此，当前的决策不可能不受过去决策的影响。在大多数情况下，组织决策决不是在一张白纸上进行初始决策，而是对初始决策的完善、调整或者是改革。组织过去的决策是当前决策的起点；过去选择的方案的实施，不仅伴随着人力、物力、财力等资源的消耗，而且伴随着内部状况的改善，带来了对外部环境的影响。

过去的决策对目前决策的制约程度，主要由过去的决策者与现任决策者的关系决定。如果过去的决策是由现任的决策者制定的，由于决策者通常要对自己的选择及其后果负责，也为了保证决策的连续性，因此决策者一般不愿对组织的活动进行重大的调整，而趋向于仍将大部分资源投入到过去未完成的方案执行中。相反，如果现在的主要决策者与组织过去的重大决策没有很深的渊源关系，则会易于接受重大改变。

3. 决策者的风险态度

由于决策是人们确定未来活动的方向、内容和行动的目标，而人们对未来的认识能力有限，目前预测的未来状况与未来的实际情况不可能完全相符，因此任何决策都存在一定的风险。风险指的是一种不确定性。人们对待风险的态度是不同的，有人喜欢冒险，在多种选择中趋向于选择风险大的方案；而另一些人则不太愿意冒险，在多种选择中趋向于选择风险小的方案。因此，决策者的风险偏好对决策的选择就会产生直接的影响。

4. 组织成员对组织变化所持的态度

任何决策的制定与实施，都会给组织带来某种程度的变化，组织成员对这种可能产生的变化会表现出抵制或者是欢迎两种截然不同的态度。组织成员通常会根据过去的标准来判断现在的决策，总是会担心在变化中会失去什么，对将要发生的变化产生抵御的心理，则可能给任何新决策，特别是创新决策的实施带来灾难性的后果。相反，如果组织成员以发展的眼光来分析变化的合理性并希望在可能的变化中得到什么而支持变化，这就有利于新决策的实施，特别是创新决策的实施。因此，组织成员对变化的态度对决策的影响是较大的。

三、决策的过程

1. 判断问题——认识和分析问题

决策是为了解决现实中提出的需要解决的问题或者为了达到需要实现的目标。决策是围绕着问题而展开的。没有问题，就不需要决策；问题不明，则难以作出正确的决策。

决策的正确与否首先取决于判断的准确程度，因此，认识和分析问题是决策过程中最为重要也是最为困难的环节。当然在一个组织中总是存在许许多多的问题。例如在一个企业中，存在着企业如何在市场竞争中发展自己、开发什么样的新产品、开发新产品的资金如何筹措等问题需要解决。在一个具有两个或两个以上层次的组织中，仅仅将问题提出来是不够的，还必须在提出问题的基础上，对众多的问题进行分析，以明确各种问题的性质，弄清楚哪些是涉及组织全局的战略性问题，哪些只是涉及局部问题，哪些是非程序性的问题，哪些是程序性问题，由此确定解决问题的决策层次，避免高层决策者被众多的一般性问题所缠绕而影响对重大问题的决策。

现代管理要求管理人员运用现代管理科学的“望远镜和显微镜”以及分析问题的系统化技术，揭开纷繁的现象，显示其本质和核心，以使管理决策立足于真正问题之根源上。

作为一个高效率的管理者来说，必须时刻注视形势的变化，以免使自己因毫无思想准备而陷入被动状态。环境因素的许多暗示都会预示着是否面临决策的问题。管理者还应对环境的变化进行认真的分析，只有通过对各种预兆进行分析，才能透过表象看到环境变化的本质，才能找到造成问题的真正原因，对事物的发展作出超前的、正确的预计。

不过，因为对形势的分析会受到决策者个人行为的影响，因此对同一现象，不同的管理者就可能得出不同的结果，自然也就作出了不同的决策。例如，日本索尼公司的盛田昭夫经常讲一个故事：两个买鞋的商人旅行，来到非洲一个落后的农村地区，其中一个商人向他的公司发电报，说“当地人都赤脚，没有销售前景”；另一个商人也向他的公司发电报，内容却是“居民赤脚，急需鞋子，立即运货”。因此决策的第一步就要求决策者必须主动地深入实际调查研究，及时发现并提出新问题进而解决问题，以保证组织的健康发展。

2. 识别目标

在所要解决的问题及其责任人明确以后，则要确定应当解决到什么程度，明确预期的结果是什么，也就是要明确决策目标。所谓决策目标，是指在一定的环境和条件下，根据预测，对这一问题所希望得到的结果。决策要求有明确而具体的决策目标。若决策的目标是模糊的，甚至是模棱两可的，则无法以目标为标准评价方案，更无从选择方案。失败的决策，往往是由于决策目标不明确或不正确。

目标的确定，要经过调查和研究，掌握系统准确的统计数据和事实，然后进行一定的整理分析，根据对组织总目标及各种目标的综合平衡，结合组织的价值准则和决策者愿意为此付出的努力程度进行确定。

根据时间的长短，可把目标分为长期目标、中期目标和短期目标。长期目标通常用来指导组织的战略决策，中期目标通常用来指导组织的战术决策，短期目标通常用来指导组织的业务决策。无论时间的长短，目标总指导着随后的决策过程。

在确定决策目标时，要注意以下几个问题：

第一，决策目标的确定要有针对性。

第二，要把目标建立在需要与可能相结合的基础上，即目标要有实现的可能性。

第三，要使目标明确、具体，尽可能数量化，便于用来衡量决策的实施效果。

第四，要明确目标的约束条件。确定目标，不仅要提出目标，而且对那些与实现目标有联系的各种条件，都应该加以分析。

【课堂思考】“沙格型”汽车马来西亚昙花一现

1985 年，由马来西亚国营重工业公司和日本“三菱”汽车公司合资 2.8 亿美元生产的新款汽车“沙格型”隆重推出市场。马来西亚政府视之为马来西亚工业的“光荣产品”，产品在推出后，销售量很快跌至低谷。经济学家们经过研究，认为“沙格型”汽车的一切配件都从日本运来，由于日元升值，使它的生产成本急涨，再加上马来西亚本身的经济不景气，所以汽车的销售量很少。此外，最重要的因素是政府在决定引进这种车型时，主要考虑到满足国内的需要。因此，技术上未达到先进国家的标准，无法出口。由于在目标市场决策中出现失误，

"沙格型"汽车为马来西亚工业带来的好梦，只是昙花一现而已。

问题：是什么原因导致"沙格型"汽车在马来西亚的失败？

3. 拟订备选方案

为解决某一问题而设计出的多个可行的供决策者抉择的方案，就称为备选方案。决策要求有两个以上的备选方案，以便比较选择。在提出备选方案时，管理者必须把其试图达到的目标牢记在心，而且要提出尽可能多的方案。

寻找方案的方法有两种：经验和创造。

经验。经验可能是决策者或决策群体自己的，也可能是别的管理者或群体的实际做法。

创造。企业的发展需要新颖的、独创的方案，它不是过去的再现，也不是别人的翻版，而是一种独到的、适应当前环境的新做法，只有这样才能走在别人的前面，确立竞争优势。

为了保证备选方案的质量，应注意以下几点：

第一，要做好信息收集工作，进行科学预测。

第二，管理决策针对所要解决的问题，可以拟订不同的备选方案。

第三，各种类型的备选方案，都必须坚持四点：一是拟订备选方案必须具有整体详尽性。二是各方案必须互相区别，不能相互包含。三是不能把拟订备选方案的过程看成是简单的数字运算，而应看成是大胆创新、大胆探索、精心设计的过程。四是各方案的细节尽量明确具体，并预计各方案的经济效益。

第四，对备选方案要进行可行性研究。

4. 评估备选方案

拟订出各种备选方案之后，就要根据已定目标的要求，对各方案进行评价、比较和选择。要明智地评价备选方案，必须设法预测该方案执行后可能产生的后果，应尽量把所有可能都估计到。对方案的后果作了预测之后，还要对其进行评估。用满意标准进行评估，如果一个方案达到这个标准就是可以接受的，运用这种方法可以使决策过程简化。不合格的备选方案被否决，减少决策工作量。

选择方案的方法通常有以下三种：

（1）经验判断法。就是依靠决策者的实践经验和判断能力来选择方案，它是选择方案的一种基本方法。但这种方法不适用于那些比较复杂、目标多、变量多、方案多、难于直接看出方案优劣的决策问题。

（2）数学分析法。就是用数学模型来表示方案的变量与变量，变量与目标之间的关系，并计算出结果，根据结果选择方案。对一些无法靠经验来选择方案的决策问题，要用数学分析法选择。

（3）试验法。就是对一些缺乏经验的新问题，又无法用数学方法选择时，可以先进行试验，然后根据试验的结果来选择方案。

5. 作出决定

作出决定仅是决策过程中的一个步骤。尽管选择一个方案看起来很简单——只需要考虑全部可行方案并从中挑选一个能最好解决问题的方案，但实际上，作出选择是很困难的。由于最好的决定通常建立在仔细判断的基础上，所以管理者要想作出一个好的决定，就必须仔细考察全部事实、确定是否可以获取足够的信息并最终选择最好的方案。在抉择过程中，不能只选择一个方案，而放弃其余方案，需在事情出乎意料时，有备选。

【管理箴言】《战国策·楚策四》："见兔而顾犬，未为晚也，亡羊补牢，未为迟也。"讲的是决策者应注意搜集决策实施的反馈信息，及时纠正错误，采取补救措施，甚至于重新进行决策。

选择方案的标准：

合理性标准：必须能在较高程度上实现预定的决策目标；

经济性标准：必须考虑方案实施所需付出的代价与可能带来的效果的比值；

全面性标准：合理的决策需要妥善处理好正面效果与负面效果的关系，不能只看到正面效果而看不到负面效果。

【管理故事】林肯"独断"

美国总统林肯，在他上任后不久，有一次将六个幕僚召集在一起开会。林肯提出了一个重要法案，而幕僚们的看法并不统一，于是七个人便热烈地争论起来。林肯在仔细听取其他六个人的意见后，仍感到自己是正确的。在最后决策的时候，六个幕僚一致反对林肯的意见，但林肯仍固执己见，他说："虽然只有我一个人赞成但我仍要宣布，这个法案通过了。"

表面上看，林肯这种忽视多数人意见的做法似乎过于独断专行。其实，林肯已经仔细地了解了其他六个人的看法并经过深思熟虑，认定自己的方案最为合理。而其他六个人持反对意见，只是一个条件反射，有的人甚至是人云亦云，根本就没有认真考虑过这个方案。既然如此，自然应该力排众议，坚持己见。因为，所谓讨论，无非就是从各种不同的意见中选择出一个最合理的。既然自己是对的，那还有什么犹豫的呢?

在企业，经常会遇到这种情况：新的意见和想法一经提出，必定会有反对者。其中有对新意见不甚了解的人，也有为反对而反对的人。一片反对声中，领导者犹如鹤立鸡群，陷于孤立之境。这种时候，领导者不要害怕孤立。对于不了解的人，要怀着热忱，耐心地向他说明道理，使反对者变成赞成者。对于为反对而反对的人，任你怎么说，恐怕他们也不会接受，那么，就干脆不要寄希望于他的赞同。

重要的是你的提议和决策是对的，只要真理在握，就应坚决地贯彻下去。

决断，是不能由多数人来作出的。多数人的意见是要听的；但作出决断的，是一个人。

（资料来源：http：//www. docin. com/p－712894466. html）

6. 选择实施战略

方案的实施是决策过程中至关重要的一步。在方案选定以后，管理者就要制订实施方案的具体措施和步骤。实施过程中通常要注意做好以下工作：

（1）制订相应的具体措施，保证方案的正确实施；

（2）确保与方案有关的各种指令能被所有有关人员充分接受和彻底了解；

（3）应用目标管理方法把决策目标层层分解，落实到每一个执行单位和个人；

（4）建立重要的工作报告制度，以便及时了解方案进展情况，及时进行调整。

7. 监督和评估

这是决策过程中的最后一个步骤。一个决策者应该通过信息的反馈来衡量决策的效果。

决策是一种事前的设想，在实际的实施过程中，随着形势的发展，实施决策的条件不可能与设想的条件完全相吻合。况且，在一些不可控因素的作用下，实施条件和环境与决策方案所依据的条件之间可能会有较大的出入，这时，需要改变的不是现实，而是决策方案了。所以，在决策实施过程中，决策者应及时了解、掌握决策实施的各种信息，及时发现各种新问题，并对原来的决策进行必要的修订、补充或完善，使之不断地适应变化了的新形势和条件。

一项决策实施之后，对其实施的过程和情况进行总结、回顾，既可以明确功过，确定奖惩，还可使自身的决策水平得到进一步的提高。比如，如果一个方案实施后达到了原来的要求，那么这一方案就达到了理想的效果；如果没有达到原来的要求，那么就要分析管理者是否对前一决策形势的认识和分析有错误或是这一方案在执行过程中的方法是否正确，从而决定是对方案本身进行修改还是对实施的方法进行改变。

需要说明的是，并不是所有的决策都需要完整地经历上述各个步骤。但在理论上，重大的决策遵循这样的程序，能够避免严重差错的发生，得出的方案更科学和严谨。

【课堂思考】新任厂长的产品决策

某工具厂从1990年以来一直经营生产A产品，虽然产品品种单一，但是市场销路一直很好。后来由于经济政策的暂时调整及客观条件的变化，A产品完全滞销，企业职工连续半年只能拿50%的工资，更谈不上奖金，企业职工怨声载道，积极性受到极大的影响。

新厂长上任后，决心一年改变工厂的面貌。他发现该厂与其他部门合作的环保产品B产品是成功的，于是决定下马A产品，改产B产品。一年过去，企业总算没有亏损，但工厂日子仍然不十分好过。

后来市场形势发生了巨大的变化。原来的A产品市场脱销，用户纷纷来函来电希望该厂能尽快恢复A产品的生产。与此同时，B产品销路不好。在这种情况下，厂长又回来过头来抓A产品，但一时又无法搞上去，无论数量和质量都不能恢复到原来的水平。为此，集团公司领导对该厂厂长很不满意，甚至认为改产是错误的决策，厂长感到很委屈，总是想不通。

思考题：

1. 你认为该厂长的决策是否有错误？请你做详细分析。
2. 如果你是该厂厂长，你在决策过程中应如何去做？

（资料来源：http：//www. docin. com/p－609879492. html）

四、决策的方法

（一）定性决策方法

即决策的“软技术”，也称主观决策法、软科学方法。定性决策是决策者根据所掌握的信息，通过对事物运动规律的分析，在把握事物内在本质联系基础上进行决策的方法。

定性决策方法主要有以下几种。

1. 头脑风暴法和反头脑风暴法

头脑风暴法也叫思维共振法，头脑风暴法是比较常用的集体决策方法，便于发表创造性意见，因此主要用于收集新设想。通常是将对解决某一问题有兴趣的人集合在一起，用小型会议的形式，启发大家畅所欲言，充分发挥创造性，经过相互启发，让创造性设想产生连锁反应，从而引发更多的创造设想的灵感火花。头脑风暴法关键要创造一个良好的环境，任何人提出的任何意见都要受到尊重，不得指责或批评，也不准暗示或贬低别人的意见，更不能阻挠发言。目的在于克服群体压力，发掘人们内心的创造力。

头脑风暴法的创始人英国心理学家奥斯本为该决策方法的实施提出了四项原则：

（1）对别人的建议不作任何评价，将相互讨论限制在最低限度内；

（2）建议越多越好，这个阶段，参与者不要考虑自己建议的质量，想到什么就说出来；

（3）鼓励每个人独立思考，广开思路，想法越新颖、奇异越好；

（4）可以补充和完善已有的建议，以使它更具说服力。

反头脑风暴法正好与之相反，同意的肯定意见，一概不提，而专门找矛盾、挑毛病。这两种方法一正一反，运用得当可以起到互补作用，效果尤佳。

【阅读资料】美国国防部在制定科技长远规划的过程中采用了头脑风暴法，组织50名军事技术方面的专家，开展了为期两周的会议，会议的主要内容就是对国防部已经起草的科技长远规划进行质疑。两周的讨论结束后，原有的规划文件变成了一个协调一致的报告，而原来文件中的内容，只保留了不到30%。这个事例有力地说明了头脑风暴法是一个通过集体讨论，引发创造性思维，并且最终得出一套切实可行的“黄金”方案的有效方法，是知识管理过程中一个极为必要的工具。

2. 名义小组法

名义小组法是管理者先召集一些有知识的人，把要解决的问题的关键内容告诉他们，并请他们独立思考，要求每个人尽可能地把自己的备选方案和意见写下来。然后再按次序让他们一个接一个地陈述自己的方案和意见。在此基础上，由小组成员对提出的全部备选方案进行投票，根据投票结果，赞成人数最多的备选方案即为所要的方案。当然，管理者最后仍有权决定是接受还是拒绝这一方案。

3. 德尔菲法

德尔菲法又称专家意见法，是由美国著名的兰德公司首创并用于预测和决策的方法。该法是以匿名方式将要解决的关键问题通过函询征求专家的意见，组织预测小组对每一轮的意见进行汇总整理后再把综合后的意见反馈给各位专家，供他们再次分析判断以提出新的论证。如此反复多次，专家意见趋于一致，最终形成代表专家组意见的方案，供决策者进行决策。

德尔菲法的基本步骤包括：①确定预测题目。②选择专家并设法取得他们的合作。③拟订意见征询表。④实施预测。⑤作出预测结论。

德尔菲法的关键在于：①选择专家（10～50人）一般不超过20人，这主要取决于决策所涉及的问题或机会的性质；②拟订好意见征询表；③专家采用“背靠背”方式，互不通气，不发生横向联系。

4. 哥顿法

哥顿法又称为提喻法，由美国人哥顿于1964年提出。该方法是通过讨论从其他角度提出的与方案有关或类似的其他方案，借助类比达到分析评估方案目的的决策方法。该方法与头脑风暴法类似，由会议主持人先把决策问题向会议成员作笼统的介绍，然后由会议成员（即各位专家）海阔天空地讨论解决方案；当会议进行到适当时机，决策者将决策的具体问题展示给小组成员，使小组成员的讨论进一步深化，最后由决策者分析借鉴讨论结果进行决策。

（二）定量决策方法

定量决策法也称为硬性决策方法。它是指把影响决策的因素（包括过去的或未来的）进行量化，并通过一定的数学运算、比较、判断，进行决策分析的方法。定量决策方法一般分为确定型决策、风险型决策和不确定型决策三类。

1. 确定型决策方法

确定型决策问题，即决策问题未来所处的环境是确定的，每一个方案只有一个结果，决策者只需从备选方案中比较和选择经济效果最好的方案。在比较和选择活动方案时，如果未来情况只有一种并为管理者所知，则须采用确定型决策方法。常用的确定型决策方法有线性规划法和盈亏平衡分析法等。

（1）线性规划法。线性规划法是在一些线性等式或不等式的约束条件下，求解线性目标函数的最大值或最小值的方法。

运用线性规划法建立数学模型的步骤是：①确定影响目标大小的变量；②列出目标函数方程；③找出实现目标的约束条件；④找出使目标函数达到最优的可行解，即为该线性规划的最优解。

（2）盈亏平衡分析法。盈亏平衡分析法又称保本分析法或量本利分析法，是通过考察产量（或销售量）、成本和利润的关系以及盈亏变化的规律来为决策提供依据的方法。在应用量本利分析法时，关键在于找盈亏平衡点，即企业不盈不亏时的产量，如图4－1所示。

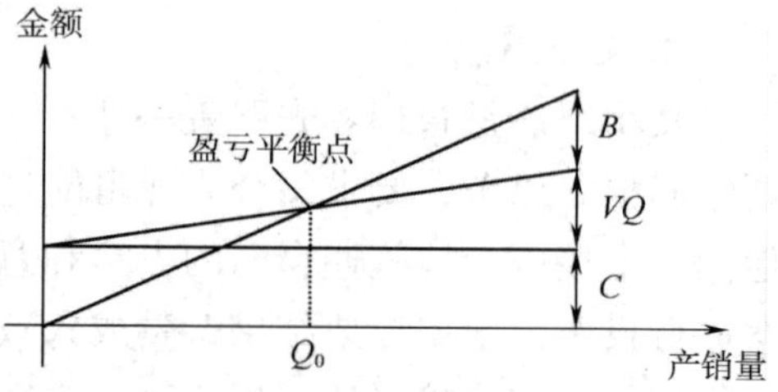

图4－1　盈亏平衡分析图

盈亏平衡点产量（销量法）基本公式为：

$$Q = C/(P - V)$$

当要获得一定的目标利润时，其公式为：

$$Q = (C + B)/(P - V)$$

式中：P——产品价格

Q——产量或销售量

C——总固定成本

V——单位变动成本

B——预期的目标利润额

R——获得预期目标利润额时的销售额

【例题】某企业生产 A 产品，预计单位产品的价格为 6000 元，固定成本总额为 630 万元，单位产品变动成本为 3000 元。求：

1. 该企业盈亏平衡点。
2. 企业为了获利 510 万元，应达到的产量和销售收入为多少？
3. 若设计能力为 4000 台，那么，达到设计能力时，获利期望值为多少？

解：（1）盈亏平衡点：

$Q_0 = C/(P-V) = 6300000/(6000-3000) = 2100$（台）

（2）若企业为获利 510 万元，应达到的销售量为：

$Q = (C+B)/(P-V) = (5100000+6300000)/(6000-3000) = 3800$（台）

若企业为获利 510 万元，应达到的销售收入为：

$R = 3800 \times 6000 = 2280$（万元）

（3）若设计能力为 4000 台，那么，达到设计能力时，获利期望值是：

$B = (P-V)Q - C = (6000-3000) \times 4000 - 6300000 = 570$（万元）

2. 风险型决策方法

在比较和选择活动方案时，如果未来情况不止一种，管理者不知道到底哪种情况会发生，但知道每种情况发生的概率，则须采用风险型决策方法。常用的风险型决策方法是决策树法。

决策树，是指以方块和圆圈为结点，并由若干条直线连接起来，由左至右，由简到繁顺序展开，组成一个树状网络图（见图 4－2）。其结构要素包括决策点、方案枝、方案结点和概率枝。

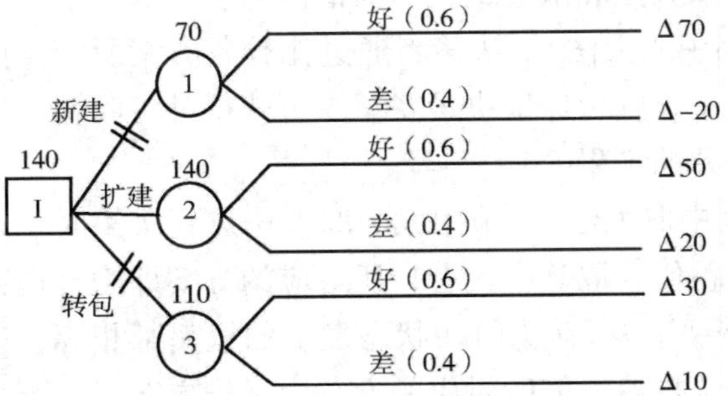

图 4－2　决策树图

从左端决策点（用“□”表示，表示一个决策问题）出发，按备选方案引出相应的方案枝，用直线表示，每条方案枝上注明所代表的方案；然后每条方案枝到达一个方案结点（用“○”表示），再由方案结点引出若干条直线，表示不同备选方案可能出现的不同的自然状态，称为状态枝，也称概率枝。在状态枝上面标明对应自然状态的名称及其出现概率；在状态枝末端标明该方案在该对应自然状态下的损益值或效用值，在图中用“△”表示。该方案的综合期望值列在方案结点的上方。然后，比较各方案的综合期望值，选取最大者，并将其数值作为决策点的期望值，标在决策点的上方，其余方案枝则一律剪掉（用“//”表示）。

【案例探析】某企业为增加某产品的产量而设计了三个可行方案：一是投资 100 万元新建生产车间；二是投资 50 万元，扩建老车间；三是转包给其他厂生产，设使用期为 5 年，自然状态见表 4-1，求取得最大经济效益方案？

解：$E1 = (70 \times 0.6 - 20 \times 0.4) \times 5 - 100 = 70$（万元）

$E2 = (50 \times 0.6 + 20 \times 0.4) \times 5 - 50 = 140$（万元）

$E3 = (30 \times 0.6 + 10 \times 0.4) \times 5 = 110$（万元）

$\because E2 > E3 > E1$

∴ 选取扩建方案。

表 4-1 单位：万元

方案	市场需求	
	好（0.6）	差（0.4）
新建	70	-20
扩建	50	20
转包	30	10

3. 不确定型决策方法

在比较和选择活动方案时，如果管理者不知道未来情况有多少种，或虽知道有多少种，但不知道每种情况发生的概率，则须采用不确定型决策方法。常用的不确定型决策方法有小中取大法、大中取大法和最小最大后悔值法等。

（1）悲观准则（小中取大法）。决策者通过比较各方案所产生的最小收益，而选取其中最大的一个。采用这一准则可保证决策者至少可获得某一收益，因为不论实际发生的状态如何，都不会得到更差的结果。

（2）乐观准则（大中取大法）。采用大中取大法进行决策时，首先找出每个方案在各种自然状态下，最大损益值，取其中大者，所对应的方案即为合理方案。

（3）平均法（等概率法）。认为每一状态发生的概率都相等，以此来计算各方案的期望值，从这些期望值中选择最大值所对应的方案为优先方案。

（4）后悔值准则（大中取小法）。大中取小法进行决策时，先从各自然状态下找出最大收益值；再用各个方案的收益值去减最大收益值，求得各方案后悔值；然后，从各个方案后悔值中找出每个方案最大后悔值；最后，从中选取最大后悔值最小的方案为决策方案。

所谓后悔，也就是机会损失，也就是当某一种自然状态实际发生时，才能明确哪个方案的收益值最大，是最优的。如果决策者当初没有采用这个方案，而是采用了其他方案，这时他就会感到遗憾或后悔，最大收益值和所采取方案的收益值之差，叫做后悔值。采用后悔值准则就是首先找出各方案的最大后悔值，然后选择最大后悔值为最小的方案作为最优方案。

通过以上的分析可以看出，不确定型决策问题，采用不同的决策准则所得到的决策方案并非完全一致，而且客观上也难以判断究竟哪个准则不好，至于应采用哪个准则，还由决策者的心理素质而定，即决策者对风险的态度决定。

【课堂思考】假如您目前的处境不算太好，而此时你一位十分要好的朋友跟您借相当于您10%的财产且归还期较长，您会如何去做？

本章小结

1. 决策是指组织或个人为了实现某种目标而对未来一定时期内有关活动的方向、内容以及方式的选择或调整过程。

2. 决策的原则：满意原则；可行性原则；集体性原则；科学性原则；整体效用的原则。

3. 适量的信息是决策的依据。

4. 决策的特点：目的性；可行性；选择性；满意性；过程性；动态性。

5. 美国教授西蒙提出："管理就是决策"，这一论断使决策在管理中的地位跃然而出。

6. 决策理论：古典决策理论；行为决策理论；当代决策理论。

7. 决策的过程：识别机会或诊断问题；识别目标；拟订备选方案；评估备选方案；作出决定；选择实施战略；监督和评估。

8. 定性决策方法主要有：头脑风暴法；名义小组法；德尔菲法；哥顿法。

9. 定量决策方法一般分为确定型决策、风险型决策和不确定型决策三类。

课后自测

一、单项选择题（在下列各小题中，选择一个最合适的答案）

1. 有一种说法认为"管理就是决策"，这实际上意味着：（　）。

A. 对于管理者来说只要善于决策就一定能够获得成功

B. 管理的复杂性和挑战性都是由于决策的复杂性而导致的

C. 决策能力对于管理的成功具有特别重要的作用

D. 管理首先需要的就是面对复杂的环境作出决策

2. 决策是企业的核心内容，企业中的各层管理者都要承担决策的职责，关于决策的解释，哪个更正确？（　）

A. 越是企业的高层管理者，所作出的决策越倾向于战略性、风险性决策

B. 越是企业的高层管理者，所作出的决策越倾向于常规的、科学的决策

C. 越是企业的基层管理者，所作出的决策越倾向于战术性、风险性决策

D. 越是企业的基层管理者，所作出的决策越倾向于非常规的、肯定型决策

3. 购买中奖率很低的奖券的决策属于（　），增加（　）后将变成风险型决策。

A. 不确定性决策；购买的人数　　B. 不确定性决策；各类奖项的数量

C. 风险型决策；不增加其他信息　　D. 确定性决策；各类奖项的数量

4. 现在社会上销售彩票的很多。一家三口在抽奖时，常常喜欢让孩子来抽，请问这是遵循了什么决策原则？（　）

A. 乐观原则　　B. 悲观原则

C. 折中原则　　D. 最小最大后悔值原则

5. 你正面临是否购买某种奖券的决策。你知道每张奖券的售价以及该期共发行奖券的总数、奖项和相应的奖金额。在这样的情况下，该决策的类型是什么？加入何种信息以后，该决策将变成一个风险性决策？（　）

A. 确定性决策；各类奖项的数量　　B. 风险性决策；不需要加其他信息

C. 不确定性决策；各类奖项的数量　　D. 不确定性决策；可能购买该奖券的人数

二、多项选择题（下列各题中正确的答案不少于两个，请准确选出全部正确的答案）

1. 下列对决策的理解正确的是（　）。

A. 决策的主体是管理者　　B. 决策的目的仅仅是为了解决问题

C. 决策的本质是一个过程　　D. 决策是解决问题和/或利用机会

2. 根据决策的重要性，可以把决策分为（　）。

A. 战略决策　　B. 初始决策

C. 战术决策　　D. 业务决策

3. 从环境因素的可控程度看，可以把决策分为（　）。

A. 业务决策　　B. 确定型决策

C. 风险型决策　　D. 不确定型决策

4. 集体决策的方法包括（　）。

A. 头脑风暴法　　B. 名义小组技术

C. 德尔菲技术　　D. 经营单位组合分析法

5. 管理者在比较和选择经营方案的过程中，应做到（　）。

A. 统筹兼顾　　B. 重视反对意见

C. 有魄力地做出决断　　D. 以上都是

三、简答题

1. 决策的过程是什么？

2. 如何进行有效的决策？

3. 决策的方法有哪些？

四、论述题

1. 例举一个用头脑风暴法做出决策的例子，在这个过程中，你觉得哪些地方需要改进？

2. 你早晨睡懒觉吗？睡懒觉会造成上课迟到、耽误早餐、影响身体，这一恶习必须根除。现在，请运用头脑风暴法列出解决早晨睡懒觉问题的办法。

3. 说说您是怎样理解决策方案中的“最优”与“更优”的关系，它们对您的决策思想有怎样的影响？

4. 假如您现在的月收入是3000元人民币，您在商场看上了一件非常符合您审美意识的西装，价格2800元人民币，您倾向于怎么做？

案例分析

王厂长的决策

王厂长是佳迪饮料厂的厂长，回顾8年的创业历程真可谓是艰苦创业、勇于探索的过程。全厂上下齐心合力，同心同德，共献计策为饮料厂的发展立下了汗马功劳。但最令全厂上下佩服的还数四年前王厂长决定购买二手设备（国外淘汰生产设备）的举措。饮料厂也因此跻入国内同行业强手之林，令同类企业刮目相看。今天王厂长又通知各部门主管及负责人晚上8点在厂部会议室开会。部门领导们都清楚地记得4年前在同一时间、同一地点召开会议，王厂长作出了购买进口二手设备这一关键性的决定。在他们看来，又有一项新举措即将出台。

晚上8点会议准时召开，王厂长庄重地讲道："我有一个新的想法，我将大家召集到这里是想听听大家的意见和看法。我们厂比起4年前已经发展了很多，可是，比起国外同类行业的生产技术、生产设备来，还差得很远。我想，我们不能满足于现状，我们应该力争世界一流水平。当然，我们的技术、我们的人员等诸多条件还差得很远，但是我想，为了达到这一目标，我们必须从硬件条件入手——即引进世界一流的先进设备，这样一来，就会带动我们的人员、带动我们的技术等等一起前进。我想这也并非不可能，4年前我们不就是这样做的吗？现在厂的规模扩大了，厂内外事务也相应地增多了，大家都是各部门的领导及主要负责人，我想听听大家的意见，然后再做决定。"

会场一片肃静，大家都清楚记得，4年前王厂长宣布他引进二手设备的决定时，有近70%的成员反对，即使后来王长厂谈了他近三个月对市场、政策、全厂技术人员、工厂资金等等厂内外环境的一系列调查研究结果后，仍有半数以上人持反对意见，10%的人持保留态度。因为当时很多厂家引进设备后，由于不配套和技术难以达到等因素，均使高价引进设备成了一堆闲置的废铁。但是王厂长在这种情况下仍采取了引进二手设备的做法。事实表明，这一举措使佳迪饮料厂摆脱了企业由于当时设备落后、资金短缺所陷入的困境。二手设备那时价格已经很低，但在我国尚未被淘汰。因此，佳迪厂也由此走上了发展的道路。

王厂长见大家心有余悸的样子，便说道："大家不必顾虑，今天这一项决定完全由大家决定，我想这也是民主决策的体现，如果大部分人同意，我们就宣布实施这一决定；如果大部分人反对的话，我们就取消这一决定。现在大家举手表决吧。"

于是，会场上有近70%的人投了赞成票。

思考题：

1. 王厂长的两次决策过程合理吗？为什么？
2. 如果你是王厂长，在两次决策过程中应做哪些工作？
3. 影响决策的主要因素是什么？

（资料来源：http：//www. docin. com/p－567332658. html）

项目训练

实训项目　头脑风暴法——开办饭店决策

一、实训目的

1. 掌握头脑风暴法运用要领。

2. 培养学生的创新能力。

二、实训内容与方式

要求：以模拟公司为单位，指定一位发言人在老师提问时向全班报告你们公司的发现与结论。运用头脑风暴法确定将开办饭店的类型。

主要内容：你和你的同学试图决定在购物中心开设一家什么样的饭店。困扰你们的问题是这个城市有了很多的饭店，这些饭店能够提供各种价位的不同种类的餐饮服务。你们拥有开设任何一种类型饭店的足够资源。你们所面对的问题是决定什么样的饭店是最成功的。

三、实训步骤

1. 集体来形成你们最可能成功的饭店类型。每位成员都要尽可能地富有创新性和创造力，对任何提议都不能加以批评。

2. 指定一位成员把所提出的各种方案写下来。

3. 讨论各个方案的优点与不足。确定一个使所有成员意见一致的最可能成功的方案。

4. 在做出的决策后，对头脑风暴法的优、缺点进行讨论，确定是否有产生阻碍的现象。

5. 在全班组织交流。各公司发言人做报告，其他人现场质疑。

四、实训评估

对所写的最可能成功的饭店类型材料和根据同学在交流会上的表现，进行评定。

第五章 组织

本章导读

通用汽车公司内部改革家：艾尔弗雷德·P. 斯隆

1923 年 5 月，面对内忧外困的通用公司，董事长杜邦将自己自杜兰特离职以后兼任的公司总经理大权交给了艾尔弗雷德·P. 斯隆。后来的实践证明，这是通用公司发展历程中最为重要的一个英明决策。斯隆以其聪明才智为“通用”构筑了一套完善的组织机构，建立了一整套的管理、财务制度，为公司日后的大发展打下了坚实的基础。斯隆是一位大学毕业的电气工程师，原本供职于联合汽车公司，只是因为公司合并于“通用”才于 1919 年进入“通用”担任副总经理。在任副总经理期间，他对“通用”的管理不善深感不安，曾给总经理写过三份有关内部管理弱点的专题报告，可惜刚愎自用的杜兰特对此不理不睬，最终导致了“通用”几乎倒闭的严重危机，他本人也被迫辞职。1921—1924 年，“通用”进行了一系列的整顿与改组，涉及范围包括公司的经营方向、相互协作、行政管理体制、组织系统、生产计划、报告制度、产供销管理、人事管理、财务管理、海外扩张战略等。由于这次改革的全面与成功，使“通用”发生了一次质的变化，在不长时间内就跻身于世界工业企业的行列。而作为公司副总经理、总经理的斯隆，其作用当然是功不可没的。

在总结前人经验的基础上，他果断提出了“集中政策、分散经营、财务独立”的经营管理体制。在这一体制下，公司高层机关负责协调、管理公司的全部经营活动，公司高层和各专业委员会决定公司的大政方针，而具体经营责任则交给各分部负责。

针对公司内部分工不够明确，多家生产分部在同一档次的产品上相互竞争，到生产批量少、产品成本高，无法与竞争对手进行全面竞争的生产现状，公司组织专门委员会进行研究，最后形成研究报告。报告建议公司组织专业化生产，减少汽车的型号数目，谋求大量生产的经济效益。并且具体建议生产 6 个价格档次的汽车，即：1. 450 ~ 600 美元；2. 600 ~ 900 美元；3. 900 ~ 1200 美元；4. 1200 ~ 1700 美元；5. 1700 ~ 2500 美元；6. 2500 ~ 3500 美元。报告认为，这样划分汽车的档次，能够满足不同购买能力的种类顾客的消费需求，为每一个人和每一种目的提供一种汽车，有利于整个公司与竞争对手展开全方位的市场竞争。为最大限度满足市场竞争的需要，公司对各经营部门进行了专业化分工，让各厂生产较为单一的产品或零碎部件。让生产标准化、通用性零部件的分厂集中在底特律一带，以便就近管理；让根据产品专业化分工后的整车装配厂按照“接近市场”的原则分布于全国各地，以便就地装配、就地销售，减轻了长途运输整车的巨大压力。公司还规定，内部各单位间的协作也应建立固定关系，相互交易以内部协作价结算。协作价按成本加合理利润制订，如果协作价高于市场价，受货方可报告公司要求供货方降价，若对方无法降价，受货方有权向外界采购。“通用”的这一协作关系有着极强的生命力，致使在20世纪末的今天仍没有太大变化。

在斯隆建议下，“通用”按“政策制定与行政管理分开，分散经营与协调控制相结合”的原则建立了管理组织体制，使公司经营方针政策的制定和控制集中在上层，而将方针政策的招待和运用分散给基层。这套管理体制的建立，使“通用”的基层部门既可发挥各自的积极性，又在公司的总体控制下进行经营活动，还可将高层管理人员从日常事务中解脱出来，全身心地投入到高层决策去。这次组织变革后人称之为企业管理上的一场革命。

斯隆建立的公司计划制度和报表制度从另一个方面反映了他的企业管理才能。为避免因存货导致的资金呆滞，他要求经销商每隔10天向有关部门上交一份旬报，详细列举10天来的汽车销售量、订货量及接货量等，同时要求提供商业情报的公司每月提供各州的新车登记数、通用汽车在市场上所占的份额及变化原因等。每家生产企业每月需对下月和其后三个月的销售量进行预测，编制计划，并报公司总经理审批。由于这一计划行之有效，后又扩大应用于生产、采购、存货、流动资金、固定资金投资、利润等诸多方面，形成了完整的计划体系。

在斯隆所建立的管理体制下，下属各分公司的经营积极性被充分地调动了起来，汽车产量逐年上升，自1928年超过“福特”之后，一直稳居世界首位，其国内市场占有率由1921年的12%增加到1941年的44%。在“通用”所取得的这一连串成就之中，斯隆所做出的创造性贡献是令后人惊叹的。“通用”对这位奇才也给予了充分的尊重，自他1923年接任总经理以来，一直到他1966年以91岁高龄离开人世，始终担任着“通用”的总经理、董事长、名誉董事长等职。

（资料来源：http：//baike. boraid. com/doc_ 25544. html）

第一节 组织概述

管理情境

凯迪公司

凯迪公司是上海市的一家中型企业，主要业务是为企业用户设计和制作商品目录手册。公司在浦东开发区和市区内各设有一个业务中心，这里简称为A中心、B中心。

A中心内设有采购部和目录部。采购部的职责是接受用户的定单，并选择和定购制作商品目录所需要的材料，目录部则负责设计用户定制的商品目录。凯迪公司要求每个采购员都独立开展工作，而目录部的设计人员则须服从采购员提出的要求。

凯迪公司的总部和B业务中心都设在市区。B中心的职责是专门负责商品目录的制作。刘利是凯迪公司负责业务经营的主管，他经常听到设计人员抱怨自己受到的约束过大，从而无法实现艺术上的创新与完美。最近，刘利在听取有关人员的建议后，根据公司业务发展的需要，决定在B中心成立一个市场部，专门负责分析市场需求和挖掘市场潜力，并向采购员提出建议。市场部成立后不久，刘利听到了各种不同意见。比如，采购员和设计员强烈反映说，公司成立市场部不但多余，而且干涉了他们的工作。关于此，市场部人员则认为，采购员和设计员太过墨守成规、缺乏远见。刘利作为公司的业务经营主管，虽然做了大量的说服工作并先后调换了有关人员，但效果仍不理想。他很纳闷：公司的问题究竟出在什么地方？

结合上述管理情景，思考并回答下列问题：

1. 组织运转不顺利，原因在哪里？是设立市场部的决策错了吗？还是采购员和设计员之间的私怨需要解决？抑或是各职能部门之间的沟通没有建立起有效的渠道？

2. 凯迪公司有没有必要单独成立一个负责市场研究的机构？如有必要，应该怎么设置？如果没必要，是否应该由什么人员或部门来承担起这方面的责任？

3. 对凯迪公司中的各个业务经营部门，应该如何界定其职责权限？

（资料来源：http：//www. docin. com/p－114765253. html）

要求：课前进行认真阅读和思考，课上针对问题进行探讨。

理论与实践

组织职能是实现管理目标的重要保证。管理人员一旦确定了基本目标和方向，并制定了明确的实施计划和步骤之后，就必须通过组织工作为决策和计划的有效实施创造条件。

一、组织的概念

“组织”一词从不同侧面包含两种不同的含义。

作为一个实体，组织是具有一定目标，按照一定原则而成立的，有秩序的人事综合体。

该定义包含如下的特点：

（1）每一个组织都有一个明确的目的，目标是组织存在的前提，没有目标的人的集合不能称其为组织。组织所作的各种努力，都是为了最终达到组织目标。

（2）每一个组织都是由人组成的。

（3）每一个组织都产生出一种系统性的结构，用以规范和限制成员的行为。

作为一个过程，组织是指管理的重要职能之一。组织职能或组织工作是指为了实现计划活动所确定的组织的共同目标，而对组织的活动进行合理的分工和协作，从而建立起合理的组织结构并使之运转的过程。组织的目的是使平凡的人做出不平凡的事。

【专家视野】组织的目的是使平凡的人做出不平凡的事

组织不能依赖于天才。因为天才稀少如凤毛麟角。考察一个组织是否优秀，要看其能否使平常人取得比他们看来所能取得的更好的绩效，能否使其成员的长处都发挥出来，并利用每个人的长处来帮助其他人取得绩效。组织的任务还在于使其成员的缺点相抵消。

——彼得·德鲁克

其中分工与合作是组织运营并发挥效率的基本手段。为了使组织有效运行，根据组织目标的需要，将组织划分成不同层次的职能部门，这些部门承担组织的部分特定工作，这就是所谓的职能分工，当然，各个层次的职能部门需协调工作、相互配合，进行有效的合作。

【管理故事】 V形飞雁

大雁有一种合作的本能，它们飞行时大都呈v形。这些雁飞行时定期变换领导者，因为为首的雁在前面开路，能帮助它两边的雁形成局部的真空。科学家发现，雁以这种形式飞行，要比单独飞行多出12%的距离。合作可以产生一加一大于二的倍增效果。据统计，诺贝尔获奖项目中，因协作获奖的占三分之二以上。在诺贝尔奖设立的前25年，合作奖占41%，而现在则跃居80%。

点评：分工合作正成为一种企业中工作方式的潮流被更多的管理者所提倡，如果我们能把难的事情变得简单，把简单的事情也变得很容易，那么我们做事的效率就会倍增。合作就是简单化、专业化、标准化的一个关键，世界正逐步向简单化、专业化、标准化发展，于是合作的方式就理所当然地成为了这个时代的产物。一个由相互联系、相互制约的若干部分组成的整体，经过优化设计后，整体功能能够大于部分之和，产生1+1>2的效果。

二、组织工作

组织工作作为一项管理职能是指在组织目标已经确定的情况下，将实现组织目标所必需进行的各项业务活动加以分类组合，并根据管理宽度原理，划分出不同的管理层次和部门，将监督各活动所必需的职权授予各层次、各部门的主管人员，以及规定这些层次和部门间的相互配合关系。其目的就是要通过建立一个适于组织成员相互作用、发挥各自才能的良好环境，从而消除由于工作或职责方面所引起的各种冲突，使组织成员都能在各自的岗位上为组织目标的实现做出应有的贡献。

（一）组织工作的作用

组织工作的目的是通过建立一个适于组织成员相互合作，能够发挥各自才能的良好环境，从而消除工作或职责方面的各种矛盾和冲突，使组织中每个成员都能为实现组织的目标而做出贡献。组织工作的作用主要体现在以下几方面。

1. 通过组织工作协调组织内的各种关系

组织工作是保证分工协作的基础，通过组织工作，使组织内成员明确自己的位置，以及与组织其他成员间的关系，从而保证组织目标的实现。

2. 通过组织工作发挥组织的功能

良好的组织工作能够充分发挥组织的功能，使组织内每一个成员充分认识到自己工作的重要性，尽职尽责地完成任务，从而提高组织的效率和效益，促进组织的发展。

3. 通过组织工作促进组织的变革

组织要适应外界环境的变化，必须不断地进行调整和改革。通过组织工作，可以及时调整并改善组织自身的结构，使其更加合理，效率更高，适应客观环境的发展与变化。

【专家视野】没有组织就没有管理，而没有管理也就没有组织，管理部门是现代组织的特殊器官，正是依靠这种器官的活动，才有职能的执行和组织的生存。

——彼得·德鲁克

（二）组织工作的特点

从组织工作的含义及具体内容来看，组织工作职能具有以下一些特点。

1. 组织工作是一个过程

设计、建立并维持一种科学的、合理的组织机构，是为成功地实现组织目标而采取行动的一个连续的过程，这个过程由下列的逻辑步骤所组成：

（1）确定组织目标；

（2）对目标进行分解，拟定派生目标；

（3）明确为了实现目标所必需的各项业务工作或活动，并加以分类；

（4）根据可利用的人力、物力以及利用它们的最佳途径来划分各类业务工作或活动；

（5）授予执行有关各项业务工作或活动的各类人员以职权；

（6）通过职权关系和信息系统，把各层次、各部门联结成为一个有机整体。

这个过程的前两步实际上是组织工作的依据，有了这个依据，组织工作才有必要和可能进行，后几步才真正是组织工作的实质内容。一般而言，组织工作实务同这个过程是相吻合的。主管人员通过这一过程来消除混乱，消除人们在工作或职责方面的矛盾和冲突，建立起一种适合组织成员互相默契配合的组织结构。

组织工作过程的结束，其最终表现或最终成果就是一系列的组织系统和职务说明书。组织系统图描述的是一个组织内部的各种机构（包括层次部门），以及其中相应的职位和相互关系。而职务说明书则是详细规定了各职务的职权和职责以及与其相关的上下左右的关系。

2. 组织工作是动态的

通过组织工作建立起来的组织结构不是一成不变的，而是随着组织内外部要素的变化而变化的。由于任何组织都是社会系中的一个子系统，它在不断地与外部环境进行能量、信息、材料等的输入输出，而这种输入和输出一般地都会影响到组织目标。随着时间的推移，原来的目标由于环境变化，可能不太适宜了，那么这时依据计划工作中的改变航道原理，必须根据环境条件的变化，不断地修正目标。目标的变化自然会影响到随同目标而产生的组织结构，为使组织结构能切实起到促进组织目标实现的作用，就必须对组织结构作出适应性的调整。此外，即使组织的内外要素的变化对组织目标影响不大，但随着社会的进步，科学技术的发展，原有的组织结构已不能高效地适应实现目标的要求时，也需要进行组织结构的调整和变革。所以说，组织工作具有动态的特点。

3. 组织工作应重视非正式组织

组织有正式组织和非正式组织之分。在组织工作职能的实施过程中随着组织结构的建立，一个正式组织就形成了。但是任何正式组织中都必伴随着非正式组织。非正式组织是在组织成员之间感情相投的基础上，由现实观点、爱好、兴趣、习惯、志向等一致而自发形成的结伙关系。

在组织工作中，应着重考虑非正式组织的以下两个特点：

（1）非正式组织在满足组织成员个人的心理和感情需要上，比正式组织更有优越性。所以应发挥非正式组织比正式组织具有更强的凝聚力的作用。

（2）非正式组织形式灵活，稳定性弱，覆盖面广，大多数的正式组织的成员都介入某种类型的非正式组织。根据这两个特点，主管人员在组织工作中应有意识、有计划地促进某些具有较多积极意义的非正式组织的形成和发展，例如技术钻研、学习互助、业余娱乐等，使其成为正式组织的辅助。时机成熟和条件许可的情况下，也可将其中一些非正式组织转化为正式组织，使其成为组织工作所设计和保持的组织结构的有机组成部分。

三、组织工作的基本程序

1. 明确组织目标

组织目标是进行组织工作的基本出发点。在开始组织工作之前，就必须明确计划工作阶段提出科学合理的总目标及子目标。没有目标，组织就失去了存在的意义。

2. 确定业务内容

确定业务内容就是分解组织目标，把一个总任务分解成多项分业务。

比如：一个企业提出生产目标后，为了实现这一目标（总任务），可细化出采购目标、技术研发目标、销售目标、人员配备目标、后勤保障目标等不同的业务目标。

3. 建立组织结构

根据业务的性质、业务量的大小确定部门和岗位，把性质相同或相近的管理业务工作划归适当的部门和岗位负责，建立层次化、部门化的组织结构。

以上三项工作属于组织（结构）设计。

4. 进行工作分析

进行工作分析，即分析工作，是指收集、分析和记录与工作相关的信息的过程，目的是了解工作的性质、内容和方法，以及确定从事这项工作所需要的条件和任职资格（得到的是职务说明书）。

通过工作分析，达到以下效果：规定各单位、各部门及其责任者对其工作应负的责任以及考核工作绩效的标准；赋予各单位、各部门及其责任者的相应权力；建立各种管理规范和运行制度。

工作分析在我国许多企业都叫作职务分析或岗位分析。

5. 配置人员

依据工作分析提出的任职条件和资格，挑选、配备人员，并明确其职务、职权和职责。

第四、第五项工作属于人力资源管理。

6. 进行有机组合

通过明确规定各单位、各部门之间的相互关系，以及它们之间信息沟通、协调控制的原则、方法和手段，把各组织单元上下左右有机地组合起来，建立一个能够即时沟通协调、高效运作的管理组织系统。

7. 不断反馈、修正

在组织运行过程中，根据出现的新问题、新情况，对原有组织结构适时进行修正，使其不断完善。

第六、第七两项工作属于组织变革。

第二节 组织设计

管理情境

教授的建议

H 市宇宙冰箱厂近几年来有了很大的发展，该厂厂长周冰是个思路敏捷、有战略眼光的人。早在前几年“冰箱热”的风潮中，他已预见到今后几年中冰箱热会渐渐降温，变畅销为滞销，于是命该厂新产品开发部着手研制新产品，以保证企业能够长盛不衰。果然，不久冰箱市场急转直下，各大商场冰箱都存在着不同程度的积压。好在宇宙厂早已有所准备，立即将新研制生产出的小型冰柜投入市场，这种冰柜物美价廉且很实用，一问世便立即受到广大消费者的欢迎，宇宙厂不仅保住了原有的市场，而且又开拓了一些新市场。但是，近几个月来，该厂产品销售出现了一些问题，用户接二连三地退货，要求赔偿，影响了该厂产品的声誉。究其原因，原来问题主要出在生产上，主管生产的副厂长李英是半年前从 H 市二轻局调来的。她今年 42 岁，是个工作勤恳、兢兢业业的女同志，工作认真负责，口才好，有一定的社交能力，但对冰箱生产技术不太了解，组织生产能力欠缺。该厂生产常因所需零部件供应不上而停产，加之质量检验没有严格把关，尤其是外协件的质量常常不能保证，故产品接连出现问题，影响了宇宙厂的销售收入，原来较好的产品形象也有一定程度的破坏，这种状况如不及时改变，该厂几年来的努力也许会付诸东流。周厂长为此很伤脑筋，有心要把李英撤换下去，但又为难，因为李英是市二轻局派来的干部，和上面联系密切，并且她也没犯什么错误，如硬要撤，搞得不好，也许会弄僵上下级之间的关系（因为该厂隶属于市二轻局主管）。不撤换吧，厂里的生产又抓不上去，长此以往，企业很可能会出现亏损局面。周厂长想来想去不知如何是好，于是就去找该厂的咨询顾问某大学王教授商量，王教授听罢周厂长的诉说，思索了一阵，对周厂长说：“你何不如此如此呢……”周厂长听完，喜上眉梢，连声说：“好办法、好办法……”于是便按王教授的意图回去组织实施。果然，不出两个月，宇宙厂又恢复了生机。王教授到底如何给周厂长出谋划策的呢？原来他建议该厂再设一生产指挥部，把李英升为副指挥长，另任命一懂生产、有能力的赵翔为生产指挥长主管生产，而让李英负责抓零部件、外协件的生产和供应，这样既没有得罪二轻局，又使企业的生产指挥的强化得到了保证，同时又充分利用了李、赵两位同志的特长，调动了二人的积极性，解决了一个两难的难题。

小刘是该厂新分来的大学生，他看到厂里近来一系列的变化，很是不解，于是就去问周厂长：“厂长，咱们厂已经有了生产科和技术科，为什么还要设置一个生产指挥部呢？这不是机构重复设置吗？我在学校里学过有关组织设置方面的知识，从理论上讲组织设置应该是因事设人，咱们厂怎么是因人设事，这是违背组织设置原则的呀！”周厂长听完小刘一连串的提问，拍拍他的肩膀关照地说：“小伙子，这你就不懂了，理论是理论，实践中并不见得都有效。”小刘听了，仍不明白，难道是书上讲错了吗？

结合上述管理情景，思考并回答下列问题：

1. 在企业中如何设置组织机构？到底应该“因事设人”，还是应该“因人设事”？
2. 你认为王教授的建议是否合适？
3. 你认为应该如何看待小刘的提问？
4. 如果你是厂长，你将如何处理这个难题？

（资料来源：http：//www.doc88.com/p-997218990070.html）

要求：课前进行认真阅读和思考，课上针对问题进行探讨。

理论与实践

组织工作、组织现象存在于社会生产和生活的方方面面。组织设计是指针对一个组织的结构进行规划、构造、创新或再构造，以便从组织的结构上确保组织目标的有效实现。搞好组织设计与再设计工作，意义非同一般。

一、组织设计的任务

组织设计的任务是设计清晰的组织结构，规划和设计组织中各部门的职能和职权，确定组织中职能职权、参谋职权、直线职权的活动范围并编制职务说明书。

1. 组织结构

所谓组织结构是指组织的基本架构，是对完成组织目标的人员、工作、技术和信息所作的制度性安排。

组织结构的特性：复杂性（组织的分化程度）、规范性（组织依靠规则和程序引导员工的程度）、集权性（组织在决策时正式权力在管理层级中分布与集中的程度）。

2. 职务说明书

职务说明书要求能简单而明确地指出：该管理职务的工作内容、职责与权力，组织中该职务与其他职务之间的区别与联系，职务当事人所应具备的专业背景、知识结构、工作经验、管理能力等基本条件。

二、组织设计的原则

1. 统一指挥原则

是指一个下级只接受一个上级的指挥，避免因多头指挥而导致下属无所适从的窘境。要求在上下级之间形成一条清晰的指挥链。但在紧急情况下，可以通过法约尔桥也就是跳板原则直接越级。这样有利于组织的政令统一、高效率地贯彻执行各项决策。

2. 控制幅度原则

是指一名主管能有效领导其直接下属的人数，管理跨度原则就是要求一个领导人要有一个适当的管理跨度。管理层次，它是指组织中职位等级的数目。在最低层操作人员一定的情况下，管理的跨度越大，管理层次越少。反之，管理跨度越小，管理层次越多。一个组织的各级管理者究竟选择多大的管理跨度，应视实际情况而定。

管理幅度有效性要受许多因素的影响，这些因素主要有：

（1）工作能力。主管和下属的工作能力强，管理幅度可大一些；主管和下属的工作能力弱些，则管理幅度相对设计小一些。

（2）工作内容和性质：①主管所处的管理层次。②下属工作的相似性。③计划的完善程度。④非管理性事务的多少。

（3）工作条件。主要考虑有无配备助手、管理手段先进与否和工作地点是否相近等因素。

（4）组织内外环境。组织环境稳定与否会影响到组织活动的内容和政策的调整频度与幅度。环境不稳，主管就需要用较多时间和精力关注环境变化，考虑应变措施。用于指导下属的时间和精力就会减少，主管直接有效地指挥下属的程度就会受到限制。环境稳定，主管用于关注环境变化，考虑应变措施的时间和精力就少，用于指导下属的时间和精力就会增加，主管直接有效地指挥下属的程度就会相应增加。

3. 权责对等原则

是指在赋予每一个职务责任的同时，必须赋予这个职务自主完成任务所需的权力。即在其位，谋其政，有其权，负其责。当一个人被授予一定的职权，他也应承担相应的职责，权力的大小需要和责任相适应。如果有责无权，不仅束缚人的积极性和主动性，而且也不能承担起相应的责任；相反，有权无责，必然造成滥用权力。所以，必须实现权责的统一。

4. 因事设职与因人设职相结合

因事设职，是从组织角度将目标活动的每项内容都具体落实到岗位实处，使“事事有人做”，因人设职，是从个人的角度考虑每个拟定人选的特点、能力、兴趣与爱好，使“人人有事做”。

5. 柔性经济原则

所谓组织的柔性，是指组织的各个部门、各个人员可以根据组织内外环境的变化而进行灵活调整和变动，以便使组织能快速适应环境的变化。为了使组织具有活力，并快速适应环境的变化，在组织设计和结构维护过程中，应定期对已有部门机构进行功能审核。为了使职位保持弹性，应按任务和目标需要设立岗位，而不是按人设岗。

组织的经济是指组织的管理层次与幅度、人员结构以及部门工作流程必须设计合理，以达到管理的高效率。

6. 集权与分权相平衡原则

集权与分权相平衡原则就是根据组织的实际需要来决定集权和分权的程度。集权是指组织的大部分决策权都集中在上层。分权是指将组织的决定权根据各个层次职务上的需要进行分配。集权和分权的程度完全是根据组织在不同时期、不同环境下为了完成组织目标的需要而决定的。

【管理故事】子贱放权

孔子的学生子贱有一次奉命担任某地方的官吏。当他到任以后，却时常弹琴自娱，不管政事，可是他所管辖的地方却治理得井井有条，百兴业旺。这使那位卸任的官吏百思不得其解，因为他每天即使起早摸黑，从早忙到晚，也没有把地方治理好。于是他请教子贱：“为什么你能治理得这么好?”子贱回答说：“你只靠自己的力量去进行，所以十分辛苦；而我却是借助别人的力量来完成任务。”

启示：一个聪明的领导人，应该是子贱二世，正确地利用部属的力量，发挥团队协作精神，不仅能使团队很快成熟起来，同时，也能减轻管理者的负担。在公司的管理方面，要相信少就是多的道理：你抓得少些，反而收获就多了。管理者，要管头管脚（指人和资源），但不能从头管到脚。

三、组织设计的内容

1. 职能设计

职能设计是以职能分析工作为核心，研究和确定组织的职能结构，为管理组织的层次、部门、职务和岗位的分工协作提供客观依据的工作。职能设计是整个组织设计的关键性第一步，关系其后其他设计的成败。

2. 部门设计

根据每位职务人员从事的工作性质不同以及职务间的区别和联系，可以遵照组织职能相似、活动相似或关系紧密的原则，将各个职务人员聚集在部门这一基本管理单位内。部门设计任务有两项：一是确定组织应该设置哪些部门；二是规定这些部门之间的相互关系，使之形成一个有机整体。

3. 管理幅度与管理层次设计

管理幅度是指一位主管人员所能直接有效地管辖的下级人数，它是部门设置中必须考虑的部门规模问题。管理幅度的大小，实际上意味着一位主管人员直接控制和协调的工作活动量的多少。

管理层次是从组织最高一级管理组织到最低一级管理组织的各个组织等级，它是描述组织纵向结构特征的一个概念。管理层次实质上是组织内部纵向分工的表现形式，各个层次分别担负不同的管理职能。管理幅度对管理层次的多少具有直接影响，并最终影响到组织结构的形式。管理幅度与管理层次成反比关系。

4. 职权设计

职权是组织各个部门、各种职务在职责范围内决定和影响其他个人或集体行为的支配力。职权设计就是正确处理组织内纵向与横向两个方面的职权关系，将不同类型的职权合理分配到各个层次和部门，建立起高度协调的职权结构。

5. 横向联系设计

横向联系设计是为了解决组织管理专业化分工与协作之间的矛盾，达到在分工基础上加强协作，提高管理整体功能的目的。横向联系设计包括的基本内容主要是横向协调方式的设计。

横向协调可按三种基本方式加以设计：①非结构性方式。②结构性方式。③人际关系方式。

6. 管理规范设计

管理规范，是组织管理中各种管理条例、章程、制度、标准、办法等的总称。它是用文字形式规定的管理活动的内容、程序和方法，是管理人员的行为规范和准则。

四、组织部门设计

在组织选择与设计好生产业务过程及各种工作岗位后，就需考虑如何将这些工作岗位构成工作单位和部门，以便进行有效管理。

组织的部门设计是组织管理活动的横向分工，是按照职能相似性、任务活动相似性或关系紧密性的原则把组织中的专业技能人员分类集合在一个部门内，然后配以专职的管理人员来协调领导，统一指挥。

部门划分的目的是确定组织中各项任务的分配，以及责任的归属，以求分工合理、职责分明，有效达到组织的目标。

1. 职能部门化

职能部门是一种传统而基本的组织形式。职能部门化就是按照生产、财务管理、营销、人事、研发等基本活动相似或技能相似的要求，分类设立专门的管理部门。

职能部门化的优点主要是：能够突出业务活动的重点，确保高层主管的权威性并使之能有效地管理组织的基本活动；符合活动专业化的分工要求，能够充分有效地发挥员工的才能，调动员工学习的积极性；简化了培训，强化了控制，避免了重叠，最终有利于管理目标的实现。

职能部门化的缺点主要是：由于人、财、物等资源的过分集中，不利于开拓远区市场或按照目标顾客的需求组织分工；这种分法也可能会助长部门主义风气，使得部门之间难以协调配合；部门利益高于企业整体利益的后果可能会影响到组织总目标的实现；由于职权的过分集中，部门主管虽容易得到锻炼，却不利于高级管理人员的全面培养和提高，也不利于“多面手”式的人才成长。

2. 产品部门化

在品种单一、规模较小的企业，按职能进行组织分工是理想的部门化划分形式。然而，随着企业的进一步成长与发展，企业面临着增加产品线和生产规模以获取规模经济和范围经济的经营压力，管理组织的工作也将变得日益复杂。这时，就有必要按业务活动的结果为标准来重新划分企业的活动。按照产品或服务的要求对企业活动进行分组，即产品或服务部门化，就是一种典型的结果划分法。

产品或服务部门化的优点主要是：各部门会专注于产品的经营，并且充分合理地利用专有资产，提高专业化经营的效率水平。这不仅有助于促进不同产品和服务项目间的合理竞争，而且有助于比较不同部门对企业的贡献，有助于决策部门加强对企业产品与服务的指导和调整。另外，这种分工方式也为“多面手”式的管理人才提供了较好的成长条件。

产品或服务部门化的缺点是：企业需要更多的“多面手”式的人才去管理各个产品部门；各个部门同样有可能存在本位主义倾向，这势必会影响到企业总目标的实现；部门中某些职能管理机构的重整会导致管理费用的增加，同时也增加了总部对“多面手”式人才的监督成本。

3. 地域部门化

地域部门化就是按照地域的分散化程度划分企业的业务活动，继而设置管理部门管理其业务活动。随着经济活动范围的日趋广阔，企业特别是大型企业愈来愈需要跨越地域的限制去开拓外部的市场。而不同的文化环境，造就出不同的劳动价值观，企业根据地域的不同划设管理部门，为的是更好地针对各地的特殊环境条件组织业务活动的开展。

地域部门化的主要优点是：可以把责权下放到地方，鼓励地方参与决策和经营，地区管理者还可以直接面对本地市场的需求灵活决策；通过在当地招募职能部门人员，既可以缓解当地的就业压力，争取宽松的经营环境，又可以充分利用当地有效的资源进行市场开拓，同时减少了许多外派成本，减小了许多不确定性风险。

地域部门化的主要缺点是：企业所需的能够派赴各个区域的地区主管比较稀缺，且比较难控制；另外，各地区可能会因存在职能机构设置重叠而导致管理成本过高的问题。

4. 流程部门化

流程部门化就是按照工作或业务流程来组织业务活动。人员比较集中或业务流程比较连续紧密是流程部门化的实现基础。例如，发电厂的生产流程会经过燃煤输送、锅炉燃烧、汽轮机冲动、电力输出等几个主要过程。

流程部门化的优点是：组织能够充分发挥人员集中的技术优势，易于协调管理，对市场需求的变动也能够快速敏捷地反应，容易取得较明显的集合优势；另外也简化了培训，容易在组织内部形成良好的相互学习氛围，会产生较为明显的学习经验曲线效应。

流程部门化的缺点是：部门之间的紧密协作有可能得不到贯彻，也会产生部门间的利益冲突；另外，权责相对集中，不利于培养出“多面手”式的管理人才。

5. 顾客部门化

顾客部门化就是根据目标顾客的不同利益需求来划分组织的业务活动。在激烈的市场竞争中，顾客的需求导向越来越明显，企业应当在满足市场顾客需求的同时，努力创造顾客的未来需求，顾客部门化顺应了需求发展的这种趋势。

顾客部门化的优点是：企业可以通过设立不同的部门满足目标顾客各种特殊而广泛的需求，同时能有效获得用户真诚的意见反馈，这有利于企业不断改进自己的工作；另外，企业能够持续有效地发挥自己的核心专长，不断创新顾客的需求，从而在这一领域内建立持久性竞争优势。

顾客部门化的缺点是：可能会增加与顾客需求不匹配而引发的矛盾和冲突；需要更多能妥善协调和处理与顾客关系问题的管理人员和一般人员；另外，顾客需求偏好的转移，可能使企业无法时时刻刻都能明确顾客的需求分类，结果会造成产品或服务结构的不合理，影响对顾客需求的满足。

6. 多种部门化形式的并用

由于组织的日益复杂化和多样化，大部分的组织在单一的整体组织下按不同部门化形式设置其下属部门。复杂的环境因素，加以不同的层次和不同的领域均有其不同的要求，因而组织分工和建立部门不能强求划一，应根据具体情况和特种需要，采用不同的形式。

【管理探讨】斯特劳斯公司的组织部门化

斯特劳斯公司是世界上最大的服装制造公司之一，由德国犹太移民利瓦伊·斯特劳斯于1871年在美国创立。公司最初经销斜纹粗棉布，后来又经营用这种布料做成的工作服（发明了双背带工作服），20世纪50年代起改为制作各种类型的服装，并开始向世界各地出口。在国外销售的各种服装都印有利瓦伊商标，这是世界公认的一个名牌商标。该公司经营范围日益扩大，发展极为迅速。职工已发展到37000多人，在国内拥有50多家工厂，分布在美国10多个州；在国外20多个国家和地区都有它的分公司或制造厂，设计、制造和经销几千种不同类型的服装。目前年销售额达30亿美元。为了适应这种经营种类多、地区广的情况，公司采用本身独特的，以各方面部门化为基础的结构形式。就公司最高层组织而言，董事会下设3个主要业务部门：利瓦伊·斯特劳斯美国公司，利瓦伊·斯特劳斯国际公司和新企业集团。美国公司负责美国国内的产销；国际公司负责国外的产销，该公司下又根据地区实行部门化；新企业集团下设两个中心，一个是负责整个公司的进出口管理，另一个负责开发新产品。这个集团直接向总经理（由董事长兼任）报告一切。上述三个业务部门各自负责自己的生产、销售工作，并且独立核算。有关的决策也由各部门的经理自行作出。总公司内还专门设有为各部门提供服务和协作的条件。近年来，利瓦伊公司正面临着越来越多的严峻挑战。在国内，Lee 服装公司正在与它进行激烈的竞争；在国外，来自亚洲地区的挑战也日益明显。因为亚洲等地区的廉价劳动力，使亚洲国家和地区的产品更具竞争力。因此，斯特劳斯公司传统产品的销售已出现下降的趋势。

思考题：

1. 你能用图表示出斯特劳斯公司的组织结构吗？

2. 该公司的组织结构有何优缺点？你觉得哪些方面可作进一步的调整，以使其发挥更大的效率？

五、职权设计

在组织内部，最基本的信息沟通，是通过职权关系来实现的。所谓职权，是指组织内部授予的指导下属活动及其行为的决定权，这些决定一旦下达，下属必须服从。职权跟职位紧密相关，跟个人特质无关。

（一）直线职权、参谋职权和职能职权

直线职权：是指管理者直接指导（或指挥）下属工作的权力（职权）。这是一种完整的职权，拥有直线职权的人有权作出决策，有权对下属进行指挥和命令，是组织中一种最基本、最重要的职权。

参谋职权：是指管理者拥有某种特定的建议权或审核权，可以评价直线职权方面的活动情况，进而提出建议或提供服务，是有限度的、不完整的、顾问性的或辅助性的职权。有审核和建议权，但本身并不包括指挥权和决策权，而是帮助直线指挥者行使直线指挥权。

职能职权：某人员或部门根据高层管理人员的授权而拥有的对其他部门的人员直接指挥的权力。职能职权介于直线职权和参谋职权之间，是一种有限的权力，只有在被授权的职能范围内有效。

（二）集权、分权

集权是指决策权在组织系统中较高层次的一定程度的集中；分权是指决策权在组织系统中较低层次的一定程度的分散。将集权和分权有效地结合起来是组织存在的基本条件，也是组织既保持目标统一性又具有柔性和灵活性的基本要求。

影响集权与分权的因素包括以下几个方面：

（1）组织规模的大小。规模大，要做的决策多，内容复杂，沟通控制难，这时应分权。

（2）政策的统一性。

（3）员工的数量和基本素质。如果员工的数量和基本素质能够保证组织任务的完成，组织可以更多地分权；如果组织缺乏足够受过良好训练的管理人员，其基本素质不能符合分权式管理的基本要求，分权将会受到很大的限制。

（4）组织的可控性。组织中各个部门的工作性质大多不同，有些关键的职能部门（如财务会计等部门），往往需要相对的集权，而有些业务部门，如营销部门或区域性部门等却需要相对的分权。组织需要考虑的是围绕任务目标的实现，如何对分散的各类活动进行有效地控制。

（5）组织所处的成长阶段。在组织成长的初始阶段，为了有效管理和控制组织的运行，组织往往采取集权的管理方式，随着组织的成长，管理的复杂性逐渐增强，组织分权的压力也就比较大，管理者对权力的偏好就会减弱。

【课堂思考】一个化肥厂的李厂长平易近人，对员工有求必应，结果他发现找自己的人越来越多，从车间主任到普通工人，从技术科长到销售业务员，不断找他请示工作、讨论问题，他均一一奉陪。但苦恼一个接一个纷至沓来：第一，他每天花大部分时间接待来访，没有时间过问工厂的经营大事；第二，他有求必应，来者虽高兴，但来访者的上级意见很大；第三，因情况不清，往往做出错误指导，造成工作损失。

请你分析一下，李厂长的毛病主要是什么性质?

（三）授权

所谓授权，就是组织为了共享内部权力，增进员工的工作努力，而把某些权力或职权授予下级。这些权力或职权委派给了下级之后，下级可以在其职权范围内自由决断，灵活处置问题，但同时也负有完成任务并报告上级的责任，上级仍然保留着对下级的指挥与监督权。

懂得授权，敢于放权并善于放权是一个管理者取得成就的基础和条件。尽己之能不如尽人之力，尽人之力又不如尽人之智，高明的领导者一定是能把员工的积极性充分发挥出来，通过聚大家之力和大家之智来达到管理的目的，而不是事必躬亲地成为事务的奴隶。纵观中国历史上能成就霸业的帝王将相无不是授权的高手，汉高祖刘邦之所以能打败盖世英雄项羽，很大程度是懂得用贤才和善于向下属授权的结果。

【管理故事】我只管3个人

美国著名的艾森豪威尔将军是第二次世界大战中盟军的指挥官，在诺曼底登陆以前，一次他在英国打高尔夫球，新闻记者采访他：“前线战势紧急，您怎么还有心情在这里打球啊?”艾森豪威尔说：“我不忙，我只管3个人：大西洋有蒙哥马利，太平洋有麦克阿瑟，喏，在那边捡球的是马歇尔。”其实艾森豪威尔手下有百万大军。

作为老板，作为职业经理人，你的企业可能有300人、3000人，问题是：你管几个人？你只能管几个人呢?

如果你明白授权是必须的和必要的，那么，你就会清楚你只能管几个人。

点评：当你把责任分配给部属时，你的部属通过授权可以得到的好处有：提供学习与成长的机会、锻炼部属的才干，有助于发现那些具有提升潜能的人、细分工作，以便实现专业化、能够获得新的想法和建议、增强部属的参与意识、使命感和成就感。

授权代表的是成长，不但是个人的成长，也是一个团队的成长。授权是一个事业成功之途，它使每个人都可以感受得到重视、信赖，进一步地使他们有责任心和参与感，整个团队也会齐心协力，人人都能够发挥自身所长，这个组织才会有活力，有了活力事业就会蒸蒸日上，所以无论在任何时代，一个杰出的或者一个有高效率的管理者或者领导者，他一定是一名非常高明的授权人，充分的授权是领导最佳的手段。

（资料来源：http：//www. docin. com/p－478295219. html）

1. 授权的过程

（1）分派任务：向被授权者交代所要委派的任务。

（2）委任权力或职权：授予被授权者相应的权力或职权。

（3）明确责任：要求被授权者对委派的工作负责，所负责任不仅包括需要完成的指定任务，也包括向上级汇报任务的具体情况和成果。

（4）监督与控制：授权者在授权过程中对受权者有监控权，有权对受权者的工作进行情况和权力使用情况进行监督检查，并根据检查结果，调整所授权力或收回权力。

2. 授权的原则

正确的授权应遵循以下原则：

（1）适度原则。授权过少往往造成下属工作量过大，权力过小，难以开展工作；授权过多又可能会造成工作杂乱无章，甚至失控，所以要适度。

（2）权责一致原则。在授权时，必须向让被授权者明确所授任务的目标、责任及权力范围，权责必须一致，否则，被授权者要么可能滥用职权，要么对工作无所适从，造成工作失误。

（3）不越级授权原则。组织只能在工作关系紧密的层级上进行级差授权。授权者不要越过下级去干涉下级职权范围的事务，因为这样会造成直接下级失去对其职权范围的事务的有效控制。

（4）相互信赖原则。授权者如果把权力授予下级，就应该充分相信下属，也就是说要用人不疑。

【课堂思考】如何进行有效的授权?

刘民和王东分别是一个公司中两个不同部门的经理，在某一天同车上班的路上，他们彼此讨论着自己的管理工作。在交谈中发现，刘民特别为两个助手伤脑筋。他抱怨说：“这两个人在刚进公司时，我一直耐心地告诉他们，在刚开始工作时，凡是涉及报销和订货的事都要事先与我商量一下，并叮嘱他们，在未了解情况之前，不要对下属人员指手画脚。但是，到现在都快一年了，他们还是什么事情都来问我。例如，王大同上星期又拿一笔不到1000元的报账单来问我，这完全是他可以自行处理的嘛！两周前，我交给孙文国一项较大的任务，叫他召集一些下属人员一起搞，而他却一个人闷头搞，根本不叫下属人员来帮忙。他们老是这样大小事情都来找我，真没办法。”

几乎与此同时，刘民的两位助手也在谈论着自己的工作。王大同说：“上周，我找刘民，要他签发一张报账单。他说不用找他，我自己有权决定。但在一个月前，我因找不到他，曾自己签发过一张报账单，结果被财务部退了回来，原因是我的签字没有被授权认可。为此，我上个月曾专门写了一个关于授权我签字的报告，但他一直没有批下来，我敢说我给他的报告他恐怕还锁在抽屉里没看呢!”孙文国接着说:“你说他的工作毫无章法,我也有同感。两周前,他交给我一项任务,并要我立即做好。为此,我想得到一些人的帮助,去找了一些人,但他们却不肯帮忙。他们说除非得到刘民的同意,否则他们不会来帮我。今天是完成任务的最后日期,我却还没有完成。他又要抓我的辫子了,又要把责任推给我了。我认为,刘民是存心这样的,他怕我们搞得太好抢他的位子……”

请就本事例中的授权问题谈谈你的看法,你认为刘民与他的两个助手应如何改进他们之间的关系?

(资料来源:http://www.doc88.com/p-5186825991447.html)

第三节 组织结构

管理情境

松下电器的组织结构

松下电器产业公司(以下简称松下电器)是世界最大的家用电器公司之一,松下成功的主要因素之一是其合理的组织结构。松下电器采用分级管理、分级核算,实行事业部制。公司经营管理分为两级,即总公司一级,事业部一级。总公司的最高领导层是董事会,董事会设会长(即董事长)一人,在会长主持下,由社长(总经理)、副社长、专业董事参加的经营战略会议是公司的最高决策机构。在董事会之下,由社长主持、副社长和常务董事参加的常务会议是公司的最高经营管理部门。

在总公司一级设有一套健全的职能机构,包括总务部、人事部、资料部、经理部、技术本部、生产技术部、制品检查本部、法规管理本部、海外事业本部、营业本部、宣传事业部、经营计划室、环境管理室、中国室等几十个部门,有研究人员、技术人员、管理人员 2000 多人。

总公司下面按产品建立事业部,如电视机事业部、录像机事业部、电子零件事业部、电池事业部等。事业部设部长一人,对事业部的经营管理负总责。他定期召开事业部各职能部长和工场长参加的部务会议,研究决定事业部经营管理方面的重大问题。事业部也设有一套职能机构,包括总务部、人事部、经理部、技术部、品质保证部、财务部、采购部、营业部等。

松下电器在 1933 年就建立了三个事业部,是日本最早采用事业部制的企业。事业部门是一个自负盈亏、独立核算的经营单位,因此,事业部制可以更好地明确各部门的职责和权限,发挥他们的积极性和主动性,进一步进行专业化分工。然而,各事业部门独立以后,比较容易脱离中央控制,各部门间的合作也日益困难。同时高度专业化的部门不一定会有全局观念去应付所有产品的危机。因此,总裁松下幸之助以集中四个主要功能来平衡分权之举。首先,松下设立严格的财务制度,由其财务主管负责直接向总公司报告其财务状况,并且订立了严格的会计制度;其次,松下建立公司银行,各部门的利润都汇总于此,同时各部门增加投资时,必须向公司银行贷款;再次,实行人事管理权的集中,松下认为人才是公司最重要的资源，每位超过初中学历的员工都必须经过总公司的仔细审核，所有管理人员的升迁都必须经过总公司的仔细审查；最后，松下公司采取集中训练制度，所有松下的员工都必须经过松下价值观的训练。这样就形成了一种分权与集权的结合。

结合上述管理情景，思考并回答下列问题：

1. 画出松下电器的组织结构图。
2. 这种组织结构的优点和缺点是什么？松下公司是如何解决其不足的？

（资料来源：http：//www. docin. com/p－282560556. html）

要求：课前进行认真阅读和思考，课上针对问题进行探讨。

理论与实践

组织结构决定着组织的指挥系统与意见沟通系统的有效性，合理的组织结构对组织目标的实现、组织整体功能的发挥以及组织成员的心理都将产生深刻的影响。

一、组织结构的概念

组织结构是组织的全体成员为实现组织目标，在管理工作中进行分工协作，在职务范围、责任、权力方面所形成的结构体系。组织结构对组织行为具有长期性和关键性影响。它反映关于个人和部门的一系列的正式的任务安排。组织结构是组织在职、责、权方面的动态结构体系，其本质是为实现组织战略目标而采取的一种分工协作体系，组织结构必须随着组织的重大战略调整而调整。

【专家视野】管理学家哈德罗·孔茨指出：“为了使人们能为实现目标有效地工作，就必须设计和维持一种职务结构，这就是组织管理职能的目的。”

二、组织结构的基本形式

（一）直线制

直线制组织结构是最古老的组织结构形式。所谓的“直线”是指在这种组织结构下，职权直接从高层开始向下“流动”（传递、分解），经过若干个管理层次达到组织最低层。在这种组织结构中企业日常生产经营任务的分配与运作，都是在厂长或经理的直接指挥下完成。组织中各种职务按垂直系统直线排列，各级主管对所属下级拥有直接的一切权力，每个下属只能向一个直接上级报告。其结构如图 5－1 所示。

直线制组织结构的特点：组织中只有一套纵向的行政指挥系统，各级和行政负责人执行一切管理职能。

直线制组织结构的优点：结构简单，权责明确、命令统一，决策迅速。

直线制组织结构的缺点：没有专业管理分工，对领导的技能要求高；主要管理人员独揽大权，易造成滥用职权；领导容易陷入实务主义，不能集中精力解决企业的重大问题。

直线制组织结构适应对象：适用于技术较为简单、业务单纯、人员数量少、规模较小的组织，也可适用于中型组织现场作业管理。

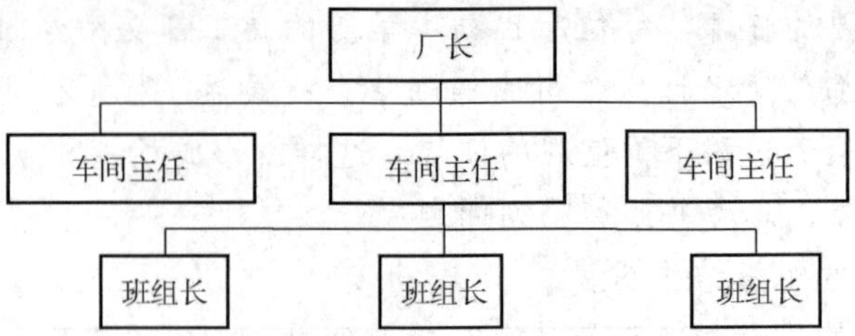

图 5－1　直线制结构图

（二）职能制

职能制也叫多线制，是一种以职能分工为基础的分级管理结构，即将管理按专业进行划分，由职能管理机构分别领导业务机构。其结构如图 5－2 所示。

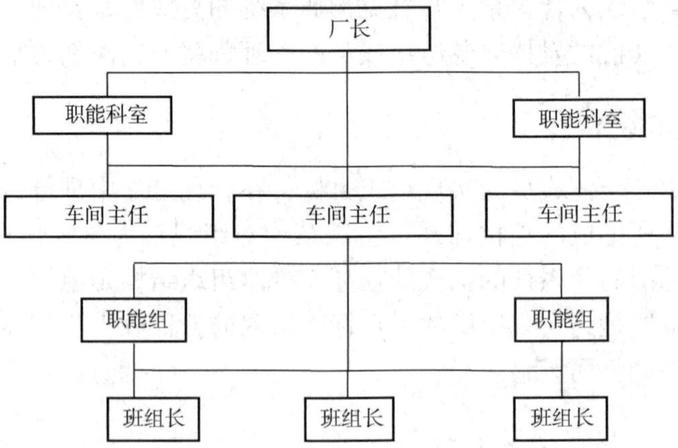

图 5－2　职能制结构图

职能制的特点：在直线制基础上，再按专业分工设置职能管理部门，且各部门有权在其业务分工范围内向下级发布命令，下属既要服从上级直线主管的指挥，又要服从上级各职能部门的指挥。

职能制的优点：促进管理专业化分工，能适应现代组织技术比较复杂和专业分工较细的特点，使决策者从日常烦琐的业务中解脱出来，集中精力思考重大问题，提高管理成效。

职能制的缺点：多头领导，破坏了命令统一的原则，容易造成管理上的混乱。

职能制适应对象：适用于规模不大但任务较复杂需要专业化职能管理的组织，多见于医院、高等学校、设计院、图书馆等组织。

（三）直线参谋制

直线参谋制也叫直线职能制，是受到军队参谋部门作用的启发，为了发挥直线制和职能制的优点克服两者的缺点而提出的一种组织结构形式。其结构如图 5－3 所示。

直线参谋制的特点：在组织中设置两套管理系统，一是按命令统一原则建立的直线指挥系统，二是按专业分工原则建立的职能管理系统。组织活动由直线主管统一领导和指挥，并负全面的责任。职能部门则设置在各级直线主管之下，分别从事专业管理，是各级直线主管的参谋部门。

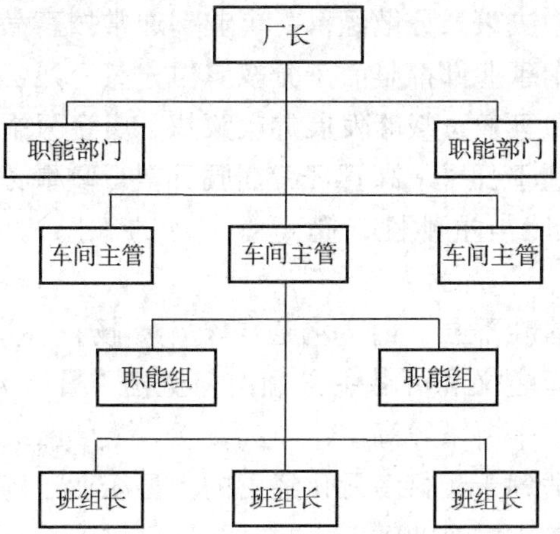

图 5－3　直线职能制结构图

直线参谋制的优点：综合了直线制和职能制的优点，使管理水平大幅提高。

直线参谋制的缺点：过于强调集权、统一，体制较僵化，不利于提高灵活性；另外，管理人员较多，管理费用上升。

直线参谋制适应对象：适用于业务种类比较单一，环境比较稳定的中小型组织。

（四）事业部制

这种结构形式是美国管理学家斯隆在 20 世纪 20 年代针对企业实行多样化经营所带来的复杂管理问题而提出来的，目前已为欧、美、日等国大型企业所广泛采用。事业部制，就是按照企业所经营的事业，包括按产品、按地区、按顾客（市场）等来划分部门，设立若干事业部。事业部是在企业宏观领导下，拥有完全的经营自主权，实行独立经营、独立核算的部门，既是受公司控制的利润中心，具有利润生产和经营管理的职能，同时也是产品责任单位或市场责任单位，对产品设计、生产制造及销售活动负有统一领导的职能。其结构如图 5－4 所示。

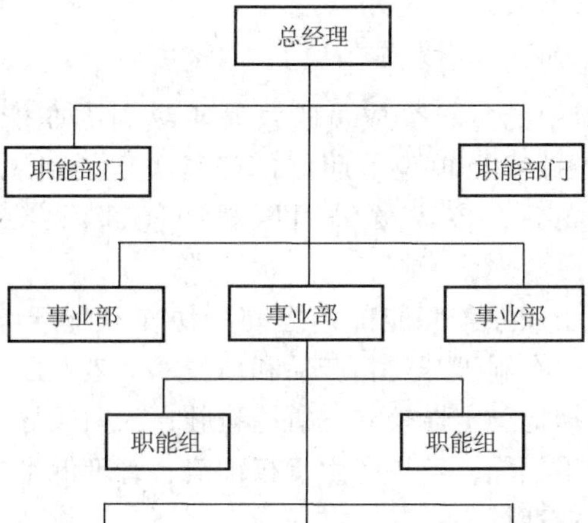

图 5－4　事业部制结构图

事业部制的特点：集中决策，分散经营。事业部通常按产品大类或地区或经营业务划分为相对独立的部门，每个事业部都是一个分权单位，具有足够的权力，能自主经营。组织的最高层保持三方面的决策权：战略发展的决策权、资金分配的决策权和人事安排权。

事业部制的优点：有利于公司最高管理者摆脱日常行政事务，专心致力于公司的战略决策；发挥经营者的灵活性与主动性，提高对市场的敏感适应性；有利于培养通才管理者。

事业部制的缺点：整体性不强，内部沟通与交流不畅；各事业部之间人员互换困难，易滋长不顾整体利益的本位主义和分散主义倾向；机构重叠、人员增加、管理成本较高；对事业部一级的管理人员水平要求较高。

事业部制适应对象：适用于实行多元化经营的大型企业、跨国公司以及面临环境比较复杂多样、地理分布分散的大型企业。

（五）矩阵制

矩阵制组织结构由美国航天航空工业部门的一些大公司（洛克希德飞机公司、休斯公司等）于20世纪50年代创立。它是由按照职能部门化建立的结构和按照产品（或项目）部门化建立的结构重合而成的一个双重结构。其结构如图5－5所示。

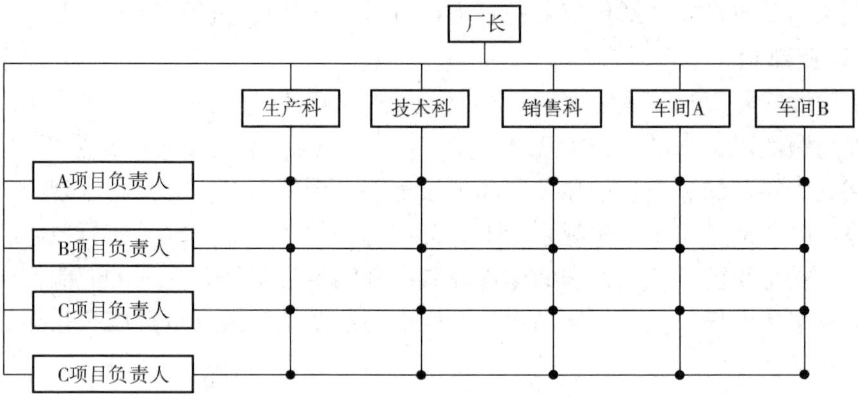

图5－5　矩阵制结构图

矩阵制的特点：组织中的每一个成员既隶属于纵向的职能部门，又同时隶属于一个或几个横向的产品单位或项目单位。职能部门是固定的组织，而项目小组一般是临时性组织，项目任务完成后，各成员仍回原属职能部门，直到再参加下一个项目小组。

矩阵制的优点：有利于加强各职能部门之间的协作和配合，有利于集中优势解决问题，资源共享，交流畅通；有利于开发新产品和新技术，激发成员的积极性。

矩阵制的缺点：组织结构稳定性较差，机构臃肿；双向领导，项目组成员都需接受项目组负责人和原部门的双重领导，容易产生责权不清、管理混乱的现象；项目组是临时性的组织，容易使人员产生短期行为。

矩阵制适应对象：重大工程与项目、单项重大事务的临时性组织。

上面介绍的是几种典型的组织结构形式，是对现实中存在的千姿百态的组织形态所作的抽象概括。现实中的组织一般很少一成不变地按上述典型形式构造组织结构，而是在一种典型结构形式的基础上，根据自身条件、战略和环境特点进行改造，形成自己“独特”的组织结构。另外，并没有哪种组织结构是最好的、普遍适用的，组织结构的形式也在不断地创新、发展着。

【管理探讨】某地方生产传统工艺品的企业，伴随着我国对外开放政策，逐渐发展壮大起来。销售额和出口额近十年来平均增长15%以上。员工也有原来的不足200人增加到了2000多人。企业还是采用过去的类似直线型的组织结构，企业一把手王厂长既管销售，又管生产，是一个多面全能型的管理者。最近企业发生了一些事情，让王厂长应接不暇。其一：生产基本是按订单生产，基本由厂长传达生产指令。碰到交货紧，往往是厂长带头，和员工一起挑灯夜战。虽然按时交货，但质量不过关，产品被退回，并被要求索赔。其二：以前企业招聘人员人数少，所以王厂长一人就可以决定了。现在每年要招收大中专学生近50人，还要牵涉人员的培训等，以前的做法就不行了。其三：过去总是王厂长临时抓人去做后勤等工作，现在这方面工作太多，临时抓人去做，已经做不了做不好了。凡此种种，以前有效的管理方法已经失去作用了。

请从组织工作的角度说明企业存在的问题以及建议措施。

（资料来源：http：//www. docin. com/p－735894142. html）

第四节 组织文化

管理情境

大连三洋制冷公司的企业文化建设

主管大连三洋制冷公司企业文化建设的王东经理曾告诉我们：企业管理对企业来讲是一个永恒的主题，在企业管理的过程中，如何做好企业的文化建设，是一个企业可持续发展的一个重要基本建设。对于企业文化建设而言，在企业的发展过程中，它不是自发产生的，大连三洋制冷有限公司在成立伊始时，作为企业的经营者和管理者的公司经理肖永勤，就把企业文化的建设作为企业发展中的一个重要基础建设。公司刚成立时，人员来自社会各个方面。有的公司员工是下岗后被招聘来的，有的是应届大中专毕业生，还有的是国有企业派来的技术和管理骨干。他们每个人都具有不同的行为规范，也有着不同的价值理念。那么在这种情况下，如何使我们公司的管理走上正轨呢？当时我们借鉴了国有企业中被实践证明了的一些有效的管理经验，也借鉴了国外一些先进的管理思想和管理方法，有效地结合起来，做好员工的思想工作，就是说做好企业文化建设。首先，公司针对方方面面不利的因素，开始注重制度文化建设，并设定了严格管理、降低成本、提高质量、创世界一流企业的方针和目标。通过我们的严格管理，规范了员工行为，使公司员工把公司制度变成自觉的规范，进而统一到我们共有的价值取向上来。在价值取向的建设当中，我们公司在成立时就设定了把贡献人类和地球，优化地球环境和照顾人民生活，以及公司的经济发展和我们国家的社会经济发展和企业的发展，要和社会环境共存，以及企业要和顾客利益共存，企业要和劳动者共存这样一些价值观念。通过我们的培训在教育和规范大家的行为基础上，把公司共有的价值观念，融入到我们的管理和工作中去，使我们员工的价值观念达到一致。如何让我们国有企业的思想政治工作方法在合资企业中得到实施呢？这就离不开我们的企业文化建设。企业文化建设，它既是我们的一个管理基础，又是我们企业管理的一个灵魂。我们员工在整个管理过程中立足于岗位自我管理，立足于岗位的自我改善，有效地实现了个人的价值。把个人的价值和个人的发展，有效地融入到公司的发展当中去。我们公司也把立足岗位自我改善这项活动和ZD小组无缺陷活动和促进这些活动的开展，都作为企业文化的一个重要组成部分加以实施和推广。把公司员工立足自我改善作为企业发展的一个重要动力，在我们生产现场，两万多平方米的生产面积，165名生产工人当中，没有一个质量检查员，完全依赖于我们一种质量体系的有效运行。员工的高质量意识和我们企业文化的运行，使得我们的员工在我们的生产过程中，成为质量管理的主体。他们是生产者，又是我们产品质量保证者和确认者。我们通过企业文化建设，也建立了使我们的质量管理体系得到有效运行。在整个生产过程中，员工通过企业文化建设得到了较好的培训，提高了员工的素质，这就实现了企业实施以人为本的企业文化的人本管理有效循环。通过我们企业的文化建设，进而能够带动起我们企业生产的高效率，产品的高质量，服务的高水平，企业的高效益，进而我们还要回归到员工的高收入上。这是对我们员工价值的一个充分体现。通过几年来的运行，特别是通过企业文化的建设，我们知道任何一个成功的企业，它都离不开企业的文化。三洋公司近几年的发展充分证明了这样一个道理。

结合上述管理情景，思考并回答下列问题：

1. 企业文化有哪些重要作用？
2. 企业应如何进行组织文化建设？

（资料来源：http：//www. docin. com/p－92523406. html）

要求：课前进行认真阅读和思考，课上针对问题进行探讨。

理论与实践

组织文化是藏在组织深层次中的管理之魂，它沉积在企业员工的心中，是根深蒂固、不易更改的，它是凝集员工的精神内核，是显现企业个性的经营哲学，组织文化确立了员工应该做什么、不该做什么。

一、组织文化的内涵

广义的组织文化是指企业在建设和发展中形成的物质文明和精神文明的总和，其包括组织管理中的硬件和软件，外显文化与隐形文化（表层文化和深层文化）两部分。

狭义的组织文化是指在长期的社会实践中，组织内部所形成的全体成员共同认可和遵守的文化形态的总和。它包括价值观、道德标准、行为规范、规章制度、精神风貌等，其核心是价值观。组织文化的具体含义包括以下几个方面：

（1）组织文化是组织成员在长期的、共同的社会实践中所形成的，与组织成员素质以及时代背景、传统文化有着密切的联系。

（2）组织文化是管理实践、管理理论与现代科学文化和技术相结合的产物。

（3）组织文化通过其特殊的管理机制影响和调节组织行为，充分发挥人的潜质，以实现组织目标。

二、组织文化的基本特征

1. 组织文化的意识性

大多数情况下，组织文化是一种抽象的意识范畴，它作为组织内部的一种资源，应属于组织的无形资产之列。它是组织内一种群体的意识现象，是一种意念性的行为取向和精神观念，但这种文化的意识性特征并不否认它总是可以被概括性地表述出来。

2. 组织文化的系统性

组织文化由共享价值观、团队精神、行为规范等一系列内容构成一个系统，各要素之间相互依存、相互联系。因此，组织文化具有系统性。同时，组织文化总是以一定的社会环境为基础的，是社会文化影响渗透的结果，并随社会文化的进步和发展而不断地调整。

3. 组织文化的凝聚性

组织文化可以向人们展示某种信仰与态度，它影响着组织成员的处世哲学和世界观，而且也影响着人们的思维方式。因此，在某一特定的组织内，人们总是为自己所信奉的哲学所驱使，它起到了“黏合剂”的作用。良好的组织文化同时意味着良好的组织气氛，它能够激发组织成员的士气，有助于增强群体凝聚力。

4. 组织文化的导向性

组织文化的深层含义是，它规定了人们行为的准则与价值取向。它对人们行为的产生有着最持久最深刻的影响力，因此，组织文化具有导向性。英雄人物往往是组织价值观的人格化和组织力量的集中表现，它可以昭示组织内提倡什么样的行为，反对什么样的行为，使自己的行为与组织目标的要求相互匹配。

5. 组织文化的可塑性

某一组织，其组织文化并不是生来具有的，而是通过组织生存和发展过程中逐渐总结、培育和积累而形成的。组织文化是可以通过人为的后天努力加以培育和塑造的，而对于已形成的组织文化也并非一成不变，是会随组织内外环境的变化而加以调整的。

6. 组织文化的长期性

长期性指组织文化的塑造和重塑的过程需要相当长的时间，而且是一个极其复杂的过程，组织的共享价值观、共同精神取向和群体意识的形成不可能在短期内完成，在这一创造过程中，涉及调节组织与其外界环境相适应的问题，也需要在组织内部的各个成员之间达成共识。

三、组织文化的功能

组织文化的功能是指组织文化发生作用的能力，也就是组织这一系统在组织文化导向下进行生产、经营、管理中的作用。但是任何事物都有两面性，组织文化也不例外，它对于组织的功能可以分为正功能和负功能。组织文化的正功能在于提高组织承诺，影响组织成员，有利于提高组织效能。同时，不能忽视的是潜在的负效应，它对于组织是有害无益的，这也可以看作组织文化的负功能。

（一）组织文化的正功能

组织文化作为一种自组织系统具有很多特定的功能。其主要功能有以下几点。

1. 组织文化的整合功能

组织文化通过培育组织成员的认同感和归属感，建立起成员与组织之间的相互信任和依存关系，使个人的行为、思想、感情、信念、习惯以及沟通方式与整个组织有机地整合在一起，形成相对稳固的文化氛围，凝聚成一种无形的合力，以此激发出组织成员的主观能动性，并为组织的共同目标而努力。

2. 组织文化的约束功能

组织文化的约束功能，是指组织文化对每个组织员工的思想、心理和行为具有约束和规范的作用。组织文化的约束不是制度式的硬约束，而是一种软约束，这种软约束等同于组织中弥漫的组织文化氛围、群体行为准则和道德规范。

3. 组织文化的凝聚功能

组织文化的凝聚功能，是指当一种价值观被该组织员工共同认可之后，它就会成为一种黏合剂，从各个方面把其成员团结起来，从而产生一种巨大的向心力和凝聚力。而这正是组织获得成功的主要原因，“人心齐，泰山移”，凝聚在一起的员工有共同的目标和愿景，才能推动组织不断前进和发展。

4. 组织文化的激励功能

组织文化的激励功能，是指组织文化具有使组织成员从内心产生一种高昂情绪和发奋进取精神的效应，它能够最大限度地激发员工的积极性和首创精神。组织文化强调以人为中心的管理方法。它对人的激励不是一种外在的推动而是一种内在引导，它不是被动消极地满足人们对实现自身价值的心理需求，而是通过组织文化的塑造，使每个组织员工从内心深处产生为组织拼搏的献身精神。

5. 组织文化的辐射功能

组织文化的辐射功能，是指组织文化一旦形成较为固定的模式，它不仅会在组织内发挥作用，对本组织员工产生影响，而且也会通过各种渠道对社会产生影响。组织文化向社会辐射的渠道是很多的，但主要可分为利用各种宣传手段和个人交往两大类。一方面，组织文化的传播对树立组织在公众中的形象有帮助；另一方面，组织文化对社会文化的发展有很大的影响。

6. 组织文化的调适功能

组织文化的调适功能，是指组织文化可以帮助新进成员尽快适应组织，使自己的价值观和组织相匹配。在组织变革的时候，组织文化也可以帮助组织成员尽快适应变革后的局面，减少因为变革带来的压力和不适应。

（二）组织文化的负功能

尽管组织文化存在上述种种正功能，但组织文化对组织也有潜在的负面作用。

1. 变革的障碍

如果组织的共同价值观与进一步提高组织效率的要求不相符合时，它就成了组织的束缚。这是在组织环境处于动态变化的情况下，最有可能出现的情况。当组织环境正在经历迅速的变革时，根深蒂固的组织文化可能就不合时宜了。因此，当组织面对稳定的环境时，行为的一致性对组织而言很有价值。但组织文化作为一种与制度相对的软约束，更加深入人心，极易形成思维定式，这样，组织有可能难以应付变幻莫测的环境。当问题积累到一定程度，这种障碍可能会变成组织的致命打击。

2. 多样化的障碍

由于种族、性别、道德观等差异的存在，新聘员工与组织中大多数成员不一样，这就产生了矛盾。管理人员希望新成员能够接受组织的核心价值观，否则，这些新成员就难以适应或被组织接受。但是组织决策需要成员思维和方案的多样化，一个强势文化的组织要求成员和组织的价值观一致，这就必然导致决策的单调性，抹杀了多样化带来的优势，在这个方面组织文化成为组织多样化、成员一致化的障碍。

3. 兼并和收购的障碍

过去，管理人员在进行兼并或收购决策时，所考虑的关键因素是融资优势或产品协同性。近几年，除了考虑产品线的协同性和融资方面的因素外，更多的则是考虑文化方面的兼容性。如果两个组织无法成功地整合，那么组织将出现大量的冲突、矛盾乃至对抗。所以，在决定兼并和收购时，很多经理人往往会分析双方文化的相容性，如果差异极大，为了降低风险则宁可放弃兼并和收购行动。

四、组织文化的结构与内容

（一）组织文化的结构

1. 潜层文化（精神层）

潜层文化是组织文化中的核心主体，是广大员工共同而潜在的意识形态，包括管理哲学、敬业精神、人本主义的价值观、道德观等。潜层次的精神层是组织文化的根本，决定着组织文化的其他两个层次。

2. 表层文化（制度层）

表层文化是指体现某个具体组织的文化特色的各种规章制度、道德规范和员工行为准则的总和，也包括组织体内的分工协作关系的组织结构。

3. 显现层文化（物质层）

显现层的组织文化载体又称物质层，是凝聚着组织文化抽象内容的物质体的外在显现。既包括组织整个物质和精神的活动过程，也包括组织实体的文化设备、设施等。

（二）组织文化的内容

1. 组织的价值观

组织的价值观是组织内部管理层和全体员工对该组织的生产、经营和服务等活动以及指导这些活动的一般看法或基本观点。当代日本学者村田昭治认为：顾客至上、职工幸福和为社会服务这三种价值观将成为企业经营的标志。

【专家视野】 企业发展的灵魂是企业文化，而企业文化最核心的内容应该是价值观。

——张瑞敏

2. 组织精神

组织精神是组织经过共同努力奋斗和长期培养所逐步形成的，认识和看待事物的共同心理趋势、价值取向和主导意识。它反映了组织的基本素养和精神风貌，成为凝聚组织成员共同奋斗的精神源泉。

【阅读资料】日本松下电器公司的七大精神：工业报国、光明正大、团结一致、奋发向上、礼节谦让、适应形势、感恩报国。

3. 伦理规范

从道德意义上考虑的，由社会向人们提供并应当遵守的行为准则，它通过社会舆论规范人们的行为。

4. 组织素养

其包括组织中各层级员工的基本思想素养、科技和文化教育水平、工作技能、精力，以及身体状况等。素养越高，组织中的管理哲学、敬业精神、人本主义的价值观念、道德修养等就越深厚。

5. 组织形象

组织形象是社会公众和组织成员对组织、组织行为和组织的各种活动成果的总体印象和认可度。

五、组织文化的影响因素

1. 工作群体

工作群体的特征会影响个体对组织文化本质的理解。工作群体是否是一个高承诺的团体在很大程度上会影响个体对组织文化的理解。另外，工作中的障碍及其解决方法、群体的士气和友谊状况也会影响工作群体对组织文化本质的理解。

2. 管理者的领导风格

管理者的领导风格会对团队文化产生相当大的影响，反之亦然。如果管理者对下属冷漠疏远，这种态度会对组织产生消极影响。

3. 组织特征

组织文化也受组织特征的影响，例如，组织的规模和复杂性等。大型组织往往倾向于高度的专业化和非个人化。复杂的组织往往雇佣更多的专业人员和专家，这会改变问题解决的一般方式。另外，大型和复杂组织还会制定出更多的制度、程序和规定来规范行为，并且组织的集权程度等因素也会对员工的自主性和自由程度造成影响。

4. 管理过程

组织文化也会受到管理过程的影响。报酬和绩效直接挂钩的企业容易形成追求成功的文化。开放和自由的沟通制度容易促成参与和创造性的文化。容忍冲突和处理风险的态度对团队工作有很大的影响，它们往往决定着企业革新和发明的数量。

六、组织文化的塑造途径

组织文化的塑造是个长期的过程，同时也是组织发展过程中的一项艰巨、细致的系统工程。从路径上讲，组织文化的塑造需要经过以下几个过程。

1. 选择合适的组织价值观标准

组织价值观是整个组织文化的核心和灵魂，选择正确的组织价值观是塑造组织文化的首要战略问题。选择组织价值观首先要立足于组织的具体特点，根据自己的目的、环境要求和组成方式等特点选择适合自身发展的组织文化模式。其次要把握住组织价值观与组织文化各要素之间的相互协调，因为各要素只有经过科学地组合与匹配才能实现系统整体优化。

在此基础上，选择正确的组织价值标准要注意以下四点：

（1）组织价值标准要正确、明晰、科学，具有鲜明特点。

（2）组织价值观和组织文化要体现组织的宗旨、管理战略和发展方向。

（3）要切实调查本组织员工的认可程度和接纳程度，使之与本组织员工的基本素质相和谐，过高或过低的标准都很难奏效。

（4）选择组织价值观要发挥员工的创造精神，认真听取员工的各种意见，并经过自上而下和自下而上的多次反复，审慎地筛选出既符合本组织特点又能反映员工心态的组织价值观和组织文化模式。

2. 强化员工的认同感

一旦选择和确立组织价值观和组织文化模式之后，就应把基本认可的方案通过一定的强化灌输方法使其深入人心，具体做法包括：

（1）充分利用一切宣传工具和手段，大张旗鼓地宣传组织文化的内容和要求，使之家喻户晓，人人皆知，以创造浓厚的环境氛围。

（2）培养和树立典型。典型榜样和英雄人物是组织精神和组织文化的人格化身与形象缩影，能够以其特有的感染力、影响力和号召力为组织成员提供可以仿效的具体榜样，而组织成员也正是从英雄人物和典型榜样的精神风貌、价值追求、工作态度和言行表现之中深刻理解到组织文化的实质和意义的。

（3）培训教育。有目的的培训与教育，能够使组织成员系统接受和强化认同组织所倡导的组织精神和组织文化。

3. 提炼定格

组织价值观的形成不是一蹴而就的，必须经过分析、归纳和提炼方能定格。

（1）精心分析。在经过群众性的初步认同实践之后，应当将反馈回来的意见加以剖析和评价，分析和比较实践结果与规划方案的差距，必要时可吸收有关专家和员工的合理意见。

（2）全面归纳。在系统分析的基础上，进行综合化的整理、归纳、总结和反思，去除那些落后或不适宜的内容与形式，保留积极进步的形式与内容。

（3）精练定格。把经过科学论证的和实践检验的组织精神、组织价值观、组织伦理与行为，予以条理化、完善化、格式化，再经过必要的理论加工和文字处理，用精练的语言表述出来。

4. 巩固落实

要巩固落实已提炼定格的组织文化，首先要建立必要的制度保障；其次，领导者在塑造组织文化的过程中起着决定性的作用，应起到率先垂范的作用。领导者必须更新观念并能带领组织成员为建设优秀组织文化而共同努力。

5. 在发展中不断丰富和完善

任何一种组织文化都是特定历史的产物，当组织的内外条件发生变化时，组织必须不失时机地丰富、完善和发展组织文化。这既是一个不断淘汰旧文化和不断生成新文化的过程，也是一个认识与实践不断深化的过程。组织文化由此经过不断的循环往复以达到更高的层次。

第五节 组织变革

管理情境

泛美饮料公司

在货币危机不断、政局动荡和自然灾害频繁的地区经营的泛美饮料公司，逐渐学会了如何在这种混沌和难以预见的环境中生存和发展下去。该公司是拉丁美洲最大的一家可口可乐装罐商和分销商，是可口可乐公司全球业务重要的一部分。其销售规模约占可口可乐公司软饮料全球销售量的6%。换句话说，可口可乐公司在全球范围的销售中，每出售一浓缩液罐的软饮料，其中就有一瓶是泛美饮料公司售出的。泛美饮料公司在拉丁美洲地区销售了大量的可乐。

弗朗西斯科·桑切斯—洛尔扎是泛美饮料公司的董事长兼首席执行官。他非常清楚他领导的公司对可口可乐公司和拉丁美洲经济发展的战略重要性。他公开说，他自己最重要的管理责任，就是使公司的员工能在多变的环境中专注于取得卓越的业绩。他认为适应性是其公司求得生存发展的核心能力，是其业务迅速扩张的秘诀所在，“我们的组织被设计为能迅速地调整轨迹。在每一层次上，我们都允许对方作出即刻的调整”。另一些他认定对公司成功有重要作用的组织特征还包括强调民主和分权的管理哲学、逻辑判断的专长、创新性的商务策略，以及出色的财务管理。桑切斯—洛尔扎总是鞭策公司的管理者要注重灵活性、良好的沟通及迅速的反应。各地管理者被授予充分的决策自主权，对当地市场的变化独自作出反应。他们有权推行自己的规划方案和创意。泛美饮料公司的管理者都赞赏和支持公司根据市场需要作出不断的调整。但是，正式的非管理职位的员工通常并不理解为什么需要这么频繁地调整变革。

站在桑切斯—洛尔扎的立场想一想，你应该如何教育你的员工，使他们认识到变革的意义和必要性？你该怎么做？

（资料来源：http：//www. docin. com/p－590125569. html）

要求：课前进行认真阅读和思考，课上针对问题进行探讨。

理论与实践

“金无足赤，人无完人”，组织结构也是这样不是一成不变的，为适应组织内外环境的变化，组织变革应是组织发展历程中必要的、经常性的活动。为了适应环境的变化，为了更有效地利用资源，最大限度地实现组织目标，组织必须不断地进行变革。

一、组织变革

组织变革是指组织根据客观环境的变化，及时对组织的管理理念、工作方式、组织结构、人员配备、组织文化等多方面进行调整、改进和革新的过程。组织变革的目的是实现组织可持续发展、增强组织活力、最终实现组织目标。组织变革伴随着组织发展的各个阶段，是组织发展过程中的一项经常性活动。

二、组织变革的动因

促使组织变革的动因可分为外部动因和内部动因两个方面。

1. 组织变革的外部动因

任何组织都是一个开放系统，它通过与其所在的环境不断地进行物质、能量、信息的交换而生存与发展。因此，企业外部环境的变化必然要求企业组织结构做出适应性的调整。

2. 组织变革的内部动因

组织变革的内部动因主要是指组织中人员思想和行为的变化、组织运行和成长中的变化。组织中内部条件的变化主要包括：技术条件的变化；人员条件的变化，如人员结构和人员素质的提高等；管理条件的变化，如实行计算机辅助管理，实行优化组合等。

三、组织变革的类型

依据不同的划分标准，组织变革可以有不同的类型。

（一）按照变革的程度与速度不同，可以分为渐进式变革和激进式变革

1. 渐进式变革

渐进式变革是通过局部的修补和调整来实现。渐进式变革依靠持续的、小幅度变革来达到变革目的，这样有利于维持组织的稳定性。这种变革方式的不利之处在于容易产生路径依赖，导致企业组织长期不能摆脱旧机制的束缚。

2. 激进式变革

激进式变革能够以较快的速度达到目的，因为这种变革模式对组织进行的调整是大幅度的、全面的，所以变革过程就会较快；与此同时，调整幅度大会导致组织的平稳性差，严重的时候会导致组织崩溃。这就是为什么许多企业的组织变革反而加速了企业灭亡的原因。激进式变革的一个典型实践是“全员下岗、竞争上岗”。

【阅读资料】汉景帝的莽撞

汉朝集团自刘邦创立，后被其妻吕氏夺取大权，任用自己娘家人搞得总公司鸡飞狗跳。最后被主管销售的高级副总裁、元老周勃拨乱反正，迎接刘氏后人刘恒重掌大权，史称汉文帝。

当刘家、吕家内讧的时候，各子公司的发展却蓬勃向上。当汉文帝坐上 CEO 的宝座后，基本上已经形成了“弱总部强地方”的格局，子公司的强大使它们对总公司的政令阳奉阴违。虽然有不少朝臣不断建议削藩，但汉文帝深知时候未到，多次驳回了此类条陈。

等到汉景帝继位，总部的势力已经开始有所恢复，但仍不具备削藩的实力。

这时，一个重要人物——晁错出现了。此人学贯儒法，知识渊博，时任 CEO 高级助理。他做了一番市场调查后，向汉景帝提交了一份调查报告《削藩策》，建议马上削藩。比起自己的父亲，汉景帝对大势的把握要差得多，他糊里糊涂地就同意了这个建议，并任用晁错作为这个项目的负责人。

上面要削藩，下面的子公司老总肯定不愿意。在子公司里，这些老总就是皇帝，说一不二。作为既得利益者，他们谁愿意把自己的权力白白交上去？所以，发生冲突和矛盾是必然的。

可这时候，作为削藩项目负责人的晁错就认一个死理：不削藩国家就会乱，这些人势力大了迟早都要反。最后说得犹疑不定的汉景帝也同意了。不过这君臣二人却没有想到万一如果这些人真的造反了，他们该怎么办？

由于估计不足，当子公司老总纷纷发难的时候，该项目负责人晁错就只有作为替罪羊，被汉景帝骗到刑场处死，将矛盾暂时缓解下来。

宋朝的苏东坡写了一篇《晁错论》，指出了这次削藩的失败原因。他认为，削藩这件事情是正确的，否则非常不利于整体的长治久安。但是，汉景帝的削藩却犯了三个错误：第一个错误，选错了削藩的时间；第二个错误，选错了削藩的人；第三个错误，选错了削藩的方法。他认为要想此事成功，必须“前知其当然，事至不惧，而徐为之图”。

（资料来源：http：//news. mbalib. com/story/41444）

（二）按照工作的对象不同，可以分为以组织为重点的变革、以人为重点的变革和以任务和职能为重点的变革

1. 以组织为中心的变革

通过改变组织结构形态、信息沟通渠道和方式、管理的规章制度、成员的工作环境等途径实现组织变革。在这种变革过程中，人员的态度和行为方式是随着以上几方面的改变而加以调整的，并且这种调整是渐进的。

2. 以人为中心的变革

组织中人的因素最为重要，组织如若不能改变人的观念和态度，组织变革就无从谈起。以人为中心的变革就是通过改变成员的态度、价值观念、需求层次和种类、行为方式等途径实现组织变革。

3. 以任务和职能为中心的变革

组织面对的周围大环境变了，组织的任务随之发生变化，其发挥的职能也要变化。这时的组织变革就是明确新任务、突出新任务，根据新任务调整职能、彻底转变职能和明确新职能。

四、组织变革的目标

组织变革应该有其基本的目标，总的来看，应包括以下三个方面。

1. 使组织更具环境适应性

环境因素具有不可控性，组织要想在动荡的环境中生存并得以发展，就必须顺势变革自己的任务目标、组织结构、决策程序、人员配备、管理制度等，只有如此，组织才能有效地把握各种机会，识别并应对各种威胁，使组织更具环境适应性。

2. 使管理者更具环境适应性

一个组织中，管理者是决策的制定者和组织资源的分配者。在组织变革中，管理者必须要能清醒地认识到自己是否具备足够的决策、组织和领导能力来应对未来的挑战。因此，管理者一方面需要调整过去的领导风格和决策程序，使组织更具灵活性和柔性；另一方面，管理者要能根据环境的变化要求重构层级之间、工作团队之间的各种关系，使组织变革的实施更具针对性和可操作性。

3. 使员工更具环境适应性

组织变革的最直接感受者就是组织的员工。组织如若不能使员工充分认识到变革的重要性，顺势改变员工对变革的观念、态度、行为方式等，就可能无法使组织变革措施得到员工的认同、支持和贯彻执行。要进一步认识到，改变员工的固有观念、态度和行为是一件非常困难的事，组织要使人员更具环境适应性，就必须不断地进行再教育和再培训，决策中要更多地重视员工的参与和授权，要能根据环境的变化改造和更新整个组织文化。

五、组织变革的征兆

一般来说，企业中的组织变革是一项“软任务”，即有时候组织结构不改变，企业仿佛也能运转下去，但如果要等到企业无法运转时再进行组织结构的变革就为时已晚了。因此，企业管理者必须抓住组织变革的征兆，及时进行组织变革。组织结构需要变革的征兆有：

（1）企业经营成绩的下降，如市场占有率下降，产品质量下降，消耗和浪费严重，企业资金周转不灵等。

（2）企业生产经营缺乏创新，如企业缺乏新的战略和适应性措施，缺乏新的产品和技术更新，没有新的管理办法或新的管理办法推行起来困难等。

（3）组织机构本身病症的显露，如决策迟缓，指挥不灵，信息交流不畅，机构臃肿，职责重叠，管理幅度过大，扯皮增多，人事纠纷增多，管理效率下降等。

当一个企业出现以上征兆时，应及时进行组织诊断，用以判定企业组织结构是否有加以变革的必要。

【课堂思考】把青蛙放在一锅冷水里，锅盖打开，慢慢加热。但水温从冷到热，直至开锅，青蛙却安坐锅中不动，没有跳出来。它没有危机意识，也没有排除危机的行动，最终变成——水煮蛙。

温水煮青蛙的故事说明了什么?

六、组织变革的具体内容

1. 对人员的变革

人既可能是推动变革的力量也可能是反对变革的力量。人员的变革是指员工在态度、技能、期望、认知和行为上的改变。变革的主要任务是组织成员之间在权力和利益等资源方面的重新分配。要想顺利实现这种分配，组织必须注重员工的参与，注重改善人际关系并提高实际沟通的质量。

2. 对结构的变革

现实中，固化式的结构设计往往不具有可操作性，需要随着环境条件的变化而改变，管理者应该根据实际情况灵活改变其中的某些要素组成。结构的变革包括权力关系、协调机制、集权程度、职务与工作再设计等其他结构参数的变化。管理者的任务就是要对如何选择组织设计模式、如何制订工作计划、如何授予权力以及授权程度等一系列行动做出决策。

3. 对技术与任务的变革

技术与任务的改变包括对作业流程与方法的重新设计、修正和组合，包括更换机器设备，采用新工艺、新技术和新方法，等等。

七、组织变革的过程

成功而有效的组织变革过程通常包括解冻—变革—再冻结三个有机联系的阶段。

1. 解冻阶段

这是改革前的心理准备阶段。一般来讲，成功的变革必须对组织的现状进行解冻，然后通过变革使组织进入一个新阶段，同时对新的变革予以再冻结。组织在解冻期间的中心任务是发现组织变革的动力，营造危机感，塑造出改革乃是大势所趋的气氛，并在采取措施克服变革阻力的同时具体描绘组织变革的蓝图，明确组织变革的目标和方向，以形成待实施的比较完善的组织变革方案。具体来说，就是要改变员工原有的观念和态度，通过积极的引导，激励员工更新观念、接受改革并参与其中。

2. 变革阶段

这是变革的实质性阶段，这一阶段的任务就是按照所拟订变革方案的要求开展具体的组织变革运动或行动，以使组织从现有结构模式向目标模式转变。本阶段组织要把激发起来的改革热情转化为改革的行为，关键是要能运用一些策略和技巧减少对变革的抵制，进一步调动员工参与变革的积极性，使变革成为全体员工的共同事业。

这一阶段，通常可以分为试验与推广两个步骤。组织变革方案在全面付诸实施之前一般要先进行一定范围的典型试验，以便总结经验，修正进一步的变革方案。在试验取得初步成效后再进入大规模的全面实施阶段。

3. 再冻结阶段

这是变革后的行为强化阶段，其目的是要能通过对变革驱动力和约束力的平衡，使新的组织状态保持相对的稳定。由于人们的传统习惯、价值观念、行为模式、心理特征等都是在长期的社会生活中逐渐形成的，并非一次变革所能彻底改变的，因此现实中经常出现。组织变革行动发生了之后，个人和组织都有一种退回到原有习惯了的行为方式中的倾向。为了避免出现这种情况，变革的管理者就必须采取措施保证新的行为方式和组织形态能够不断地得到强化和巩固。否则，稍遇挫折，便会反复，使改革的成果无法巩固。

八、组织变革的阻力及其管理

（一）组织变革的阻力

变革产生这种阻力的原因可能是传统的价值观念和组织惯性，也有一部分来自于对变革不确定后果的担忧，这集中表现为来自个人的阻力和来自团体的阻力两种。

1. 个人阻力

（1）利益影响。变革的结果会威胁某些人的利益，如变革对经济收入和自身地位的影响。

（2）心理影响。其固有的工作和行为习惯难以改变、就业安全需要、对未知状态的恐惧以及对创新的认知存有偏差等而引起。

2. 团体阻力

（1）组织结构变动的影响。组织结构变革可能会打破过去固有的管理层级和职能机构，并采取新的措施对责权利重新做出调整和安排，这就必然要触及某些团体的利益和权力。

（2）人际关系调整的影响。组织变革意味着组织固有的关系结构的改变，组织成员之间的关系也随之需要调整。

3. 外部组织环境的阻力

（1）缺乏竞争性的市场往往造成组织成员的安逸心态，束缚组织创新的进程。

（2）对经理人员经营企业业绩的考评重视不足或者考评方式不正确，会导致组织创新压力和驱动力的弱化。

（二）消除组织变革阻力的管理对策

组织变革过程是一个破旧立新的过程，自然会面临推动力与制约力相互交错混合的状态。组织变革管理者的任务，就是要采取措施改变这两种力量的对比，促进变革的更顺利进行。

1. 客观分析变革的推力和阻力的强弱

勒温曾提出运用力场分析的方法研究变革的阻力。其要点是：把组织中支持变革和反对变革的所有因素分为推力和阻力两种力量，前者发动并维持变革，后者反对和阻碍变革。当两力均衡时，组织维持原状，当推力大于阻力时，变革向前发展，反之变革受到阻碍。管理层应当分析推力和阻力的强弱，采取有效措施，增强支持因素，削弱反对因素，进而推动变革的深入进行。

2. 创新组织文化

冰山理论认为，假如把水面之上的冰山比作组织结构、规章制度、任务技术、生产发展等要素的话，那么，水面之下的冰体便是组织的价值观体系、组织成员的态度体系、组织行为体系等组成的组织文化。只有创新组织文化并渗透到每个成员的行为之中，才能使露出水面的改革行为变得更为坚定，也才能够使变革具有稳固的发展基础。

3. 创新策略方法和手段

为了避免组织变革中可能会造成的重大失误，使人们坚定变革成功的信心，必须采用比较周密可行的变革方案，并从小范围逐渐延伸扩大。特别是要注意调动管理层变革的积极性，尽可能削减团体对组织变革的抵触情绪，力争使变革的目标与团体的目标相一致，提高员工的参与程度。

总之，无论是个人还是组织都有可能对变革形成阻力，变革成功的关键在于尽可能消除阻碍变革的各种因素，缩小反对变革的力量，使变革的阻力尽可能降低，必要时还应该运用行政的力量保证组织变革的顺利进行。

本章小结

1. 组织职能或组织工作是指为了实现计划活动所确定的组织的共同目标，而对组织的活动进行合理的分工和协作，从而建立起合理的组织结构并使之运转的过程。组织的目的是使平凡的人做出不平凡的事。

2. 组织设计的任务是设计清晰的组织结构，规划和设计组织中各部门的职能和职权，确定组织中职能职权、参谋职权、直线职权的活动范围并编制职务说明书。

3. 组织的部门设计是组织管理活动的横向分工，是按照职能相似性、任务活动相似性或关系紧密性的原则把组织中的专业技能人员分类集合在一个部门内，然后配以专职的管理人员来协调领导，统一指挥。

4. 职权是指组织内部授予的指导下属活动及其行为的决定权，这些决定一旦下达，下属必须服从。职权跟职位紧密相关，跟个人特质无关。

5. 集权是指决策权在组织系统中较高层次的一定程度的集中；分权是指决策权在组织系统中较低层次的一定程度的分散。将集权和分权有效地结合起来是组织存在的基本条件，也是组织既保持目标统一性又具有柔性和灵活性的基本要求。

6. 组织结构的基本形式：直线制、职能制、直线参谋制、事业部制、矩阵制。

7. 广义的组织文化是指企业在建设和发展中形成的物质文明和精神文明的总和。狭义的组织文化是指在长期的社会实践中，组织内部所形成的全体成员共同认可和遵守的文化形态的总和。

8. 组织文化的结构：潜层文化（精神层）、表层文化（制度层）、显现层文化（物质层）。

9. 组织变革就是组织根据内外环境的变化，及时对组织中的要素进行结构性变革，以适应未来组织发展的要求。

10. 组织变革的基本目标：使组织更具环境适应性、使管理者更具环境适应性、使员工更具环境适应性。

课后自测

一、单项选择题（在下列各小题中，选择一个最合适的答案）

1. 在实践中，经常可以见到许多大公司将不同部门安排在一个没有分隔的大办公室里办公，尽管这种安排有可能造成工作相互干扰，从而影响效率。如果这种做法有利于组织发展，你认为以下哪一种解释最为合理？（　）

A. 增加人们相互沟通的机会，有利于营造一种团队氛围

B. 可以消除在小办公室办公时各部门之间的相互背后议论，从而减少部门隔阂

C. 这样无遮无拦，使得管理者可以非常方便地监控下属

D. 大办公室中员工相互之间做什么都一清二楚，有助于增强自我约束力

2. 俗话说："一山难容二虎"、"一条船不能有两个船长"。从管理的角度看，对这些话的如下解释，你认为哪一种最恰当？（　）

A. 领导班子中有多个固执己见的人物最终会降低管理效率

B. 对于需要高度集权管理的组织不能允许有多个直线领导核心

C. 组织中的能人太多必然会造成内耗增加从而导致效率下降

D. 组织中不能允许存在两种以上的观点，否则易造成管理混乱

3. 对于规模小、任务较为单一且人员较少的组织，一般适宜于采用（　）。

A. 职能制的组织结构　　B. 直线制的组织结构

C. 事业部制的组织结构　　D. 矩阵式的组织结构

4. 某组织设有一管理岗位，连续选任了几位干部，结果都由于难以胜任岗位要求而被中途免职。从管理的角度来看，出现这一情况的根本原因最可能是（　）。

A. 组织设计上没有考虑命令统一的原则

B. 管理部门在外部选聘干部还是内部提拔人员的决策上犹豫不定

C. 组织设计中忽略了对任职干部特点与能力要求的考虑

D. 组织设计没有考虑到权责对等原则

5. 管理者推动组织变革的目的是（　）。

A. 改变落后现状　　B. 提高环境适应性

C. 提高组织成效　　D. 更好地服务顾客

6. 组织文化中，最直观也是最易感知的部分是（　）。

A. 制度层　　B. 物质层

C. 精神层　　D. 价值观念

二、多项选择题（下列各题中正确的答案不少于两个，请准确选出全部正确的答案）

1. 组织设计的目的包括（　）。

A. 通过创构柔性灵活的组织，动态地反映外在环境变化的要求

B. 在组织演化成长过程中，有效积聚新的组织资源要素

C. 协调好组织中部门与部门之间，人员与任务之间的关系

D. 使员工明确自己在组织中的权力和责任

2. 过分集权可能造成的弊端是（　）。

A. 影响组织总体政策的统一性　　B. 影响决策执行的速度

C. 降低决策的质量　　D. 降低组织的适应能力

3. 直线型组织结构的优点有（　）。

A. 结构比较简单　　B. 责任和职权明确

C. 作决定较容易和迅速　　D. 减轻了上层主管人员负担

E. 分工较细

4. 组织文化的内容包括（　）。

A. 组织的价值观　　B. 伦理规范

C. 组织精神　　D. 组织素养

5. 组织变革的原因是（　）。

A. 外部环境的变化要求　　B. 内部条件变化的要求

C. 组织自身成长的要求　　D. 企业竞争的要求

6. 组织变革的目标包括（　）

A. 使管理者更具环境适应性　　B. 使外部环境更适应组织的发展

C. 使组织更具环境适应性　　　　　　　　D. 使员工更具环境适应性

三、简答题

1. 影响组织设计的因素有哪些？

2. 组织结构的基本形式有哪些？企业如何选择？

3. 试述事业部制的优缺点及其适用条件。

4. 组织文化有几种类型？各自有什么特点？组织文化的塑造途径有哪些？

5. 举例说明组织为什么需要变革？组织变革的动因和程序有哪些？

6. 组织在变革时会遇到哪些问题？如何解决？

四、思考题

1. 传统的以效率为中心的组织设计与现代的学习型组织设计有哪些主要区别？

2. 什么时候应优先选用职能型结构而不是事业部型结构？

3. 以班级为例，班组织是什么样组织方式？班长能够像企业老板那样发号施令吗？

4. 有人说："组织的变革是公司发展的必然结果"，你认为这种说法正确吗？

5. "企业文化是企业生存与发展的灵魂"，谈谈你对此的看法。

6. 当何种事件发生时说明组织需要变革了？你主张渐进变革还是激进变革？为什么？

案例分析

鸿运公司的组织结构

从开了一整天的公司高层例会上回来，鸿运实业有限公司的总经理赵弘就一直陷入一种难以名状的焦虑中。赵总试图整理一下思绪，独自坐到沙发上静思起来……

鸿运公司 6 年来从艰难创业到成功的经历可以说历历在目。公司由初创时的几个人，发展到今天的 1300 余人，资产也由当初的 1500 万元，发展到今天的 5.8 亿元，经营业务从单一的房地产开发拓展到以房地产为主，集娱乐、餐饮、咨询、汽车维修、百货零售等业务于一体的多元化实业公司。鸿运公司已经成为在全市乃至全省较有实力和知名度较高的企业。公司是由中美合资建立的企业，主营高档房地产，在本地市场先入为主，很快打开局面。随后，其他业务就像变魔术似的，一个变两个、两个变八个地拓展起来。近年来公司上下士气高涨，从高层到中层都在筹划着业务的进一步发展问题。房产建筑部要求开展铝业装修，娱乐部想要租车间搞服装设计，物业管理部门甚至提出经营园林花卉的设想。有人提出公司应介入制造业，成立自己的机电制造中心。作为公司创业以来一直担任总经理的赵弘，在成功的喜悦与憧憬中，更多了一层隐忧。在今天的高层例会上，他在首先发言中也是这么讲的："鸿运公司成立已 6 年了，在过去的几年里，公司可以说经过了努力奋斗与拼搏，取得了很大的发展。公司现在面临着许多新的问题，管理信息沟通不及时，各部门的协调不力，我们应该怎样进行组织设计来改变这种情况。"在会上各位高层领导都谈了各自的想法。

主管公司经营与发展的刘副总，前年加盟公司，管理科班出身，对管理业务颇有见地。在会上，他谈道："公司过去的成绩只能说明过去，面对新的局面必须有新的思路。公司成长到今天，人员在不断膨胀，组织层级过多，部门数量增加。这就在组织管理上出现了阻隔。例如，总公司下设5个分公司：综合娱乐中心，下设嬉水、餐饮、健身、保龄球、滑冰等项目，房地产开发公司，装修公司，汽车维修公司，物业公司，各部门都各自成体系。公司管理层级过多，总公司有3级，各分公司又各有3级以上管理层，最为突出的是娱乐中心的高、中、低管理层竟多达7级，且专业管理部门存在着重复设置。总公司有人力资源开发部，而下属公司也相应设置人力资源开发部，职能重叠，管理混乱。管理效率和人员效率低下，这从根本上导致了管理成本的加大，组织效率下降，这是任何一个大公司发展的大忌。从组织管理理论角度看，一个企业发展到1000人左右，就应以管理机制代替人治，企业由自然生成转向制度生成，我公司可以说正是处于这一管理制度变革的关口。过去创业的几个人、十几人，到上百人，靠的是个人的号召力；但发展到今天，更为重要的是依靠健全的组织结构和科学的管理制度。因此，未来公司发展的关键在于进行组织变革。我认为今天鸿运公司的管理已具有复杂性和业务多元化的特点，现有的直线职能制组织形式也已不适应公司的发展了。事业部制应是鸿运公司未来组织设计的必然选择。事业部组织形式适合于我们鸿运公司这种业务种类多、市场分布广、跨行业的经营管理特点。整个公司按事业部制运营，有利于把专业化和集约化结合起来。当然，搞事业部制不能只注意分权，而削弱公司的高层管理。另外搞组织形式变革可以是突变式，一步到位；也可以是分阶段的发展式，以免给成员造成过大的心理震荡。”

公司创立三元老之一，始终主管财务的大管家陈副总经理，考虑良久，非常有把握地说道：“公司之所以有今天，靠的就是最早创业的几个人，不怕苦、不怕累、不怕丢了饭碗，有的是一股闯劲、拼劲。一句话，公司的这种敬业、拼搏精神是公司的立足之本。目前我们公司的发展出现了一点问题，遇到了一些困难，这应该是正常的，也是难免的。如何走出困境，关键是要加强内部管理，特别是财务管理。现在公司的财务管理比较混乱，各个分部独立核算后，都有自己的账户，总公司可控制的资金越来越少。由于资金分散管理，容易出问题，若真出了大问题怕谁也负不了责。现在我们上新项目，或维持正常经营的经费都很紧张，如若想再进一步发展，首先应做到的就是要在财务管理上集权，该收的权力总公司一定要收上来，这样才有利于公司通盘考虑，共同发展。”

高层会议的消息在公司的管理人员中间引起了震动，有些人甚至在考虑自己的去留问题。

讨论：

1. 根据案例内容，该公司目前面临的主要问题是发展问题、财务问题，还是组织问题？

2. 事业部组织形式是否适合于鸿运公司？为什么？

3. 根据组织变革理论，鸿运公司的组织机构是否应该改革？怎样改？

4. 如果公司决定实行变革，在公司内部会有来自哪些方面的阻力和障碍？应怎样去克服它们？

5. 公司选择目前的时机进行组织变革是否成熟？

（资料来源：http：//www. docin. com/p－1376377758. html）

项目训练

实训项目一　组织结构分析

一、实训目的

通过模拟加强对组织相关理论的进一步理解，明确组织结构，掌握组织结构的分析方法。

二、实训内容

假设要开设一个餐厅，只有一个小餐厅，一个老板，两个伙计，应该采取哪种组织结构？

随着餐厅生意做得有特色，顾客越来越多，规模扩大了，应该采取哪种组织结构？

餐厅生意做得很成功，开了全国的连锁店，应该如何设计组织结构？

三、实训要求

1. 把班级学生分成若干组，进行小组讨论。

2. 讨论结束后，进行班级讨论，老师进行点评和总结。

实训项目二　公司的组织结构

一、实训目标

1. 增强对企业组织结构的感性认识。

2. 培养对企业组织结构分析的初步能力。

二、实训内容和要求

1. 到当地一家企业，对该企业的组织结构情况进行调查，并运用所学知识进行分析诊断。

2. 需搜集相关信息：

（1）企业的组织结构系统图；

（2）各主要职位、部门的职责权限及职权关系；

（3）企业主要的制度规范；

（4）由于组织结构、职权关系及制度等问题引起的矛盾。

3. 在班级进行大组交流与研讨。

4. 分析该企业组织结构的部门、层次、组织形式、企业的部分制度。提出自己的分析意见与建议。

三、实训检测

撰写所调研企业组织情况的简要分析诊断报告，并进行研讨。

第六章 人员配备

本章导读

庸才还是出类拔萃？

在一次工商界的聚合上，几个老板大谈自己的经营心得，其中一个说：“我有三个不成才的员工，我准备找机会将他们炒掉。”另一个老板问：“他们为什么不成才？”这位老板回答说：“一个整天嫌这嫌那，专门吹毛求疵；一个杞人忧天，老是害怕工厂有事；另一个整天在外面闲荡鬼混”。第二个老板听后想了想说：“既然这样，你就把这三个人让给我吧。”三个人第二天到新公司报到，新老板给他们分配工作：喜欢吹毛求疵的人，负责质量管理；害怕出事的，负责安全保卫；整天在外面闲逛的，负责产品宣传和推销。三个人高高兴兴走马上任。过了一段时间，两个老板又碰到了一块，第一个老板问第二个老板，那三个人是不是也让他头痛了。他回答：“哪里，他们都是很出类拔萃的，由于他们的到来，工厂的盈利直线上升。”

人员安排的好坏，对企业的经营影响很大，同样的人，因材适用，根据各自不同特点，安排职务，短处就会成为长处。

（资料来源：管理故事汇）

第一节 人员配备概述

管理情境

IT部门如何进行人员配备

张经理所在的公司是一家能源企业，由超大型国营企业控股，主要从事能源物料的运输传送，属于资产密集型行业，拥有6个地区分公司，分布在不同大区。由于整个控股母公司已经在海外上市，因此，管理较为规范，严格控制人员数量，服务尽量外委，信息化工作开展也比较深入。为满足内部总体控制的需求，公司统一访问互联网的出口，任何分公司都不设信息岗位，所有基础设施和应用系统的部署力求统一管理。

3年前，张经理被任命为信息管理部的经理，只有3个人为其工作。这之前，该企业已经建立了较为完善的网络与信息基础设施和一些大型的业务管理信息系统，而且以国际国内同行中的佼佼者作为标杆。企业的一把手和分管副总都对信息管理部这样一个职能部门寄予厚望，希望建立起符合SOX法案和ISO9001质量体系的信息管理制度与规范；针对行业和企业特点建立起一流的信息服务体系，及时反映生产和管理中的变化，通过信息手段带动业务流程创新、管理创新。然而，员工数量短缺是公司一个共性问题，各部门均不可能再增加新员工，但可以考虑采用其他方式解决人力上的欠缺。

可是张经理上任后，面对自己的重任一直比较困惑。管理近1000人规模的信息工作，3个人只能忙于建章立制和日常事务，热线支持、故障处理和内部控制基本无暇顾及，更谈不上大型的系统升级和项目建设了。因此，对一些关键的管理信息系统的优化和完善，例如流程的简化和报表内容的调整等，很多时候无法及时响应。而且，伴随越来越多的系统上线，这些人员也很难全面掌握相关的技术。部分由控股集团统一实施的信息化项目，需要张经理强制推广执行并承担起局部改进、人员培训和技术支持的职能，可是有时候连参加项目集中培训的人员都派不出，工作质量也就只能是奢谈了。

为此，2年前公司同意聘用一些非固定期限的员工并外委部分服务。可是，一波未平，一波又起。作为一个国营企业，能够提供给外聘员工的工资相对低一些，很多福利制度也存在差异，无法做到同工同酬。这样留不住新员工的心，短时间还可以，时间一长，人员流动太大，工作没有延续性；而且，由于行业较专，如果新聘员工涉足时间较短，一时很难吃透主营业务，承担管理信息系统的服务、支持工作基本不可能。而这一部分内容往往在整个信息工作中占据非常重要的位置，且工作量巨大。

另一方面，由于无论是国家还是行业内部当前对信息服务缺乏统一的计价考量标准，外委单位也常常因为其提供的服务得不到甲方的认可而逐渐失去兴趣。有时候，张经理所在的信息管理部能够承认外委单位的工作量，甚至一些长期合作的业务部门也认可，但是一到商务谈判却屡屡受挫，无论是工作量还是总价都会被砍掉很大一块。由于利润额度受限，外委单位自然很难提供货真价实的服务人员和及时到位的服务。

面对新劳动法的生效，张经理备感压力：想增加员工编制吧，希望几乎为零；如果解聘所有短期合同员工，很多工作将无人开展；若不解聘短期合同员工，那就势必要做到同工同酬，这无疑会增加公司总的人力资源成本，难度也很大；将信息化工作全部都外委出去呢，又怎样能够寻找技术全面、服务优质且价格低廉的队伍？再说了，出于内部控制中分权控制和能源行业数据信息保密的要求，将关键的业务信息系统外委需要足够的安全保障，除了协议、制度、技术和诚信之外，恐怕不能脱离一定数量人员的监管。

实际上，面对公司上下对信息工作日益增长的巨大需求，张经理既需要足够的人员，也需要有几个骨干能够独当一面，可实际情况着实很让人困惑。

结合上述管理情景，思考并回答下列问题：

信息部门应该如何进行人员配备？

（资料来源：http：//www. docin. com/p－1203313161. html）

要求：课前进行认真阅读和思考，课上针对问题进行探讨。

理论与实践

人员配备是指组织通过对工作要求和人员素质分析，为每一个岗位配备合适的人员，以完成实现组织目标所需开展各项工作的过程。人员配备在企业组织管理中是一个非常重要的环节，也是现代企业进行公司人才梯度建设的基础环节。

一、人员配备的任务

1. 物色合适的人选

组织各部门是在任务分工基础上设置的，因而不同的部门有不同的任务和不同的工作性质，必然要求具有不同的知识结构和水平、不同的能力结构和水平的人与之相匹配。人员配备的首要任务就是根据岗位工作需要，经过严格的考查和科学的论证，找出或培训为己所需的各类人员。

2. 促进组织结构功能的有效发挥

要使职务安排和设计的目标得以实现，让组织结构真正成为凝聚各方面力量，保证组织管理系统的正常运行，必须把具备不同素质、能力和特长的人员分别安排在适当的岗位上。只有使人员配备尽量适应各类职务的性质要求，从而使各职务应承担的职责得到充分履行，组织设计的要求才能实现，组织结构的功能才能发挥出来。

3. 充分开发组织的人力资源

现代市场经济条件下，组织之间竞争的成败取决于对人力资源的开发程度。在管理过程中，通过适当选拔、配备和使用、培训人员，可以充分挖掘每个成员的内在潜力，实现人员与工作任务的协调匹配，做到人尽其才，才尽其用，从而使人力资源得到高度开发。

【管理真言】《帝范》：君人御下，统极理时，独运方寸之心，以括九区之内，不资众力何以成功？必须明职审贤，择材分禄。得其人则风行化洽，失其用则亏教伤人。故云则哲惟难，良可慎也！

二、人员配备的原则

1. 因事择人原则

因事择人就是员工的选聘应以职位的空缺和实际工作的需要为出发点，以职位对人员的实际要求为标准，选拔、录用各类人员。

2. 因才适用原则

因才适用是指根据人的能力和素质的不同，去安排不同要求的工作。从组织中人的角度来考虑，只有根据人的特点来安排工作，才能使人的潜能得到最充分的发挥，使人的工作热情得到最大限度的激发。如果学非所用、大才小用或小才大用，不仅会严重影响组织效率，也会造成人力资源计划的失效。

3. 群体相容的原则

在人员配备中，不仅强调人员与工作的相互匹配，而且注重群体成员之间的结构合理和心理相容。群体的相容度对群体的士气、人际关系、群体行为的一致性和工作效率都有直接影响，彼此间高度相容，会使成员行为协调有序，有助于充分发挥全体成员的积极性。

4. 公开竞争原则

组织越想提高管理水平，就越要在人员配备过程中坚持公开竞聘的原则，空缺的职位应该对任何人都是开放的，无论对组织内部还是外部的人都应该一视同仁、机会均等，这样才能使人才脱颖而出，才能吸引真正的人才。

5. 动态平衡原则

处在动态环境中的组织，是不断变革和发展的。组织对其成员的要求也是在不断变动的，当然，工作中人的能力和知识也是在不断提高和丰富的。因此，人与事的配合需要进行不断的协调平衡。所谓动态平衡，就是要使那些能力发展充分的人，去从事组织中更为重要的工作，同时也要使能力平平、不符合职位需要的人得到识别及合理的调整，最终实现人与职位、工作的动态平衡。

三、人员配备的程序

（1）制订用人计划，使用人计划的数量、层次和结构符合组织的目标任务和组织机构设置的要求。

（2）确定人员的来源，即确定是从外部招聘还是从内部重新调配人员。

（3）对应聘人员根据岗位标准要求进行考查，确定备选人员。

（4）确定人选，必要时进行上岗前培训，以确保能适用于组织需要。

（5）将所定人选配置到合适的岗位上。

（6）对员工的业绩进行考评，并据此决定员工的续聘、调动、升迁、降职或辞退。

四、人员配备的方法

1. 以员工为标准进行配备

按员工岗位测试的每项得分，选择最高分任用，缺点是可能同时多人在该岗位上得分较高，结果仅择一人，另外忽略性格等因素，可能使优秀人才被拒门外。

2. 以岗位为标准进行配备

从岗位需求出发，为每个岗位选择最合适的人。此方法组织效率高，但只有在岗位空缺的前提下才可行。

3. 以双向选择为标准进行配备

就是在岗位和应聘者之间进行必要的调整，以满足各个岗位人员配置的要求。此方法，综合平衡了岗位和员工两个方面的因素，现实可行，能从总体上满足岗位人员配置的要求，效率高。但对岗位而言，可能出现得分最高的员工不能被安排在本岗位上；对员工而言，可能出现不能被安排到其得分最高的岗位上的情况。

第二节 人员选拔与培训

管理情境

NLC 化学公司招聘之错

NLC 化学有限公司是一家跨国企业，随着生产业务的扩大，为了对生产部门的人力资源进行更为有效的管理开发，2000 年初始，分公司总经理把生产部门的经理于欣和人力资源部门经理王建华叫到办公室，商量在生产部门设立一个处理人事的助理职位，工作主要是生产部与人力资源部的协调工作。最后，总经理说希望通过外部招聘的方式寻找人才。

在走出总经理的办公室后，人力资源部经理王建华开始一系列工作，在招聘渠道的选择上，人力资源部经理王建华设计了两个方案：一个方案是在本行业专业媒体中做专业人员招聘，费用为3500 元。此方案的优势是对口的人才比例会高些，招聘成本低，劣势是企业宣传力度小。另一个方案为在大众媒体上做招聘，费用为 8500 元。此方案的优势是企业影响力度很大，劣势是非专业人才的比例很高，前期筛选工作量大，招聘成本高。初步选用第一种方案。总经理看过招聘计划后，认为公司在大陆地区处于初期发展阶段不应放过任何一个宣传企业的机会，于是选择了第二种方案。

其招聘广告刊登的内容如下：

您的就业机会在 NLC 化学有限公司下属的耐顿公司

职位：对于希望发展迅速的新行业的生产部人力资源主管，主管生产部和人力资源部两部门协调性工作

抓住机会！充满信心！

请把简历寄到：耐顿公司人力资源部

在一周内的时间里，人力资源部收到了 800 多封简历。王建华和人力资源部的人员在800 份简历中筛出 70 封有效简历，经筛选后，留下 5 人。于是他来到生产部门经理于欣的办公室，将此 5 人的简历交给了于欣，并让于欣直接约见面试。生产部门经理于欣经过筛选后认为可从两人中做选择——李楚和王智勇。

李楚，男，企业管理学士学位，32 岁，有 8 年一般人事管理及生产经验，在此之前的两份工作均有良好的表现，可录用。

王智勇，男，企业管理学士学位，32 岁，7 年人事管理和生产经验，以前曾在两个单位工作过，第一位主管评价很好，没有第二位主管的评价资料，可录用。

从以上的资料可以看出，李楚和王智勇的基本资料相当。公司通知两人，一周后等待通知，在此期间，李楚在静待佳音；而王智勇打过几次电话给人力资源部经理王建华，第一次表示感谢，第二次表示非常想得到这份工作。

生产部门经理于欣在反复考虑后，来到人力资源部经理室，与王建华商谈。

王建华说："两位候选人看来似乎都不错，你认为哪一位更合适呢？"

于欣说："两位候选人的资格审查都合格了，唯一存在的问题是王智勇的第二家公司

主管给的资料太少，但是虽然如此，我也看不出他有何不好的背景，你的意见呢?"

王建华说："很好，于经理，显然你我对王智勇的面谈表现都有很好的印象，人嘛，有点圆滑，但我想我会很容易与他共事，相信在以后的工作中不会出现大的问题。"

于欣说："既然他将与你共事，当然由你做出最后的决定。"

于是，最后决定录用王智勇。

王智勇来到公司工作了六个月，在工作期间，经观察：发现王智勇的工作不如期望的好，指定的工作他经常不能按时完成，有时甚至表现出不胜任其工作的行为，所以引起了管理层的抱怨，显然他对此职位不适合，必须加以处理。然而，王智勇也很委屈：在来公司工作了一段时间，招聘所描述的公司环境和各方面情况与实际情况并不一样。原来谈好的薪酬待遇在进入公司后又有所减少。工作的性质和面试时所描述的也有所不同，也没有正规的工作说明书作为岗位工作的基础依据。

结合上述管理情境，思考并回答下列问题：

1. 该企业在招聘环节有什么问题?

2. 该企业录用王智用勇失败的主要原因是什么?

3. 企业该如何进行科学的招聘?请给出科学的解决方案。

（资料来源：朱长丰．人力资源管理［M］．北京：中国人民大学出版社，2014.）

要求：课前进行认真阅读和思考，课上针对问题进行探讨。

理论与实践

合理的人员配备是企业不断得以成功发展的一个重要的决定性因素，更是企业赖以生存和发展的根本，因此人员的选拔在整个企业管理中成为至关重要的步骤之一。人才选拔是其他各项活动得以开展的前提和基础，直接影响到企业的发展战略，决定企业的成败兴衰。

一、人员选拔

人员选拔是指企业为了发展的需要，根据人力资源规划和职务分析的要求，寻找吸引那些既有能力又有兴趣到本企业任职的人员，并从中挑选出适宜人员予以录用的过程，以确保企业的各项活动正常进行。人员选拔大致可分为招聘、甄选、任用环节。

（一）招聘

1. 招聘原则

（1）规划性原则。招聘工作要以人力资源规划和工作分析为依据。人力资源规划是组织依据现在和将来发展的战略、远景、目标以及对内外部环境分析等工作的基础上，对人力资源数量、结构以及质量等方面做出的预测，它决定了组织对部门、岗位的要求；工作分析规定了岗位的具体职责和任职资格，为招聘工作提供了主要参考依据。

（2）人职匹配原则。招聘工作，不一定要招聘到最优秀的，但一定是最合适的。"人尽其职、职得其人"，这样才能让人力资源和职位有效地匹配，持久、高效地发挥人力资源的作用。

（3）协调互补原则。有效的招聘，除达到"人尽其职、职得其人"的目的外，还应注意群体心理的协调。一方面考察群体成员的理想、信念、价值观是否一致；另一方面要注意群体成员之间的专业、素质、年龄、个性等方面是否能够优势互补，相辅相成。群体成员之间心理相容、情感融洽、行为协调，有助于企业文化的塑造、企业目标的实现。否则，可能造成群体成员间情感隔阂、人际关系紧张、矛盾冲突不断、工作相互扯皮等。

（4）效率优先原则。效率优先原则是指根据不同的招聘要求灵活运用适当的招聘形式，用尽可能低的招聘成本录用到高质量的员工。同时，可招可不招时尽量不招，可少招可多招的时候尽量少招，一个岗位宁可暂时空缺，也不要让不合适的人占据，招聘来的人员一定要充分发挥其作用，使其产生高效率。

（5）公平公正原则。招聘工作必须遵循国家的相关法律法规和政策，坚持平等就业，相互选择、公平竞争。不得人为地制造各种不平等的限制或条件（如种族歧视、地区歧视、性别歧视、年龄歧视、信仰歧视等），对弱势群体、少数民族和残疾人等应该予以保护和关心。严格控制未成年人就业，保护妇女儿童合法权益；不得人为地制造各种不平等的优先优惠政策。

2. 招聘渠道

在招聘需求获得批准后，需要选择合适的招聘渠道和方法来获取候选人，招聘渠道分为内部招聘和外部招聘两种，不同的招聘渠道可以满足组织对人才的不同需要。

（1）内部招聘。内部招聘的方法主要有以下几种：

①继任计划和内部晋升。企业应建立相对完善的后备人才库，对重要职位还需要建立人才继任计划，在这些职位发生空缺时及时补充合适的人员。在人员招聘工作中，组织内部招聘应先于组织外部招聘，尤其是对高级职位或重要职位的人员招聘工作更应如此。

②工作轮换。工作轮换主要是组织内人员的横向流动，一般是指在职务级别不变的情况下在组织内部轮换工作岗位。该做法有诸多好处，在内部招聘中也是常常采用的方式。

③内部推荐。内部推荐是指当员工了解到组织出现职位空缺时，向组织推荐其熟悉的人员（可能是公司内部的员工，也可能是公司外部的人才），并进行招聘选拔的一种方法。

④内部竞聘。在出现岗位空缺时，组织通过内部网站、公示栏、内部报刊等多种渠道发布招聘信息，并组织员工报名和进行面试选拔工作。

内部招聘的优缺点：

优点：可以提高员工的工作积极性和进取心；内部候选人对组织目标的认同感强，不易流失；定位过程短，需要的培训少。

缺点：近亲繁殖，不利于创新；竞争力不强或有时会造成恶性竞争。

（2）外部招聘。外部招聘的方法主要有以下几种：

①网络招聘。在网络技术高度发达的今天，在网上进行招聘是一种成本低、时间短、信息量大的有效招聘手段。企业可以在自己公司的网页上长期设置招聘栏目吸引求职者浏览自己企业的网站，不仅为企业招聘服务，而且增加了企业的产品广告效应和企业的知名度。同时，企业还可以借助市场上专门做招聘的网站（比如前程无忧、智联招聘网、中华英才网等）来开展网上招聘工作。网络招聘的信息一定要及时更新，避免给应聘者产生不良的印象。

②广告招聘。广告招聘是通过在报纸、杂志、电视等传统媒体上刊登广告吸引求职者，从中挑选人员。从内容上看，要用简洁的语言说明企业的优势和特点，招聘的原因和

所需职位的名称、数量及对应聘者的要求，工作地点和工作内容等较优厚的条件，吸引大量的应聘者。从形式上看，应根据招聘职位的多少决定版面的大小和位置。既要醒目，又要节省空间；既要符合广告设计的要求，又要有独特的创意。对创意好的招聘广告，要收集起来，以做参考。

③招聘洽谈会。招聘洽谈会包括劳动力市场、人才市场的定期招聘及专业性的招聘会。从地域范围来看，有全国的大型招聘会，跨地区的及全省的招聘会，还有按专业划分的招聘会。

④劳务中介机构。指各种职业介绍所（包括政府办的公共职业介绍机构，私人或民间的职业介绍所）、人才交流中心、行业协会组织等。

⑤猎头公司。对于高级技术和管理人才的招聘，猎头公司提供的服务比较有效。因为这些高级技术和管理人才往往都有比较好的职业，所以求职动机不强，猎头公司可以应用他们的挖人技术给企业找到优秀的人才。它们保守企业的秘密，一直到职位候选人的搜寻过程到最后阶段为止。

在与猎头公司合作时应注意的问题有：选择一家信誉好的猎头公司，并与这一公司中直接负责本企业业务的人员见面；明确收费情况如何；向这一公司提供服务的顾客了解一些情况。

⑥校园招聘。企业去学校（大中专学校）招聘是一些著名的大公司常用的招聘方法。校园招聘可以在应届毕业生中起到宣传企业良好形象的作用，有助于吸引到刚刚毕业的优秀人才。这些刚毕业的学生具有很大的开发潜能，可塑性强，今后能为企业做出很大的贡献。另外，在招聘中可以向学校了解到毕业生的真实情况，招聘的准确度较高。有些企业和学校还建立长期深入的合作，开展订单式招聘，设立奖学金，把企业的一部分培训内容前移到学校的课堂里，学生毕业后直接进入该企业工作，收到了较好的效果。

⑦员工推荐。员工推荐是指本企业的雇员及其朋友、同学、亲戚等为企业推荐人选。这一来源渠道的优点是：企业和应聘者双方能迅速相互了解，从而节省部分招聘费用；某些较难找的专业技术人员，通过其他渠道往往难以如愿以偿，而通过“熟人”介绍是行之有效的方法；“熟人”推荐的应聘者一旦被录用，碍于“熟人”面子，一般不会表现太差。这一来源渠道的缺点是：易造成各方心理负担，推荐者怕丢面子，应聘者也怕丢面子，人事部门害怕影响未来的发展，这样有可能妨碍招聘中公平竞争、择优录用原则的实现；推荐录用者过多，易形成“帮派”小团体或裙带关系网。一旦雇员所推荐的人被拒绝，他或她本人就有可能会产生不满。

⑧申请人自荐。个别求职者常常毛遂自荐，以信函、电话或上门的形式谋求工作。这些人当中不乏优秀者。这种方法对计时工的招募效果非常好。

从上述几种招聘方式来看，各有其长处与不足，在使用时，各企业可以根据自己的实际情况选择不同的招聘方式。

外部招聘的优缺点：

优点：可以为企业注入新的活力，融入不同的思想，有利于创新；可以增强竞争力。

缺点：新员工需要参加培训来完成定位过程，新员工对企业的认同感较低会造成流失，不利于员工队伍的稳定。

（二）人员甄选

1. 人员甄选的标准

一个有效的员工甄选应达到以下几项标准：

（1）甄选程序标准化。每一个甄选环节都要做到标准化，做到科学合理、公平公正。

（2）甄选程序以有效的顺序排列。那些费用较高、成本较大的程序，比如与企业高层面谈、体检等环节要放在甄选系统的最后，使这些程序只用于那些最有可能被录取的应聘者。

（3）甄选程序要提供明确的决策点。是指能明确作出淘汰或保留的时点，如笔试成绩、体检结果等。关于应聘者通过决策点所必须具备的资格，管理人员应有明确的标准。由于前面的决策点上已经淘汰了不合乎要求的应聘者，因此可以将更多的时间和精力放在更有可能获得该职位的应聘者身上。

（4）甄选程序应能保证充分提供可以确定应聘者是否胜任空缺职位的信息。一个好的系统不仅要保证不遗漏空缺职位的工作内容，而且还要保证能从应聘者那里收集到与决策有关的充足信息。

（5）甄选录用的程序要对参与甄选录用的人员的职责做出清晰分工。这样做可以防止两个不同环节的评价人员分别对应聘者提出同样的问题，给应聘者造成不好的印象，同时评价人员由于重复在问同样的问题，可能忽略了更重要的问题。

（6）甄选录用的程序应能突出应聘者背景情况中的重要方面。有效的甄选系统能按照企业需要来核实和检查应聘者最重要的情况。

2. 甄选的方法：

（1）简历筛选。简历是应聘者提供的个人介绍资料，企业在筛选过程中要注意以下技术要点：

①简历结构是否合理，内容是否真实。结构合理的简历，一般都比较简练，在简历中能快速地找到关于求职者的基本情况。简历的内容通常包括客观内容和主观内容。客观内容主要分为个人基本信息、受教育经历和培训经历、工作经历和个人成绩等几个方面。主观内容主要是应聘者对自己的整体描述和评价。在简历筛选中重点是放在客观内容上，尤其是对于工作经历部分，要注意是否有时间不连续的情况，比如应聘者在简历上显示某段时间处于无工作状态，那么在简历的其他地方是否给出了合理的理由。再比如应聘者经常变换工作单位，那么在简历中是否给出了合理的解释。在筛选简历时，要注意工作经历的连续性、离职原因、求职动机等。

②简历内容是否与应聘职位要求内容相匹配。要根据简历中的客观内容，判断求职者的专业资格和工作经历是否与应聘职位相符合。首先要注意个人信息和受教育经历，判断应聘者的专业资格和受教育经历是否符合组织的最低要求；其次重点分析其工作经历，以往经历中所担任的职务、技能、知识等与应聘岗位之间的联系，过去的工作经历与现在申请的职位是否相匹配。

③简历的整体印象。一份优秀的简历，无论是外观还是内容上都要给人一种舒服的感觉。简历是否合理、设计是否美观，都能反映出应聘者的性格和习惯，所以招聘方可以将对简历的整体印象来作为判断应聘者的标准之一。

（2）申请表（求职表）筛选。申请表通常是由招聘方来专门设计的，是顺利通过简历筛查后的候选人到公司参加面试甄选前需要填写的表格。申请表的筛选与简历的筛选基本相同，但还需注意以下几点：

①注意考察应聘者的态度。态度端正的应聘者一般都会认真填写申请表，内容填写也相对比较完整，字迹工整。

②在应聘者填写申请表的同时，可以检验应聘者的各类证明其受教育经历和工作经历的资料。

（3）笔试。笔试是员工甄选中比较常用的技术之一，也是最基础的技术之一。笔试的题型有选择、判断、简述、案例分析、改错、计算、写作、匹配、论述等。笔试主要用于测量应聘者的基本知识、专业知识、管理知识以及综合分析能力、文字表达能力等方面的差异。笔试的优点是花费时间少、效率高、成本低，对被测试者的知识、技术、能力的考查信度和效度较高，成绩评价比较客观。笔试的缺点是它不能全面考查被测试者的工作态度、品德修养，以及其他一些隐蔽能力。因此，笔试往往作为初步的筛选方法或是其他甄选方法的补充。

（4）面试。面试是一种经过精心设计，在特定场景下，以面对面的交谈与观察为主要手段，由表及里测评应试者有关素质的一种方式。

面试的内容主要包括：仪表与风度、工作动机与愿望、工作经验、经营意识、知识水平、专业特长、精力、活力、兴趣、爱好、思维能力、分析能力、语言表达能力、反应能力、应变能力、工作态度、诚实性、纪律性、自知力、自控力等。根据岗位的不同，可以选择有针对性的问题作为提问的重点，进行深入的调查，充分把握应聘者的总体素质水平。面谈可以测评个体的知识、能力、才智、个性心理特征等多方面的素质。

（5）测试。人员甄选中测试的方法很多，它包括认知能力测试、运动和体能测试、个性测试、工作知识考试等。

（三）人员任用

通过甄选测试方法挑选出适合企业组织文化和岗位要求的人才，进行任用。人员任用的具体流程如下。

1. 入职检查

新员工入职前需要进行体检，体检合格者，签署聘用合同；体检不合格者，取消入职资格，并通知用人部门。除此之外，新员工按约定时间带齐有关证件以及离职证明到企业人力资源部报到，并由人力资源部门发放入职介绍信。证件真实齐备的人员可按正常程序办理入职手续，人力资源部将新员工的信息输入各部门；证件不真实者，取消入职资格并收回《入职通知书》，并通知用人部门。未按入职时间报到的员工，企业人力资源部需及时与入职人员联系、确认，并及时将情况反馈到用人部门。

2. 报到

新员工按预定的时间到公司上岗位任职，并到企业以下三个部门办理报到手续。

到人力资源部报到，签署《试用合同》，领取《员工手册》、考勤卡、工作证、饭卡等，并进行登记确认。人力资源部将新员工报到情况当日内反馈到用人部门，将新员工资料登记在《员工花名册》中，并为新员工建立个人人事档案。

到财务部门报到，领取工资卡、奖金福利卡等。

到业务部门报到，了解业务流程，参加上岗人员入职培训。

3. 员工试用

新员工试用期一般为3个月，或按劳动合同办理，但试用期最长不得超过6个月。新员工入职第一周内参加入职岗前培训。考试合格者，继续试用，考试分数记录在员工人事档案中的《员工档案记录表》内；考试不合格者，15天之内给予补考一次，再次不合格者，按劝退处理，根据实际出勤天数计发工资。用人业务部门按工作绩效考评管理运作规程有关规定将员工试用期间表现及时记录，作为其转正的依据，考评合格者办理转正手续，并签署正式的《劳动合同》。

二、员工培训

员工培训是指一定组织为开展业务及培育人才的需要，采用各种方式对员工进行有目的、有计划的培养和训练的管理活动。其目标是使员工不断地更新知识，开拓技能，改进员工的动机、态度和行为，使员工适应新的要求，更好地胜任现职工作或担负更高级别的职务，从而促进组织效率的提高和组织目标的实现。

（一）员工培训的内容

员工培训的内容必须与企业的战略目标、员工的职位特点相适应，同时考虑适应内外部经营环境变化。一般地，任何培训都是为了提高员工在知识、技能和态度三方面的能力与进步。

1. 知识的学习

知识学习是员工培训的主要方面，包括事实知识与程序知识学习。员工应通过培训掌握完成本职工作所需要的基本知识，企业应根据经营发展战略要求和技术变化的预测，以及将来对人力资源的数量、质量、结构的要求与需要，有计划、有组织地培训员工，使员工了解企业的发展战略、经营方针、经营状况、规章制度、文化基础、市场及竞争，等等。依据培训对象的不同，知识内容还应结合岗位目标来进行。如对管理人员则要培训他们计划、组织、领导和控制等管理知识，还要他们掌握心理学、激励理论等有关人的知识，以及经营环境，如社会政治、文化、伦理等方面的知识。

2. 技能的提高

知识的运用必须具备一定技能。培训首先对不同层次的员工进行岗位所需的技术性能力培训，即认知能力与阅读、写作能力的培训。认知能力包括语言理解能力、定量分析能力和推理能力等三方面。有研究表明，员工的认知能力与其工作的成功有相关关系。随着工作变得越来越复杂，认知能力对完成工作显得越来越重要。阅读能力不够会阻碍员工良好业绩的取得，随着信息技术的发展，不仅要开发员工的书面文字阅读能力，而且要培养员工的电子阅读能力。此外，企业应更多培养员工的人际交往能力。尤其是管理者，更应注重判断与决策能力、改革创新能力、灵活应变能力、人际交往能力等的培训。

3. 态度的转变

态度是影响能力与工作绩效的重要因素。员工的态度与其培训效果和工作表现是直接相关的。管理者重视员工态度的转变使培训成功的可能性会增加。受训员工的工作态度怎样？如何形成？怎样受影响？既是一个复杂的理论问题，又是一个实践技巧。通过培训可以改变员工的工作态度，但不是绝对的。关键的是管理者工作本身。管理者要在员工中树立并保持积极的态度，同时善于利用员工态度好的时间来达到所要求的工作标准。管理者根据不同的特点找到适合每个人的最有效的影响与控制方式，规范员工的行为，促进员工态度的转变。

（二）员工培训的方法

1. 管理者培训

（1）轮换工作。轮换工作的目的是为了扩大受训人员的阅历与知识面，通过不同岗位轮换，不仅可以了解企业不同岗位的职能，掌握公司业务与管理的全貌，而且可以培养他们的协作精神和系统观念。

（2）设立“助理”职位。这种方法可以使受培训者逐步接触高层次的管理实务，并通过处理这些实务积累高层管理经验，熟悉高层管理者工作的内容和要求，学习主管人员的管理经验和方法。

（3）临时晋升。当由于某种原因导致正式的管理岗位职位空缺时，指派受训者担任代理管理者，从而在实际岗位上进行锻炼学习。

（4）参加委员会工作。这种方法是让受训人员参加管理委员会等组织的工作，使受训人员有机会与有经验的管理者交往，一起参与管理决策工作，学会在集体中协调、决策，从中得到锻炼。

（5）在岗辅导。受训人员在执行自我工作任务的同时，还要接受有经验的管理者或专业人士的辅导。

（6）外部培训。受训人员去大学、培训中心等专门机构参加诸如工商管理硕士的正规系统的培训和专题讲习班、研讨会等专题培训。

2. 一般员工培训

（1）上岗培训。员工上岗前必须接受系统的培训。

（2）岗位练兵。在生产经营过程中，边干边学，不断学习新知识、新技术，提高技术操作的熟练程度。

（3）集中培训。企业根据发展的需要或引进新技术、新设备的需要，组织员工进行集中性的培训。

（4）脱产进修。为培养技术骨干，企业将员工送到专门学校或培训班进行系统学习进修。

（5）技术考核与晋级。通过技术考核和晋级，可以调动员工通过自学自练、提高技术水平的积极性，从而有力促进员工技术水平的提高。

第三节 员工考核与薪酬

管理情境

如何激发司机的工作积极性

李达经营利达拖车公司已有近5年的时间了，在这段日子里，他从无到有，创办了一家具有20辆拖车、17位司机的当地大型的拖车公司。其服务对象主要是修理厂、房地产管理公司、企业管理人员和卡车司机。在公司创办之初，李达建立了一种同员工非常友好的朋友氛围。他支付给员工的工资大约比同行业平均水平高出15%，而且他还提供给员工其他拖车公司所没有的福利。因而，他完全有理由要求员工主动、积极地为公司工作。他要求员工统一着装，定期洗车、抛光。

然而，李达对公司近来出现的一些问题比较担忧。司机们总是待在休息室里聊天，而且对顾客的电话也不是很积极。现在这种情况比较普遍，例如，司机们总是说还没有轮到他，让别人去做吧；而且如果有些顾客的车不是要求立即拖走，那么司机们一般都会拖延到晚上再去拖车，这样，他们就能够获得1.5倍的超时工资。现在，李达想知道为什么高于行业平均水平的工资和福利还不能有效地激励员工，想尽快解决这些问题。

结合上述管理情景，思考并回答下列问题：

1. 李达实施的薪酬制度优缺点是什么？

2. 你将向李达提供什么建议？

（资料来源：http：//www. docin. com/p－99309855. html）

要求：课前进行认真阅读和思考，课上针对问题进行探讨。

理论与实践

一、人员考核

（一）人员考核含义

人员考核是指按照一定的标准，采用科学的方法，衡量和评定人员完成岗位职责任务的能力与效果的管理方法。对员工进行考核，从管理者的角度看，主要有两大基本目的：一是发掘与有效利用员工的能力；二是通过考核，对员工给予公正的评价与待遇，包括奖惩与升迁等。

（二）人员考核的作用

（1）考核有利于评价、监督和促进员工的工作，有明显的激励作用。

（2）为确定员工的劳动报酬与其他待遇提供科学依据。

（3）为个人认识自我、组织进行考核，促进员工的全面发展创造条件。

（4）有利于管理者了解下属，以便进行合理的岗位调整及职务晋升。

（三）人员考核的内容

人员考核主要涉及德、能、勤、绩、个性五个方面的考核。

（1）德：包括思想政治、工作作风、社会道德及职业道德水平等方面。思想政治主要指员工的政治倾向、理想志向和价值取向等；工作作风是指员工工作时的风格；社会道德是指员工处理个人与社会关系的倾向；职业道德是指员工在履行职务方面表现出来的道德倾向。

（2）能：是指员工从事工作的能力，包括体能、学识和智能、技能等内容。体能取决于年龄、性别和健康状况等因素。学识包括文化水平、专业知识水平、工作经验等项目。智能包括记忆、分析、综合、判断、创新等能力。技能包括操作、表达和组织等能力。

（3）勤：是指员工的积极性和工作中的表现，主要包括出勤、纪律性、干劲、责任心、创造性和主动性等。

（4）绩：主要指员工的工作效率及效果，是员工德、能、勤的综合反映和对企业的贡献，一般要求有量化结果，以便客观公正地评价员工的工作。

（5）个性：主要了解员工的性格、偏好、思维特点等。

（四）人员考核的要求

（1）考核最基本的要求是必须坚持客观公正的原则。考核最基本的目的就是对员工给予公正的评价与对待。如果不能客观公正，考核不但不能起到激励作用，还会起到消极作用。

（2）要建立由正确的考核标准、科学的考核方法和公正的考核主体组成的考核体系。建立科学的考核体系是实现有效考核的前提、基础和必要条件。

（3）要实行多层次、多渠道、全方位、制度化的考核。实行多层次、多渠道、全方位、制度化的考核才能更加全面、更加客观公正地考核员工。

（4）要注意考核结果的正确运用。考核不是目的而是手段，考核的作用在相当程度上取决于考核结果的运用。

（五）人员考核的程序

1. 制定针对性的考核计划

人员考核首先必须制定周密的考核计划。要根据组织的基本要求和具体的考核目的，结合当时的实际情况，确定考核的目的、对象、程序、方法、实施时间与日程、考核主体等，并明确相应的考核要求与事项。

2. 制定考核标准、设计考核方法、培训考核员工

（1）制定考核标准。考核的标准主要有两种：一种是职务标准，即组织所期望或要求的工作内容与水平；二是职能条件，即组织期望与要求个人应具备的能力内容和水平。

（2）设计考核方法。应根据考核对象的工作性质与特点、考核标准的要求，以及组织的实际情况，灵活地选择与设计考核的方法。

（3）培训考核人员。在考核前应对考核人员进行培训，使他们掌握考核的目的与要求、程序与方法，包括进行必要的客观公正的教育。

3. 衡量岗位工作、岗位信息收集

这是考核的具体实施阶段，是考核过程的主体。具体要求是：

（1）要深入实际，深入群众。这是获取真实而准确信息的基础。

（2）要做好思想发动与相关人员的思想工作，获得知情人的积极配合。

（3）要采用事先设计的科学的考核方法，客观公正地进行衡量。

（4）搜集的信息要真实准确，并尽可能实行量化。

4. 分析考核信息、作出综合评价

（1）对收集到的信息要进行筛选、审核与提炼，特别是要去伪存真，确保信息的准确性。

（2）要对信息进行科学分类，系统整理。

（3）对信息进行全面综合，系统分析，科学抽象，正确地做出考核结论。

5. 考核结果的运用

考核结果要上报给上层管理者，并同本人见面。可以作为了解员工、激励工作、开发

能力、奖酬发放、调整使用、晋职晋级等的依据。

（六）人员考核的方法

（1）实测法，即通过各种项目实际测量进行考评的方法。例如，对员工进行生产技术技能的考评，通常采用现场作业，通过对其实际测量，进行技术测定、能力考核。

（2）成绩记录法，即将取得的各项成绩记录下来，以最后累积的结果进行评价的方法。这种方法主要适用于能实行日常连续记录的生产经营活动，如生产数量、进度、质量投诉等。

（3）书面考试法，即通过各种书面考试的形式进行考评的方法。这种方法适用于员工所掌握的理论知识进行测定。

（4）直观评估法，即依据对被考评者平日的接触与观察，由考评者凭主观判断进行评价的方法。这种方法简便易行，但易受考评者的主观好恶影响，科学性差。

（5）情景模拟法，即设计特定情境，考查被考评者现场随机处置能力的一种方法。

（6）民主测评法，即由组织的员工集体打分评估的考核方法。

（7）因素评分法，即分别评估各项考核因素，为各因素评分，然后汇总，确定考核结果的一种考核方法。

二、薪酬

薪酬是一个组织对为实现组织目标而付出劳动的成员的答谢或回报，泛指组织成员的全部劳动收入，既包括基本薪金，又包括各种形式的奖金、津贴等，奖酬是各类组织成员中基层管理者最重要的管理内容与最基本的激励手段。

（一）薪酬的目标

（1）首要目标就是能有力吸引社会上的优秀人才来本企业工作，并能保证企业现有核心员工安心于本企业工作。

（2）直接目标就是对组织成员产生尽可能大的激励作用。

（3）促进员工能力的不断开发。

（二）薪酬的决定因素

1. 员工的工作岗位

不同岗位的工作内容、工作复杂程度、工作量等不同，所以不同岗位的薪酬水平也会不同。员工处于不同的岗位，薪酬水平也会不同。

2. 员工的知识、技能、能力等

一个完善的薪酬体系能够对员工有充分的激励作用，员工的知识、技能、能力有差异时在薪酬上也会有所不同。

3. 人力资源市场的供需关系与竞争状况

薪酬水平受人力资源市场的供需关系影响，一般供大于求时，薪酬水平会下降，反之亦然。此外，本地区、本行业、本国其他企业，尤其是竞争对手对于其员工所制定的薪酬政策与水准，对企业确定自身员工的报酬影响很大，这被称为“比较规范”。在财力允许的条件下，一般企业偏向于使自身员工的总的报酬水平至少不低于“比较规范”中的平均水准，以便在人力资源争夺中不致落于下风。

4. 当地生活水平

这个因素从两层意义上影响企业的薪酬体系。一方面，生活水平变了，员工们对个人生活的期望也高了，无形中对企业造成一种制定偏高报酬标准的压力；另一方面，生活水平高了，也意味着物价指数会持续上涨，为了保证员工生活购买力不致下降，企业往往也不得不考虑定期地适当调整工资。

5. 经营状况与实际支付能力

一般来说，资本雄厚的大公司及盈利丰厚且正处于上升阶段的企业，对员工的付酬也较慷慨；反之，规模不大或不景气的企业，则不得不量入为出，且点滴计较。但经营状况在不断变换，且经营好坏无绝对的判断标准，员工一般不愿凭此评价企业的付酬合理性。所以经营状况对报酬的影响具有间接性和远期性。

6. 管理哲学和企业文化

这里主要是指企业领导对员工本性的认可及态度。一个把员工当作“经济人”的领导，认为员工所要的就是钱，只有经济刺激才能让员工好好干活；一个把员工当作“社会人”的领导，认为员工不仅从本性上有多方面的追求，钱绝非唯一的动力，员工喜爱有趣的且具有挑战性的工作。这两类领导在报酬政策上显然是会大相径庭的。

7. 国家法规

国家关于劳动工资等方面的法令法规会直接影响薪酬的水平，比如最低工资标准、社保相关规定都会直接影响企业的薪酬政策。

（三）薪酬的组成

在薪酬和薪酬管理中，人们通常把注意力放在企业的经济性薪酬的安排上。在经济性薪酬中，主要包括五个主要组成部分：基本薪酬、绩效薪酬、附加薪酬、福利薪酬、股票期权。

1. 基本薪酬

基本薪酬即工资，它是以员工的劳动熟练程度、工作的复杂程度、责任大小、工作环境、劳动强度为依据，并考虑劳动者的工龄、学历、资历等因素，按照员工实际完成的劳动定额、工作时间或劳动消耗而计付的劳动薪酬。它是员工薪资的主要部分和计算其他部分金额的基础。

2. 绩效薪酬

绩效薪酬也称奖励薪酬，它是企业对员工超出正常努力的劳动或劳务而支付的奖励性薪酬，又被称为“可变薪酬”，包括红利、利润分享及通常所说的奖金等内容。一般较为常见的绩效薪酬有：计件工资、销售提成、绩效分红、与绩效挂钩的浮动工资等。

3. 附加薪酬

附加薪酬是指根据员工的特殊劳动条件和工作特性以及特定条件下的额外生活费用而计付的劳动薪酬，其作用在于鼓励员工在苦、脏、累、险等特定岗位工作。附加薪酬包括津贴和补贴两种形式，一般把属于生产性质的称为津贴，属于生活性质的称作补贴。

4. 福利薪酬

福利薪酬是为了吸引员工到企业工作或维持企业骨干人员的稳定而支付的一种补偿性薪酬，包括法定的社会保险、带薪休假、健康计划、补充保险等。

5. 股票期权

股票期权是一种长期激励工具，实施对象主要是为企业带来价值的员工。它是在经营者采用多种形式使部分员工持股经营，在经营者取得了一定的业绩后让其享有各种权益的一种激励体制。

（四）薪酬管理

薪酬管理是指在企业总体发展战略的指导下，根据企业不同时期的经营目标，设计并制定出一套适合该企业的薪酬制度，从而对企业员工所提供的劳动进行薪酬分配和调控的过程。薪酬管理的内容包括以下内容。

1. 薪酬总额的管理

对企业来讲，工资总额是人工成本控制的重要方面，所以企业必须认真考虑企业内外部环境，如企业发展战略、企业支付能力、市场薪酬水平、员工生活费用等各方面因素，然后计算出合理的工资总额。

2. 薪酬水平的管理

薪酬水平有不同层次的划分，它主要是指一定时期内，劳动者的平均薪酬水平。薪酬水平的管理，既要满足内部一致性和外部竞争性的要求，并要根据员工绩效、能力特征和行为态度进行动态调整。

3. 薪酬结构的管理

薪酬结构是关于薪酬的构成项目及确定各项目所占比例的管理。薪酬构成项目包括基本薪酬、绩效薪酬、附加薪酬、福利薪酬、股票期权等。一个合理的薪酬结构应该既有固定工资部分，如基本工资、岗位工资、技能工资、工龄工资等，又有浮动工资部分，如绩效工资、业绩工资、奖金等。

4. 薪酬体系的设计和管理

薪酬体系的设计和管理包括以下几个方面：

一是薪酬的总体规划和分类规划。总体规划是关于规划期内薪酬管理总目标、总政策、实施步骤和总预算的安排。分类规划包括工资计划、奖金计划和福利计划，这些计划是总体规划的展开分解和具体化，对总体规划的执行起细化作用。各分类计划视具体情况再进一步细化分解。

二是各类人员的薪酬管理模式，正确划分合理的薪级，确定合理的级差。

三是要能够适应组织结构扁平化和员工岗位大规模轮换的需要合理地设计薪酬。

5. 薪酬形式的管理

薪酬形式即广义上的薪酬中的经济性薪酬和非经济性薪酬所采取的发放方式。经济性薪酬主要包括货币薪酬和福利薪酬，非经济性薪酬主要体现在工作本身和工作环境方面给劳动者带来满足感。

6. 薪酬制度的设计和管理

包括薪酬结构的设计与完善、薪酬体系等的设计和管理，以及薪酬日常管理工作配套的各种制度。

（五）薪酬体系设计的内容

1. 薪酬模式设计

薪酬模式设计是更多地采用工资形式，还是更多地采用奖金形式，或是更多地投入到各项福利项目中，从目前实践来看，薪酬模式主要有三种：高弹性模式、高稳定模式和折中模式。

（1）高弹性模式。其特点是员工的工资在不同时期起伏比较大，绩效工资与奖金占的比重较大。以绩效为导向的工资结构属于这种类型。

（2）高稳定模式。其特点是员工工资与实际绩效关系不太大，而主要取决于工龄、企业整体经营状况等，员工工资相对比较稳定，给人以安全感。年功序列工资制属于这种类型。

（3）折中模式。折中模式既有高弹性部分，以激励员工提高绩效，又有高稳定成分，以促使员工注意长远目标。比如以能力为导向的工资结构、以岗位为导向的工资结构及组合工资结构，都是属于这种类型，采用该类型的企业较多。

2. 薪酬项目设计

薪酬项目设计是指工资、奖金、津贴、福利、保险各自需要设置哪些项目。这些项目的设计，有的要服从国家政策法规的规定（比如最低工资标准、社会保险等的规定），而大部分是由企业根据经营管理的需要自己决定，所以到底设置哪些薪酬项目就需要根据企业的需要来认真设定。

3. 薪酬等级、级差、标准的设计

薪酬构成的各个项目都要体现差别，要确定若干职位等级来作为确定工资的依据。具体包括以下几个方面：

（1）工资等级数目。其是指划分多少个等级的工资标准。等级数目的确定与劳动复杂程度、劳动熟练程度和工资级差等有关。

（2）工资等级线。其是指在工资等级表规定的等级数目，各职务、岗位或工种的起点等级和最高等级之间的跨度线。工资等级线是某项工作内部劳动差别程度的标志。影响工资等级线的确定因素包括劳动复杂程度、责任程度和工资级差。

（3）工资级差。其是指工资等级中相邻两级工资标准之间，高等级工资标准与低等级工资标准的相差数额。表明不同等级的劳动，由于其劳动复杂程度和熟练程度要求不同，所以有不同的劳动报酬。工资级差可以用绝对额、级差百分比或者工资等级系数来表示。

（4）工资定级。其是对原来无工资等级或者原工资等级失效的员工进行工资等级的确定。这里需要企业制定工资定级的标准，比如新员工考评定级、调动员工定级等方面的规定。

（5）工资标准的确定。工资标准又称工资率，是指按单位时间（小时，日，周，月）规定的工资数额（职员的工资标准亦有称为“职务工资标准”或“薪酬”的）。工资标准反映了某一等级的工作在单位时间上工资收入的水平，是工资收入的基础。工资标准有最低工资标准、固定工资标准和浮动工资标准等形式。

4. 薪酬调整方式的设计

薪酬调整方式的设计主要是关于工资调整的频率、调整幅度、调整类型的设计。

（1）工资调整频率，就是调整工资的时间间隔，是每年调整一次，还是三年调整一次，或是不定期调整。

（2）工资调整幅度，就是每次调整的平均工资额。它有两种调整方式，即“快频小幅”和“慢频大幅”调整。

（3）工资调整类型，是指由于什么原因而进行工资调整。具体如下：

①奖励性调整。奖励性调整是为了奖励员工做出的优良工作绩效，鼓励员工继续努力、再接再厉，更上一层楼。也就是论功行赏，所以奖励性调整又叫做功劳性调整。

②生活指数调整。为了补偿员工因通货膨胀而导致的实际收入无形减少的损失，使员工生活水平不致渐趋恶化，以显示企业对员工的关怀，企业应根据物价指数状况对薪酬体系进行调整。

生活指数调整常用的方式有两类，一类是等比调整，即所有员工都在原有薪酬基础上调升同一百分比；另一类是等额调整，即全体员工不论原有薪酬高低，一律给予等幅的调升。前者保持了薪酬结构内在的相对级差，后者会动摇原薪酬结构的设计依据。

③效益调整。当企业效益好，盈利增加时，对全员进行的普遍加薪，但以浮动式，非永久性为佳，即当企业效益下滑时，全员性的薪酬下调也应成为当然。但需注意的是薪酬调整往往具有“不可逆性”。

④工龄调整。薪酬的增加意味着工作经验的积累与丰富，代表着能力或绩效潜能的提高，也就是薪酬具有一定按绩效与贡献分配的性质。因此，薪酬调整最好不要实行人人等额逐年递增的办法，而应将工龄与考核结果结合起来，确定不同员工工龄薪酬调整的幅度。

⑤特殊调整。企业根据内外环境及特殊目的而对某类员工进行的薪酬调整。如实行年薪制的企业，每年年末应对下一年度员工或经营者的年薪重新审定和调整；企业应根据市场因素适时调整企业内不可替代人员的薪酬，以留住人才等。

本章小结

1. 人员配备是指组织通过对工作要求和人员素质分析，为每一个岗位配备合适的人员，以完成实现组织目标所需开展各项工作的过程。

2. 人员配备的方法：以员工为标准进行配备，以岗位为标准进行配备，以双向选择为标准进行配备。

3. 人员选拔是指通过宣传吸引人应聘，从应聘者中选出最适合组织岗位要求的人才的过程，人员选拔大致可分为招聘、甄选、任用环节。

4. 员工培训是指一定组织为开展业务及培育人才的需要，采用各种方式对员工进行有目的、有计划的培养和训练的管理活动。

5. 员工培训的内容：知识的学习、技能的提高、态度的转变。

6. 员工考核是指对员工履行自己职责、完成任务的情况的考察。主要内容为体、德、能、勤、绩的全面考核，是对员工整体素质的考核。

7. 人员考核的内容：德、能、勤、绩、个性。

8. 薪酬是一个组织对为实现组织目标而付出劳动的成员的答谢或回报，泛指组织成员的全部劳动收入。

9. 在经济性薪酬中，主要包括五个部分：基本薪酬、绩效薪酬、附加薪酬、福利薪酬、股票期权。

10. 目前，薪酬模式主要有三种：高弹性模式、高稳定模式和折中模式。

课后自测

一、单项选择题（在下列各小题中，选择一个最合适的答案）

1. 企业人员配备的首要任务是（　）。

A. 促进组织功能的发挥　　B. 开发组织人力资源

C. 为组织物色合适人选　　D. 使组织合理使用人才

2. 在招聘员工时，（　）是一项重要的考虑因素。

A. 性别　　B. 个人特点

C. 工作经历　　D. 身高

3. 关于录用决策，下列理解错误的是（　）。

A. 应考虑组织不同发展阶段对于员工素质不同要求

B. 首先满足当前需要，长远需要视具体情况而定

C. 员工的能力最好能超出应聘岗位的要求

D. 应强调人员之间的互补性

4. 企业的薪酬制度不仅要符合现行的国家政策和法律法规，也要符合（　）。

A. 企业的发展目标　　B. 员工的利益

C. 道德准则　　D. 企业的管理制度

5. 员工薪酬是员工因向其所在的单位提供劳动或劳务而获得的各种形式的酬劳或答谢，其实质是（　）。

A. 一种文明的交易或交换关系　　B. 一种公平的交易或交换关系

C. 一种平等的交易或交换关系　　D. 一种优质的交易或交换关系

6. （　）是指以货币形式和以可间接转化为货币的其他形式为支付方式的劳动报酬。

A. 员工工资　　B. 员工福利

C. 非经济性报酬　　D. 经济性报酬

二、多项选择题（下列各题中正确的答案不少于两个，请准确选出全部正确的答案）

1. 关于招聘，以下说法正确的是（　）。

A. 招聘包括招募、甄选、录用、评估四个环节

B. 招聘是人力资源管理的重要环节

C. 招聘仅仅是人力资源部的工作

D. 招聘是人力资源规划、工作分析、培训和开发、绩效管理、薪酬管理等其他人力资源管理活动得以开展的前提和基础

2. 企业花费了大量的时间和精力进行面试，但效果并不理想，其一般原因是（　）。

A. 背景调查的信息失真　　B. 面试的程序方面出现问题

C. 面试者的主观偏见　　D. 应聘者善于伪装，提供了不真实的信息

3. 以下关于招聘的说法正确的是（　）。

A. 企业一般用猎头公司招聘技术人员

B. 外部招聘的缺点是招聘成本大，会影响内部员工的积极性

C. 熟人推荐比较适用于专业人员的招聘

D. 招聘工作的成功很大程度上取决于有多少合格者来应聘

4. 下列关于工作轮换的说法正确的是（　）。

A. 工作轮换包括管理工作轮换与非管理工作轮换

B. 工作轮换能培养员工的协作精神和系统观念

C. 工作轮换的主要目的是更新知识

D. 为了有效地实现工作轮换的目的，要对受轮换训练的管理人员提出明确的要求

5. 设置助理职务的好处有（　）。

A. 减轻主要负责人的负担

B. 使助理积累高层管理经验

C. 使培训组织者更好地了解受训人的管理能力

D. 受训者能够学习主管的工作方式，吸取经验

三、简答题

1. 如何理解人员配备的任务？

2. 人员配备要遵循哪些原则？

3. 外部招聘有何优缺点？

4. 薪酬体系设计的内容有哪些？

四、思考题

1. 怎样评估现有人员的能力和素质？如何从组织外部招聘合适的管理人员？

2. 如何使人员的稳定与流动合理地组合，从而在帮助每个管理人员找到最适合的工作岗位，使人才得到最充分、最合理地使用的同时，保持组织的稳定性？

3. 为什么不仅要考评管理人员的贡献，还要考评其能力？管理人员考评的目的和作用是什么？

案例分析

案例一　苏珊的问题

苏珊是美国西部一连锁店企业——冯氏超级市场的南方地区分部经理。苏珊手下有5位片区主管人员向她汇报工作，而每个片区主管人员分别监管8～12家商店的营业。在一个春季的早上，苏珊正在查看送来的早晨工作报告，内部通信联络系统传来了她秘书的声音："苏珊女士，你看过今天晨报的商务版了吗？"苏珊应答："没有，什么事啊？""报上说查克已经接受了安途公司亚利桑那地区经理的职位"。苏珊马上站起来去看与她有关的这篇文章。苏珊的关心并不是没有根据的。查克是她属下的一位片区主管，他已为冯氏公司在目前的职务上干了4年。冯氏是从阿尔法·贝塔商业中心将他聘过来的，他那时是个商店经理。苏珊从报纸上得知查克离职的消息，觉得内心受到了伤害，但她知道自己需要尽快恢复过来。对她更重要的是，查克是位很有成效的监管人员，他管辖的片区一直超过其他4个片区的绩效。苏珊到哪儿去找这样一位能干的顶替者？几天过去了，苏珊同查克谈了一次话，诚恳地祝愿他在新工作岗位上顺利。她也同他谈到了顶替者的问题。最后，苏珊决定将她属下的一个小片区的主管人员调换到查克分管的片区，同时她也立即着手寻找合适的人选填补该小片区主管的空缺。苏珊翻阅了她的案卷，找出片区主管人员职位的

职务说明书（没有职务规范）。该项职务的职责包括：确保达到公司订立的整洁、服务和产品质量的标准；监管商店经理的工作并评价其绩效；提供片区的月份、季度和年度收入和成本预估；为总部或下属商店经理提出节约开支建议；协调进货；与供应商协商广告宣传合作方案；以及参与同工会的谈判。

试分析以下问题：

1. 你建议苏珊采用哪一种招聘渠道？为什么？
2. 你建议苏珊使用何种人员甄选手段甄别应聘者？为什么？

（资料来源：http：//www. doc88. com/p－661138482531. html）

案例二　别具一格的杜邦培训

作为化工界老大的杜邦公司在很多方面都独具特色。其中，公司为每一位员工提供独特的培训尤为突出。因而杜邦的“人员流动率”一直保持在很低的水平，在杜邦总部连续工作30年以上的员工随处可见，这在“人才流动成灾”的美国是十分难得的。

杜邦公司拥有一套系统的培训体系。虽然公司的培训协调员只有几个人，但他们却把培训工作开展得有声有色。每年，他们会根据杜邦公司员工的素质、各部门的业务发展需求等拟出一份培训大纲。上面清楚地列出该年度培训课程的题目、培训内容、培训教员、授课时间及地点等。并在年底前将大纲分发给杜邦各业务主管。根据员工的工作范围，结合员工的需求，参照培训大纲为每个员工制订一份培训计划，员工会按此计划参加培训。

杜邦公司还给员工提供平等的、多元化的培训机会。每位员工都有机会接受，如公司概况、商务英语写作、有效的办公室工作等内容的基本培训。公司还一直很重视对员工的潜能开发，会根据员工不同的教育背景、工作经验、职位需求提供不同的培训。培训范围从前台接待员的“电话英语”到高级管理人员的“危机处理”。此外，如果员工认为社会上的某些课程会对自己的工作有所帮助，就可以向主管提出，公司就会合理地安排人员进行培训。

为了保证员工的整体素质，提高员工参加培训的积极性，杜邦公司实行了特殊教员制。公司的培训教员一部分是公司从社会上聘请的专业培训公司的教师或大学的教授、技术专家等，而更多的则是杜邦公司内部的资深员工。在杜邦公司，任何一位有业务或技术专长的员工，小到普通职员，大到资深经理都可作为知识教师给员工们讲授相关的业务知识。

根据案例所提供的情况，请分析：

1. 杜邦公司的培训体系有什么特点？
2. 简述完善的培训体系给公司和员工带来的影响。

（资料来源：http：//www. doc88. com/p－983349468358. html）

项目训练

实训项目一　招聘

一、实训目标

1. 培养人员招聘的能力。
2. 训练应聘的能力与心理素质。

二、实训内容与方法

1. 以公司为单位，组织招聘活动。全班每个公司分为两大组，分别扮演招聘方和应聘方进行轮换。

2. 各公司要制订招聘计划，包括招聘目的、招聘岗位、任用条件、招聘程序，特别是聘用的决定办法。

3. 每个人要写出应聘提纲或应聘讲演稿，特别要体现出应聘竞争的优势。

4. 同学们先在课下进行精心准备，然后在课上完成角色扮演。

三、标准与评估

1. 标准：招聘要有计划，应聘要有应聘提纲，并合乎规范。招聘与应聘要有尽可能好的表现。

2. 评估：

（1）各公司提供招聘书（方案）。

（2）每个人提供应聘提纲或讲演稿。

（3）评估各公司招聘组织状况的好坏，并以前来应聘者的人数为重要衡量指标。

（4）评价每个人的表现，特别是受到其他公司聘任的频次（即被各公司聘任次数）。

实训项目二　制定考核方案

一、实训目标

1. 深入理解考核的内容与程序。

2. 培养制订考核方案的初步能力。

二、实训内容与方法

1. 制订服务于本班奖学金发放的学生德智体考核方案。

2. 每个人制订一份。

3. 在全班进行交流与评价。

三、标准与评估

1. 标准：要明确考核目的、内容、程序与方法，并科学可行。

2. 评估：

（1）个人考核方案作为一次作业。

（2）对在班级交流与评价中的表现进行评估。

第七章 领导

本章导读

学习李世民如何当好“一把手”

唐太宗李世民出生于贵族之家，是唐高祖李渊与窦皇后的次子，唐朝标准的官二代。后来，他当上了“国企”的“一把手”，即唐太宗皇帝……他是卓越的政治家，伟大的军事家，也是集团管理的顶尖高手。

以人为本，尊重人、依靠人、发展人、为了人，是李世民在领导岗位上拼搏了23年所得出的宝贵经验之一。唐朝集团在李世民的精心管理下，经济不断发展，社会趋于安定，政治逐渐清明，百姓富裕安康，出现了大好河山一片红的良好局面。

李世民知道，市场竞争激烈，一不小心就会走下坡路。因此，居安思危时牢记，警钟长鸣不松懈。把隋朝灭亡的教训当教科书，避免重蹈覆辙。关心草根百姓的疾苦，组织人员走南闯北进行调研。他说：“民，水也；君，舟也。水能载舟，亦能覆舟。”下令轻徭薄赋，让老百姓休养生息，最终目标就是让大家都能过上好日子。

首先发现问题，解决问题就没有问题。他充分认识到管理工作的重要性和对其进行研究的必要性，利用发展生产力的客观规律对企业进行有效管理。一个人一分钟可以挖一个洞，六十个人一秒钟却挖不了一个洞。合作是一个问题，如何合作也是一个问题。合作就是互相配合做某事或共同完成某项任务。简单地概括就是团结一致。诊断出病因，那就对症下药，领导魅力问题解决了，就不是问题。

其次实践是检验真理的唯一标准。领导魅力通过不断探索实践，制定行之有效的集团规章制度和发展规划，依据标准，监督检查计划的执行情况，发现偏差，及时采取有效措施，调整产业结构，以达到预期目标。

树立集团理念。轻徭薄赋、以民为本的思想，广开言路、虚怀纳谏的胸襟，重用人才、唯才是任的准则，铁面无私、依法办事的气度，构成了贞观之治的基本特色，成为封建治世的榜样。

唐朝在当时与西方的国家相比，无论在政治、经济，还是文化上都走在世界的前列。由于唐太宗在位时年号为贞观，所以，人们把他统治的这一段时期称为“贞观之治”。这一时期，也是我国历史上最为璀璨夺目的时期。

宽宏大量是“一把手”内在修养。有一天，唐太宗得到一只雄健俊逸的鹞子，正玩得高兴，魏徵来了。李世民怕魏徵看到又要提意见，赶紧把鹞子藏到怀里。这一切早被魏徵看到，他禀报公事时，故意喋喋不休，拖延时间。结果鹞子被憋死在李世民怀里。由此可见，李世民的气度胸怀。“一把手”的领导魅力有没有自我批评精神，能否做到严于律己、宽以待人，这对班子成员能否成为团结战斗的集体至关重要。

人类有个难免的弱点，一不小心就容易犯错误。尤其是“一把手”，因为权力大、说了算，容易形成“家长制”“一言堂”的怪胎。所以，发扬民主是必须的，同时，正确的集中也是必要的。这样，才有利于实现决策的科学化。兼听则明，偏听则暗的道理就在于此。

一套班子要想成为坚强的领导集体，“一把手”必须具有凝聚力，人格魅力当然不可少。三剂合一，不但是班子高效运转的“润滑剂”，同时是班子齐心协力的“黏合剂”，而且也是班子创新发展的“催化剂”。

发展是硬道理。对企业经营发展而言，“马太效应”告诉我们，要想在某一个领域保持优势，就必须在此领域迅速做大。在赢家通吃的情况下，善用“马太效应”，赢家就是你。

古人云：不谋全局者，不足以谋一域；不谋万世者，不足以谋一时。廉生威，公生明。不拘一格降人才，发展永远是立于不败之地的硬道理。“一把手”在工作中当时刻谨记！

（资料来源：生意场. http：//31. toocle. com/detail－－7110353. html）

第一节 领导概述

管理情境

齐山市帐篷厂的选举风波

企业概况：齐山市帐篷厂拥有300多名职工，连续4年利润超百万元。从初创的艰难起步，到现在达到并保持了同行业中的领先水平，这一成绩主要应归功于副厂长兼党委书记王展志的努力——厂长身体长期不佳，基本上不管事。王展志现年50岁，年富力强，在轻工行业工作了20多年，在领导和同事中间留下了踏实肯干的印象。

20世纪90年代初，他被调任为齐山市帐篷厂副厂长，实际上挑起了负责全厂的重任。上任之初，他狠抓产品质量，勇创品牌，很快就打开了局面。在目前国有企业普遍不景气的情况下，他意识到设备落后是本厂发展的最大障碍，遂四处筹集资金500万元，准备引进新的生产设备。与此同时，他还采取措施完善职工的生产、生活设施，改善职工的劳动条件。

上任五六年来，他勤勤恳恳，不辞劳苦，一心扑在工作上，多次被评为省级劳模。

选举风波：1998年，厂长因身体状况急剧恶化、抢救无效而去世。而这时齐山市帐篷厂的主管单位齐山市轻工总公司为响应上级发扬职工民主的号召，决定进行民选厂长试点。经研究，帐篷厂的基础较好，王厂长又在企业界影响较大，因此决定在帐篷厂试点。经过征询厂领导的意见，并在车间和班组进行了摸底，总公司领导又于3月14日召开答辩会前，特地选择了一位声望一般的工会主席和另一名副厂长作为“陪选”的候选人。

3月14日，总公司领导信心十足，邀请了同行业准备试点的企业进行观摩，还特地通知几家新闻媒体进行采访，以扩大影响。进行完竞选演说之后，王展志的心情是舒坦而平静的。对这次选举他十分有把握，以为这是板上钉钉的，在场的总公司领导也满意地和他握手致意。然而，宣布民主投票的结果时，却是如此出人意料：250名职工参加投票，三名候选人均不足20票，其余均为投外国明星、国内名人的废票。竞选委员会宣布本次投票暂停。事后了解得知，青年职工几乎全是弃权或乱投。

职工的看法是王厂长真的不胜任工作，还是职工中有其他的选择？总公司领导高度重视这个情况。第二天下午，总公司党委书记张得胜同公司干部处长等几位同志一起前往帐篷厂。

王展志受到的打击是沉重的，他准备拟写辞职报告。车间的工作基本上都停了，轮班的工人坐着小声议论；一些女工则干脆拿出了毛线织毛衣；工人都在等这件事的最终结果。张得胜等人去职工宿舍打牌，边打边与轮休的工人聊天，很快事情的脉络就比较清楚了。

青年职工说，王厂长的确不容易，每天总是最早到厂，最迟才离开，真正是一心扑在事业上，把厂子当作自己的家。但他工作方法简单，态度生硬，主观武断，一碰到员工有错误的地方就大发脾气。他一天到晚都在忙着厂务，从不与下属沟通，不去了解员工的需要，职工虽然也知道王厂长是一心为了厂子，但在情感上很难与王厂长产生共鸣。

有些职工由于受过王厂长的过火批评，意见很大，经常背地里发牢骚，这种人在青年职工中有一定影响。然而由于中层干部基本上都是由王厂长亲自提拔，他们对王厂长相当敬畏，所以员工的意见很难通过中层干部到达王厂长的桌面上。另外总公司由于帐篷厂效益独树一帜，因而从各方面都相当支持王厂长。而且厂长在企业界由基层干到高层，对管理工厂很有自己的一套，各种规章制度、计划组织都严格而合理，职工的牢骚只能在私下场合引起喝彩，他们也不敢进行消极怠工。而职工认为这次选举是一个绝好的发表意见的机会，能引起总公司的关注，并希望能换一个工作作风不一样的厂长。

张得胜认为这样一个勤勤恳恳的优秀厂长，却得到这样的评价，在当前的形势下，这样的同志已不适合再当厂长。经过研究，初步定下将其平调到总公司担任行政职务。

事情一波三折：消息很快就在总公司中传开了，许多总公司的二级企业领导对此产生了不同的看法。第二天正好是星期天，张得胜还没有起床，齐山市食品厂的党委书记与厂长便来敲门。他们认为，像王展志这样能抓敢管、踏实肯干的干部现在不是太多，而是太少。他是有一些缺点与不足，但是效益是明摆着的，这在目前各国营企业不太景气的环境下是难能可贵的。他们认为王展志继续担任厂长比较合适。

下午，劳务公司经理、服装公司的退居二线的经理等人也来了，这下事情更加复杂了。他们说他们几个二级企业的厂长经理通了一下气，对此事极感震惊。有些人愤愤不平地说，现在的青年职工浑身长刺，不好好管他们，企业什么事情都不能够搞得好。还有人议论，像王厂长这样的好厂长都要下，那还有谁敢当厂长？不如早撂担子算了。服装公司经理说：“我与王厂长相处多年，我很了解他，他如果不合格，我更不合格，要撤他，干脆把我也撤了吧!”

晚上，帐篷厂的几个中层干部也来了。他们认为王厂长治厂有方，雷厉风行，帐篷厂就是靠着他方能够保持严格的秩序和获得良好的收益。如果离开了他，谁也难料帐篷厂会变成什么样子。

总公司的几位负责人急忙碰了一下头，最后决定再去帐篷厂召开一次厂长与职工的民主对话会。19日的民主对话会开了整整一天，王展志坦诚地接受了职工的批评，并决心在今后的工作中克服缺点。而职工代表在肯定王厂长优点的同时，也尖锐地指出他的缺点，认为再由他担任厂长已不合适。总公司的负责人及帐篷厂的中高层领导都参与了对话。总公司连夜研究对策。

结合上述管理情境，思考并回答下列问题：

1. 怎样评价王展志的领导作风？
2. 为什么王展志会在干部与职工中得到两种截然不同的评价？
3. 如果你是总公司的领导者，你将如何处理这一风波？
4. 如果你是王展志，并假设继续担任厂长，你应当采取什么样的行动？

（资料来源：http：//wenku. baidu. com/view/e3e78676f46527d3240ce00a. html）

要求：课前进行认真阅读和思考，课上针对问题进行探讨。

理论与实践

在任何社会，无论是在正式组织中，还是在非正式组织中，都离不开领导，在实际的组织管理工作中，即使组织计划再完善，组织结构再合理，如果没有卓有成效的领导去协调，影响组织成员的行动和具体指导实施组织计划，也很容易产生混乱，降低工作效率，偏离组织目标。

一、领导概念

领导作为名词是指领导者（人）。

领导作为动词是把领导作为一项管理工作、管理职能，通过该项职能的行使，管理者能促成被管理者努力地实现既定的组织目标。

对于领导职能而言，领导是一种影响力，它是影响个人、群体或组织实现所设定目标的各种活动和过程。这个定义包括下列三要素：

（1）领导者必须有部下或追随者，没有部下的领导者谈不上领导。

（2）领导者拥有影响追随者的能力或力量。

（3）领导的目的是通过影响部下来达到企业和组织的目标。

（4）领导是一种活动，也是一种艺术。

领导实际是一个行为过程。这个过程是由领导者、被领导者和其所处的环境三个因素组成。主导这一过程的人，就是领导者。一般来说，领导的作用只有在群体中才能得以体现。

领导的职能贯穿于管理工作的各个方面。领导工作的功效就是领导者通过辅之以指导、命令、沟通、激励等手段，对组织成员施加影响力，以统一组织成员的意志，从而保证组织目标的实现。

【阅读材料】柳传志的传奇

柳传志是一个创业的传奇。他领导联想由11个人20万元资金的小公司用14年时间成长为中国最大的计算机公司。柳传志的成功除了他个人的能力外，主要得益于拥有一大批像杨元庆、郭为这样高素质的追随者。柳传志的能耐在于始终有办法让下属相信，跟着自己干，联想一定能成功。这个“信”字很重要。“信”了，才会一呼百应，团结进取；“信”了，才会百折不挠，勇往直前；“信”了，才会令行禁止，服从大局。柳传志争取追随者靠的是立志高远、身先士卒、培养和起用能人。振臂一呼，应者云集的领导能力决不是一个领导职位就能赋予的，没有追随者的领导剩下的只是职权威慑的空壳。是追随者成就了领导者，领导的过程就是争取追随者的过程。而领导者的个人魅力和感召力，领导者所营造的组织氛围在此过程起着重要作用。

二、领导的作用

领导工作包含与人的因素相关的活动内容，如激励、沟通、营造组织气氛和建设组织文化等内容。在带领、引导和鼓舞部下为实现组织目标而努力的过程中，领导者要发挥如下作用。

1. 指导作用

在人们的集体活动中需要有头脑清晰、胸怀全局，能高瞻远瞩的领导者来帮助人们认清所处的环境，明确活动的目标和实现目标的途径，因此，领导者有责任指导组织各项活动的开展。即把握全局的同时对组织成员的行为进行技术上和方法上的指导，使他们具有完成任务的能力。

2. 协调作用

在集体活动中，个体在思想上产生各种分歧、行动上出现偏离目标的情况是不可避免的。因此，需要领导者来协调群体内成员之间的关系，解决相互间的冲突，使各成员之间保持和谐的关系，共同为实现组织的目标而努力工作。

3. 激励作用

在一个群体中，每个成员不可能每时每刻都以极大的热情，发挥百分之百的潜力投入工作。这就需要领导者了解下属的需求，不断激发、调动其积极性，为实现目标而努力工作。

【阅读材料】领导的比喻

三个比喻有助于描绘领导的角色：设计者、管家和教师。

作为设计者的领导。什么是领导一次远洋航行的最重要的角色？是下命令的船长吗？是指引方向的领航员吗？是提供动力使船前进的工程师吗？也许最重要的角色是设计者。即使有了命令、方向和动力，如果船不工作也不会到达它的目的地。设计者创造一个工作的组织。这个角色始于建立组织的远景、价值观和宗旨，同时创造一个环境，人们在此能成功地完成他们的工作，并有效率地共同完成目标。

作为管家的领导。管家是指一个领导有责任照顾对其信任的组织。好的领导对目的与责任有很深的理解，并成为他们远景的管家。他们委婉地解释他们如何做、做什么，为何他们的组织需要成长，为何组织的发展是一个更大目标的一部分，他们让人们相信他们的组织是一个给社会带来信息和变革的工具。他们把个人和普遍的意图带入组织，带入人们的生活。

作为老师的领导者。老师帮助人们实现对世界的看法更丰富、更准确，前赫曼·米勒公司首席执行官马科斯·德·普利说："领导者的第一责任就是定义现实。"作为老师的领导者帮助人们了解变化的来源，帮助他们学习，鼓励他们去探询真相。

资料来源：《第五项修炼》

三、领导者

领导者是指能够影响他人并拥有管理权力实现领导活动过程的人。在组织或群体中，这些人能把其他人吸引到自己周围，能够得到别人的信任并为别人所追随。因此，领导者既存在于组织中，也存在于一定的群体中；既存在于正式组织中，也存在于非正式组织中。他是以自己的威望引导和影响别人完成群体或组织目标的人，或是被委派到某一职位上以职务、权力和责任来引导和影响别人完成组织目标的人。

【管理箴言】《礼记·大学》：古之欲明明德于天下者，先治其国；欲治其国者，先齐其家；欲齐其家者，先修其身；欲修其身者，先正其心；欲正其心者，先诚其意；欲诚其意者，先致其知；致知在格物。物格而后知至，知至而后意诚，意诚而后心正，心正而后身修，身修而后家齐，家齐而后国治，国治而后天下平。

这段话的意思是说，领导者具有高度的道德和知识修养，才能齐家、治国、平天下。

（一）领导者的主要特征

(1) 领导者一般都是一个单位或组织的当权者，他具有一定的职务，享受一定的权力，这是其从事领导的资格。

(2) 领导者一般都是一个单位或组织的负责人，肩负着一定的责任。领导者除了与一般人一样服从国家法律、法令、法规、条例，担负一定的政治责任外，还有自己特殊的职责，那就是承担这个组织的决策、组织、计划、指挥、协调、监督的内在职责。

(3) 领导者应当成为大众的服务员，他在社会赋予其权力的基础上，为社会成员提供服务。所以，领导者是当权者、负责人、服务员三者的有机统一，其中职权是领导者的首要条件，负责是领导者的中心任务，服务是领导者的本质。

在现实经济生活中，人们通常把领导和领导者两个概念混在一起使用，但实际上，这两者存在着明显的区别。领导是一种社会活动，或社会职能，特指领导者的角色行为，即对他人施加影响力，使之致力于实现群体或组织预期目标的活动过程。领导者是一种社会角色，特指领导活动的行为主体，即能实现领导过程的人。

（二）领导者的影响力

领导者的影响力是领导者左右和改变被领导者的心理和行为的能力。领导者的影响力有两个基本来源，一个来源是领导者的地位权力，即伴随一个工作岗位的正常权力，称为职权或正式的权力；第二个来源是下属服从的意愿，称之为威信或非正式的权力。

【管理箴言】《论语·为政》：为政以德，譬如北辰，居其所，而众星拱之。领导者应垂范，要加强自身修养。

1. 职权

（1）支配权。这是管理者的地位或在组织权力阶层中的角色所赋予的，是决策权、指挥权和命令下属的权力。

（2）强制权。强制权是和惩罚权相联系的迫使他人服从的力量。对于一些心怀不满的下属来说，他们不会心悦诚服地服从领导者的指示，这时领导者就要运用惩罚权迫使其服从。这种权力发生作用的基础是下属的惧怕。

（3）奖赏权。在下属完成一定的任务时，领导者给予相应的奖励，可鼓励下属的积极性。包括奖金、晋升等。

2. 威信

威信是指由管理者的能力、知识、品德、作风等个人因素所产生的影响力，这种影响力是与特定的个人相联系的，与其在组织中的职位没有必然的联系。

（1）专长。专长是指领导在某些方面拥有比下属更多的专业技能或知识渊博而获得下属的尊重和佩服。其影响面限定在专长范围之内。

（2）品质。品质是指由于领导者拥有优良的领导作风、思想水平、品德修养，从而在组织成员中树立的德高望重的影响力。它通常与具有超凡魅力或名声卓著的领导者相联系。

影响一个领导者威信高低的主要因素有：

①品格。好的品格能使人产生敬爱感，并能吸引人，使人模仿。

【阅读资料】《素书·正道章》：德足以怀远，信足以一异，义足以得众，才足以鉴古，明足以照下，此人之俊也。行足以为仪表，智足以决嫌疑，信可以使守约，廉可以使分财，此人之豪也。守职而不废，处义而不回，见嫌而不苟免，见利而不苟得，此人之杰也。

②知识和才能。一个有着丰富知识和才干的领导者，会给事业带来成功，从而会使人对他产生敬佩感。

③感情。人与人之间建立了良好的感情关系，便能产生亲切感，相互的吸引力越大，彼此的影响力也越大。一个领导者平时待人和蔼可亲，关心体贴下属，与群众的关系融洽，他的影响力往往就越大。

四、领导结构和素质

（一）领导结构

领导是一个集体，是一个班子，一个具有合理结构的领导集体，不仅能使每个成员人尽其才，做好各自的工作，而且能通过有效的组合，发挥巨大的集体力量。领导结构一般包括年龄结构、知识结构、能力结构、专业结构、性别结构和性格结构等。

【阅读资料】《怎样当好一个总裁》

柳传志在北大国际 MBA 高级经理班所做的演讲：总裁在企业里一般都要做两件事，第一是制定战略，并设计实行战略的战术步骤。第二是带好员工队伍，让你的队伍有能力按照这个战略目标去实施。这两件事做好了，企业就能向好处发展。但在做这两件事情之前，还有一件更重要的事要办，就是建班子。企业必须要有一个好的领导班子，否则你把事情布置下去之后，后面的人未必照你的意思去做。有了好的班子才能群策群力，同时对第一把手也就有了制约。没有一个好的班子就制定不了好的战略，就带不好队伍，所以领导班子实际上是第一位的。联想把以上这些总结为管理的三个要素：建班子；定战略；带队伍。

1. 年龄结构

现代生理科学和心理科学研究表明，一个人的年龄与智力有一定的定量关系。不同年龄具有不同的智力、不同的经验，领导班子应该是老、中、青三结合，向年轻化的趋势发展。

2. 知识结构

知识结构指领导班子中不同成员的知识水平构成。每个成员都应具有较高的知识水平，广博的知识面，尤其现代社会应为知识型。

3. 能力结构

每个人的能力是不相同的，有的人善于思考分析问题，提出好的建议与意见，但不善于组织工作；有的人善于组织工作，但分析问题的能力较差。因此，领导班子中应包括不同能力类型的人物，既要有思想家，又要有组织家，还要有实干家。

4. 专业结构

专业结构指在领导班子中各位成员的配备应由各种专门的人才组成，形成一个合理的专业结构，从总量上强调这个班子的专业力量。如唐太宗李世民贞观之治：房玄龄，善于谋划；魏徵，敢于提意见；李靖，精于军事；杜如晦，善于决断；王圭，善于知人。

【阅读材料】管仲相齐，向齐桓公推荐“五杰”：“夫垦田创邑，辟土殖谷，尽地之利，则臣不如宁戚，请置以田官。登降揖让，进退闲习，臣不如隰朋，请置以为大行。蚤入晏出，犯君颜色，进谏必忠，不重富贵，不避死亡，则臣不如东郭牙，请置以为谏臣。决狱执中，不诬无罪，不杀无辜，则臣不如弦宁，请置以为大理。平原广囿，车不结轨，士不旋踵，鼓之而三军之士视死如归，则臣不如王子成甫，请置以为大司马。君如欲治国强兵，则此五子足矣。如欲霸王，则夷吾在此。”管仲所举荐的五个人，每个人都有自己的专长，五个人组合起来，则涉及治国强兵的各个方面，而管仲自己又是把握大局的人才，这样的人才结构当然是非常合理的。齐桓公之所以能称霸天下，与采纳管仲的建议，任用这五杰有很大的关系。

（二）领导者素质

领导者到底应具备哪些素质呢？目前尚未有统一的说法。美国普林斯顿大学包莫尔提出了具有代表性的作为一个领导者应具备的 10 个条件：

（1）合作精神，即愿与他人一起工作，能赢得人们的合作，对人不是压服，而是感动和说服。

（2）决策能力，即依赖事实而非想象进行决策，具有高瞻远瞩的能力。

（3）组织能力，即能发掘下属的才能，善于组织人力、物力和财力。

（4）精于授权，即能大权独揽，小权分散。

（5）善于应变，即机动灵活，善于进取，而不抱守残缺，墨守成规。

（6）敢于求新，即对新事物、新环境和新观念有敏锐的觉察力。

（7）勇于负责，即对上、下级和用户及整个社会抱有高度的责任心。

（8）敢担风险，即敢于承担企业发展不景气的风险，有创造新局面的雄心和信心。

（9）尊重他人，即重视和采纳别人意见，不盛气凌人。

（10）品德高尚，即品德上为社会人士和企业员工所敬仰。

【管理知识】史蒂芬·罗宾斯与领导特质

美国学者史蒂芬·罗宾斯在他的《管理学》中所做的描述，领导者有6项特质不同于非领导者。这6项特质包括：

（1）进取心。领导者表现出高的努力水平，拥有较高的成就渴望，他们进取心强，精力充沛，对自己所从事的工作坚持不懈。

（2）领导愿望。领导者有强烈的愿望去影响和领导别人，他们表现为乐于承担责任、不怕风险。

（3）诚实与正直。领导者通过真诚与无欺以及言行高度一致，在下属与自己之间建立信赖的关系。

（4）自信。领导者为了使下属相信他们的目标和决策的正确性，必须表现出高度的自信。

（5）智慧。领导者需要具备足够的智慧来收集、整理和解释大量信息，能够确立目标并为解决问题做出正确的决策。

（6）工作相关知识。有效的领导者对于公司行业和技术事项拥有较高的知识水平。广博的知识，能够使他们做出富有远见的决策并能够理解这些决策的意义。

五、领导与管理的关系

一般人容易将管理和领导混淆，认为领导就是管理，管理者就是领导者。因此，有必要明确，领导与管理是两个不同的概念，两者之间既有联系又有区别，同样领导者和管理者之间也既有相似之处，也有不同之处。

（1）共性：从行为方式看，两者都是一种在组织内部通过影响他人的协调活动，实现组织目标的过程。从权力的构成看，两者也都是组织层级的岗位设置的结果。

（2）领导和管理密切相关，但又有明显的区别。第一，从本质上说，管理的本质是一种附属于职权的强制力，下属必须服从，但可以消极抵抗；而领导的本质是建立在个人魅力或专长上的影响力，接受领导的下属一般会自觉为组织目标努力。第二，管理强调的是计划和预算、组织各项资源，控制和解决问题。领导强调的是提供方向、影响人和增强组织成员的凝聚力以及激励与鼓舞人。第三，管理者是被任命的，他们拥有合法的权力对下属进行奖励和处罚，其影响力来自他们所在的职位所赋予的正式权力；而领导者可以是任命的，也可以是从群体中产生出来的，他可以不运用正式权力来影响他人的活动。

在理想情况下，优秀的管理者一定是一个好的领导者，然而一个好的领导者不一定是一个有成效的管理者。管理者可以利用其职权迫使人们去从事一项工作，但不等于就是一个合格的领导者。有人虽有经理的头衔，然而很少能影响他人的行为和工作；也有人并无正式职权或经理之名，却能以个人的身份和感染力去影响他人的行为。后者虽非管理者，但却是一个领导者，也许是一个至关重要的非正式领导。

六、领导者与追随者

组织成功或失败，不仅依赖于组织如何被领导，而且还取决于组织成员如何追随领导者。正如管理者不一定就是好的领导者一样，下属也并不一定总是好的追随者。最有效的追随者是那些能够进行独立思考、有责任心并且致力于实现组织目标的下属。他们和盲目顺从的追随者有着根本的区别。有效的追随者拥有对组织而言宝贵的能力和专有知识，从而具备高于所要求的绩效标准。他们知道对组织的贡献是极其宝贵的。此外，他们在为组织作出贡献的同时，也在为自身未来的领导角色积蓄力量。

第二节 领导方式及其理论

管理情境

哪种领导类型最有效

ABC公司是一家中等规模的汽车配件生产集团。最近，对该公司的三个重要部门经理进行了一次有关领导类型的调查。

一、安西尔

安西尔对他本部门的产出感到自豪。他总是强调对生产过程、出产量控制的必要性，坚持下属人员必须很好地理解生产指令以得到迅速、完整、准确的反馈。安西尔当遇到小问题时，会放手交给下级去处理，当问题很严重时，他则委派几个有能力的下属人员去解决问题。通常情况下，他只是大致规定下属人员的工作方针、完成怎样的报告及完成期限。安西尔认为只有这样才能导致更好的合作，避免重复工作。

安西尔认为对下属人员采取敬而远之的态度对一个经理来说是最好的行为方式，所谓的“亲密无间”会松懈纪律。他不主张公开谴责或表扬某个员工，相信他的每一个下属人员都有自知之明。

据安西尔说，在管理中的最大问题是下级不愿意接受责任。他讲到，他的下属人员可以有机会做许多事情，但他们并不是很努力地去做。

他表示不能理解在以前他的下属人员如何能与一个毫无能力的前任经理相处，他说，他的上司对他们现在的工作运转情况非常满意。

二、鲍勃

鲍勃认为每个员工都有人权，他偏重于管理者有义务和责任去满足员工需要的学说，他说，他常为他的员工做一些小事，如给员工两张下月在伽利略城举行的艺术展览的入场券。他认为，每张门票才15美元，但对员工和他的妻子来说却远远超过15美元。通过这种方式，也是对员工过去几个月工作的肯定。

鲍勃说，他每天都要到工场去一趟，与至少25%的员工交谈。鲍勃不愿意为难别人，他认为艾的管理方式过于死板，艾的员工也许并不那么满意，但除了忍耐别无他法。

鲍勃说，他已经意识到在管理中有不利因素，但大都是由于生产压力造成的。他的想法是以一个友好、粗线条的管理方式对待员工。他承认尽管在生产率上不如其他单位，但他相信他的雇员有高度的忠诚与士气，并坚信他们会因他的开明领导而努力工作。

三、查里

查里说他面临的基本问题是与其他部门的职责分工不清。他认为不论是否属于他们的任务都安排在他的部门，似乎上级并不清楚这些工作应该谁做。

查里承认他没有提出异议，他说这样做会使其他部门的经理产生反感。他们把查里看成是朋友，而查里却不这样认为。

查里说过去在不平等的分工会议上，他感到很窘迫，但现在适应了，其他部门的领导也不以为然了。

查里认为纪律就是使每个员工不停地工作，预测各种问题的发生。他认为作为一个好的管理者，没有时间像鲍勃那样握紧每一个员工的手，告诉他们正在从事一项伟大的工作。他相信如果一个经理声称为了决定将来的提薪与晋职而对员工的工作进行考核，那么，员工则会更多地考虑他们自己，由此而产生很多问题。

他主张，一旦给一个员工分配了工作，就让他以自己的方式去做，取消工作检查。他相信大多数员工知道自己把工作做得怎么样。如果说存在问题，那就是他的工作范围和职责在生产过程中发生的混淆。查理的确想过，希望公司领导叫他到办公室听听他对某些工作的意见。然而，他并不能保证这样做不会引起风波而使情况有所改变。他说他正在考虑这些问题。

结合上述管理情景，思考并回答下列问题：

1. 你认为这三个部门经理各采取的是什么领导方式？这些模式都是建立在什么假设的基础上的？试预测这些模式各将产生什么结果？

2. 是否每一种领导方式在特定的环境下都有效？为什么？

（资料来源：http：//www. docin. com/p－202369186. html）

要求：课前进行认真阅读和思考，课上针对问题进行探讨。

理论与实践

在企业中，领导者的领导方式是影响领导效能的重要因素，了解和认识领导方式，并且善于随着时代的变化转变领导方式，是实现领导目标、做好领导工作的重要条件。

一、领导特质理论

这种理论侧重在领导者本身特质的研究上，作为描述和预测其领导成效的标准，认为领导工作效能的高低与领导者的素质、品质或个人特征密切相关。这种理论研究的前提假设是，领导者的个人特质是决定领导效能的关键因素。研究的目的是通过研究，区分领导者与一般人的不同特点，并以此来解释他们成为领导者的原因，并以此作为选拔领导者和预测其领导有效性的依据。

实际上，领导行为的有效性，不仅取决于领导者自身，而且还取决于被领导者（即领导对象）、领导情境、领导方式，是这些因素综合性的结果。但这并不是否认领导特质对领导行为的作用。通常，领导特质影响了领导行为特点，行为特点又作用于领导风格，进而影响了领导的效能。正是基于这种认识，不仅不能否定领导特质论，而且要十分重视领导者自身素质在领导行为中有效性的作用。

【课堂思考】领导者的烦恼

美国参议院的一次会议上，参议员劳森说："当今政府部门遇到的麻烦是，我们有许多领取高薪的行政管理者，但领导者太少了。领导者是天生的，不是任何管理开发培训项目能够造就出来的。我们应该做的事就是为政府挑选具有该素质的领导人才，这些人具有良好的个人特性，如智慧、活力、魄力、创造力、热情、忠诚、自信心、与人共处的能力、鼓舞下属信心的能力等。"

另一位参议员肯特接着发言："个人素质和特性对于政治领导人是至关重要的。然而，在政府部门中，我们需要的领导者是：既关心工作任务，又关心人。许多研究领导行为的学者已经把这些说清楚了。"

劳森申辩说："我不管这学者说什么，他们对领导者有什么了解？我们政府各部门长期苦于缺乏各级领导。我要求政府做一些事情，以保证各行政岗位上都有领导者。"

思考题：

1. 你在何种程度上赞同劳森的观点？

2. 对于肯特的发言，你有什么看法？

（资料来源：http：//www. docin. com/p－302563395. html）

二、领导行为理论

（一）领导风格类型理论

美国著名心理学家库尔特·勒温和他的同事们从20世纪30年代起就进行关于团体气氛和领导风格的研究。勒温等人发现，不同的领导风格对团体成员的工作绩效和工作满意度有不同的影响。他根据领导者如何运用职权，把领导者在领导过程中表现出来的极端工作作风分为三种类型：专制型领导、民主型领导和放任型领导。

（1）专制型领导，是指领导者个人决定一切，布置下属执行。这种领导者要求下属绝对服从，并认为决策是自己一个人的事情。

这种领导方式的主要优点是，决策制定和执行速度快，可以使问题在较短时间内得到解决。

专制型领导方式的主要缺点是，下属依赖性大，领导者负担较重，容易抑制下属的创造性和工作积极性。

鉴于这些优缺点，专制式领导适用于任务简单且经常重复，领导者只需与部属保持短期的关系，或者要求问题尽快得到解决的办法。

（2）民主型领导，是指领导者发动下属讨论，共同商量，集思广益，然后决策，要求上下融洽，合作一致地工作。

民主型领导风格有利于集思广益，制定出质量更好的决策，同时还能使决策得到认可和接受，从而减少执行的阻力，并增进部属的自尊心和自信心，提高他们的工作热诚和工作满足感。

民主型领导风格的不足之处是，决策制定过程长，耗用时间多，领导者周旋于各派意见之间，容易优柔寡断、唯唯诺诺。尽管民主式领导备受人们推崇，但它也不是无条件适用的，而需考虑领导工作所处的具体情境，以便发挥其所长而避其所短。

（3）放任型领导，是指领导者撒手不管，下属愿意怎样做就怎样做，完全自由，他的职责仅仅是为下属提供信息并与企业外部进行联系，以利于下属的工作。

这种领导方式虽能培养下属的独立性，但由于领导者的无为，下属各自为政，容易造成意见分歧，决策难以统一。因此，放任式领导很难得到提倡，除非被领导者是专家人物且具有高度的工作热诚，才可在少数情况下采取这种“无为而治”的领导方式。

勒温根据实验发现，放任型领导者所领导的群体的绩效低于专制型和民主型领导者所领导的群体；专制型领导者所领导的群体与民主型领导者所领导的群体工作数量大体相当；民主型领导者所领导的群体的工作质量与工作满意度更高。

基于这个结果，勒温等研究者最初认为民主型的领导风格似乎会带来良好的工作质量和数量，同时群体成员的工作满意度也较高。因此，民主型的领导风格可能是最有效的领导风格。但不幸的是，研究者们后来发现了更为复杂的结果。民主型的领导风格在有些情况下会比专制型的领导风格产生更好的工作绩效，而在另外一些情况下，民主型领导风格所带来的工作绩效可能比专制型领导风格所带来的工作绩效低，或者仅仅与专制型领导风格所产生的工作绩效相当。而关于群体成员工作满意度的研究结果则与以前的研究结果相一致，即通常在民主型的领导风格下，成员的工作满意度会比在专制型领导风格下的工作满意度高。

在实际的组织与企业管理中，很少有极端型的领导，大多数领导者都是介于专制型、民主型和放任型之间的混合型。勒温能够注意到领导者的风格对组织氛围和工作绩效的影响，区分出领导者的不同风格和特性并以实验的方式加以验证，这对实际管理工作和有关研究非常有意义。许多后续的理论都是从勒温的理论发展而来的。但是，勒温的理论也存在一定的局限。这一理论仅仅注重了领导者本身的风格，没有充分考虑到领导者实际所处的情境因素，因为领导者的行为是否有效不仅仅取决于其自身的领导风格，还受到被领导者和周边的环境因素影响。

【管理箴言】

韩非子：明君之道，使智者尽其虑，而君因以断事，故君不穷于智；贤者敕其才，君因而任之，故君不穷于能。

（二）管理方格论

美国管理学家布莱克和穆顿于 1964 年设计了一个巧妙的管理方格图，令人醒目地表示主管人员对生产关心程度和对人的关心程度。横坐标与纵坐标分别表示对生产和对人的关心程度。每个方格就表示“关心生产”和“关心人”这两个基本因素以不同程度相结合的一个领导方式。对生产的关心表示为主管者对各种事物所持的态度，例如政策决定的质量、程序与过程；研究的创造性；职能人员的服务质量，工作效率及产品产量等。对人的关心则主要表现在个人对实现目标所承担的责任，保持对职工的尊重，建立在信任而非顺从基础上的职责，保持良好的工作环境以及具有满意感的人际关系等。

在这种领导方式论中，首先把管理人员按他们的绩效导向行为（称为对生产的关心）和维护导向行为（称为对人员的关心）进行评估，给出等级分值。然后以此为基础，把分值标注在两个维度坐标界面上，并在这两个维度坐标轴上分别划出 9 个等级，从而生成 81 种不同的领导类型。

这里有五种典型的领导类型，分别如下：

1.1 型方式（贫乏型管理）——表示对人和生产（工作）都极不关心，这种方式的领导者只做一些维持自己职务的最低限度的工作，庸庸碌碌，只要不出差错，多一事不如少一事。

9.1 型方式（独裁的，重任务型管理）——表示对工作极为关心，但忽略对人的关心，也就不关心职工的需求和动机，并尽可能地设计一种工作环境，使人员不致干扰工作的进行。这种领导者拥有很大的权力，强调有效地控制下属，努力完成各项工作。

1.9 型方式（乡村俱乐部型管理）——表示领导者对人极为关心，也就是关心工作人员的需求是否获得满足，内部一团和气，太平无事，但忙忙碌碌，效益却很差。

5.5 型方式（中庸之道型管理）——表示既对工作关心，也对人关心，两者兼而顾之，程度适中，主张适可而止。这种方式的领导者既对工作的数量和质量有一定的要求，又强调通过引导和激励去使下属完成任务。但是这种领导往往缺乏进取心，乐意维持现状。

9.9 型方式（战斗集体型管理）——表示对工作和人都极为关心。这种方式的领导者能使组织的目标与个人的需求最有效地结合起来，既高度重视组织的各项工作，又能通过激励、沟通等手段，使群体在相互信任、相互尊重的基础上合作，下属人员共同参与管理，使工作成为组织成员自觉自愿的行动，从而获得高的工作效率。

需要指出的是，上述五种典型方式，也仅是一种理论上的描述，都是较极端的情况，在实际生活中，很难出现如此纯粹的典型领导方式。

三、领导权变理论

（一）费德勒模式

美国著名心理学家弗雷德·费德勒从 1951 年开始，首先从组织绩效和领导态度之间的关系着手进行研究，经过长达 15 年的调查实验，提出了“有效领导的权变模式”，即费德勒模型。他认为任何领导形态均可能有效，其有效性完全取决于是否与所处的环境相适应。他把影响领导者领导风格的环境因素归纳为三个方面：职位权力、任务结构、领导者与下级的关系。

1. 职位权力

这指的是与领导人职位相关联的正式职权以及领导者从上级和整个组织各个方面所取

得的支持的程度。这一职位权力是由领导者对其下属的实有权力，包括所拥有的奖惩力量所决定的。当领导者拥有一定的明确的职位权力（分为强与弱两类）时，则更容易使群体成员遵从他的指导。

2. 任务结构

这指的是任务明确程度和人们对这些任务的负责程度（分为高与低两种程度）。当下属人员对所担任的任务的性质清晰明确而且例行化，则领导者对工作质量较易控制。当然，群体成员也有可能对自己所担任的任务性质模糊不清或其任务多有变化，这时领导者就能更好地担负起他们的工作职责。

3. 领导者与下级的关系

费德勒认为在这个方面，上下级关系可影响下级对一位领导者的信任和爱戴，从而决定是否乐于追随他共同工作。

费德勒认为，根据这三种因素的情况，领导者所处的环境从最有利到最不利，共分为8种类型。其中，三个条件齐备的是领导最有利的环境，三者都缺乏的是最不利的环境。领导者所采取的领导方式，应该与环境类型相适应，才能获得有效的领导。在最不利和最有利的两种情况下，采取以“任务为中心”的任务导向型领导方式，效果较好；而对处于中间状态的环境，则采用“以人为中心”的关系导向型领导方式，效果较好。

根据费德勒权变理论可以得出以下结论：

不存在一种绝对最好的领导行为方式，只能说某种领导方式在这样的环境中效果好，另一种领导方式在那样的环境中效果好。

要根据情境不同选配不同行为导向的领导者。如情境最好和最坏时，应选配任务导向型的领导者；反之，则应选配关系导向的领导者。

要提高领导绩效，可通过两种途径：一是改变领导者的领导方式以适应特定的环境；二是改变领导环境，以适应领导者个人的领导方式。

（二）路径—目标理论

路径—目标理论是加拿大多伦多大学教授埃文斯在20世纪60年代提出，并由美国管理学家罗伯特·豪斯进一步扩展的一种领导权变理论。该理论认为，领导者的效率是以他能激励下属达到组织目标，并使其在工作中得到满足的能力来衡量的。领导者的基本职能在于制定合理的、人们所期望得到的报酬，并为下属实现目标扫清道路。

路径—目标理论认为领导者应视两组情境变数：“工作环境与下属的特性”来决定采取哪一种领导形态。豪斯确定了四种领导行为：指导型领导者让下属知道他对他们的期望是什么，以及他们完成工作的时间安排，并对如何完成任务给予具体指导；支持型领导十分友善，表现出对下属需要的关怀；参与型领导则与下属共同磋商，并在决策之前充分考虑他们的建议；成就导向型的领导设定富有挑战性的目标，并期望下属发挥出自己的最佳水平。与费德勒的领导方式学说不同的是，豪斯认为领导者是灵活的，同一领导者可以根据不同的情景表现出任何一种领导风格。

路径—目标理论比其他领导权变理论独到之处是，它不但说明领导风格如何适应领导具体情境的问题，而且把领导方式的选择跟对下属的激励结合起来。这无论是对领导方式的研究还是对激励理论的研究，都提供了一个新的思路。

（三）领导生命周期理论

领导生命周期理论是由美国管理学家赫西和布兰查德提出的，这个理论指出了有效的领导者所采取的领导形态和被领导者的成熟度有关。其基本的观点是：如果将领导方式分为以工作为中心和以人际关系为中心这两种领导类型，则有效的领导方式应随着下属的逐渐成熟，而不断调整工作型和人际关系型这两种领导方式的比例。该理论核心的内容是领导风格必须与下属成熟过程相匹配。当被领导者的成熟度高于平均水平时应采用低关系、低工作；当被领导者成熟度一般时，应采用高关系、高工作或高关系、低工作；当被领导者成熟度低于平均水平以下时，应采用低关系、高工作。随着下属由不成熟向逐渐成熟过渡，领导行为应当按着高工作、低关系→高工作、高关系→高关系、低工作→低工作、低关系逐步推移。

生命周期理论提出任务行为和关系行为这两种领导维度，并且将每种维度进行了细化，从而组合成四种具体的领导方式。

1. 命令式（高工作低关系）

领导者定义角色，告诉下属应该做什么、怎样做以及在何时何地做。适用于下属低成熟度的情况，领导者采用单向沟通，责令下属执行工作任务。

2. 说服式（高工作高关系）

领导者同时提供指导行为与支持行为。适用于下属较不成熟的情况，领导者以双向沟通方式说服下属接受工作任务。

3. 参与式（高关系低工作）

领导者与下属共同决策，领导者的主要角色是提供便利条件和沟通。适用于下属比较成熟的情况，领导者通过双向沟通和悉心倾听与下属充分交流。

4. 授权型（低关系低工作）

领导者提供不多的指导或支持。适用于下属高度成熟的情况，领导者赋予下属自主决策和行动的权力。

总之，领导生命周期理论认为，有效的领导方式应把任务导向行为、关系导向行为和下属的成熟度结合起来考虑：

（1）对于不同成熟度的下属，应采用不同的领导方式；

（2）对于同一名下属，不同的成熟度时期，应采用不同的领导方式；

（3）对于同一名下属，同一个时期，不同的成熟度事情，应采用不同的领导方式。

和费德勒的权变理论相比，领导方式生命周期理论更容易理解和直观。但它只针对了下属的特征，而没有包括领导行为的其他情景特征。因此，这种领导方式的情景理论算不上完善，但它对于深化领导者和下属之间的研究，具有重要的基础作用。

【管理探讨】苏·雷诺兹今年22岁，即将获得哈佛大学人力资源管理的本科学位。在过去的两年里，她每年暑假都在康涅狄格互助保险公司打工，填补去度假的员工的工作空缺，因此她在这里做过许多不同类型的工作。目前，她已接受该公司的邀请，毕业后将加入互助保险公司，成为保险单更换部的主管。

康涅狄格互助保险公司是一家大型保险公司，仅苏所在的总部就有5000多人。公司奉行员工的个人开发，这已成为公司的经营哲学，公司自上而下都对员工十分信任。

苏将要承担的工作要求她直接负责25名职工。他们的工作不需要什么培训而且具有高度的程序化，但员工的责任感十分重要，因为更换通知要先送到原保险单所在处，要列表显示保险费用与标准表格中的任何变化；如果某份保险单因无更换通知的答复而将取消，还需要通知销售部。

苏工作的群体成员全部是女性，年龄从19岁到62岁，平均年龄为25岁。其中大部分人是高中学历，以前没有过工作经验，她们的薪金水平为每月420美元到2070美元。苏将接替梅贝尔·芬彻的职位。梅贝尔为互助保险公司工作了37年，并在保险单更换部做了17年的主管工作，现在她退休了。苏去年夏天曾在梅贝尔的群体中工作过几周，因此比较熟悉她的工作风格，并认识大多数群体成员。她预计除了丽莲·兰兹之外，其他将成为她下属的成员都不会有什么问题。丽莲今年50多岁，在保险单更换部工作了十多年。而且，作为一位"老太太"，她在员工群体中很有分量。苏断定，如果她的工作得不到丽莲的支持，将会十分困难。

苏决心以正确的步调开始她的职业生涯。因此，她一直在认真思考：一名有效的领导者应具备什么样的素质？

问题：

1. 影响苏成功地成为领导者的关键因素是什么？

2. 你认为苏能够选择领导风格吗？如果可以，请为她描述一个你认为最有效的风格。如果不可以，请说明原因。

3. 帮助苏赢得或控制丽莲·兰兹，你有何建议？

（资料来源：http：//www. docin. com/p－109768711. html）

第三节 领导艺术

管理情境

知识分子太难管了

有一个实力较强的应用科学研究所，所长是一位有较大贡献的专家，他是在"让科技人员走上领导岗位"的背景下，被委任为所长的，没有领导工作的经历。他上任后，在科研经费划分、职称评定、干部提升等问题上，实行"论资排辈"的政策；在成果及物质奖励等问题上则搞平均主义；科研项目及经费只等上级下拨。广大的中青年科技人员由于收入低且无事可做纷纷到外面从事第二职业，利用所里的设备和技术捞私利，所里人心涣散。

上级部门了解情况后，聘任了一位成绩显著的家用电器厂厂长当所长，该厂长是一位转业军人，是当地号称整治落后单位的铁腕人物。新所长一上任，立即实施一系列新的规章制度，包括"坐班制"，并把中青年科技人员集中起来进行"军训"，以提高其纪律性；在提升干部、奖励等问题上，向"老实、听话、遵守规章制度"的人倾斜。这样一来，涣散的状况有所改变，但大家还是无事可做，在办公室看看报纸，谈谈天，要求调离的人员不断增加，员工与所长之间也经常出现矛盾。一年后，该所长便辞职而去并留下了"知识分子太难管了”的感叹。

上级部门进行仔细的分析和研究后，又派一位市科委副主任前来担任所长。该所长上任后，首先进行周密的调查，然后在上级的支持下，进行了一系列有针对性的改革，把一批有才能、思想好、有开拓精神的人提升到管理工作岗位，权力下放到科室、课题组；奖励、评职称实行按贡献大小排序的原则；提倡“求实、创新”的工作作风；在完成指定科研任务的同时，大搞横向联合，制定优惠政策，面向市场。从此，研究所的面貌焕然一新，原来的一些不正常现象自然消失，科研成果、经济效益成倍增长，成了远近闻名的科研先进单位。

结合上述管理情景，思考并回答下列问题：

同一个研究所，为什么不同的人来当所长会有大不相同的结果？

（资料来源：http：//www. docin. com/p－219484106. html）

要求：课前进行认真阅读和思考，课上针对问题进行探讨。

理论与实践

领导艺术是一个十分广阔的领域，具有丰富的内容和多样的形式，它们相互作用，彼此渗透，从而构成了具有一定理论形态和实践意义的领导艺术。

一、领导艺术特征

1. 随机性

领导艺术是领导者思考和处理事件的变通能力，其没有固定的模式可套，没有规范的程序可循，没有统一的尺度可依，它必须依据不同的时间、地点和条件，机智灵活地处理事件。

2. 经验性

领导艺术应来源于一个人的阅历和经历，不是单纯从书本中就能得到的，经验是带有个人的烙印，渗透着或明或暗的个人感情色彩。

3. 多变性

领导艺术是生动活泼、丰富多彩、千变万化、无穷无尽的，对于同一事件的处理，由于领导人的经历、学识、思维方式、出发点等方面存在差异，所以处理的方式和技巧也会不相同。

4. 创造性

领导艺术应是显示领导者生机勃勃的创造力，它不因循守旧、拘泥古法，而是善于随机应变，因人因事因地制宜、因势利导，在千差万别的事物面前，在复杂多变的情况下，在艰难曲折的环境中，充分发挥想象力，周密的思考力，灵活的应变力，大胆地策划，创造性地提出解决的办法。

【专家视野】领导艺术的核心在于激励属下主动而积极地工作。

——西蒙

二、领导艺术

（一）用人的艺术

1. 知人善任的艺术

知人善任的艺术是指用人用其德才，不受名望、年龄、资历、关系亲疏的局限。对于组织领导者来说，就是能容忍和使用反对过自己的人，有勇气选择名望和才学与自己相同甚至超过自己的人。同时要用人所长，避人所短。唐僧之所以能西天取经成功，主要是他能做到知人善任，把孙悟空、沙和尚、猪八戒安排到最适合他们的岗位上去。实现了人才所长与岗位所需的最佳组合。

【管理故事】王珐鉴才

在一次宴会上，唐太宗对王珐说："你善于鉴别人才，尤其善于评论。你不妨从房玄龄等人开始，都一一做些评论，评一下他们的优缺点，同时和他们互相比较一下，你在哪些方面比他们优秀?"

王珐回答说："孜孜不倦地办公，一心为国操劳，凡所知道的事没有不尽心尽力去做，在这方面我比不上房玄龄。常常留心于向皇上直言建议，认为皇上能力德行比不上尧舜很丢面子，这方面我比不上魏徵。文武全才，既可以在外带兵打仗做将军，又可以进入朝廷搞管理担任宰相，在这方面，我比不上李靖。向皇上报告国家公务，详细明了，宣布皇上的命令或者转达下属官员的汇报，能坚持做到公平公正，在这方面我不如温彦博。处理繁重的事务，解决难题，办事井井有条，这方面我也比不上戴胄。至于批评贪官污吏，表扬清正廉署，疾恶如仇，好善喜乐，这方面比起其他几位能人来说，我也有一日之长。"唐太宗非常赞同他的话，而大臣们也认为王珐完全道出了他们的心声，都说这些评论是正确的。

从王珐的评论可以看出唐太宗的团队中，每个人各有所长；但更重要的是唐太宗能将这些人依其专长运用到最适当的职位，使其能够发挥自己所长，进而让整个国家繁荣强盛。

未来企业的发展是不可能只依靠一种固定组织的形态而运作，必须视企业经营管理的需要而有不同的团队。所以，每一个领导者必须学会如何组织团队，如何掌握及管理团队。企业组织领导应以每个员工的专长为思考点，安排适当的位置，并依照员工的优缺点，做机动性调整，让团队发挥最大的效能。

经理人员的任务在于知人善任，提供企业一个平衡、密合的工作组织。

（资料来源：《管理故事会》）

2. 量才适用的艺术

要帮助员工找到自己最佳的工作位置。如果把不精通产品技术的人安排去搞新产品开发，让未掌握营销技巧、不善于从事公共关系的员工去做推销人员，这种岗位角色的错位，不仅对工作不利也浪费了人才。

3. 用人不疑的艺术

中国有句古语：疑人不用，用人不疑。对委以重任的员工，应当放手使用，合理授权，使他能够全面担负起责任。当他们有困难时，甚至遇到各种流言蜚语的时候，领导者要做到不偏听、不偏信，明辨真伪，给他们以必要的支持和帮助。

【阅读材料】司马光："用贤而不能专，与不用同也。明主为之不然，审求天下之大贤而用之，专信之，举社稷百姓而委属之，虽有至亲不能夺也，虽有至贵不敢争也，虽有谗巧不能间也，确然若胶漆之相合，视其际而不可得见也。然后贤者得竭其心而施其才，不忧怨贼之口，不惧猜之迹。"（《温国文正司马公文集·功名论》）

欧阳修在《为君难论上》中说："用人之术，任之必专，信之必笃，然后能尽其才，而可共成事"，用人的首要前提是能够相信下属，不能相信下属就无法充分授权，无法充分授权必然造成下属不能完成任务，而且不信任人，也很难让被用者鼎力相助。

（二）决策的艺术

决策是领导者要做的主要工作，决策一旦失误，对单位就意味着损失，对自己就意味着失职。这就要求领导者要强化决策意识，尽快提高决策水平，尽量减少各种决策性浪费。

决策前注重调查。领导者在决策前一定要多做些调查研究，搞清各种情况，尤其是要把大家的情绪和呼声作为自己决策的第一信号，不能无准备就进入决策状态。

决策中注意民主。领导者在决策中要充分发扬民主，优选决策方案，尤其是在碰到一些非常规性决策时。应懂得按照"利利相交取其大、弊弊相交取其小、利弊相交取其利"的原则，适时进行决策，不能未谋乱断，不能错失决策良机。

决策后狠抓落实。决策一旦定下来，就要认真抓好实施，做到言必信、信必果。决不能朝令夕改。一个领导者在工作中花样太多，是一种不成熟的表现。

（三）协调的艺术

没有协调能力的人当不好领导者。协调，不仅要明确协调对象和协调方式，还要掌握一些相应的协调技巧。

对上请示沟通。平时要主动多向领导请示汇报工作，若在工作中有意或无意得罪了上级领导，靠"顶"和"躲"是不行的。理智的办法，一是要主动沟通，错了的要大胆承认，误会了的要解释清楚，以求得到领导的谅解。二是要请人调解，这个调解人与自己关系要好，与领导的关系更要非同一般。

对下沟通协调。当下属在一些涉及个人利益的问题上与单位或对领导有意见时，领导者应通过淡心、交心等方式来消除彼此间的误解。对能解决的问题一定要尽快解决，一时解决不了的问题，也要向人家说清原因，千万不能以"打哈哈"的方式去对待人或糊弄人。

对外争让有度。领导者在与外面平级单位的协调中，其领导艺术就往往体现在争让之间。大事要争，小事要让。不能遇事必争，也不能遇事皆让，该争不争，就会丧失原则；该让不让，就会影响全局。

（四）运时的艺术

时间是一种无形的稀缺资源，领导者不能无视它，更不能浪费它。所谓有效地利用时间的艺术，包括以下两个方面。

1. 科学分配时间的艺术

对于领导者来说，科学分配时间的艺术，就是要根据组织经营的总任务，按制度时间的规定，科学合理地给各个单位分配定额，并要求他们在执行中严格按计划进行，做到按期、按质、按量完成。

2. 合理节约时间的艺术。

合理节约时间的艺术，指的是如何节约时间及如何把节约的时间更好地利用起来。

养成惜时习惯。人才学的研究表明：成功人士与非成功人士的一个主要区别，就是成功人士年轻时就养成了惜时的习惯。要像比尔·盖茨那样：能站着说的事情就不要坐着说，能站着说完的事情就不要进会议室去说，能写个便条的事情就不要写成文件。只有这样才能形成好的惜时习惯。

（五）理财的艺术

经费不足是当前各单位普遍存在的一个主要问题，它要求领导者要提高理财艺术。

懂得怎样去找钱。找钱就是要学会“开源”，也就是要利用各种可行的途径去广开财路，增加收入。

懂得怎样去管钱。领导者不能对单位的经费使用情况不闻不问，对单位的一些主要经费开支情况，领导者一定要定期进行审核。看看有没有违规违纪的情况；有没有不该花的钱。

懂得怎样去用钱。知道哪些钱可以用，哪些钱不可以用，知道怎样合理地用钱。

（六）说话的艺术

说话是一门艺术，它是反映领导者综合素质的一面镜子，也是下属评价领导者水平的一把尺子。领导者要提高说话艺术，除了要提高语言表达基本功外，关键要提高语言表达艺术。

做到言之有物。就是领导者在下属面前讲话，不能空话连篇，套话成堆，要尽量做到实话实说，让大家能经常从领导者的讲话中，能获取一些新的有效信息，能听到一些新的见解，能受到一些新的启发。

做到言之有理。领导者在下属面前讲话，不能官气十足，应注意情理相融，要做到情理相融。一是要讲好道理。讲道理不能搞空对空，一定要与下属的思想、工作、生活等实际紧密结合起来，力求以理服人。二是要注意条理。讲话不能信口开河，语无伦次，一定要让人感到条理清晰，层次分明。三是要通情理。不能拿大话来压人，要多讲些大家眼前最关心的问题、大家心里最想的问题做到言之有理。领导者在下属面前讲话时，语言要带点甜味。要有点新意，要有点幽默感。

（七）激励的艺术

管理要重在人本管理，人本管理的核心就是激励。领导者要调动大家的积极性，就要学会如何去激励下属，激励注意适时进行。美国前总统里根曾说过这样一句话：“对下属给予适时的表扬和激励，会帮助他们成为一个特殊的人。”一个聪明的领导者要善于经常适时、适度地表扬下属。这种“零成本”激励，往往会“夸”出很多为你效劳的好下属。激励注意因人而异，领导者在激励下属时，一定要区别对待。最好在激励下属之前，要搞清被激励者最喜欢什么？最讨厌什么？最忌讳什么？尽可能“投其所好”。否则，就有可能好心办坏事。

激励注意多管齐下。激励的方式方法很多，有目标激励、榜样激励、责任激励、竞赛激励、关怀激励、许诺激励、金钱激励等，但从大的方面来划分主要可分为精神激励和物质激励两大类。领导者在进行激励时，要以精神激励为主，以物质激励为辅，只有形成这样的激励机制，才是一种有效的激励机制，才是一种长效的激励机制。

本章小结

1. 领导是一种影响力，它是影响个人、群体或组织实现所设定目标的各种活动和过程。

2. 领导的作用：指挥作用；协调作用；激励作用。

3. 领导者是指能够影响他人并拥有管理权力实现领导活动过程的人。

4. 领导者的影响力是领导者左右和改变被领导者的心理和行为的能力。领导者的影响力有两个基本来源，一个来源是领导者的地位权力，即伴随一个工作岗位的正常权力，称为职权或正式的权力；第二个来源是下属服从的意愿，称为威信或非正式的权力。

5. 领导结构一般包括年龄结构、知识结构、能力结构、专业结构、性别结构和性格结构等。

6. 领导方式理论：领导特质理论、领导行为理论、领导权变理论。

7. 领导权变理论：费德勒模式、路径—目标理论、领导生命周期理论。

8. 领导的用人艺术、用权艺术及理事艺术是领导艺术的核心，集中地反映了领导艺术水平的高低。

9. 领导艺术特征：随机性；经验性；多变性；创造性。

10. 领导艺术：用人的艺术；决策的艺术；协调的艺术；运时的艺术；理财的艺术；说话的艺术；激励的艺术。

课后自测

一、单项选择题（在下列各小题中，选择一个最合适的答案）

1. 领导的本质是（　）。

A. 权力的运用　　B. 被领导者和追随者的服从

C. 领导者的个人魅力　　D. 领导者职位的高低

2. 在管理方格理论中，（1.9）型管理方式又称为（　）。

A. 贫乏型管理　　B. 乡村俱乐部型管理

C. 任务型管理　　D. 中间道路型管理

3. 下面关于领导特质说法正确的是（　）。

A. 领导特质是天生的，领导者也是天生的

B. 我们现在仍然要进行领导特质理论的研究，以便于区分领导者和被领导者

C. 没有所谓的领导者特质，特质理论没有什么意义

D. 没有一个一般的，普遍适用和有效的领导者特质清单

4. 某公司销售部经理被批评为“控制得太多，而领导得太少”。据此，你认为该经理在工作中存在的主要问题最有可能是什么？（　）

A. 对下属销售人员的疾苦没有给予足够的关心

B. 对销售目标任务的完成没有给予充分的关注

C. 事无巨细，过分亲力亲为，没有做好授权工作

D. 没有为下属销售人员制定明确的奋斗目标

5. 某大型企业的陈先生多年担任总工程师职务，前不久正式退居二线，但他的继任者进行重大工程技术决策前，总还是要主动前去征询他的意见，之所以出现这种情况，你认为主要是陈先生拥有（　）的影响力。

A. 任职多年　　B. 德高望重

C. 势力较大　　D. 技术专长

二、多项选择题（下列各题中正确的答案不少于两个，请准确选出全部正确的答案）

1. 具体讲职权主要涉及（　）。

A. 合法权　　B. 专长权

C. 奖赏权　　D. 感情权

E. 惩罚权

2. 下列关于领导与管理，说法错误的有（　）。

A. 领导就是管理　　B. 领导包括管理

C. 领导是管理的一项职能　　D. 所有的领导都是管理

3. 管理方格理论认为：领导风格取决于两个维度（　）。

A. 对利润的关心　　B. 对产值的关心

C. 对人的关心　　D. 对制度的关心

E. 对生产的关心

4. 领导的行为理论认为（　）。

A. 存在着特定的领导者行为方式使领导有成效

B. 领导者所处的环境因素制约着领导行为方式的有效性

C. 领导者是天生的

D. 可通过后天实践、学习获得领导者资格

5. 根据领导者如何运用职权，把领导者在领导过程中表现出来的极端工作作风分为（　）类型。

A. 专制型领导　　B. 变革型领导

C. 民主型领导　　D. 放任型领导

三、简答题

1. 领导与管理的关系是什么？

2. 领导方式权变理论的内容是什么？

3. 简述路径—目标理论，该理论以哪种激励理论为基础？根据这个理论，哪些情境因素有助于确定最有效的领导风格？

四、思考题

1. 为什么只有将以人为重和以工作为重结合起来才能实施有效的领导？

2. 怎样解释有效的管理者应当是先观察，后领导？

3. 在布置一项重大任务时，为什么常常要进行动员和形势分析？

4. 假如您是足球队队长，而队中有两名队员有些不和，他们都是主力队员，而此时有一场重要比赛，您如何去协调和处理？

5. 假如课堂上您对老师的讲解有所疑惑，您是采取何种方式去消除这种疑惑的？

案例分析

张瑞敏谈领导

1984 年，张瑞敏由青岛市家用电器工业公司调任青岛电冰箱总厂厂长，在短短 14 年时间，使一个亏损 147 万元的小厂一跃发展成为 1998 年销售收入高达 190 亿元的国家特大型企业集团，成为中国家电行业的排头兵。张瑞敏现任海尔集团总裁兼党委书记，是中国企业管理协会理事，中国空调制冷协会理事长，全国工商联合会执行委员，山东省企业管理协会常务理事，青岛工商企业联合会副主席。并曾先后荣获“全国劳动模范”“全国优秀企业家”“全国优秀青年管理专家”“中国经营管理大师”“全国环保先进工作者”，以及美国优质服务科学协会“五星钻石个人终身荣誉”等称号。

海尔集团的高速发展备受世人瞩目，每天都有来自全国各地甚至国外的企业领导人来到海尔集团取经问道，也有不少企业把海尔的管理模式学习揣摩以后照搬到本企业中，但效果都不太理想。原因是多方面的，但张瑞敏认为很重要的一个原因在于，没有搞清楚企业领导人在企业中应该扮演什么角色。

如果把企业比做一艘船的话，企业领导应该是什么？按照习惯的说法：领导是舵手，是船长。张瑞敏却认为这样的领导充其量是计划经济体制下的优秀企业的领导，是计划经济时代的企业领导人的角色。在计划经济向市场经济的转轨过程中，企业领导人不应该仅仅是舵手是船长，更应该是这艘船的设计者，是船主。

他以人才问题为例加以说明：“企业的成败靠的是人，谁有高素质人才谁就可以在竞争中获胜。但作为一个企业的领导者，你的任务不是去发现人才，今天看看培养一下张三，明天考虑一下李四，如果这样你就本末倒置了。你的职责应该是建立一个可以出人才的机制，这就是造船。这个人才机制自身就能够源源不断地产生出人才，对一个大型企业来说，这种机制的建立要比老板具有敏锐的发掘能力更为重要。即便是我们开始时的 600 多人的企业，也不能今天看好张三，明天看好王五，我建造人才机制就是要给每个人相同的竞争机会。像运动比赛一样，赋予每个人参与竞争的可能，关键看你的能力。海尔设有干部处，他们的任务不是去发掘干部，而是研究现行机制能不能把所有人的潜能发挥出来。我们的干部每年都有调整，都有人上来，有人下去。”

对于一名成功的企业家，张瑞敏认为有两方面的素质是必须具备的：

“首先，要有善于把握大局的能力。在眼前一堆事情里你能不能找出一个最关键的问题来，找出制约发展的根本问题来，在解决这个问题时是否会对其他问题产生影响？这种很快抓住主要矛盾的能力是企业的老总必须具备的。

“另外，要有一种对一件事一抓到底的韧劲。在中国企业里，往往是领导做出一个决策之后，在向下传达过程中都有衰减或偏差。如果你不能一直盯住，很多事你以为已经到位，下面往往还没开始干。我们的做法：一件事从头到尾抓出一个模式来，然后再去克隆它，成功率非常高，这恐怕也是一种中国特色吧。虽然我是 10000 多人企业的老总，还要亲自到基层去抓某一件小事，但你不过去做就不行。有时候必须抓得非常具体，当然是属于带有全局性的问题。我们集团的副总裁杨绵绵，她就非常善于去抓出一个很容易操作的模式来。当我在北京的商场海尔专柜上具体过问某些事的时候，一些同行业的老总说：你都做到这么大的老板了，还抓这么细小的事，真不可思议。企业管理中有这么一句话：每天只抓好一件事就足够了。抓而不紧等于不抓。实际上抓好一件事等于抓好了一批事，因为每一件事都不是孤立的，抓好了一件事会连着把周围的一批事都带动起来了。”

张瑞敏是土生土长的中国企业家，他善于从我国传统文化精髓中汲取营养，并把它应用到管理实践上。他对老子的《道德经》非常推崇，而且通读过数遍，从中得到很多启发。他说：“《道德经》里主要有两点是我一直当座右铭来记取的：一是强调无形比有形更重要，天下万物生于有，有生于无。对于企业现存的最大的弊病：从各级领导一直到下边，看有形的太多、无形的太少，哪一位上级领导来检查都是看利润多少，生产是多少，没有谁注重企业文化，而且许多单位也没有企业文化，一个企业没有文化就等于没有灵魂。老子《道德经》中的‘无形’就是灵魂，就像道生一，一生二，二生三，三生万物。万物的根源是道，而道恰恰是非常重要但看不见的东西。再一个对我感触很深的是：柔弱胜刚强。它说明了一种转化的过程，弱可以转强，小可以转大，问题是你怎么来看待。如果管理者能把企业放在一个弱者的位置，你就有目标可以永远前进。”

思考题：

1. 领导人在企业中应该是什么角色？你赞同张瑞敏的观点吗？

2. 请对张瑞敏的“领导观”予以评价。

（资料来源：丁杰．领导科学［M］．武汉：华中科技大学出版社，2012.）

项目训练

实训项目　上网络查询或阅读企业家传记

一、实训目的

分析不同企业的领导风格、熟悉各种领导方式。

二、实训要求

要求每个学生阅读至少两位企业家传记，总结其领导风格与特点，进行比较，写出训练报告，在课内进行交流。

第八章 激励

本章导读

友谊卡片公司

1986 年，迪娜·爱尔文创立了友谊卡片公司，她打算利用自己的商品设计专长来制造和销售贺卡。当然，她还希望开创更美好的未来。时至今日，迪娜的公司仅拥有 12 名员工，但年均利润已超过 10 万美元。

1993 年 3 月，迪娜决定让员工共享公司的成功。她宣布，在即将来到的 6、7、8 三个月中，友谊卡片公司星期五也成为休息日。这样，所有员工将有三天的周末时间，而与此同时，他们仍得到与五天工作制一样的薪水。

在实施三天周末制一个月后，一位迪娜最信赖的员工向她坦白，他宁愿得到加薪而不是额外的休息时间，而且他相信另有几位员工与他的想法相同。

迪娜十分惊讶。她的大多数员工不到 30 岁，而年均收入为 35000 美元，这已超过本镇从事相似工作的员工收入的 20%。对于她自己来说，如果年收入已达 35000 美元，再让她在钱和休闲时间之间进行选择的话，她毫无疑问将选择后者，她以为她的员工也会如此。不过迪娜十分开明，在接下来的大会上她召集了所有员工，问他们："你们是希望得到夏季的四天工作制呢，还是希望得到 4000 美元的奖金？多少人赞成继续实行四天工作制？" 6 只手举了起来。"多少人更愿意得到奖金？"另外的 6 只手举了起来。

这件事使迪娜明白了该如何奖励及激励她的员工，不同的人有不同的需求，激励措施应因人而异。成功的管理者应该知道哪些激励方式对人们的影响微乎其微，甚至完全不起作用。如果管理者希望他们的员工付出最大的工作努力，就应调整自己的激励实践以满足员工的需求和愿望。

（资料来源：http：//www. docin. com/p－475438622. html）

第一节 激励概述

管理情境

山花煤矿奖金分配风波

山花煤矿是一个年产120万吨原煤的中型矿井。该矿现有职工5136人，其中，管理干部458人，占全矿职工的8.9%。某年全矿职工在矿井领导的带领下，团结一心，努力奋斗，取得了生产和安全的大丰收。特别是在安全方面，100万吨原煤生产死亡率降到了2人以下，一跃跻身于同行业的先进行列。至此，上级主管部门特拨下15万元奖金，奖励该矿在安全与生产中做出贡献的广大干部和职工。

在这15万元奖金的分配过程中，该矿袁军矿长代表矿行政召集下属五位副矿长和工资科长、财务科长、人事科长和相关科室的领导开了一个"分配安全奖金"会议。袁矿长首先在会上发言，他说："我矿受到上级的表彰是与全矿上下广大干部和职工群众的齐心协力、团结奋斗分不开的。奖金分配上嘛，应该大家都有份，但是不能搞平均主义，因为每个人的贡献有大小，我看工人和干部就该拉开距离，如工人只是保证自身安全，他们的安全工作面不大。而干部不但要保证自身安全还要负责一个班组、区、队，或一个矿的安全工作，特别是我们这些头头还在局里押了风险抵押金，立了军令状，不但要负经济责任，同时，又要负法律责任。为此在奖金分配上不能搞平均，应该按责任大小、贡献多少拉开档次。如果奖金分配不公，就会打击干部和工人的工作积极性。为了防止干好干坏一个样，干多干少一个样的现象，我认为这次分奖金应该拉开几个档次，我和财务科长初步商量了一个分配方案，算做抛砖引玉吧！请大家讨论一下，下面就请王科长向大家介绍一下具体方案。"

王科长说："奖金总额是15万元，要想各方面都照顾到是不可能的，只能定出个大致的档次，主要分五个档次，矿长550元，副矿长500元，科长400元，一般管理人员200元，工人一律5元。这样分下来，全矿处级干部13人，科级干部130人及各类管理人员307人，职工4678人，刚好分均。"袁矿长接着说："就这五个档次，大家发表一下意见。"

过了一会儿，主管生产的冯副矿长说："我原则上同意这个分配方案，这样虽能鼓励大家努力工作，只是工人这个档次5元太少了，并且不论什么工种都是5元，这不太平均了吗？我们既然反对平均主义，就要工人与干部都不能搞平均主义，最好把工人的奖金也来开档次，否则工人的积极性怕是要受到影响，不利于今后工作任务的完成。"

安检科陈科长心里想，我具体主管安全，责任不比你矿长小，奖金倒要少150元，与其他科长拿同档次奖金，这不是太不公平了吗？于是便开了腔："要说安全工作，全矿大大小小几百条巷道我都熟悉，天天都在和安全打交道，处理安全事故每次都到现场，但有些人一年没下几天井，安全工作不沾边，奖金反倒不少，我建议多来一个档次，六个档次。”

陈科长的发言马上引起了人事科长、财务科长等科长的极为不满，于是大家你一言我一句地说开了。最后袁矿长做了总结性的发言，他说：今天这个会大家讨论得很热烈，意见各不一致，为了统一思想，我把大家的意见归纳为两条：第一是怕工人闹意见影响生产；第二，多拉开些档次。要说闹意见，不论怎样分都会有人闹意见，比如有些与安全工作无关的人，我们一视同仁地给点，按理说照顾到了全矿职工，就会使意见相对小一些，要说影响生产，我们现在实行的岗位责任制，多劳多得，不劳就不该得，至于多拉档次，我看就不必了，多拉一个档次，就会多一层意见，像安检科陈科长这样的个别特殊情况，我们可以在其他方面进行弥补，这个方案我看今天就这么定了，请财务科尽快把奖金发下去，散会。

奖金发下后全矿显得风平浪静，但几天后矿里的安全事故就接连不断的发生，先是运输区运转队的人车跳轨，接着三采区割煤机电机被烧，随后就是开拓区冒顶两人受伤。袁矿长坐不住了，亲自组织带领工作组到各工队追查事故起因，首先追查人车跳轨事故，机车司机说钉道工钉的道钉松动，巡检维修不细心。而钉道工说是司机开得太快，造成了跳道，追来查去大家最终说出了心里话，他们说：“我们拿的安全奖少，没那份安全责任，干部拿的奖金多，让他们干吧。”还有一些工人说：“老子受伤，就是为了不让当官的拿安全奖。”一段时间矿里的安全事故仍然在不断地发生，最终矿行政虽然采取了一些措施，进行了多方面的调整工作，总算把安全事故压下去了，山花矿区从前那种人人讲安全、个个守规程的景象不见了。

结合上述管理情景，思考并回答下列问题：

1. 激励的本质是什么？

2. 造成山花矿区非良性结果的原因是什么？你如何解决？

（http：//blog. sina. com. cn/s/blog_ 71f08b62010149no. html）

要求：课前进行认真阅读和思考，课上针对问题进行探讨。

理论与实践

激励活动在管理中无处不在，它贯穿、渗透于管理的其他职能如组织职能、决策职能中发挥着积极的作用。计划的制定必须考虑组织成员的士气如何提高，提高至何种程度等相关的激励因素。组织的各种活动同样也要以是否有利于激励效果的提高来展开，优秀的组织文化本身就是强有力的激励措施。指挥所运用的手段，同时也是激励的各种方法。协调离不开激励手段的运用，激励工作的好坏会为协调工作带来直接的后果。激励贯穿于整个控制过程中，特别是在对人员选拔任用控制，业绩考核评价控制，奖惩升降控制等人的控制方面，无一不包含激励方法的具体运用。

综上所述，激励渗透于管理过程的每一个要素之中，与其他职能相互作用、相辅相成，为实现管理目标而承担着不可替代的重要功能。

【专家视野】激励是应用于动力、愿望、需要、祝愿，以及类似力量的整个类别。我们可以把激励看成是一系列的连锁反应：从感觉的需要出发，由此引起要求或要追求的目标，这便出现一种紧张感，引起为实现目标的行动，最后满足要求。在新经济迎面而来的时候，如何对知识型员工进行激励就显得格外重要。

——哈罗德·孔茨

一、激励的概念

激励，就其表面意思而言是激发和鼓励的意思。在管理工作中可以将其定义为调动人的积极性的过程，或者更完整地讲，激励就是通过一定的手段使员工的需要和动机得到满足，以调动他们的工作积极性，使他们积极主动地发挥个人潜能从而实现组织目标的过程。根据心理学所揭示的规律，人的行为是由动机支配的，而动机则是由需要引起的。

激励作为一种内在的心理活动过程和状态，不具有我们可以观察的外部状态。但是，由于激励对人的行为具有驱动和导向作用，因此，可以通过人的行为表现及效果来对激励的程度加以推断和测定。激励作为一种领导手段，最显著的特点是内在驱动性和自觉自愿性。

【阅读资料】柳传志谈员工激励

我们面临的难题是如何调动三个截然不同的群体的积极性：经理班子成员、中层管理人员以及流水线上的雇员。我们对每个群体有不同的期望，他们也各自需要不同的激励方式。

我们的经理班子需要有一种主人翁意识。中国的许多国有企业面临一个特殊的难题：它们无法给高级管理人员分配股份。我们采取了一种不同寻常的方式：我们改革了所有权结构，使联想成为一家合资企业，这样就可以给所有的经理班子成员分配股份。另外，高级经理需要得到承认，所以我们为他们提供对媒体讲话的机会。一直到今天，我们没有一位高级经理跳槽到别的公司。

中层管理人员希望升职，成为高级经理，所以他们往往会最积极地应对挑战，抓住机会展示和磨炼自己的才能。我们给中层管理人员确立了很高的标准，并允许他们自己作出决策并予以执行。如果他们工作出色，就会得到非常好的回报。

流水线上的工人需要稳定感。如果他们工作认真勤勉，就可以得到提前制定的奖金。我们还把小组的工作成绩与公司或部门挂钩，把个人的工作成绩与小组挂钩。例如，我们有时会让小组来决定如何分配全组得到的奖金，公司只提供总的指导方针。

激励是什么？激励就是让人们很乐意去做那些他们感兴趣的又能带来最大利益的事情。当然，关键是要用合适、正确的方法去引导，并让他们做好。

二、激励的作用

1. 提高人们工作的自觉性、主动性和创造性

一般来讲，个人目标与组织目标是一致的，二者统一的程度越高，职工的自觉性乃至主动性、创造性就越能得到充分发挥。

2. 激发人们工作的热情和兴趣

通过激励，使之对本职工作产生强烈、深刻、积极的情感，并以此为动力，动员自己

全部精力为达到预定目标而努力。

【管理故事】 士为“赞赏”者死

韩国某大型公司的一个清洁工，本来是一个最被人忽视，最被人看不起的角色，但就是这样一个人，却在一天晚上公司保险箱被窃时，与小偷进行了殊死搏斗。

事后，有人为他请功并问他的动机时，答案却出人意料。他说：当公司的总经理从他身旁经过时，总会不时地赞美他“你扫的地真干净”。

你看，就这么一句简简单单的话，就使这个员工受到了感动，并以身相许。

这也正合了中国的一句老话“士为知己者死”。

美国著名女企业家玛丽·凯经理曾说过：“世界上有两件东西比金钱和性更为人们所需——认可与赞美。”

金钱在调动下属们的积极性方面不是万能的，而赞美却恰好可以弥补它的不足。因为生活中的每一个人，都有较强的自尊心和荣誉感。你对他们真诚的表扬与赞同，就是对他价值的最好承认和重视。而能真诚赞美下属的领导，能使员工们的心灵需求得到满足，并能激发他们潜在的才能。

打动人最好的方式就是真诚的欣赏和善意的赞许。

3、使人保持持久的干劲，提高工作绩效

激励可以激发人的干劲并使之有工作的坚韧性，为实现目标而坚持不懈的努力。一般地说，在目标一致、客观条件基本相同的条件下，工作绩效与能力和激励水平之间可用一个数学公式来表示：

工作绩效 = f（能力 × 激励）

即工作绩效取决于能力和激励水平的高低。能力固然是取得绩效的基本保证，但是，不管能力多强，如果激励水平低，就难以取得好的成绩。

【管理知识】 员工被激励的程度与其工作绩效密切相关。实践证明，经过激励的工作行为与未经激励的行为，其工作效果大不相同，激励能够使员工充分发挥其能力，实现工作的高质量和高效率。美国哈佛大学心理学家威廉·詹姆士通过对员工激励的研究发现，在计时工资制下，一个人若没有受到激励，仅能发挥其能力的20% ~30%；如果受到正确而充分的激励，其能力就能发挥到80% ~90%，甚至更高。由此他得出一个公式：工作绩效 = 能力 × 动机激发。这就是说，在个体能力不变的条件下，工作成绩的大小取决于激励程度的高低。激励程度越高，工作绩效越大；反之，激励程度越低，工作绩效就越小。

三、激励的基本原则

1. 目标结合原则

在激励机制中，设置目标是一个关键环节。目标设置必须同时体现组织目标和员工需要的要求。

2. 物质激励和精神激励相结合的原则

物质激励是基础，精神激励是根本。在两者结合的基础上，逐步过渡到以精神激励为主。

3. 合理性原则

激励的合理性原则包括两层含义：其一，激励的措施要适度，要根据所实现目标本身的价值大小确定适当的激励量；其二，奖惩要公平。

4. 经济性原则

经济性原则是指实施有效的激励，要将激励的成本和有可能取得的激励收效结合起来，要有利于成本节约、组织效能和活动效率的提高。

5. 时效性原则

要把握激励的时机，“雪中送炭”和“雨后送伞”的效果是不一样的。激励越及时，越有利于将人们的激情推向高潮，使其创造力连续有效地发挥出来。

6. 按需激励原则

激励的起点是满足员工的需要，但员工的需要因人而异、因时而异，并且只有满足最迫切需要（主导需要）的措施，其效价才高，其激励强度才大。因此，领导者必须深入地进行调查研究，不断了解员工需要层次和需要结构的变化趋势，有针对性地采取激励措施，才能收到实效。

【古典箴言】如何调动人的积极性

诸葛亮《便宜十六策·赏罚第十》：“赏罚之政，谓赏善罚罪也。赏以兴功，罚以禁奸。赏不可不平，罚不可不均。赏赐知其所施，则勇士知其所死；刑罚知其所加，则邪恶知其所畏。”

四、激励过程

未满足的需要是整个激励过程的始点，当人的某种需要得不到满足时，内心就会感到紧张和不平衡，就会驱动人去寻求满足需要的途径和方法，此时如果管理环境中存在满足需要的诱因条件（目标及相应的措施），人的心理紧张就会激发为工作动机，动机会推动指向工作目标的行为。在完成任务、实现目标以后，如果获得的报偿符合了个人的需要而获得满足感，心理紧张就会消除，旧的需要满足了，又会产生新的需要，这种满足感可以推动人今后追求需要满足中的积极行为。但是如果未完成任务，所得的报偿不能满足其需要，原来的心理紧张度就会增强，有的人会因此消沉而放弃追求，而意志坚定者可能会继续努力追求需要的满足。由此可见，激励过程是“需要——动机——行为——目标——满足——新的需要”循环往复的过程。在这一过程中，领导者尤其要把握好需要、诱因、目标、报偿、受挫、反馈六个环节。

【管理故事】黑熊和棕熊赛蜜

黑熊和棕熊喜食蜂蜜，都以养蜂为生。它们各有一个蜂箱，养着同样多的蜜蜂。有一天，它们决定比赛看谁的蜜蜂产的蜜多。

黑熊想，蜜的产量取决于蜜蜂每天对花的访问量。于是，它买来了一套昂贵的测量蜜蜂访问量的绩效管理系统。在它看来，蜜蜂所接触的花的数量就是其工作量。每过完一个季度，黑熊就公布每只蜜蜂的工作量；同时，黑熊还设立了奖项，奖励访问量最高的蜜蜂。但它从不告诉蜜蜂们它是在与棕熊比赛，它只是让它的蜜蜂比赛访问量。

棕熊与黑熊想得不一样。它认为蜜蜂能产多少蜜，关键在于它们每天能采回多少花蜜——花蜜越多，酿的蜂蜜也越多。于是它直截了当告诉众蜜蜂：它在和黑熊比赛看谁产的蜜多。它花了不多的钱买了一套绩效管理系统，测量每只蜜蜂每天采回花蜜的数量和整个蜂箱每天酿出蜂蜜的数量，并把测量结果张榜公布。它也设立了一套奖励制度，重奖当月采花蜜最多的蜜蜂。如果一个月的蜜蜂总产量高于上个月，那么所有蜜蜂都受到不同程度的奖励。

一年过去了，两只熊查看比赛结果，黑熊的蜂蜜不及棕熊的一半。

黑熊的评估体系很精确，但它评估的绩效与最终的绩效并不直接相关。黑熊的蜜蜂为尽可能提高访问量，都不采太多的花蜜，因为采的花蜜越多，飞起来就越慢，每天的访问量就越少。另外，黑熊本来是为了让蜜蜂搜集更多的信息才让它们竞争，由于奖励范围太小，为搜集更多信息的竞争变成了相互封锁信息。蜜蜂之间竞争的压力太大，一只蜜蜂即使获得了很有价值的信息，比如某个地方有一片巨大的槐树林，它也不愿将此信息与其他蜜蜂分享。

而棕熊的蜜蜂则不一样，因为它不限于奖励一只蜜蜂，为了采集到更多的花蜜，蜜蜂相互合作，嗅觉灵敏、飞得快的蜜蜂负责打探哪儿的花最多最好，然后回来告诉力气大的蜜蜂一齐到那儿去采集花蜜，剩下的蜜蜂负责贮存采集回的花蜜，将其酿成蜂蜜。虽然采集花蜜多的能得到最多的奖励，但其他蜜蜂也能捞到部分好处，因此蜜蜂之间远没有到人人自危相互拆台的地步。

激励是手段，激励员工之间竞争固然必要，但相比之下，激发起所有员工的团队精神尤显突出。

（资料来源：http：//www. docin. com/p－339667754. html）

第二节 激励理论

管理情境

林肯电气公司的激励

林肯电气公司总部设在克利夫，年销售额为44亿美元，拥有2400名员工，并且形成了一套独特的激励员工的方法。该公司90%的销售额来自于生产弧焊设备和辅助材料。

林肯电气公司的生产工人按件计酬，他们没有最低小时工资。员工为公司工作两年后，便可以分享年终奖金。该公司的奖金制度有一整套计算公式，全面考虑了公司的毛利润及员工的生产率与业绩，可以说是美国制造业中对工人最有利的奖金制度。在过去的56年中，平均奖金额是基本工资的95.5%，该公司中相当一部分员工的年收入超过10万美元。近几年经济发展迅速，员工年均收入为44000美元左右，远远超出制造业员工年收入17000美元的平均水平。在不景气的年头里，如1982年的经济萧条时期，林肯电气公司员工收入降为27000美元，这虽然相比其他公司还不算太坏，可与经济发展时期相比就差了一大截。

公司自1958年开始一直推行职业保障政策，从那时起，他们没有辞退过一名员工。当然，作为对此政策的回报，员工也相应要做到以下几点：在经济萧条时他们必须接受减少工作时间的决定；要接受工作调换的决定；有时甚至为了维持每周30小时的最低工作量，而不得不调整到一个报酬更低的岗位上。

林肯电气公司极具成本和生产率意识，如果工人生产出一个不合标准的部件，那么除非这个部件能修改至符合标准，否则这件产品就不能计入该工人的工资中。严格的计件工资制度和高度竞争性的绩效评估系统，形成了一种很有压力的氛围，有些工人还因此产生了一定的焦虑感，但这种压力有利于生产率的提高。据该公司的一位管理者估计，与国内竞争对手相比，林肯电气公司的总体生产率是他们的两倍。自30年代经济大萧条以后，公司年年获利丰厚，没有缺过一次分红。该公司还是美国工业界中工人流动率最低的公司之一。前不久，该公司的两个分厂被《财富》杂志评为全美十佳管理企业。

结合上述管理情景，思考并回答下列问题：

1. 你认为林肯电气公司使用了何种激励理论来调动员工的工作积极性？
2. 为什么林肯电气公司的方法能够有效地激励员工的工作？
3. 你认为这种激励制度可能给公司管理当局带来什么问题？

（http：//my. icxo. com/254394/viewspace－133492. html）

要求：课前进行认真阅读和思考，课上针对问题进行探讨。

理论与实践

随着社会化大生产的逐渐发展，管理学家层层深入地认识了员工的心理需求与思想基础的各个侧面，提出了人性的假设，进而设计提高管理水平的激励机制，给予员工更多的尊重，给予人才以更有效的激励。

一、人性假设与激励

激励是对人而言的，激励的对象是人。那么，人是怎样的？对人的本性的不同认识，将影响到我们采取何种管理方式和激励方法。围绕这个问题，管理学者提出了各种人性假设。主要可归纳为以下四种。

1. 经济人假设

该假设类似麦格雷戈的X理论，认为人的一切行为都是为了最大限度地满足自己的利益，其工作动机是为了获得经济报酬。此种管理方式是：一方面靠金钱的收买与刺激；另一方面靠严密的控制、监督和惩罚，迫使其为组织目标努力，即俗话说的“胡萝卜加大棒”的管理方法。泰罗制就是这类管理的典型代表。

2. 社会人假设

这是由梅奥等人根据霍桑试验提出来的。该假设认为，人们在工作中得到的物质利益，对于调动积极性只有次要的意义，社会需求的满足比经济上的物质刺激更能激励人。所以，组织应注意雇员的需求，重视发展与雇员之间的关系，培养和形成雇员的归属感，提倡集体奖励制度。

3. 自我实现人假设

这是根据马斯洛的需要层次论提出来的。这种假设认为，人们除了物质和社会需求之外，还有一种想充分运用自己的各种能力，发挥自身潜力，实现自我价值的欲望。因此，企业就应该把人作为宝贵的资源来看待，应创造条件，通过提供具有挑战性的工作使人的个性不断成熟并体验到工作的内在激励。

4. 复杂人假设

“复杂人”假设是在20世纪70年代初提出来的。长期的实践证明，无论是“经济人”“社会人”，还是“自我实现人”的假设，虽然各有其合理的一面，但并不适用于一切人。因为人是复杂的，不仅因人而异，而且一个人本身在不同的年龄、不同的时间和不同的地点会有不同的表现。人会随着年龄、知识、地位、生活，以及人与人之间关系的变化而出现不同的需要。管理者必须根据不同的人采取不同的激励措施。

复杂人假设是权变管理理论直接的理论基础。

【管理故事】农夫家里养了三只小白羊和一只小黑羊。三只小白羊常常因为有雪白的皮毛而骄傲，而对那只小黑羊不屑一顾：“你自己看看你长得像什么，黑不溜秋的，像锅底，像炭团，像用了几代的旧被褥，脏死了！”不但小白羊如此，就连农夫也瞧不起小黑羊，常常给它吃最差的草料，时不时还对它抽上几鞭子。小黑羊常常伤心地独自流泪。

初春的一天，小白羊与小黑羊一起外出吃草，走得很远。不料寒流突然袭来，下起了鹅毛大雪，它们躲在灌木丛中相互依偎着……不一会儿，灌木丛和周围全铺满了雪，雪天雪地雪世界。它们打算回家，但雪太厚了，无法行走，只好挤做一团，等待农夫来救它们。

农夫发现四只羊羔不在羊圈里，便立刻上山找，但四处一片雪白，哪里有羊羔的影子哟。正在这时，农夫突然发现远处有一个小黑点，便快步跑去。到那里一看，果然是他那濒临死亡的四只羊羔。

农夫抱起小黑羊，感慨地说：多亏小黑羊呀，不然，羊儿可都要冻死在雪地里了！

管理启示：十个指头有长短，荷花出水有高低。企业内部，各种类型的人才都会有。作为管理者，不能因为其外在的条件或者自己的好恶，而一叶障目，厚此薄彼。而应该因人而异，各尽所长。而且要相信：你对员工的信任和尊重，就是最好的激励方法之一。

（资料来源：http：//www. docin. com/p－287221774. html）

二、激励理论

管理学家、心理学家及行为学科学家们从不同的角度提出了各种激励理论，基本上分为三大类：内容型激励理论、过程型激励理论、行为改造型激励理论。

（一）内容型激励理论

内容型激励理论着重对人的需要做出分析，试图找出能够对人产生激励作用的因素有哪些，如何设置能满足人的需要的目标来激励人。这一类激励理论主要有马斯洛的“需要层次理论”、奥尔德弗的“EGR理论”、赫兹伯格的“双因素理论”和麦克利兰的“成就需要理论”等。

1. 需要层次理论

需要层次理论是美国心理学家马斯洛于20世纪40年代提出的，他把人类的多种需要划分为五个层次：生理需要、安全需要、社交需要、尊重需要与自我实现需要。

（1）生理需要：维持人类自身生命的基本需求如衣、食、住、行、性等。

（2）安全需要：人们保护自己现在和将来免受人身、财产及情感心理威胁或伤害的需要。

（3）社交需要：人们希望与人交往、避免孤独的需要。包括友谊、爱情、同事交往、工作归属感等。

（4）尊重需要：包括自我尊重和受人尊重两方面。自我尊重指自爱、自强、自主及成就感；受人尊重指做出贡献时能得到他人的承认。

（5）自我实现需要：能最大限度地发挥潜能，实现自我价值和抱负的欲望。

后来，在这五层次的基础上，马斯洛又补充了求知的需要和求美的需要，从而形成了七个层次。

马斯洛给出了需要各层次间的相互关系：这五种需要像阶梯一样从低到高，逐层上升。一个层次的需要相对满足了，就会向高一层次发展，个体的需要是逐层上升的。从激励的角度来看，没有一种需要会得到完全满足，但只要其得到部分的满足，个体就会转向追求其他方面的需要了。按照马斯洛的观点，如果希望激励某人，就必须了解此人目前所处的需要层次，然后着重满足这一层次或在此层次之上的需要。

马斯洛认为生理需要与安全需要为较低级的需要，而社会需要、尊重需要与自我实现需要为较高级的需要。两级的划分建立在这一前提条件下，高级需要是从内部使人得到满足，而低级需要则主要是从外部使人得到满足。事实上，从马斯洛的需要层次理论中会很自然得到这样的结论，在物质丰富的条件下，几乎所有员工的低级需要都得到了满足。

对管理实践的启示：①正确认识被管理者需要的多层次性；②要努力将本组织的管理手段、管理条件同被管理者的各层次需要联系起来，不失时机地、最大限度地满足被管理者的需要。③在科学分析的基础上，找出受时代、环境及个人条件差异影响的优势需要。

【管理箴言】管仲：仓廪实则知礼节，衣食足则知荣辱。这就是把人的欲求分为两个层次："仓廪实"、"衣食足"是低层的物质欲求，"知礼节"与"知荣辱"为高层次的精神需求。

2. 生存、关系、发展理论（ERG）

美国耶鲁大学的克雷顿·奥尔德弗在马斯洛提出的需要层次理论的基础上，进行了更接近实际经验的研究，提出了一种新的人本主义需要理论。

奥尔德弗认为，人们共存在三种核心的需要，即生存（Existence）的需要、相互关系（Relatedness）的需要和成长发展（Growth）的需要，因而这一理论被称为"ERG"理论。生存的需要与人们基本的物质生存需要有关，它包括马斯洛提出的生理和安全需要。第二种需要是相互关系的需要，即指人们对于保持重要的人际关系的要求。这种社会和地位需要的满足是在与其他需要相互作用中达成的，它们与马斯洛的社会需要和自尊需要分类中的外在部分是相对应的。最后，奥尔德弗把成长发展的需要独立出来，它表示个人谋求发展的内在愿望，包括马斯洛的自尊需要分类中的内在部分和自我实现层次中所包含的特征。

ERG 理论假设激励行为是遵循一定的等级层次的。在这点上虽然和马斯洛提出的观点相类似。但它又有两个重要的区别：第一，ERG 理论认为在任何时间里，多种层次的需要会同时发生激励作用。所以它承认人们可能同时受赚钱的欲望（生存的需要）、友谊（关系的需要）和学习新的技能的机会（成长的需要）等多种需要的激励。第二，ERG 理论明确提出了“气馁型回归”的概念。马斯洛理论认为人的低层次的需要得到满足后，就会上升为更高层次的需要，受高层次需要的激励。可是奥尔德弗认为，如果上一层次的需要一直得不到满足的话，个人就会感到沮丧，然后回归到对低层次需要的追求。

ERG 理论比马斯洛理论更新、更有效地解释了组织中的激励问题。当然，管理人员不应只局限用一两个理论来指导他们对职工的激励工作．但通过对需要层次论的了解，应看到每个人的需要重点是不同的，当某种需要得到满足后，人们可能会改变他们的行为。

3. 双因素理论

又称激励—保健理论，是美国心理学家赫兹伯格于 1959 年出版的《工作的激励因素》中提出的。他认为个人与工作的关系是一个最基本的方面，而个人对工作的态度在很大程度上决定着任务的成功与失败。

赫茨伯格的研究发现：

（1）使被调查者产生不满意的因素大都由外界的工作环境产生，如公司的政策、行政管理、监督、工作条件、薪水、地位、安全以及各种人事关系的处理不善等。这些因素即使改善了也不能使员工变得非常满意，不能充分激发员工的积极性，只能消除员工的不满。这类因素称为“保健因素”。研究表明，如果保健因素不能得到满足，往往会使员工产生不满情绪、消极怠工，甚至引起罢工等对抗行为。

（2）被调查者产生满意的因素一般都是由工作本身所产生的，如工作富有成就感，工作本身带有挑战性，工作的成绩能够得到社会的认可，以及职务上的责任感和职业上能够得到发展和成长，等等。这类因素的满足，往往能激发员工的责任感、荣誉感和自信心，增进员工的满意感，有助于充分、有效、持久地调动他们努力工作、积极上进。这类因素称为“激励因素”。它常常是一个管理者调动员工积极性，提高劳动生产效率的好办法。研究表明这类因素解决不好，也会引起员工的不满，它虽无关大局，却能严重影响工作的效率。因此，赫茨伯格把这种因素称为激励因素。

保健因素与激励因素的实质区别就在于“平等因素”与“公平因素”的区别，凡是共同享有的、共同承受的、共同面对的就是平等因素；而与其工作职责目标紧密统一的，必须按工作成就成绩分层次、分等级享有、承受与面对的则就是“公平因素”。凡是平等的必然是保健的，因而是必须给予其基本满足，但却是永远难以完全满足的因素；相反，凡是公正的必然是激励的，因而虽然是员工不会主动要求的，但却是最大程度地有激励性的，从而也是应该给予提倡与实施的。

保健因素与激励因素实际上只是形式上的区别，而没有内容上的区别，任何内容都可能因其平等享有或公平处置而具有保健性或激励性，当然可就多项内容划分为保健与激励的，但也可就一项内容划分为保健与激励的，例如薪金就可划分为基本工资与奖金两部分。保健因素和激励因素不是一成不变的，而是可以转化的。有效的管理者不仅要注意保健因素以消除员工的不满，又要善于把保健因素转变为激励因素。

赫兹伯格双因素激励理论的重要意义，在于它把传统的满意—不满意（认为满意的对立面是不满意）的观点进行了拆解，认为传统的观点中存在双重的连续体：满意的对立面是没有满意，而不是不满意；同样，不满意的对立面是没有不满意，而不是满意。

这种理论对企业管理的基本启示是：要调动和维持员工的积极性，首先要注意保健因素，以防止不满情绪的产生。但更重要的是要利用激励因素去激发员工的工作热情，努力工作，创造奋发向上的局面，因为只有激励因素才会增加员工的工作满意感。

不过，赫兹伯格的双因素理论也有欠完善之处。像在研究方法、研究方法的可靠性以及满意度的评价标准这些方面，赫兹伯格这一理论都存在不足。另外，赫兹伯格讨论的是员工满意度与劳动生产率之间存在的一定关系，但他所用的研究方法只考察了满意度，并没有涉及劳动生产率。

【管理探讨】李科长每年发奖金时都犯愁，科里有十几个人，工作积极性和工作成绩参差不齐，其中小张表现最好。他研究生毕业，聪明能干，工作积极，虽然来科里的时间是所有人中最晚的，但成绩在科里是最突出的。去年给了他最高的奖金，但却引起了科里其他人的不满。这使李科长很发愁，不知如何是好。恰巧公司办了一个中层干部培训班，请了学校的教授讲课，其中讲到了激励理论中的双因素理论，对李科长的启发很大，他逐渐有了主意。

这一天，他找小张谈了话，首先肯定了他一年中的贡献，特别表扬了他的成绩，并细致地讨论了明年如何使他的工作更有趣，责任更重，也更有挑战性。最后谈到了奖金的事，告诉他这次的奖金你同大伙是一样的。

没想到小张听了这话立刻就火了，他说："什么？到头来我就值这么点儿，你那些好听的话留给别人去听吧，我不稀罕，表扬又不能当饭吃。"听了这话，李科长真不知如何是好了。

请从激励理论的角度谈谈李科长的话为什么没有起到好的作用。李科长碰到的问题的根源是什么？

（资料来源：http：//www.docin.com/p－686954872.html）

4. 成就需要理论

成就需要理论，又称"三种需要理论"，是由美国哈佛大学教授戴维·麦克利兰（1917—1998）通过对人的需求和动机进行研究，于20世纪50年代在一系列文章中提出的。他认为，人的需要并非都是与生俱来的，有些需要是在后天的个人生活经历中获取的。很难从单个人的角度归纳出共同的、与生俱来的心理需要。时代不同、社会不同、文化背景不同，人的需求当然就不同，所谓"自我实现"的标准也不同。

麦克利兰提出了人的多种需要，他认为个体在工作情境中有三种重要的动机或需要：

（1）权力的需要。权力的需要是一种影响并支配别人行为的欲望。不同人对权力的渴望程度也有所不同。权力需求较高的人对影响和控制别人表现出很大的兴趣，喜欢对别人"发号施令"，注重争取地位和影响力。他们常常表现出喜欢争辩、健谈、直率和头脑冷静；善于提出问题和要求；喜欢教训别人，并乐于演讲。他们喜欢具有竞争性和能体现较高地位的场合或情境，他们也会追求出色的成绩，但他们这样做并不像高成就需求的人那样是为了个人的成就感，而是为了获得地位和权力或与自己已具有的权力和地位相称。权力需求是管理成功的基本要素之一。

（2）成就的需要。成就的需要是一种追求卓越，不断向高标准进行挑战，想要发挥自己所具有的潜力，争取成功，克服困难而达到目标的一种欲望。麦克利兰认为，具有强烈的成就需求的人渴望将事情做得更为完美，提高工作效率，获得更大的成功，他们追求的是在争取成功的过程中克服困难、解决难题、努力奋斗的乐趣，以及成功之后的个人的成就感，他们并不看重成功所带来的物质奖励。个体的成就需求与他们所处的经济、文化、社会、政府的发展程度有关，社会风气也制约着人们的成就需求。

（3）友谊的需要。友谊的需要是一种建立友好的亲密的人际关系的欲望。高友谊需要的人更倾向于与他人进行交往，至少是为他人着想，这种交往会给他带来愉快。高亲和需求者渴望亲和，喜欢合作而不是竞争的工作环境，希望彼此之间的沟通与理解，他们对环境中的人际关系更为敏感。有时，亲和需求也表现为对失去某些亲密关系的恐惧和对人际冲突的回避。亲和需求是保持社会交往和人际关系和谐的重要条件。麦克利兰指出，注重亲和需求的管理者容易因为讲究交情和义气而违背或不重视管理工作原则，从而会导致组织效率下降。

成就需要理论的贡献：

（1）麦克利兰指出了各种社会需要往往会对人们的行为共同起作用，而且会有一种需要对行为起主要作用的观点，是其理论中对马斯洛需要层次理论的一个最大的批判与发展。

（2）麦克利兰指出，预测业绩的最好因素不是诸如学历、技能等外在条件，而是人的深层素质，也就是水下的冰山部分。这个比喻看似浅显，却蕴含着巨大的理论价值和实践价值，对管理学尤其是人力资源管理产生了重大影响。它揭示出影响个人绩效的最主要的素质并非是我们传统认为的那些东西。

（3）麦克利兰对于权力（支配）需要的研究则更进了一步。尽管他的观点还有需要再探讨的必要，但他对成就需要会妨碍领导活动的论证，对亲和需要不足以维系组织运转的论证，以及对权力两面性的区分，在领导理论中是极具启发意义的。

【课堂思考】某处长对下属做思想政治工作，引用孟子的话说：“鱼，我所欲也；熊掌，亦我所欲也，二者不可得兼。舍鱼而取熊掌者也。”

这是在教育下属在不同的需要中进行最佳抉择，还是在不同的需要中选择高层次需要？

（二）过程型的激励理论

过程型激励理论则研究“激励是怎样产生的”问题，解释人的行为是怎样被激发、引导、维持和阻止的，着重分析人们怎样面对各种满足需要的机会以及如何选择正确的激励方法。过程型激励理论解释的是“为什么员工会努力工作”和“怎样才会使员工努力工作”这两个问题。主要有弗鲁姆的“期望理论”和亚当斯的“公平理论”等理论。

1. 期望理论

期望理论是美国学者弗鲁姆在1964年所著的《工作与激励》一书中提出的一种激励理论。这一理论通过考察人们的努力行为与其所获得的最终奖酬之间的因果关系，来说明激励的过程。这一理论认为：当人们预期到某一行为能给个人带来既定结果，且这种结果对个体具有吸引力时，个人才会采取这一特定行为。从激励的角度看，这一理论可用下列公式表示：

$$激励力量 = 效价 \times 期望值$$

期望值指激励对象对自己达到目标或得到奖酬的可能性大小的估计。

激励力量的效果直接表现为人们的积极性。激励力量越大，积极性就越高；激励力量越小，积极性就越低。激励力量的大小取决于对要达到目标的效价和期望值两个因素。

这一模型意味着，人们对某项工作积极性的高低，取决于他对这种工作能满足其需要的程度及实现可能性大小的评价。期望理论的关键是，正确识别个人目标和判断三种联系，即努力与绩效的联系、绩效与奖励的联系、奖励与个人目标的联系。

激励过程的期望理论对管理者的启示是，管理人员如果处理好了以上三个关系，便可有效地提高下属的工作积极性。在处理努力与绩效关系方面，管理者可以在员工招聘时选择有能力完成工作的人，或向员工提供适当的培训；在他们工作时，向他们提供足够的支持。在处理绩效与奖励的关系方面，管理者应尽量做到以工作表现来分配各种报酬，并向员工清楚解释分配各种报酬的原则和方法，而关键的是奖励要公平。在处理奖励与满足需要的关系方面，管理者应了解各员工不同的需要，尽量向员工提供他们认为重要的回报。

【案例探析】效价、期望值与激励力之间的关系

一位公司销售经理对他的一位销售员说：如果你今年完成 1000 万元的销售额，公司将奖励你一套住房。这时组织的目标是 1000 万元的销售额，个人的目标是一套住房，效价和期望值可能会这样影响这个销售员的激励力。

效价——销售员可能的反应是：

1. “天哪！一套住房！哈哈，这正是我梦寐以求的，我一定要努力争取！”

2. “住房？我现在住的已经够好的了，没有必要再来一套，况且如果我一人拿了一套住房，同事们肯定会不满的，呃，这对我来说没什么吸引。”

期望值——他可能的反应是：

1. “1000 万元的销售额，照今年的行情，如果我比去年再努力一点，是能做到的。”

2. “1000 万元？简直是天方夜谭，经理要么疯了，要么就是压根儿不想把住房给我，我才不会白花力气呢！”

激励力——他可能的反应是：

1. “只要销售到 1000 万元就能得到一套住房，我一定好好努力！”

2. “经理向来说话不算数，我打赌经理到时一定能找出 10 条理由说：‘我也不想说话不算数，但我实在是无能为力’。”

启示：在例子中我们可以很明显地看到，效价和期望值越高（在所有 1 的情况下），则对人的激励力越强；而反之（在所有 2 的情况下），则对人的激励力越弱。从中至少可以得到以下两点启示——一是要有效地进行激励就必须提高活动结果的效价，要提高效价就必须使活动结果能满足个人最迫切的需要。二是要注意目标实现的期望值，即组织目标实现的概率不宜过低，以免让个人失去信心，当然也不宜过高，过高则会影响激励工作本身的意义。

（资料来源：http：//www. docin. com/p－484533484. html）

2. 公平理论

公平理论是美国心理学家斯达西·亚当斯于 1956 年提出来的。该理论的基础在于，员工不是在真空中工作的，他们总是在进行比较，比较的结果对于他们在工作中的努力程度有影响。

公平理论指出：人的工作积极性不仅与个人实际报酬多少有关，而且与人们对报酬的分配是否感到公平更为密切。人们总会自觉或不自觉地将自己付出的劳动代价及其所得到的报酬与他人进行比较，并对公平与否做出判断。公平感直接影响职工的工作动机和行为。因此，从某种意义来讲，动机的激发过程实际上是人与人进行比较，做出公平与否的判断，并据以指导行为的过程。公平理论研究的主要内容是职工报酬分配的合理性、公平性及其对职工产生积极性的影响。

亚当斯认为：职工的积极性取决于他所感受的分配上的公正程度（即公平感），而职工的公平感取决于一种社会比较或历史比较。所谓社会比较，是指职工对他所获得的报酬（包括物质上的金钱、福利和精神上的受重视程度、表彰奖励等）与自己工作的投入（包括自己受教育的程度、经验、用于工作的时间、精力和其他消耗等）的比值与他人的报酬和投入的比值进行比较。所谓历史比较，是指职工对他所获得的报酬与自己工作的投入的比值同自己在历史上某一时期内的这个比值进行比较。

每个人都会自觉或不自觉地进行这种社会比较，同时也要自觉或不自觉地进行历史比较。当职工对自己的报酬作社会比较或历史比较的结果表明收支比率相等时，便会感到受到了公平待遇，因而心理平衡，心情舒畅，工作努力。如果认为收支比率不相等时，便会感到自己受到了不公平的待遇，产生怨恨情绪，影响工作积极性。当认为自己的收支比率过低时，会产生报酬不足的不公平感，比率差距越大，这种感觉越强烈。这时职工就会产生挫折感、义愤感、仇恨心理，甚至产生破坏心理。少数时候，也会因认为自己的收支比率过高，产生不安的感觉或感激心理。

当职工感到不公平时，他可能千方百计进行自我安慰，如通过自我解释，主观上造成一种公平的假象，以减少心理失衡或选择另一种比较基准进行比较，以便获得主观上的公平感；还可能采取行动，改变对方或自己的收支比率，如要求把别人的报酬降下来、增加别人的劳动投入或要求给自己增加报酬、减少劳动投入等；还可能采取发牢骚，讲怪话，消极怠工，制造矛盾或弃职他就等行为。

公平感是一种主观心理感受，是人们公平需要得到满足的一种直接心理体验。公平理论为管理中提高员工的满意度和提高其工作积极性提供了一种新的思路。

公平理论对企业管理的启示是非常重要的，它告诉管理人员，工作任务以及公司的管理制度都有可能产生某种关于公平性的影响作用。而这种作用对仅仅起维持组织稳定性的管理人员来说，是不容易觉察到的。员工对工资提出增加的要求，说明组织对他至少还有一定的吸引力，但当员工的离职率普遍上升时，说明企业组织已经对员工产生了强烈的不公平感，这需要引起管理人员高度重视，因为它意味着除了组织的激励措施不当以外，更重要的是，企业的现行管理制度有缺陷。主管人员的主要职责就是运用各种方法和手段，使下属员工处于拥有公平感的心理状态。

【管理故事】适者生存

老鹰是所有鸟类中最强壮的种族，根据动物学家所做的研究，这可能与老鹰的喂食习惯有关。老鹰一次生下四五只小鹰，由于它们的巢穴很高，所以猎捕回来的食物一次只能喂食一只小鹰，而老鹰的喂食方式并不是依平等的原则，而是哪一只小鹰抢得凶就给谁吃，在此情况下，瘦弱的小鹰吃不到食物都死了，最凶狠的存活下来，代代相传，老鹰一族愈来愈强壮。

启示：这是一个适者生存的故事，这个故事告诉我们，"公平"不能成为组织中的公认原则，组织若无适当的淘汰制度，常会因小仁小义而耽误了进化，在竞争的环境中将会遭到自然淘汰。

公平理论的不足之处在于员工本身对公平的判断是极其主观的，人们总是倾向于过高估计自我的付出，过低估计自己所得到的报酬，而对他人则刚好相反。这给管理者实施该行为，产生了很大的压力，因此管理者在应用该理论时，应当注意实际工作绩效与报酬之间的合理性，并注意留心对组织的知识吸收和积累有特别贡献的个别员工的心理平衡。

【管理探讨】李强的困惑

李强已经在数据系统公司工作了5个年头。在这期间，他从普通编辑员升到资深的程序编制分析员。他对自己所服务的这家公司相当满意，很为工作中的创造性要求所激励。

一个周末的下午，李强和他的朋友及同事安迪一起打高尔夫球。他了解到安迪所在的部门新雇了一位刚从大学毕业的程序编制分析员。尽管李强是个好脾气的人，但当他听说这新来者的起薪仅比他现在的工资少30美元时，不禁发火了。李强迷惑不解。他感到这里一定有问题。

下周一的早上，李强找到了人事部主任王德华，问他自己听说的事是不是真的？王德华带有歉意地说，确有这么回事。但他试图解释公司的处境："李强，编程分析员的市场相当紧俏。为使公司能吸引合格的人员，我们不得不提供较高的起薪。我们非常需要增加一名编程分析员，因此我们只能这么做。"

李强问能否相应调高他的工资。王德华回答说："你的工资需按照正常的绩效评估时间评定后再调。你干得非常不错！我相信老板到时会给你提薪的。"李强在向王德华道了声"打扰了！"便离开了他的办公室，边走边不停地摇头，很对自己在公司的前途感到疑虑。

思考题：

1. 本管理情景描述的事件对李强的工作动力会产生什么样的影响？哪一种激励理论可以更好地解释李强的困惑？为什么？

2. 你觉得王德华的解释会让李强感到满意吗？请说明理由。

3. 你认为公司应当对李强采取什么措施？为什么？

（资料来源：http：//wenku. baidu. com/view/6ef6dcf9941ea76e58fa0415. html）

（三）行为改造型激励理论

行为改造型激励理论是指关于研究如何改造和转化人的行为，如何使人的心理和行为由消极转变为积极，以有益于组织运作和发展的理论。行为改造型激励理论主要有强化理论、挫折理论等。

1. 强化理论

现代强化理论的代表人物是斯金纳。他出生于美国宾夕法尼亚州东北的一个小城镇，早年就学于哈佛大学心理学系，1931 年获得哲学博士学位。

（1）强化理论内容。强化理论认为，人们为了达到某种目的，便会产生作用于环境的活动。这种活动的结果使他的需要得到满足，这种行为就会重复出现；相反，这种活动的结果使他的需要得不到满足，这种行为也就消失。凡是一个操作过程发生之后，呈现强化性刺激，这个操作行为的强度（频率）就会增加，能增强反应强度的刺激物就是强化物。强化物可以是物质的如奖金、奖品、实物等；也可以是精神的，如权力、责任、名誉、表扬、认可等。人们可以直接控制强化物来控制行为，达到改造行为的目的，这就是斯金纳的强化理论。“强化”观念是这个理论的核心。所谓强化，在心理学上的定义是指增强某种刺激与有机体某种反应之间的联系。与之相应的管理学定义是指行为与影响行为的环境（包括行为的前因与后果）之间的关系，即是通过不断改变环境的刺激因素以达到增强、减弱或消除某种行为的过程。

（2）强化理论的运用。强化理论得到了许多人的认可和发挥，在管理中便以正强化、负强化、自然消退和惩罚等多种形式运用开来。

正强化，指对人的某种行为给予肯定和奖赏，使这个行为巩固保持，使职工在类似的条件下重复出现这种行为。

负强化，指事先告诉员工某种行为不符合要求，如果出现可能引起不良后果，使员工按规定要求行事，回避不愉快的事情发生。

自然消退，指的是对员工的某种行为不予理睬，以表示对该行为的轻视或某种程度的否定，从而减少员工的某种行为。

惩罚，指创造一种令人不愉快或感到痛苦的环境，或取消令人愉快或感到满意的环境，以表明对职工某种行为的否定，使这种行为不再发生。

这四种方式可单独使用，也可结合使用。现实生活中关键要运用好奖励和惩罚这两种主要手段。

（1）奖励。为了充分发挥奖励的强化作用，达到控制人们行为的目的，奖励要注意以下几点：

第一，要善于把物质奖励和精神奖励结合起来。物质奖励一般是满足人们生活需要，如奖品、奖金等。精神奖励一般是满足心理需要，如奖章、奖状、记功、嘉奖、树标兵、评先进、选模范、介绍经验、宣传事迹等。

第二，创造良好的奖励气氛。好事使人羡慕，坏事使人厌恶。没有这样的环境，奖励就往往会成为人们的负担。

第三，奖励要及时。心理学家认为，为了取得最好的效果，奖励应在它所期望加强的行为发生以后尽快提供。我国古时就有“罚不过午，奖不过宿”的说法，也是这个意思。

第四，奖励的方式要考虑职工需要的差异。有的职工偏重于物质奖励，有的职工偏重于精神奖励。

第五，奖励的程度要与职工的贡献相当。奖励不公平，不仅影响到受奖者，还会影响其他职工的情绪和行为。

第六，奖励方式要有变化。新颖的刺激和变化的刺激的作用比较大。奖励方式要不断创新，但也要防止变化过于频繁，否则也会削弱奖励的强化作用。

（2）惩罚。强化理论要求注意以下几点：

第一，惩罚要公正、合理，使受到惩罚的职工心服口服。只有这样才能化消极因素为积极因素，否则容易产生对立情绪。

第二，要掌握惩罚的时机。一般来说，在行为开始时，惩罚效果最好；作出惩罚的时间越长，惩罚的效果就越差。因此．惩罚必须在影响扩大以前，在人们记忆犹新的时候进行。

第三，惩罚的强度要适当。较强的惩罚并不是总比较轻的惩罚有效。复杂的任务又伴随着较强的惩罚，可能造成对任务要求太高的焦虑感，甚至形成逃避心理和抵触情绪。

第四，责备一个人决不能伤害他的人格。

第五，和犯错误的职工谈话时，不要采取蔑观的态度。应当允许他申诉，要求他说明原因和理由。不应任意找碴，不能把过失扩大到不必要的程度。

第六，使用惩罚手段要慎重，以免引起当事人病态的固执。你越批评他，他越坚持他的错误看法，为自己辩护，使批评、惩罚失掉了应有的作用，不能从失败中吸取教训。

第七，帮助受到惩罚的职工挽回面子。跌倒了，帮助他爬起来，继续前进。在他做出成绩以后，立即给予正强化，坚定信心，减轻他精神上的压力。

【课堂思考】怎样对待李民的迟到

假设你是一位在企业担任基层领导多年的管理人员。有位叫李民的工人，上班老是迟到半个小时以上，经常受到你的批评。最近他有所改进，但还总是迟到一刻钟时间。今天也是这样。而你所在的单位对准时上班有严格的规定。

假如你是李民的顶头上司，试回答：

1. 对员工行为的强化，理论上有几种不同的方式？结合该事例的情况，请将各种不同强化方式下相应要求进行的沟通用简要话语形象地表述出来。

2. 对李民此次的迟到行为，你认为应该采取何种强化方式更好？为什么？

（资料来源：http：//www. docin. com/p－710417350. html）

2. 挫折理论

挫折理论是由美国心理学家亚当斯提出的，挫折是指人类个体在从事有目的的活动过程中，指向目标的行为受到障碍或干扰，致使其动机不能实现，需要无法满足时所产生的情绪状态。挫折理论主要揭示人的动机行为受阻而未能满足需要时的心理状态，并由此而导致的行为表现，力求采取措施将消极性行为转化为积极性、建设性行为。

（1）动机受到阻碍或干扰的四种情况。个体受到挫折与其动机实现密切相关。人的动机导向目标时，受到阻碍或干扰可有以下四种情况：

①虽然受到干扰，但主观和客观条件仍可使其达到目标；

②受到干扰后只能部分达到目标或使达到目标的效益变差；

③由于两种并存的动机发生冲突，暂时放弃一种动机，而优先满足另一种动机，即修正目标；

④由于主观因素和客观条件影响很大，动机的结局完全受阻，个体无法达到目标。

第四种情况下人的挫折感最大，第二和第三种情况次之。挫折是一种普遍存在的心理现象，在人类现实生活中，不但个体动机及其动机结构复杂，而且影响动机行为满足的因素也极其复杂，因此，挫折的产生是不以人们的主观意志为转移的。

（2）挫折心理的必备条件。几乎人的行为都有受挫折的可能，但挫折心理的实际发生有三个必备条件：

第一，个人所期望的目标是重要的、强烈的。

第二，个人认为这种目标有可能达成。

第三，在目标与现实中存在难以克服的障碍。事实上，如无此条件，目标就会实现，挫折就不存在了。

（3）挫折产生的原因。引起挫折的原因既有主观的，也有客观的。

主观原因主要是个人因素，如身体素质不佳、个人能力有限、认识事物有偏差、性格缺陷、个人动机冲突等。

客观原因主要是社会因素，如企业组织管理方式引起的冲突、人际关系不协调、工作条件不良、工作安排不当等。

人是否受到挫折与许多随机因素有关，也因人而异。归根结底，挫折的形成是由于人的认知与外界刺激因素相互作用失调所致。

（4）挫折心理的态度。根据不同人的心理特点，受到挫折后的行为表现主要有两大类：

第一，采取积极进取态度，即采取减轻挫折和满足需要的积极适应态度；

第二，采取消极态度，甚至是对抗态度，诸如攻击、冷漠、幻想、退化、忧虑、固执和妥协等。

（5）挫折心理的种种表现。对于同样的挫折情境，不同的人会有不同的感受；引起某一个人挫折的情境，不一定是引起其他人挫折的情境。挫折的感受因人而异的原因主要是由于人的挫折容忍力不同。

所谓挫折容忍力，是指人受到挫折时免于行为失常的能力，也就是经得起挫折的能力，它在一定程度上反映了人对环境的适应能力。对于同一个人来说，对不同的挫折，其容忍力也不相同，如有的人能容忍生活上的挫折，却不能容忍工作中的挫折，有的人则恰恰相反。挫折容忍力与人的生理、社会经验、抱负水准、对目标的期望以及个性特征等有关。

（6）挫折对人的影响。挫折对人的影响具有两面性：一方面，挫折可增加个体的心理承受能力，使人猛醒，汲取教训，改变目标或策略，从逆境中重新奋起；另一方面，挫折也可使人们处于不良的心理状态中，出现负向情绪反应，并采取消极的防卫方式来对付挫折情境，从而导致不安全的行为反应，如不安、焦虑、愤怒、攻击、幻想、偏执等。

在企业管理中，有的人由于安全生产中的某些失误，受到领导批评或扣发奖金，由于其挫折容忍力小，可能就会发泄不满情绪，甚至采取攻击性行动，在攻击无效时，又可能暂时将愤怒情绪压抑，对企业采取冷漠的态度，得过且过。人受挫折后可产生一些远期影响，如丧失自尊心、自信心，自暴自弃，精神颓废，一蹶不振等。

（7）挫折的应对措施。在企业生产管理活动中，职工受到挫折后，所产生的不良情绪状态及相伴随的消极性行为，不仅对职工的身心健康不利，而且也会影响企业的安全生产，甚至易于导致事故的发生。因此，应该重视管理中职工的挫折问题，采取措施防止挫折心理给职工本人和企业带来的不利影响。对此，可以采取的措施包括：

①帮助职工用积极的行为适应挫折，如合理调整无法实现的行动目标；

②改变受挫折职工对挫折情境的认识和估价，以减轻挫折感；

③通过培训提高职工工作能力和技术水平，增加个人目标实现的可能性，减少挫折的主观因素；

④改变或消除易于引起职工挫折的工作环境，如改进工作中的人际关系、实行民主管理、合理安排工作和岗位、改善劳动条件等，以减少挫折的客观因素；

⑤开展心理保健和咨询，消除或减弱挫折心理压力。

第三节 激励方式

管理情境

达纳公司：一个非凡的记录

美国达纳公司主要生产螺旋桨叶片和齿轮箱之类的普通产品，这些产品多数是满足汽车和拖拉机业普通二级市场需要的，该公司是一个拥有30亿美元资产的企业。20世纪70年代初期，该公司的雇员人均销售额与全行业企业的平均数相等。到了70年代末，在并无大规模资本投入的情况下，公司雇员人均销售额已猛增3倍，一跃成为《财富》杂志按投资总收益排列的500家公司中的第2位。这对于一个身处如此乏味行业的大企业来说，的确是一个非凡纪录。

1973年，麦斐逊接任公司总经理。他做的第一件事就是废除原来厚达22英寸半的政策指南，代之而用的是只有一页篇幅的宗旨陈述。其大意是：

1. 面对面的交流是联系员工、保持信任和激发热情的最有效手段。关键是要让员工知道并与之讨论企业的全部经营状况。

2. 我们有义务向希望提高技术水平、扩展业务能力或进一步深造的生产人员提供培训和发展的机会。

3. 向员工提供职业保险至为重要。

4. 制订各种对设想、建议和艰苦工作加以鼓励的计划，设立奖励基金。

麦斐逊很快把公司管理班子从500人裁减到100人，机构层次也从11个减到5个。大约90人以下的工厂经理都成了“商店经理”。因为这些人有责任学会做厂里的一切工作，并且享有工作的自主权。麦斐逊说：“我的意思是放手让员工们去做。”

他指出：“任何一项具体工作的专家就是干这项工作的人，不相信这一点，我们就会一直压制这些人对企业做出贡献及其个人发展的潜力。可以设想，在一个制造部门，在方圆2.32平方米的天地里，还有谁能比机床工人、材料管理员和维修人员更懂得如何操作机床、如何使其产出最大化、如何改进质量、如何使原材料流量最优化并有效地使用呢？没有。”

他又说：“我们不把时间浪费在愚蠢的举动上。我们办事没有种种程序和手续，也没有大批的行政人员。我们根据每个人的需要、每个人的志愿和每个人的成绩，让每个人都有所作为，让每个人都有足够时间去尽其所能……我们最好还是承认，在一个企业中，最重要的人就是那些提供服务、创造和增加产品价值的人，而不是管理这些活动的人……这就是说，当我处在你们那2.32平方米的空间里时，我还是得听你们的！”

达纳公司和惠普公司一样，不搞什么上下班时钟。对此，麦斐逊说：大伙都抱怨说，“没有钟怎么行呢？”我说：“你该怎么去管10个人呢？要是你亲眼看到他们老是迟到，你就去找他们谈谈嘛。何必非要靠钟表才能知道人们是否迟到呢？”我的下属说：“你不能摆脱计时钟，因为政府要了解工人的出勤率和工作时间。”我说：“此话不假。像现在这样，每个人都准时上下班，这就是记录嘛！如果有什么例外，我们自会实事求是地加以处理的。”

麦斐逊非常注意面对面的交流，强调同一切人讨论一切问题。他要求各部门的管理人员和本部门的所有成员之间每月举行一次面对面的会议，直接而具体地讨论公司每一项工作的细节情况。

麦斐逊非常注重培训工作，以此来不断地进行自我完善。仅达纳大学，就有数千名雇员在那里学习，他们的课程都是务实方面的，但同时也强调人的信念，许多课程都由老资格的公司副总经理讲授。

达纳公司从不强人所难。麦斐逊说：“没有一个部门经理会屈于压力而被迫接受些什么。”在这里，人们受到的压力是同事间的压力。大约100名经理人员每年要举行两次为期5天的经验交流会，同事间的压力就是前进的动力。他说：“你能一直欺骗你的头头，我也能。但是你没法逃过同事的眼睛，他们可是一清二楚的。”

麦斐逊强调说：“切忌高高在上、闭目塞听和不察下情的不良作风，这是青春不老的秘方。”

结合上述管理情景，思考并回答下列问题：

1. 美国达纳公司的麦斐逊采取的激励方法有哪些？

2. 试用学过的激励理论分析麦斐逊的激励措施及其作用。

（资料来源：http：//www.doc88.com/p－182718557511.html）

要求：课前要进行认真阅读和思考，课上针对问题进行探讨。

理论与实践

激励的方式是多种多样的，恰当地运用激励方式，可以使激励的作用得到更充分的发挥。有效的激励必须从激励的起点——需要出发，综合运用各种激励方法。

一、激励的一般形式

（一）物质激励

物质激励法是通过满足人们物质利益的需求，来激励人们的行为，调动人们工作积极性的方法。最常见的物质利益激励有奖励激励和惩罚激励两种方法。

奖励激励是指组织以奖励作为诱因，驱使员工采取最有效、最合理的行为。在物质激励中，最突出的就是金钱。无论采取工资的形式，还是采取奖金、优先认股权、红利等其他鼓励性形式，金钱都是重要的因素。要使金钱成为一种有效的激励手段，必须使薪金和奖金能够反映出个人的工作业绩，否则，即使支付了奖金，也不会有很大的激励作用。并且，只有当预期得到的报酬远远高于目前个人收入时，金钱才能成为一个强有力的激励因素。

物质惩罚激励，是指组织利用惩罚手段，诱导员工采取符合组织需要的行动的一种激励。

实施物质激励要注意保持组织成员的公平感，充分体现“多劳多得，少劳少得”的分配原则。虽然这种激励是直接满足组织成员的低级需要的，但也能间接地满足组织成员的高级需要，因为物质利益可以看作是自己受到尊重，或自己的成就为组织所赏识的标志。

【课堂思考】一些领导说，“金钱是最有效的激励因素。只要多给钱，就可以调动职工的积极性”。你认为是这样的吗？试运用有关激励理论进行评论。

（二）精神激励

精神激励与物质激励往往是密不可分的，目前企业经常采用的精神激励方法主要有以下几种。

1. 目标激励

目标激励是指给员工确定一定的目标，以目标为诱因驱使员工去努力工作，以实现自己的目标。目标激励必须以组织的目标为基础，要求把组织的目标与员工的个人目标结合起来，使组织目标和员工目标相一致。

2. 形象激励

一个人通过视觉感受到的信息，占全部信息量的80%。因此，充分利用视觉形象的作用，激发员工的荣誉感、成就感、自豪感，也是一种行之有效的激励方法。常用的方法有：照片、资料张榜公布，借以表彰企业的标兵、模范。有条件的企业，还可以通过闭路电视系统传播企业的经营信息，宣传企业内部涌现出来的新人、优秀员工、劳动模范，等等。

3. 榜样典型激励法

人们常说，榜样的力量是无穷的。榜样激励是通过满足员工的模仿和学习的需要，引导员工的行为到组织目标所期望的方向。如果有了榜样，员工就会学有方向，赶有目标，从榜样成功的事业中得到激励。

【管理故事】宰相教子

有一个宰相妻子非常重视儿子的前途，她每天不辞劳苦地劝告儿子要努力读书，要有礼貌，要讲信用，要忠于国君等。而宰相却是早上离开家里去上朝，晚上回来则看书。爱儿心切的夫人终于忍不住说：“你别只顾你的公事和看书本，你也该好好的管教管教你的儿子啊！”宰相眼不离书地说：“我时时刻刻都在教育儿子啊！”

心得：言教再多也不如身教有效。在一个组织里，领袖当然是众人的榜样，你的言行举止都看在众人的眼里，只要懂得以身作则来影响下属，管理起来就会得心应手了。感化在效果方面，自古以来都比严酷的打骂大不止一百倍。

4. 感情激励

感情激励就是加强与员工的感情沟通，尊重员工、关心员工，与员工之间建立平等和亲切的感情，让员工感受到领导者的关心和企业的温暖。

【管理故事】北风和南风

北风和南风比威力，看谁能把行人身上的大衣脱掉。北风首先来一个冷风凛冽寒冷刺骨，结果行人把大衣裹得紧紧的。南风则徐徐吹动，顿时风和日丽，行人因为觉得春意上身，始而解开纽扣，继而脱掉大衣，南风获得了胜利。

感悟：这则寓言形象地说明了一个道理，温暖胜于严寒。领导者在管理中运用"南风"法则，就是要尊重和关心下属，以下属为本，多点人情味，使下属真正感觉到领导者给予的温暖，从而去掉包袱，激发工作的积极性。

5. 领导行为激励法

有关研究表明，一个人在报酬引诱及社会压力下工作，其能力仅能发挥60%，其余的40%有赖于领导者去激发。

（三）工作激励

工作激励是指通过分配适当的工作来激发员工内在的工作热情。这种激励方法也称为"内激励"。

1. 恰当的工作，激发职工内在的工作热情

这主要包括两方面的内容：一是工作的分配要尽量考虑到职工的特长和爱好，人尽其才；二是要使工作的要求既具有挑战性，又能为职工敢于接受。

【管理故事】工作本身就是一种激励

一个硕士研究生毕业后，在北方一家大公司找到了工作。但进去后，他发现周围的八个同事中有六名硕士、两名博士，作为新来的，他一点优势也没有，整天被使来唤去，忙于事务性工作，渐渐感到委屈、乏味。于是，这个硕士心一狠，辞了职，又回大学里攻读博士。

取得学位后，博士来到沿海经济特区求职，很多用人单位抢着要他。对比之下，一家私营企业老板心最诚，开价最高，博士挺满意，就去了。

这个私营企业老板文化程度虽低，但十分尊重人才，对博士总是笑脸相迎，博士很感动，决心要为企业贡献自己的才学。

久而久之，博士发现，老板虽尊敬他，却从来不要他做实实在在的工作，倒是常常带他去赴商界朋友们的宴席、打高尔夫球、洗芬兰浴什么的。博士渐渐感觉到，老板其实将他当作了一件"活首饰"，因为每逢以上场合，老板总不忘给朋友们介绍：这是我聘请的××名牌大学经济学博士……

为了扭转局面，博士决定主动出击。他花费数月时间，对这家企业进行全面考察研究，呕心沥血搞出一份厚厚的《企业未来发展规划（草案）》。

本以为老板会大喜过望，但事实上老板对此并无兴趣，依然经常拉着博士会见自己的商界

朋友，逢人就要介绍：这是我聘请的××名牌大学经济学博士……

终于有一天，博士忍无可忍，向老板递交了辞呈。老板很惊讶：我给你的报酬还不够高吗？

博士摇摇头，给老板讲了个小故事——英国有位大科学家法拉第，为了更好地进行自己的研究，要进皇家科学院。知情人告诉他，在那里，工作是十分劳累的，而报酬却相当少。法拉第毫不在意地说："工作本身就是一种报酬。"

（资料来源：郑立梅．管理学基础［M］．北京：清华大学出版社）

2. 参与管理

参与管理是指让员工或下级不同程度的参与组织决策及各级管理工作的研究和讨论。让员工参与管理，可以使员工或下级感到上级主管的信任、重视和赏识，能够满足归属和受人赏识的需要，从而体验到自己的利益同组织的利益、组织的发展密切相关，增强责任感。同时，管理者与下属们在商讨组织问题时，对双方来说都是提供了一个取得别人重视的机会，从而给人们以一种成就感、尊重感。事实证明，多数人会因能参加商讨与己有关的行为而受到激励。正确地参加管理既对个人产生激励，又为组织目标的成功实现提供了保证。

【管理启示】一日厂长

韩国精密机械株式会社实行了这一独特的管理制度，即让职工轮流当厂长管理厂务。一日厂长和真正的厂长一样，拥有处理公务的权力。当一日厂长对工人有批评意见时，要详细记录在工作日记上，并让各部门的员工收阅。各部门、各车间的主管，得依据批评意见随时核正自己的工作。这个工厂实行"一日厂长制"后，大部分干过"厂长"的职工觉得自己就是工厂的主人，因此工厂的向心力增强。工厂管理成效显著，开展的第一年就节约生产成本300多万美元。

启示：让企业的每一个成员都更深刻地体会到自己也是企业这个大家庭中的一员，并身体力行地做一回管理者，不仅可以充分调动他们的积极性，也对从多方面看到管理上的不足有积极作用。

3. 工作丰富化

工作丰富化是试图使工作具有更高的挑战性和成就感，它通过赋予多样化的内容使工作丰富起来，这是一种有效的激励方法，不仅适用于管理工作，也适用于非管理工作。

（四）培训教育激励

通过培训教育，培养员工的成就欲望、进取精神，充实知识，提高业务能力，提高自我激励能力，是重要的激励方法。培训的实质是给员工一张长期的饭票。

【课堂思考】金钱激励、工作激励、精神激励和培训教育激励方法分别与哪些激励理论有关？在运用时应注意什么问题？

（五）成果激励

指在正确评估工作成果的基础上给员工以合理奖惩，以保证员工行为的良性循环。

1. 正确评价工作，合理给予报酬

报酬可分为物质上的和精神上的两种，物质上的报酬主要是指工资和奖金，在物质激励中，最突出的就是金钱。金钱虽不是唯一能激励人的力量，但金钱作为一种很重要的激励因素是不可忽视的。精神上的报酬则主要是各种形式的表扬以及工作条件的改善和地位的提升，等等。

2. 帮助职工创造成果

对于一般职工，允许他们参与与其工作相关的决策，接受他们的合理化建议，并帮助他们实现这些建议；对于专业技术人员，给予必要的支持，改善他们的研究开发条件，解决他们在研究工作中的各种困难以促进他们的研究获得成果，这要比给他们物质奖励的作用可能要大得多。

（六）批评激励

指通过批评来激发员工改正错误行为的信心和决心。

以上是激励常见的做法，在实际工作中，应该针对不同的情况，从实际出发，综合地运用一种或多种激励手段，以求收到事半功倍的效果。

【管理故事】墨子苦心激励耕柱

人才并不是天生一定能作出成绩，并不一定能尽全力做贡献，关键是要适当激励。激才智慧在中国历史上不乏其例。耕柱是一代宗师墨子的得意门生，但他老是挨墨子的责骂。有一次，墨子又责备了耕柱，耕柱觉得自己非常委屈，因为在许多门生之中，大家都公认耕柱是最优秀的，却偏偏常遭到墨子指责，让他没面子。一天，耕柱愤愤不平地问墨子：“老师，难道在这么多学生当中，我竟是如此的差劲，以至于要时常遭您老人家责骂吗?”墨子听后，毫不动肝火：“假设我现在要上太行山，依你看，我应该用良马来拉车，还是用老牛来拖车?”耕柱答：“再笨的人也知道要用良马来拉车。”墨子又问：“那么，为什么不用老牛呢?”耕柱答：“理由非常的简单，因为良马足以担负重任，值得驱遣。”墨子说：“你答得一点也没错，我之所以时常责骂你，也只因为你能够担负重任，值得我一再地教导与匡正你。”

激励人才是一种艺术，我们的企业家从中得到什么启示。激励无定法，只有合适的激励才能产生期望的效果。墨子的激励措施并不是放之四海而皆准的法则，但可为今天的激才提供借鉴。

二、当代若干激励实务

进入 20 世纪 90 年代以来，西方企业在多种激励理论的基础上，提出了一些形式新颖的激励计划，竭力改善企业员工的满意度和绩效，值得参考。这些计划主要包括绩效工资、分红、员工持股、总奖金、知识工资和灵活的工作日程等。

1. 绩效工资

企业突出绩效工资意味着员工是根据他的绩效贡献而得到奖励的，因此这种工资一般又称为奖励工资。它实际上是激励的期望理论和强化理论的逻辑结果，因为增加工资是和工作行为挂钩的。

2. 分红

分红是员工和管理人员在特定的单位中，当单位绩效打破预先确定的绩效目标时，接受奖金的一项激励计划。这些绩效目标可以是细化了的劳动生产率、成本、质量、顾客服务或者利润。和绩效工资不同的是，分红鼓励协调和团队工作，因为全体员工都对经营单位的利益在做贡献。绝大多数公司都采用了某种精确的制定绩效目标和奖金的核算方法。

3. 员工持股

给予员工部分企业的股权，允许他们分享改进的利润绩效。员工持股实际上是公司以放弃股权的代价来提高生产率水平。要使这种激励计划有效进行，管理人员必须向员工提供全面的公司财务资料，赋予他们参加主要决策的权力，以及给予他们包括选举董事会成员在内的投票权。

4. 灵活的工作日程

灵活的工作日程主要指取消对员工固定的五日上班每日工作八小时工作制的限制。修改的内容包括四日工作制、灵活的时间以及轮流工作。执行四日工作日就是工作四天，每天 10 小时，而不是五日工作制中的每天 8 个小时。这一激励目的，是满足员工想得到更多闲暇时间的需要。灵活的时间就是让员工自己选择工作日程。轮流工作是让两个或两个以上的人共同从事某一项 40 小时工作周的工作。

【管理知识】弹性工作制

弹性工作制是 20 世纪 60 年代由德国的经济学家提出的，当时主要是为了解决职工上下班交通拥挤的困难。从 70 年代开始，这一制度在欧美得到了稳定的发展。在欧洲，1975 年英国约有 70 万职工，1977 年瑞士估计有 40% 的产业工人，在德国约有四分之一的工人实行这一制度。在美国，在一些脑力劳动占重要地位的行业中也在推行弹性工作制。到 90 年代，大约 40% 的大公司采用了弹性工作制，其中包括杜邦公司、惠普公司等著名的大公司。在日本，日立制造所在 1988 年推行这一制度，除生产线上的工人以外，有四万人自由地选择自己的工作时间。富士重工业、三菱电机等大型企业也都以此为目标，进行了类似的改革。我国近年来许多工厂也在试行这种制度。

5. 知识工资

是指一个员工的工资随着他能够完成的任务的数量增加而增加。知识工资增加了公司的灵活性和效率，因为公司需要的做工作的人会越来越少。但要贯彻这项计划，公司必须有一套高度发达的员工评估程序，必须明确工作岗位，这样工资才可能随着新工作的增加而增加。

【管理思考】阅读下列资料，设想你就是猎人，你想怎样对待猎狗？

一条猎狗将兔子赶出了窝，一直追赶他，追了很久仍没有捉到。牧羊人看到此种情景，讥笑猎狗说：你们两个之间小的反而跑得快得多。猎狗回答说：你不知道我们两个的跑是完全不同的！我仅仅为了一顿饭而跑，他却是为了性命而跑呀！

这话被猎人听到了，猎人想：猎狗说的对啊，那我要想得到更多的猎物，得想个好法子。

想想都有什么方法？

如果猎人这样：猎人又买来几条猎狗，凡是能够在打猎中捉到兔子的，就可以得到几根骨头，捉不到的就没有饭吃。这一招果然有用，猎狗们纷纷去努力追兔子，因为谁都不愿意看着别人有骨头吃，自己没得吃。就这样过了一段时间，问题又出现了，大兔子非常难捉到，小兔子好捉，但捉到大兔子得到的奖赏和捉到小兔子得到的骨头差不多。猎狗们善于观察发现了这个窍门，专门去捉小兔子、慢慢的，大家都发现了这个窍门。猎人对猎狗说：最近你们捉的兔子越来越小了，为什么？猎狗们说：反正没有什么大的区别，为什么费那么大的劲去捉那些大的呢？

接下来你怎么办？

如果猎人这样：猎人经过思考后，决定不将分得骨头的数量与是否捉到兔子挂钩，而是采用每过一段时间，就统计一次猎狗捉到兔子的总重量，按照重量来评价猎狗，决定一段时间内的待遇。于是猎狗们捉到兔子的数量和重量都增加了，猎人很开心。但是过了一段时间，猎人发现，猎狗们捉兔子的数量又少了，而且越有经验的猎狗，捉兔子的数量下降的就越厉害。于是猎人又去问猎狗，猎狗说：我们把最好的时间都奉献给了您，主人，但是我们随着时间的推移会老，当我们捉不到兔子的时候，您还会给我们骨头吃吗？

接下来你还要怎么办？

如果猎人这样：猎人做了论功行赏的决定，分析与汇总了所有猎狗捉到兔子的数量与重量，规定如果捉到的兔子超过了一定的数量后，即使捉不到兔子，每顿饭也可以得到一定数量的骨头。猎狗们都很高兴，大家都努力去达到猎人规定的数量。一段时间过后，终于有一些猎狗达到了猎人规定的数量。这时，其中有一只猎狗说：我们这么努力，只得到几根骨头，而我们捉的猎物远远超过了这几根骨头，我们为什么不能给自己捉兔子呢？于是，有些猎狗离开了猎人，自己捉兔子去了。

此时，你怎么办？

（资料来源：http：//www. doc88. com/p－58371810101. html）

本章小结

1. 激励，就是通过一定的手段使员工的需要和动机得到满足，以调动他们的工作积极性，使他们积极主动地发挥个人潜能从而实现组织目标的过程。

2. 激励作为一种领导手段，最显著的特点是内在驱动性和自觉自愿性。

3. 激励过程是“需要—动机—行为—目标—满足—新的需要”循环往复的过程。在这一过程中，领导者尤其要把握好需要、诱因、目标、报偿、受挫、反馈六个环节。

4. 管理学者提出了各种人性假设。主要可归纳为以下四种：经济人假设、社会人假设、自我实现人假设、复杂人假设。

5. 管理学家、心理学家及行为学科学家们从不同的角度提出了各种激励理论，基本上分为三大类：内容型激励理论、过程型激励理论、行为改造型激励理论。

6. 内容型激励理论着重对人的需要做出分析，试图找出能够对人产生激励作用的因素有哪些，如何设置能满足人的需要的目标来激励人。主要有马斯洛的“需要层次理论”、奥尔德弗的“EGR 理论”、赫兹伯格的“双因素理论”和麦克利兰的“成就需要理论”等。

7. 过程型激励理论解释的是“为什么员工会努力工作”和“怎样才会使员工努力工作”这两个问题。主要有弗鲁姆的“期望理论”和亚当斯的“公平理论”等理论。

8. 行为改造型激励理论是指关于研究如何改造和转化人的行为，如何使人的心理和行为由消极转变为积极，以有益于组织运作和发展的理论。主要有强化理论、挫折理论等理论。

9. 激励的一般形式：物质激励、精神激励、工作激励、成果激励。

10. 当代若干激励实务：绩效工资、分红、员工持股、总奖金、知识工资和灵活的工作日程等。

课后自测

一、单项选择题（在下列各小题中，选择一个最合适的答案）

1. 下面哪种理论不属于激励理论？（　）

A. 双因素理论　　B. 权变理论

C. 需求层次理论　　D. 期望值理论

2. 与人们的满意情绪有关的因素称为（　）。

A. 保健因素　　B. 满意因素

C. 激励因素　　D. 自我实现

3. 假设你是一家企业的经理，发现近来企业的各项工作开展都没有创业阶段时有声有色，经调查，发现员工没有不满情绪，但对工作并不满意，为此，你认为可以采取的措施是（　）。

A. 给工人提供更多的升迁机会　　B. 改善工人的工作条件

C. 增加工人的工资　　D. 以上都不可行

4. 要想调动员工的积极性，最好应从哪方面开始做起？（　）

A. 领导以身作则，影响带动员工

B. 多组织各项活动，促进交流，增强凝聚力

C. 研究和关心员工的需要，力求使员工对企业产生责任感

D. 奖惩分明

5. 日本丰田公司曾经有一位市场部经理，对下属采用“鞭策”式管理，工作有成效的给予重奖，做的不好就会受到严厉的惩罚，以此来激励员工拼命工作，这样做的结果使得该公司产品的市场占有率得到大幅度提高，这位经理运用的是（　）。

A. 激励需求理论　　B. X 理论

C. Y 理论　　D. 公平理论

6. 原江西省副省长、腐败分子胡长清好为别人写字题匾，每次收费 3000 ~ 6000 元。一时间江西省内特别是省城南昌，到处是胡长清的“墨宝”。民间流传一首顺口溜说：东也胡，西也胡，洪城上下古月胡；南长清，北长清，大街小巷胡长清。你认为胡长清的这种行为积极性与我们讲的激励有关系吗？（　）

A. 有，为钱驱使，是金钱激励　　B. 有，沽名钓誉，满足权力需要，属个人激励

C. A 和 B　　D. 没有关系，不是管理学中所讲的激励

二、多项选择题（下列各题中正确的答案不少于两个，请准确选出全部正确的答案）

1. 根据双因素理论，（　）往往与职工的不满意关系密切。

A. 企业政策　　B. 工作的成就感

C. 工资水平　　D. 责任感

2. 公平理论中，员工选择的与自己进行比较的参照类型有（　）。

A. 其他人　　B. 制度

C. 自我　　D. 以上都是

3. 常用的激励方式有（　）。

A. 工作激励　　B. 成果激励

C. 批评激励　　D. 培训教育激励

4. 强化的方法按强化的手段来划分有（　）。

A. 正强化　　B. 负强化

C. 消退　　D. 惩罚

E. 学习

三、简答题

1. 双因素理论的要点有哪些？赫茨伯格认为哪些是激励因素，哪些是保健因素？

2. 当代企业的常用的激励措施有哪些？

四、思考题

1. 假如你是一个企业的中层管理者，怎样根据期望理论，对员工进行激励？

2. 假如您是部门领导，您设想您在每半月一次的会议议程中该如何去部署会更好？(可提示回答方向：直奔主题，还是先给部属打气)

3. 描述一个您在以往实习工作或日常中经历出现的士气较低沉的团队氛围的情景，那时您的角色是怎样的，现在回想起来有何感触？

案例分析

施科长没有解决的难题

施迪闻是富强油漆厂的供应科科长，厂里同事乃至外厂的同行们都知道他心直口快，为人热情，尤其对新主意、新发明、新理论感兴趣，自己也常在工作里搞点新名堂。

前一阶段，常听见施科长对人嚷嚷说："咱厂科室工作人员的那套奖金制度，是彻底的'大锅饭'平均主义，我看，到了非改不可的地步了。奖金总额不跟利润挂钩，每月按工资总额拿出5%当奖金，这5%是固定死了的，一共才那么一点钱。说是具体每人分多少，由各单位领导按每人每月工作表现去确定，要体现'多劳多得'原则，还要求搞什么，'重赏重罚，承认差距'哩。可是谈何容易，'巧妇难为无米之炊'呀！总共就那么一点点，还玩得出什么花样？理论上是说要奖勤罚懒，干得好的多给，一般的少给，差的不给。可是你真的不给试试看？不给你造反才怪呢！结果实际上是大伙基本上拉平，皆大欢喜；要说有那么一点差距，确定分成三等，不过这差距也只是象征性的。照说这奖金也不多，有啥好计较的？可要是一个钱不给，他就认为这简直是侮辱，存心丢他的脸。唉，难办！一个是咱厂穷，奖金拨的就少；二是咱中国人平均主义惯了，爱犯‘红眼病’。”

最近，施科长却跟人们谈起了他的一段有趣的新经历。他说：“改革科室奖金制度，我琢磨好久了，可就是想不出啥好点子来。直到上个月，厂里派我去市管理干部学院参加一期中层管理干部培训班。有一天，他们不知打哪儿请来一位美国教授，听说还挺有名，他给咱们作了一次讲演。”

“那教授说，美国有位学者，叫什么来着？……对，叫什么伯格，他提出一个新见解，说是企业对职工的管理，不能太依靠高工资和奖金。又说：钱并不能真正调动人的积极性。你说怪不？什么都讲金钱万能的美国，这回倒说起钱不那么灵了。这倒要留心听听。”

“那教授继续说，能影响人积极性的因素很多，按其重要性，他列出了一长串单子。我记不太准了，好像是，最要紧的是‘工作的挑战性’这个洋名词。照他解释，就是指工作不能太简单，轻而易举地就完成了；要艰巨点，得让人动点脑筋，花点力气，那活才有干头。再就是工作要有趣，要有些变化，多点花样，别老一套，太单调。他说，还要给自主权，给责任，要让人家感到自己有所成就，有所提高。还有什么表扬啦，跟同事们关系友好融洽啦，劳动条件要舒服安全啦什么的，我也记不准、记不全了。可有一条我是记准了：工资和奖金是摆在最后一位的，也就是说，最无关紧要。”

“你想想，钱是无关紧要的！闻所未闻，乍一听都不敢相信。可是我细想想，觉得这话是有道理的，所有那些因素对人说来，可不都还是蛮重要的吗？我于是对那奖金制度不那么担心了，还有别的更有效的法宝呢。”

“那教授还说，这理论也有人批评，说那位学者研究的对象全是工程师、会计师、医生这类高级知识分子，对其他类型的人未见得合适。他还讲了一大堆新鲜事。总之，我这回可是大开眼界啦。”

“短训班办完，回到科里，正赶上年末工作总结讲评，要发年终奖金了。这回我有了新主意。我那科里，论工作，就数小李子最突出：大学生，大小也算个知识分子，聪明能干，工作积极又能吃苦，还能动脑筋。于是我把他找来谈话。”

“别忘了我如今学过点现代管理理论了。我于是先强调了他这一年的贡献，特别表扬了他的成就，还细致讨论了明年怎么能使他的工作更有趣，责任更重，也更有挑战性……瞧，学来的新词儿，马上用上啦。我们甚至还确定了考核他明年成绩的具体指标，最后才谈到这最不要紧的事——奖金。我说，这回年终奖，你跟大伙儿一样，都是那么多。我心里挺得意：学的新理论，我马上就用到实际里来了。”

“可是，小李子竟发起火来了，真的火了。他蹦起来说：‘什么？就给我那一点？说了那一大堆好话，到头来我就值那么一点？得啦，您那套好听的请收回去送给别人吧，我不稀罕。表扬又不能当饭吃！’”

“这是怎么一回事？美国教授和学者的理论听起来那么有道理，小李也是知识分子，怎么就不管用了呢？把我搞糊涂了。”

思考题：

1. 案例中所提到的激励理论，是指管理中的哪个激励理论？按照这个理论，工资和奖金属于什么因素？能够起到什么作用？

2. 科长用美国教授介绍的理论去激励小李，结果碰了钉子，问题可能出现在什么地方？根据上述管理情景提示的情况，说出你的理由。

3. 认为富强油漆厂在奖金分配制度上存在的主要问题是什么？可以用什么办法解决？

（资料来源：黄雁芳，宋克勤．管理学教程案例集［M］．上海：上海财经大学出版社，2006.）

项目训练

实训项目　制订激励计划

一、实训目标

1. 加深对现代激励理论的感性认识；

2. 提高有效激励，调动人的积极性的能力。

二、实训内容

方式一：

1. 对当地典型的1~2家企业进行调查，调查企业的激励制度和办法。

2. 调查企业管理者和企业员工对该激励制度的反应和看法，观察员工的工作积极性，并与员工进行交流，尽量捕捉员工的真实想法。

3. 分析企业激励是否存在不足？如果有，应如何改进？

方式二：

1. 调查与深入研究本班学生学习积极性以及各种可能的激励状况。

2. 5~6人组成一个小组，以班级为整体进行研讨，深入分析目前的激励状况，就如何在本班进一步调动学生的学习积极性、实现有效激励组织研讨。

3. 在班级组织研讨，深入分析目前的激励状况，研讨如何有效激励，充实完善同学们的激励计划。

4. 对各小组的激励计划进行综合研讨，分析各小组激励计划的可行性，最后作出一份确实可行的激励计划，在班级进行运用。

5. 对运行情况进行不断的总结和修正。

三、实训要求

1. 能正确运用双因素论和需求层次论的观点解释说明，并能联系我国国情进行分析。

2. 能正确分析学生的实际需求，并能正确应用激励理论与激励方法制订激励计划，具有有效性、可行性。

第九章 沟通

本章导读

研发部的梁经理

研发部梁经理才进公司不到一年，工作表现颇受主管赞赏，不管是专业能力还是管理绩效，都获得大家肯定。在他的缜密规划之下，研发部一些延宕已久的项目，都在积极推行当中。部门主管李副总发现，梁经理到研发部以来，几乎每天加班。他经常第二天来看到梁经理电子邮件的发送时间是前一天晚上 10 点多，接着甚至又看到当天早上 7 点多发送的另一封邮件。这个部门下班时总是梁经理最晚离开，上班时第一个到。但是，即使在工作量吃紧的时候，其他同人似乎都准时走，很少跟着他留下来。平常也难得见到梁经理和他的部属或是同级主管进行沟通。李副总对梁经理怎么和其他同事、部属沟通工作觉得好奇，开始观察他的沟通方式。原来，梁经理都是以电子邮件交代部属工作。他的属下除非必要，也都是以电子邮件回复工作进度及提出问题。很少找他当面报告或讨论。对其他同事也是如此，电子邮件似乎被梁经理当作和同人们合作的最佳沟通工具。但是，最近大家似乎开始对梁经理这样的沟通方式反应不佳。李副总发觉，梁经理的部属对部门逐渐没有向心力，除了不配合加班，还只执行交办的工作，不太主动提出企划或问题。而其他各主管，也不会像梁经理刚到研发部时，主动到他房间聊聊，大家见了面，只是客气地点个头。开会时的讨论，也都是公事公办的味道居多。李副总趁着在楼梯间抽烟碰到另一部门陈经理时，以闲聊的方式问及他对梁经理的看法。陈经理回答说：梁经理工作相当认真，可能对工作以外的事就没有多花心思。李副总也就没再多问。这天，李副总刚好经过梁经理房间门口，听到他打电话，讨论内容似乎和陈经理业务范围有关。他到陈经理那里，刚好陈经理也在说电话。李副总听谈话内容，确定是两位经理在谈话。之后，他找了陈经理，问他怎么一回事。明明两个主管的办公房间就在隔邻，为什么不直接走过去说说就好了，竟然是用电话谈。陈经理笑答，这个电话是梁经理打来的，梁经理似乎比较希望用电话讨论工作，而不是当面沟通。陈经理曾试着要在梁经理房间谈，而不是电话沟通。梁经理不是以最短的时间结束谈话，就是眼睛还一直盯着计算机屏幕，让他不得不赶紧离开。陈经理说，几次以后，他也宁愿用电话的方式沟通，免得让别人觉得自己过于热情。了解这些情形后，李副总找了梁经理聊聊，梁经理觉得，效率应该是最需要追求的目标。所以他希望用最节省时间的方式，达到工作要求。李副总以过来人的经验告诉梁经理，工作效率重要，但良好的沟通绝对会让工作进行顺畅许多。

其实，很多管理者都忽视了沟通的重要性，而是一味地强调工作效率。实际上，面对面沟通所花的些许时间成本，绝对能让沟通大为增进。沟通看似小事情，实则意义重大！沟通通畅，工作效率自然就会提高，忽视沟通，工作效率势必下降。

（资料来源：http：//www.docin.com/p－1467096506.html）

第一节 沟通概述

管理情境

张经理的沟通经验

某公司张经理在实践中深深体会到，只有运用各种现代科学的管理手段，充分与员工沟通，才能调动员工的积极性，才能使企业充满活力，在竞争中立于不败之地。

首先，张经理直接与员工沟通，避免中间环节。他告诉员工自己的电子信箱，要求员工尤其是外地员工大胆反映实际问题，积极参与企业管理，多提建议和意见。张经理本人则每天上班时先认真阅读来信，并进行处理。

其次，为了建立与员工的沟通体制，公司又建立了经理公开见面会制度，定期召开，也可因重大事情临时召开，参加会议的员工是员工代表、特邀代表和自愿参加的员工代表。每次会议前，员工代表都广泛征求群众意见，提交经理公开见面会上解答。1998 年 12 月，调资晋级和分房两项工作刚开始时，员工中议论较多。公司及时召开了会议，张经理就调资和分房的原则、方法和步骤等做了解答，使部分员工的疑虑得以澄清和消除，保证了这两项工作的顺利进行。

结合上述管理情景，思考并回答下列问题：

1. 请分析张经理与员工在沟通方式上所做的选择，这些方式有何特点？
2. 沟通的作用是什么？沟通的主要内容是什么？

（资料来源：http：//www.doc88.com/p－209512533386.html）

要求：课前进行认真阅读和思考，课上针对问题进行探讨。

理论与实践

在很大程度上，组织的整个管理者工作都和沟通有关。在组织内部，有员工之间的交流、员工与工作团队之间的交流、工作团队之间的交流；在组织外部，有组织与客户之间的交流、组织之间的交流，沟通不良，组织的效率会受影响，其行动就难以协调一致。可见，任何组织的管理都需要通过沟通才能更有效地实现，一个组织内部沟通的效果是衡量组织管理效果的最好指标。

一、沟通的概念

所谓沟通，简单地说，就是人与人之间进行信息交流的活动，是人们社会生活的基本要求之一，一个人如果失去了正常交际，就不可能正常发展，而一个组织中的成员之间如果没有沟通，这个组织就无法正常运转。

【专家视野】未来竞争是管理的竞争，竞争的焦点在于每个社会组织内部成员之间及其与外部组织的有效沟通上。

——奈斯比特

一个完整的沟通，包括如下四个方面的要素：

（1）信息源，又称为信息沟通的发送者，在一个沟通过程中，总有一方是信息的主动发送者。

（2）信息内容，沟通中要传递的信息和思想内涵。

（3）信息的接受者，即沟通过程中处于被动地接受信息的一方。

（4）沟通渠道，即信息交流的通道。

综上所述，所谓沟通，就是信息从发送者到接收者的传递过程。

二、沟通的作用

沟通是协调各个体、各要素，改善组织的人际关系，使企业成为一个整体的凝聚剂；是领导者激励下属，实现领导职能的基本途径；是企业与外部环境之间建立联系的桥梁。有效沟通可以降低管理的模糊性，提高管理的效能，沟通在管理中的作用是多方面的，其中突出的有以下三个方面：

（1）沟通有助于改进个人以及群众作出的决策

任何决策都会涉及干什么、怎么干、何时干等问题。每当遇到这些亟须解决的问题，管理者就需要从广泛的企业内部的沟通中获取大量的信息情报，然后进行决策。因此，企业内部的沟通为各个部门和人员进行决策提供了信息，增强了判断能力。

（2）沟通促使企业协调有效地工作

企业中各个部门和各个职务是相互依存的，依存性越大，对协调的需要越高，而协调只有通过沟通才能实现。

（3）沟通有利于领导者激励下属，建立良好的人际关系和组织氛围，提高员工的士气

人们一般都会要求对自己的工作能力有一个恰当的评价。如果领导的表扬、认可或者满意能够通过各种渠道及时传递给员工，就会造成某种工作激励。同时，企业内部良好的人际关系更离不开沟通。

三、沟通的过程

从表面上看，沟通就是传递信息的过程。但是实际上，管理学意义上的沟通是一个复杂的过程。在这个过程中，至少存在着一个发送者和一个接受者，即信息发出方和信息接受方。其中沟通的载体成为沟通渠道，编码和解码分别是沟通双方对信息进行的信号加工形式。信息在两者之间的传递是通过下述几个方面进行的：

（1）发送者需要向接受者传送信息或者需要接受者提供信息。这里所说的信息包括很广，诸如想法、观点、资料等。

(2) 发送者将这些信息译成接受者能够理解的一系列符号。为了有效地进行沟通，这些符号必须能够符合适当的媒体。例如，如果媒体是书面报告，符号的形式应选择文字、图表或者照片。

(3) 将上述符号传递给接受者。由于选择的符号种类不同，传递的方式也不同。传递的方式可以是书面的，也可以是口头的，甚至还可以通过形体动作来表示。

(4) 接受者接受这些符号。接受者根据这些符号传递的方式，选择相对应的接受方式。

(5) 接受者将这些符号译为具有特定含义的信息。由于发送者翻译和传递能力的差异，以及接受者接受和翻译水平的不同，信息的内容和含义经常被曲解。

(6) 接受者理解信息的内容。

(7) 发送者通过反馈来了解他想传递的信息是否被对方准确无误地接受。

【案例解析】 一位学工业外贸专业的硕士生受聘去了一家房地产开发公司做市场部经理，在经过一段市场调查以后，他发现公司新开发的住宅楼房型需要做一些微小的调整，他立即在工地的办公室约见了该项目承包商的项目经理，但是在当面沟通了很长时间以后双方仍然没有真正弄懂对方的真正意图和想法。你认为出现这种情况的最主要原因是什么？

解析："房型需要做一些微小的调整"，属于设计变更内容，应该与设计院的工程师沟通，而不是施工现场的项目经理，双方在信息编码上存在沟通障碍。

四、沟通的内容

1. 在目标上沟通

目标沟通首先要强调整体目标，使沟通对象认识到各部门、各个人对整体目标做贡献的重要性，以及相互配合、相互协调的必要性，力争把部门利益和共同的目标联系起来，进而增强各自对组织目标的关切感，减少部门和个人之间不必要的冲突。其次是要在具体目标上取得沟通的共识。各部门领导在目标的确立上，要相互理解和关注；在目标的实施上，要相互支持和推进；在目标的冲突上，要相互调整和适应；在目标的成功上，要相互鼓励和总结。

2. 在思想上沟通

作为领导者，应避免单纯以本部门的利益得失考虑问题，而应当从各部门利益的互相联系上，也就是从全局上考虑问题，包括设身处地地替其他部门着想，达成彼此共同接受的意见，以防止思想认识上的片面性。作为领导者，个人在思想观念、思想方法、思维方式上也是互有差异的，由此而形成的观点上的争鸣和分歧，可以通过平等的交流、启发，缩小认识上的差距，以达到统一。对于因工作关系所引起的思想误会、隔阂，领导者应严于律己、宽以待人，必要时多作自我批评，求得谅解。

3. 在感情上沟通

感情上的联络和沟通，对领导者来说是很重要的。因为很难设想，没有任何感情交流的领导者之间，工作上可以协调、融洽。要增加感情上的沟通，除了在目标和思想上的认同外，还可通过工作交流、参观访问、文体活动、公共关系活动等不断加深感情交流，从而创造一种和谐共事的感情环境。

4. 在信息上沟通

沟通是传达交流情报信息的过程。领导者之间、部门之间的矛盾和隔阂，都可以从信息沟通上找到原因。一般而言，凡缺乏沟通的领导和部门，信息传递必然不畅，极易造成领导与部门之间的不了解、不理解和不协调，甚至造成某些冲突，既影响工作，又影响团结；凡主动沟通的领导和部门，必然信息畅通，往往容易赢得对方的好感，取得信任，形成领导与部门之间的良好关系。

五、沟通的类型

1. 按照功能划分

沟通可以分为工具式沟通和感情式沟通。

①工具式沟通指发送者将信息、知识、想法、要求传送给接受者，目的是影响和改变接受者的行为。

②感情式沟通指沟通双方表达情感，获得对方精神上的同情和谅解，最终改善相互之间的人际关系。

2. 按照沟通方式划分

沟通可分为口头沟通、书面沟通、非语言沟通和电子沟通。

（1）口头沟通：就是以口语为媒体的信息传递。人们之间最常见的交流方式是交谈，也就是口头沟通。常见的口头沟通包括演说，正式的一对一讨论或小组讨论，非正式的讨论以及传闻或小道消息的传播。

优点：快速传递和快速反馈。在这种沟通方式下，信息可以直截了当快速传递并当场得到对方的反应，若有疑问或曲解，当即澄清。

缺点：信息以口头方式经过多个层次传递时，信息衰减和失真严重。

（2）书面沟通。书面沟通是以文字为媒体的信息传递。包括备忘录、信件、组织内发行的期刊、布告栏及其他任何传送书面文字或符号的手段。

优点：有形有据、可保存、可核对。一般情况下，发送者与接受者双方都拥有沟通记录，沟通的信息可以无限期地保存下去。如果对信息的内容有所疑问，过后的查询是完全可能的。对于复杂或长期的沟通来说，这尤为重要。其次，书面沟通显得更为周密，逻辑性强，条理清楚。

缺点：耗费了更多的时间；缺乏反馈。

（3）非言语沟通。非言语沟通是指非口头和非书面形式进行的沟通，最常见的是体态语言和语调。

体态语言包括手势、面部表情和其他身体动作。

语调指的是个体对词汇或短语的强调。声调的轻重、抑扬、快慢的变化都会对信息产生影响。

（4）电子沟通。电子沟通是以电子符号的形式通过电子媒体进行的沟通。包括传真、闭路电视、计算机网络、电子邮件等。

优点：除了具备书面沟通的某些优点外，还具有传递快捷、信息容量大、成本低和效率高等。

缺点：看不到对方的表情；在网络上的某些交流中，甚至搞不清对方的真实身份。

【课堂思考】作为复康医院护理部的赵护士长负责管理9名值班主管以及115名注册护士和护士助理。一个周一的早上，赵护士长来到医院时看到一大群护士（要下夜班的护士和即将上早班的护士），正三三两两聚在一起激烈地讨论着，当她们看到赵护士长走进来，立即停止了交谈；这种突然的沉默和冰冷的注视，使赵护士长明白自己正是谈论的主题，而且看来她们所说的不像是赞赏之辞。赵护士长来到自己的办公室，半分钟后她的一名值班主管老李走了进来。老李因在医院工作多年，和赵护士长关系一直不错，所以说话总是很直率。老李直言不讳地说道："赵护士长，上周你发出的那些信对人们的打击太大了，它使每个人都心烦意乱。""发生了什么事？"赵护士长问道，"在主管会议上大家都一致同意向每个人通报我们单位财务预算的困难以及裁员的可能性，我所做的只不过是执行这项决议。""可你都说了些什么？"老李显然很失望，"我们需要为护士们的生计着想。我们当主管的以为你会直接找护士们谈话，告诉她们目前的困难，谨慎地透露这个坏消息，并允许她们提出疑问，那样的话，可以在很大程度上减小打击。而你却寄给她们这种形式的信，并且寄到她们的家里，天哪！赵护士长，周五她们收到信后，整个周末都处于极度焦虑之中。她们打电话告诉自己的朋友和同事，现在传言四起，我们处于一种近于骚乱的局势中。我从没见过员工的士气如此低沉。"对此，赵护士长感到很震惊，同时她也陷入了沉思。

你认为赵护士长的做法有问题吗？如果有，她错在哪里？如果没有，说明你的理由。

3. 按照组织系统

沟通可分为正式沟通和非正式沟通。

（1）正式沟通。一般来说，正式沟通指以企业正式组织系统为渠道的信息传递。

优点：正规、权威性强、沟通效果好，参与沟通的人员普遍具有较强的责任心和义务感，从而易保持所沟通的信息的准确性及保密性。

缺点：对组织机构依赖性较强而造成速度迟缓，沟通形式刻板，如果组织管理层次多，沟通渠道长，容易形成信息失真。

（2）非正式沟通。非正式沟通指企业非正式组织系统或个人为渠道的信息传递。

优点：比较灵活方便，形式不拘，直截了当，速度很快；能够比较真实了解到正式沟通难以提供的"内幕"。

缺点：组织难以控制，信息容易失真，而且，它可能导致小圈子或扰乱视听，干扰正式组织的工作部署。

【课堂思考】在一些组织中，有时小道消息很活跃，通过职工各种传言链传播一些真假难分的与组织有关的信息。很多职工颇有兴趣地参与，但高层管理者却感到很头痛，他们希望这些传言链被破坏，因为他们认为这些传言很不真实，对组织和个人消极作用很大。

你如何看待和评论这种现象？假如你是组织的高层领导，将如何处理这些问题？

4. 按照方向

沟通可分为下行沟通、上行沟通和平行沟通。

（1）下行沟通指上级将信息传达给下级，是由上至下的沟通。
（2）上行沟通指下级将信息传达给上级，是由下至上的沟通。
（3）平行沟通指同级之间横向的信息传递，也称横向沟通。
5. 按照是否进行反馈
沟通可分为单向沟通和双向沟通。
一般来说，单向沟通指没有反馈的信息传递。
双向沟通指有反馈的信息传递，是发送者和接受者相互之间进行信息交流的沟通。

【课堂思考】如何沟通

由于车间工人们听到一种说法：公司将改革，车间首当其冲，本车间可能要转产，大批工人将下岗或调离。结果，人心不稳，生产都难以正常进行。你作为车间主任为此事大伤脑筋。为此专门找了公司的有关领导打听此事。得到的信息是：改革肯定要涉及人员变动与精简，但是否转产，变动面多大，尚未确定。你觉得决定召开一次全车间人员参加的说明与沟通会与工人们进行沟通非常必要。

探讨题：你认为可能有哪些因素影响这次说明会的效果？工人们可能会基于何种心理而相信你的讲话？你将怎样向工人进行说明？

第二节 有效沟通

管理情境

如何更好地实现上下级之间的沟通

H 部门是 S 公司里的职能部门，共有 8 名员工。小王是其中一名。目前是夏季，S 公司进入了销售旺季，工作量激增，C 部门是 S 公司的前线部门，受业务量影响近期紧缺人手，但招聘一个新员工需要一段时间，所谓远水救不了近火，C 部门的部门负责人于是向 H 部门的 A 经理提出了从他的部门借调一名人手的建议，最终两个部门负责人决定让小王去 C 部门增援一段时间。

任务：目前摆在 H 部门 A 经理面前的任务就是，让小王去 C 部门增援已经成为既定的事情，如何与小王进行有效的沟通，一方面让他觉得公司是出于尊重他的角度在征求他的意见，另一方面也让他能够以较好的心态去接受这个增援任务。

提问：如果你是 A 经理，你将会如何开展这次沟通？

解决过程：下午，A 经理把小王叫进会议室，小王最近的工作量也不小，对于经理临时找他，也是一头雾水，没有多想，A 经理对小王说："小王，是这样的，目前 C 部门的工作量很大，你也是知道的吧？"小王点头，说："我听说他们部门好多员工每天都要工作到晚上 10 点，有的还工作到 12 点呢。"A 经理说："是这样的，我和 C 部门的领导商量了一下，想要从我们部门借调一个人过去，你当初进公司时在他们部门轮岗时就表现很好，给C部门的领导留下了好印象，同时你对他们部门的工作比较熟悉，所以我们的意思是征求你的意见，你愿意过去增援一段时间吗?”小王听了，顿时觉得有点头大，但是又不好意思直接拒绝领导，问道:“现在我手上的工作也很多，那我走了工作怎么办呢?”A经理笑道:“我知道你很敬业，而且你的工作量确实很大，所以你过去以后，你的一部分工作由我来做，另外一部分分给其他同事。我这次也是忍痛割爱之举，要知道，你走了以后，我们部门每个人的工作量都增大了，所以你也尽可以放心，我会督促招聘那边的进度，尽快招进新人去C部门，这样你就可以回来了，我保证，这个周期一定控制在2~3周内。”其实小王的心理仍然不太乐意，但是看经理已经把事情安排得很周到，而且承诺了借调周期，也不好反驳，内心开始有一些动摇，只得沉默。A经理看出了小王的心思，说道:“小王，你是公司的老员工了，进公司以后工作表现一直很好，也是我的得力助手，我想你心里应该清楚，作为一个部门负责人，为什么选择你去而不是其他人，因为我认为你除了在业务方面对C部门比较熟悉外，你的敬业态度也是最能代表我们部门的风格的。出于这些综合考虑，我认为你现在的工作就相当于是救火大使，职业化的标准，不是只局限在岗位上，而是时刻以公司的大局为重，做出最符合公司利益的选择。我希望你去到C部门以后，代表的不仅仅是你个人，而是我们整个部门，是亲善大使，你的工作要是做好了，以后我们部门和C部门的合作就会更顺畅。”小王听出了虽然A经理的口气很温和，但是态度十分坚定，这个时候A经理最后说:“你去这一趟，我相信你可以做得很好，这一笔我会记录在你的档案里，配合公司做出这样的决定是值得称赞的，放心，对你的职业生涯发展绝对也是一个亮点，因为你用自己的实际行动证明了你的眼界和融入。”小王听罢，综合考虑，觉得此行不再是单纯的借调，而是对自己对公司都有益处，于是郑重对A经理承诺:“我一定会做好自己分内的工作，无论是在哪个岗位上。”小王离开部门前，A经理在部门内给小王组织了一场小型的欢送会。两周后，A经理按照先前的承诺，招到了新员工，小王如期归来。

结合上述管理情景，思考并回答下列问题:

你觉得A经理在哪些方面做得妥当，如果是你，你觉得在哪些方面还可以改进完善?

（资料来源：http://www.docin.com/p-479983980.html）

要求：课前进行认真阅读和思考，课上针对问题进行探讨。

理论与实践

沟通在我们的身边无处不在，而有效的沟通对提升和促进我们的工作水平、生活质量有着不可替代的作用。所谓有效沟通，简单地说就是传递和交流信息的可靠性和准确性高，它表明了组织对内外干扰的抵抗能力。

一、有效沟通的必要条件

有效沟通能否成立关键在于信息的有效性，信息的有效程度决定了沟通的有效程度，信息的有效程度主要取决于以下两个方面。

1. 信息的透明程度

当一则信息应该作为公共信息时就不应该导致信息的不对称性，信息必须是公开的。

公开的信息并不意味着简单的信息传递，而要确保信息接收者能理解信息的内涵。如果以一种模棱两可的、含糊不清的文字语言传递一种不清晰的，难以使人理解的信息，对于信息接收者而言没有任何意义。另外，信息接收者也有权获得与自身利益相关的信息内涵，否则有可能导致信息接收者对信息发送者的行为动机产生怀疑。

2. 信息的反馈程度

有效沟通是一种动态的双向行为，而双向的沟通对信息发送者来说应得到充分的反馈。只有沟通的主、客体双方都充分表达了对某一问题的看法，才真正具备有效沟通的意义。

二、沟通障碍

1. 沟通方式选择不当，造成的沟通障碍

沟通方式多种多样，并且不同的方式有不同的优缺点。如果不能根据组织目标和特点选择适合的沟通方式，将会导致组织沟通效果下降。现代组织越来越庞大，中间层次不可避免地增加，在这种情况下，如果仍沿用传统的垂直沟通方式，沟通速度必定会很低，沟通效果也不会好。

2. 沟通技能、知识等方向的差异，会影响沟通效果

在技能、知识等方面的差异，可能会使接受者不能完全理解甚至曲解发送者的意图或发送者不能以最易被理解的方式表达他的意图从而降低了沟通的效果。

【管理故事】有一个演讲者，想证明酒精的害处，他在讲台上摆了两个透明的玻璃杯，一个装白水，另一个装的是酒精。演讲者抓了一只虫子放到白水里，虫子在里面游来游去，他又把虫子拿出来放到酒精里，虫子游了几下就死掉了。这时，演讲者非常得意地对观众说：“各位，这个实验说明了什么?”台下沉默很久，突然，后排有一个醉醺醺的声音说：“这说明，人要是喝酒就不招虫子。”

这个故事说明，如果要做有效沟通，就必须具备相同的背景知识、思维方式和共同的价值体系，否则就会南辕北辙，无法达到沟通效果。事实上，我们如果了解一些语言哲学的话，就会知道，一个特定的句子去掉上下文后可以任意解释。所以，我们应该遵循沟通的基本原则，即先不去评判，把注意力焦点放在搞懂对方的意思上，真正弄懂了对方的意思后，再发表自己的看法。

3. 态度和兴趣障碍

发送者的态度和兴趣会影响他发送出去的信息的质量，而接受者也经常根据自己的态度、兴趣，有选择地去听、去看信息（在行为心理学上，叫作选择性知觉）。在解释接受到的信息时，接受者也会把自己的态度和兴趣带进去。

4. 情绪障碍

沟通情绪也会影响沟通效果。这是因为个体在不同的情绪下，对同一问题会有不同的解释；尤其是在狂喜、狂怒和抑郁等一些极端的情绪状态下，常常使人不能客观、理智地思考问题，阻碍了信息沟通的顺利进行。所以，管理者在情绪激动的情况下最好不要做决断，以免造成失误。

5. 信息过滤

信息过滤是指故意篡改或歪曲事实，使信息接受者接受不到真实、全面的信息。如下级在向上级报告工作时，因害怕承担责任，往往专拣对自己有利的说，或挑领导爱听的去说，就是在过滤信息。信息过滤发生的程度与组织层级多少和组织文化有很大关系。组织层级越多，信息被过滤的可能性越大；若组织中的形式主义很严重或浮夸风很严重，那么下级在向上级汇报工作时，就越可能故意地去掉真实的信息。

6. 语言障碍

语言障碍是有效沟通的一个重要影响因素，跨地区、跨国沟通中最为明显。

【管理知识】 管理协会总结出沟通中应注意的十个问题：

①沟通前先将概念澄清；②检讨沟通的真正目的；③考虑好沟通时的一切环境；④计划沟通内容时，应尽可能听取他人的意见；⑤做好必要的记录；⑥可能时，尽量传递有效资料；⑦应有必要的反馈；⑧沟通时不仅要着眼于当前，更要着眼于未来；⑨言行一致；⑩应成为一位好听众。

三、有效沟通的实现

在管理活动中，有信息沟通，就有沟通障碍，沟通障碍不可避免。管理者的任务在于正视障碍，并努力去排除它们，为有效的信息沟通创造条件。实现有效沟通有以下几个准则。

1. 明确沟通的重要性，正确对待沟通

管理人员十分重视计划、组织、领导和控制，对沟通常有疏忽，认为信息论的上传下达有了组织系统就可以了，对非正式沟通中的“小道消息”常常采取压制的态度，这表明企业管理层没有从根本上对沟通给予足够的重视。

2. 沟通必须目的明确、思路清晰、注意表达方式

在信息交流之前，发讯者应考虑好自己将要表达的意图，抓住中心思想。在沟通过程中要使用双方都理解的用语和示意动作，并恰当地运用语气和表达方式，措辞不仅要清晰、明确，还要注意情感上的细微差别，力求准确，使对方能有效接收所传递的信息。发讯者有必要对所传递信息的背景、依据、理由等做出适当的解释，使对方对信息有明确、全面的了解：假如你要分配一项任务，那么要对任务进行全面分析，这样你才能正确地对任务进行说明；假如你面临的是纪律问题，那么在批评和处罚之前，应对情况进行全面了解，取得了真凭实据，这样的处理就会取得圆满的效果。

3. 沟通要选择有利的时机，采取适宜的方式

沟通效果不仅取决于信息的内容，还要受环境条件的制约。影响沟通的环境因素很多，如组织氛围、沟通双方的关系、社会风气和习惯做法等。在不同情况下要采取不同的沟通方式，要抓住最有利的沟通时机。时机不成熟不要仓促行事；贻误时机，会使某些信息失去意义；沟通者应对环境和事态变化非常敏感。

4. 培养“听”的艺术

对管理人员来说，“听”不是件容易的事。要较好地“听”，也就是要积极倾听。要

听到、听清楚、听明白对方的谈话。倾听之所以重要是由于，在倾听时，双方都在思考，促进了信息的理解和接受。富兰克林曾这样说过："与人交谈取得成功的重要秘诀，就是多听，永远不要不懂装懂。"

【管理故事】听的艺术

美国知名主持人林克莱特一天访问一名小朋友，问他说："你长大后想要当什么呀?"小朋友天真的回答："嗯……我要当飞机的驾驶员!"林克莱特接着问："如果有一天，你的飞机飞到太平洋上空所有引擎都熄火了，你会怎么办?"小朋友想了想："我会先告诉坐在飞机上的人绑好安全带，然后我挂上我的降落伞跳出去。"当在现场的观众笑得东倒西歪时，林克莱特继续着注视这孩子，想看他是不是自作聪明的家伙。没想到，接着孩子的两行热泪夺眶而出，这才使得林克莱特发觉这孩子的悲悯之情远非笔墨所能形容。于是林克莱特问他说："为什么要这么做?"小孩的答案透露出一个孩子真挚的想法："我要去拿燃料，我还要回来!!"

你听到别人说话时——你真的听懂他说的意思了吗?你懂吗?如果不懂，就请听别人说完吧，这就是"听的艺术"：①听话不要听一半。②不要把自己的意思，投射到别人所说的话上头。

5. 沟通要讲究"说"的艺术

与人沟通，不仅要会听，还得会说，会表达自己的意见。在表达自己的意见时，要诚恳谦虚。如果过分显露自己，以先知者自居的话，即使有好的意见，也不容易为人接受，会使人产生反感和戒备心理。讲话时要力求简明扼要，用简单明了的词句表明自己的意思，语调要婉转，态度也要从容不迫。在谈话时，如果发现对方有心不在焉或厌烦的表情时，就应适可而止或转换话题，使沟通能在良好的氛围中进行。而且，在表明某个意思后，最好能稍作停顿，并向对方投以征询的目光，这样，使对方有插话的机会，也是尊重对方的表现。

6. 创造一个相互信任、有利于沟通的小环境

企业经理人员不仅要获得下属的信任，而且要得到上级和同僚们的信任。他们必须明白，信任不是人为的或从天上掉下来的，而是诚心诚意争取来的。

7. 缩短信息传递链，拓宽沟通渠道，保证信息的畅通无阻和完整性

如减少组织机构重叠，在利用正式沟通的同时，开辟高层管理人员至基层管理人员的非正式的沟通渠道，以便于信息的传递。

8. 建立沟通机制，定期加强上下级的沟通

通过建立有效的沟通机制，使企业部门之间、员工之间、部门和员工之间定期相互讨论各种问题。如建立定期的例会制度，员工会议制度等。只要有经常性的沟通制度，公司的员工向心力和凝聚力就会增强，工作效率和机构效能也会提高。

9. 加强平等沟通，促进横向交流

通常，企业内部的沟通以与命令链相符的垂直沟通居多，部门间、车间间、工作小组间的横向交流较少，而平等沟通却能加强横向的合作。这一方式对组织间沟通很奏效。

【课堂思考】 LE 集团的沟通障碍

LE 集团公司东北分公司最近从华南分公司调来一位广东籍的总经理陈某，陈某在广东一带是很有名气的经理人，他有个特点：讲话从来不用讲稿，经常即兴发言，广东话风趣幽默，常常博得满堂喝彩。但他讲不好普通话，到东北分公司就任后，他召开全体员工大会阐述经营理念和战略，与下属积极沟通，以了解情况。开始下属很愿意找他汇报工作，但他经常打断下属的汇报，提出评价意见。员工渐渐地不愿意向他汇报工作了；同时陈某也发现他在大会上的即席讲话也没有得到员工们的响应，不能引起共鸣。

请你从进行有效沟通的角度帮助陈某分析原因并提出相应的对策。

第三节 沟通艺术

管理情境

语言技巧

联合制造公司总经理奥斯特曼对随时把本公司经济上的问题告诉雇员们的重要性非常了解。她知道，由于市场价格不断跌落，公司正在进入一个困难的竞争时期。同时她也清楚，为了保住她的市场份额，必须降低本公司产品的出售价格。

奥斯特曼每月向所有雇员发出一次定名为“来自总经理部”的信，她认为这是传递信息的一种好方式。然而，一旦出现了重要情况，她还要把各部门负责人召集到那个简朴的橡木镶板的会议室里，在她看来，这样做会使这些负责人确实感到他们是管理部门的成员并参与了重大决策的制定。根据会议的礼仪规定，所有与会人员都要在预定时间之前就座，当奥斯特曼夫人进来时要起立致意，直至得到允许后再坐下。这次会议，奥斯特曼进来后只简单地点了点头，示意他们坐下。

“我叫你们都来，是想向你们说明我们所面临的可怕的经济形势。我们面对的是一群正在咬我们脚后跟的恶狼一样的对手。他们正在迫使我们以非常低的价格出售我们的产品，并且要我们按根本不可能实现的日期交货。如果我们这个大公司——自由企业的一个堡垒——还打算继续存在下去，我们所有的人就都要全力投入工作，齐心协力地干。下面我具体地谈谈我的意见。”

在她发表完意见以后，奥斯特曼用严厉的目光向在座的人扫视了一下，似乎在看是否有人敢讲什么。没有一个人说话，因为他们都知道，发表任何意见都会被奥斯特曼夫人看成持有不同意见。

“首先，我们这里需要想象学。我们需要积极思想的人，而且所有的人都应当通力合作。我们必须要使生产最优化，在考虑降低成本时，不能对任何一个方面有所疏忽。为了实现降低成本的应急计划，我在公司外聘请了一个最高级的生产经理。

“我们要做的第二件事是最大限度地提高产品质量。在我们这个企业里，质量就是一切。每部机器都必须由本部门的监督员按计划进行定期检验。只有经过监督员盖章批准后，机器才能开始运转，投入生产。在质量问题上，再小的事情也不能忽视。

“在我的清单上所列的值得认真考虑的第三个问题是增强我们的推销员的力量。顾客是我们这个企业的生命线，尽管他们有时不对，我们还是要态度和气地、灵活地对待他们。我们的推销员必须学会做生意，使每一次推销都有成效。公司对推销员的报酬办法是非常公正的，即使如此，我们还打算通过提高滞销货的佣金率来增加他们的奖金数额。我们想使这个意见在董事会上得到通过。但是，我们必须保住成本，这是不能改变的。

“最后，我要谈谈相互配合的问题。这对我们来说比其他任何问题都更加重要。要做到这一点，非齐心不可。领导就是配合，配合就是为同一目标共同努力。你们是管理部门的代表，是领导人，我们的目标你们是知道的。现在让我们一起努力工作，并迅速地把我们的这项复杂的事情搞好吧！要记住，我们是一个愉快的大家庭。”

奥斯特曼结束了她的讲话，参加会议的人都站了起来，静立在各自的椅子旁边。奥斯特曼收起文件，离开会议室朝她的办公室走去。

结合上述管理情景，思考并回答下列问题：

1. 在上述管理情景中，构成沟通障碍的除了语言因素之外，还有什么因素？
2. 奥斯特曼的沟通过程中存在哪些问题？应如何改进？
3. 假若这次会议由你安排，你打算怎样来保证双向的沟通？

（资料来源：http：//www. doc88. com/p－999971699595. html）

要求：课前进行认真阅读和思考，课上针对问题进行探讨。

理论与实践

管理以人为中心，以人为对象，但它不是简单的管理者管理被管理者的活动，而是由管理者与被管理者相互作用的过程。在这个过程中，自始至终都伴随着相互沟通的活动，因此掌握沟通的艺术是十分重要的。

一、沟通艺术的作用

（1）掌握沟通的艺术，有利于管理者与被管理者相互理解，取得下级的支持，做到上下一致，共同努力去完成组织任务。

（2）掌握沟通艺术，有利于管理者增强自己的权威。权力是组织赋予的，但威望却是要得到承认才可能建立起来的，而沟通则是使领导者的威望得到承认的基本途径。

二、沟通的艺术

沟通是人与人之间的信息交流，由于世上没有两个完全相同的人，因此，一种情况下的有效沟通并不一定适用于另一情况下的沟通。所以说，沟通的艺术主要靠管理者自己去探索去总结，但从大量的沟通实践中总结出来的一般规律和方法，通过学习掌握它，对做好沟通工作，尽快形成自己的沟通艺术又是十分有效的。

【课堂思考】假设你是一家公司的经理，你的一位元老级的下属因为加班较多和年终奖金较少的问题，怒气冲冲地去找你，你如何处理?

（一）语言表达艺术

掌握语言表达艺术的前提是要通过学习和训练，提高自己运用文字和语言表达能力，使自己运用语言的水平达到一个较高的水准，这样，使用起来，才能熟练自如，得心应手。一般规律是，语言文字水平越高的人，其语言表达艺术水平越高，除此之外，在沟通中，还要与沟通对象，沟通环境，沟通内容结合起来，考虑怎样使用语言。

【管理故事】秀才买柴

有一个秀才去卖柴，他对卖柴的人说："荷薪者过来!"卖柴的人听不懂"荷薪者"（担柴的人）三个字，但是听得懂"过来"两个字，于是把柴担到秀才前面。

秀才问他："其价如何?"卖柴的人听不太懂这句话，但是听得懂"价"这个字，于是就告诉秀才价钱。

秀才接着说："外实而内虚，烟多而焰少，请损之。（你的市柴外表是干的，里头却是湿的，燃烧起来，会浓烟多而火焰小，请减些价钱吧。）"卖柴的人因为听不懂秀才的话，于是担着柴就走了。

管理者平时最好用简单的语言、易懂的言词来传达信息，而且对于说话的对象、时机要有所掌握，有时过分的修饰反而达不到想要完成的目的。

（1）要注意语言文字净化，不用不规范，不正确的文字，在沟通中，为了使人容易记住，应尽量使用短句，在口头沟通中，尤其要注意这一点。

（2）要学会用体语表达。所谓体语，指的是在面对面的直接沟通中，信息传递者的身体动作，姿态等传递出的信息。如在交谈中，两个人坐得很近，表明之间没有距离感，就容易推心置腹地沟通；又如在表扬下级时，拍拍下级的肩膀，就会加强赞扬的口气；沟通中如果一方皱起眉头，自然是不高兴的表示；而耸耸肩膀，则表示是无可奈何，无可奉告的意思。在什么样的场合使用什么样的体语，既受沟通内容，沟通对象的约束，同时也受风俗文化的约束。如果体语使用得当，有强化沟通效果的作用。

【阅读资料】说话的温度

急事，慢慢地说；大事，清楚地说；小事，幽默地说；没把握的事，谨慎地说；没发生的事，不要胡说；做不到的事，别乱说；伤害人的事，不能说；讨厌的事，对事不对人地说；开心的事，看场合说；伤心的事，不要见人就说；别人的事，小心地说；自己的事，听听自己的心怎么说；现在的事，做了再说；未来的事，未来再说；如果，对我有不满意的地方，请一定要对我说!

这篇短文最近一直在网络上流传，虽然标题是"说话的温度"，但事实上他一直在提醒我们：小心说话而且要"说好话"，话说出口之前先思考一下，不要莽莽撞撞地脱口而出。事情再怎么急迫，也要清楚地让大家知道问题的来龙去脉，但往往是越急越说不清楚，反而耽误了时间。

（二）聆听艺术

信息发送者发出信息之后，信息接受者对传递的信息主要通过两条途径来接收，一是眼读；二是耳听。在更多的场合，信息接受者是通过耳听来接收信息的。在当面沟通中，聆听艺术不仅是影响信息接受效果的重要因素，也是影响发送效果的重要因素。因为有些不良的聆听习惯反馈到信息发送者之后，会影响信息发送者正常地发出信息，如下级在向上级汇报情况时，领导心不在焉，时不时地与他人闲谈，下级就可能会立即结束汇报。那么，一些信息就被截留下来，不会传递给领导了。因此，掌握聆听艺术，一方面是要学会有效的聆听方式，二是要克服不良的聆听习惯。

聆听方式从信息接受者的态度来看，可分为三种：

一种是漫不经心式的，这种方式最容易伤害信息发送者的自尊心，阻碍信息的正常发送，沟通效果最差。一般来说，在沟通中应注意防止这种聆听方式出现。

第二种是争论式，即信息接受者一边听，一边反馈信息，同信息发送者进行争论。这种方式的沟通效果好坏取决于参与沟通的双方的身份，地位和沟通内容。一般来说，上下级之间的沟通，争论式的聆听的沟通效果不会好。因为，下级向上级传递信息，上级反驳、争论，会使下级不敢再发出信息。下级在上级传递信息时与上级争论，在大多数情况下，会使上级感到有损威信与尊严而闹成僵局。所以，下级如果对上级的决策，指示等有意见的话，也不应当场顶撞争论，应在事后恰当的时间和场合再提出来。此外，如果是在个人对群体，群体对群体的沟通中，发生争论式聆听现象，效果会更糟。但如果沟通的双方是同级人员，并且关系比较密切的话，争论式的沟通就可以取得比较好的效果了。

第三种方式为全神贯注式，如聆听时不时记笔记，点头表示注意，这种方式一般来说，沟通效果较好。

（三）面谈艺术

在管理过程中，管理者与被管理者的沟通，经常要采取面谈的方式，掌握好面谈艺术对沟通效果和管理效果有很大的影响。掌握好面谈艺术应做好如下几点。

1. 选择好谈话的地点

不同的谈话地点在沟通中所起的作用是不一样的。在办公室谈话，表明管理者对谈话的重视，管理者所持的认真、严肃、慎重的态度。到对方家中谈话，表示着关心和爱护；约到管理者自己家中谈话表示的是亲近；在下级的工作地点谈话，表示沟通信息的迫切性和扩大影响；边走边谈则表示需要一个轻松的气氛。因此，管理者在同下级面谈时，要根据谈话的内容选择好地点。

2. 创造一个合适的交谈气氛，允许下级发表意见

交谈气氛对信息沟通的效果影响十分显著。如过于紧张，沟通就比较困难。因此，管理者应尽可能地创造一个活泼、友好，有时也需严肃的谈话气氛。在与下级面谈中，能否创造出良好的谈话气氛，其主动权在于上级。

3. 准备要充分

面谈中随时可能出现许多意想不到的情况和信息，因此，在交谈之前，一定要做好充分的准备，将各种可能出现的情况，处理方法及其后果都应仔细考虑，作出计划。

4. 时间安排应尽可能充裕

面谈的时间安排不宜过于紧迫，短促，应根据内容留有一点余地。如果时间太紧迫，就难以充分交换意见。当然，为了充分利用时间，面谈时应尽量地集中主题，不必要的闲谈应尽量避免。

5. 讲话应有礼貌，控制情绪

管理者与下级面谈时，不可避免地会碰到下级的顶撞、争论，甚至对抗现象。在这种情况下，管理者应胸怀坦荡，要控制自己的情绪不为下级的激动情绪所影响，讲话应有礼貌，有节制，这样不仅有助于沟通进行下去，还有助于维护自己的权威，那些一见到下级顶撞就大发雷霆，拍桌子的领导威信并不一定高。在对立情绪严重的面谈中，管理者应学会“小声音说大话”的方法。

本章小结

1. 沟通就是人与人之间进行信息交流的活动，是人们社会生活的基本要求之一。

2. 有效的信息沟通必须具备三个要素：信息的发送者，信息的接收者，所传递的信息内容。

3. 沟通的方式：口头沟通；书面沟通；非言语沟通；电子沟通。

4. 有效沟通的实现：明确沟通的重要性，正确对待沟通；沟通必须目的明确、思路清晰、注意表达方式；沟通要选择有利的时机，采取适宜的方式；培养“听”的艺术；沟通要讲究“说”的艺术；创造一个相互信任、有利于沟通的小环境；缩短信息传递链，拓宽沟通渠道，保证信息的畅通无阻和完整性；建立沟通机制，定期加强上下级的沟通；加强平等沟通，促进横向交流。

5. 信息发送者发出信息之后，信息接受者对传递的信息主要通过两条途径来接收：一是眼读；二是耳听。

6. 掌握聆听艺术，一方面是要学会有效的聆听方式，二是要克服不良的聆听习惯。

7. 聆听方式从信息接受者的态度来看，可分为三种：第一种是漫不经心式的；第二种是争论式；第三种方式为全神贯注式。

8. 面谈艺术：选择好谈话的地点；创造一个合适的交谈气氛，允许下级发表意见；准备要充分；时间安排应尽可能充裕；讲话应有礼貌，控制情绪。

课后自测

一、单项选择题（在下列各小题中，选择一个最合适的答案）

1. 单向沟通和双向沟通是按（　）进行分类的。

A. 按组织系统　　B. 按照方向

C. 按照是否进行反馈　　D. 按照方法

2. 冲突的双方认真分析深入沟通，最后重新选择双方都能够满意的方案。这种冲突解决方式是（　）。

A. 妥协　　B. 迁就

C. 回避　　D. 合作

3. 沟通过程的第一个步骤是（　）。

A. 信息的发出　　B. 信息的接收

C. 信息的传递　　D. 信息的反馈

4. 在资源有限，利益目标又很难取得一致的情况下，团队成员之间就容易产生矛盾和冲突，这种类型是（　）。

A. 角色冲突　　B. 感情冲突

C. 权利冲突　　D. 目标冲突

5. 李总经理一向非常专权，最近参加了一次高级管理培训班后，认为有必要在企业中推行新的领导方式。他开会时宣布说“从现在起我们要实行参与式管理”，说着，猛地握紧拳头在桌子上重重的一捶。此举反映出（　）。

A. 他根本无心推行参与式管理　　B. 他推行参与式管理的决心很大

C. 其言语沟通与非言语沟通极不一致　　D. 无法判断

二、多项选择题（下列各题中正确的答案不少于两个，请准确选出全部正确的答案）

1. 口头沟通的优点有（　）。

A. 费时较少　　B. 双向沟通，效率高

C. 方便　　D. 真实获取对方信息

E. 不易遗忘

2. 组织中产生冲突的原因有（　）。

A. 文化差异　　B. 沟通差异

C. 结构差异　　D. 个体差异

3. 冲突管理的一般形式包括（　）。

A. 谨慎地选择你想处理的冲突　　B. 仔细研究冲突双方的代表人物

C. 深入了解冲突的根源　　D. 妥善地选择处理办法

4. 根据冲突的不同情况，管理者可选择（　）等方法对冲突进行处理。

A. 回避　　B. 强制

C. 合作　　D. 妥协

5. 实现有效谈判的一般原则有（　）。

A. 理性分析谈判的事件　　B. 理解你的谈判对手

C. 抱着诚意开始谈判　　D. 坚定与灵活相结合

三、简答题

1. 造成沟通障碍的因素有哪些?

2. 如何实现有效的沟通?

四、思考题

1. 结合自己向上沟通的实例，分析向上沟通的障碍主要有哪些?如何才能克服这些障碍?

2. 以身边的沟通为例，说明沟通过程的各个要素，并分析沟通中存在的问题在哪里，如何解决?

案例分析

案例一　质管部经理的牢骚

老吕是贵阳某大型国有企业质管部经理，算是企业的元老。工作 30 年来一直都从事质量管理工作，对企业做出了巨大贡献，但由于脾气不好，一直也没有得到提拔。近几个月来，老吕觉得很烦恼，在质量管理总目标、步骤、措施等方面与公司主要领导都持有不同的看法。老吕认为，质量管理的重要性在公司上下并未得到充分重视；公司领导则认为，他们是十分重视产品质量问题的，只是老吕的质量控制方案成本太高而且效果不好。最近一段时间，这种矛盾呈现激化现象。一天上午，老吕接到公司周副总的电话，通知他去北京参加一个为期 10 天的管理培训班，而老吕则认为自己主持的质改推进计划正在紧要关头，一时脱不开身，公司领导应该是知道这个情况的，他们做出这样的安排，显然是不支持甚至是阻挠自己的工作。老吕不仅拒绝了领导的安排，还发了一通脾气。公司周副总也十分恼火，认为老吕太刚愎自用，两人还在电话里争吵起来。

思考题：

1. 请根据有关管理沟通理论，分析双方冲突的原因是什么。
2. 如果你是管理咨询顾问，你对周副总有什么好的建议？说明你的理由。

（资料来源：http：//www. docin. com/p－98314816. html）

案例二　达勒·海恩斯的沟通

达勒·海恩斯是这家公司的总裁，公司在美国新英格兰地区经营着 30 家妇女连锁店。公司是达勒的父亲 50 多年前兴办的，达勒接管了 20 年。由于他们父子精力充沛，熟悉妇女时装的经营之道，公司已从设在康涅狄格州哈特福特市的单一商店发展成为相当大的获利甚丰的连锁商店。达勒善于经营，为自己能掌握采购、广告和商店管理的细节而感到自豪。他每周在哈特福特市召集下属的各店的经理、各位副总裁和公司高级管理人员开会一次，平时每周还要花两三天时间走访下属商店，同商店经理一道工作。

可是他主要的苦恼是信息沟通和激励的问题。他感觉到，在他召集的会议上，所有经理和职员都是全神贯注的；但对照他们的行为，他又怀疑他们是否听到他说的话，是否全神贯注了。他看出，他的许多政策未能在商店里得到严格的执行，他经常不得不重写广告稿，有些商店的雇员已参加了店员工会，而且他听到许多他不喜欢的事情。例如有人报告说，许多雇员甚至还有一些经理都不了解公司的宗旨和目标，都想有机会同他及副总裁们沟通，才可能干得更好。他还强烈地感觉到，许多经理和店员干起工作来并没有真正的想象力或原动力。一些优秀的雇员已经离开，到竞争对手那里去任职，这使他非常重视。

达勒的女儿乔依斯刚从大学毕业，来到公司作他的特别助理。他向女儿说：“我对公司事态的发展很担心。明白地说，我的两个问题是信息沟通和激励。我知道你在学校里学了一些管理课程。我听你说起过沟通的问题、障碍和方法，也提到过马斯洛、赫兹伯格、弗鲁姆、麦克莱兰等人的激励理论。我不了解这些心理学专家是否熟悉工商业，但我自己是懂激励因素的，那主要是金钱、好的领导者和良好的工作岗位。我不知道你是否学过可以帮助我更好地沟通的办法，但愿你学过，你将提出什么建议呢？”

思考题：

1. 假设你是乔依斯小姐，你将如何去分析公司的信息沟通问题？从案例中，你看出一些什么问题？

2. 你将如何去说明你所学的沟通理论可以在公司中运用？你打算提出什么建议？

（资料来源：http：//www. docin. com/p－440245226. html）

项目训练

实训项目　实地交际与沟通

一、实训目标

培养与陌生人沟通与交涉的能力。

二、实训内容

1. 训练前拟定交流内容，根据拟定的交流内容或课题，在公共场所主动同一位陌生人交往，交流某个问题或作某个课题。

2. 应用交际与沟通理论及艺术，做好这件事情。

3. 事后对该活动进行总结，分析活动进行的情况，如遇到的问题、沟通中产生的问题，如何解决等。

4. 班级组织一次交流，交流交际与沟通过程及体会。

第十章 控制

本章导读

巴林事件

1995年2月27日，国际金融界传来令人震惊的消息，具有233年悠久历史的英国巴林银行宣布倒闭。而这一切源于巴林银行新加坡分公司的一名年仅20多岁的交易员尼克·里森的违规操作。里森在做股票指数期货的投机中，在日经指数大幅下降时，其日经指数期货多头风险部位达6万余口合约，同时在日本政府债券价格一路上扬之际，他却有空头风险部位合约2.6万余口，这样便出现了8.6亿英镑的损失，这几乎是整个巴林集团资本的两倍。这件事在世界各大新闻媒体引起极大关注，人们不禁要问，一个如此光耀悠久的金融集团为何会被一个小小的蛀虫蚕食？巴林银行对里森的行为难道一无所知？银行是否让里森钻了空子？

年轻的里森在巴林银行被视为期货和期权方面的专家，1992年巴林总部派他到新加坡分公司成立期货与期权交易部门，并出任总经理。在期货交易中，出错在所难免，比如有人会把“买进”手势误为“卖出”，有人会在不恰当的时机购进不恰当的合同，等等，关键是如何处理。按规定，对出现的各种错误，银行必须迅速妥善处理，并转入电脑中一个被称为“错误账户”的账户中，然后向总部汇报。里森于1992年在新加坡任期货交易员时，巴林银行已有一个“99905”的错误账户，1992年夏天，伦敦总部全面负责清算工作经理要求里森另行设立一个“错误账户”，记录较小的错误，并自行处理，以免麻烦伦敦总部，里森很快就设立了“88888”的错误账。但几周以后，伦敦总部又打来电话，总部配置了新的电脑，要新加坡分行还是按老规矩办事，所有的错误记录仍经由“99905”直接向伦敦报告。“88888”错误账户刚刚建立就搁置不用了，但它成为一个真正的“错误账户”存于电脑之中。这个被人忽略的账户，提供了里森日后制造假账的机会，他从1992年7月起，在其中记录了从2万英镑起，到几百万、几千万的亏空，直至到8.6亿英镑。在这期间，由于里森同时任交易部和清算部主任，给他对失误瞒天过海提供了便利，总部虽然多次来查账，但都被里森搪塞过去了。即使在1995年1月11日，新加坡期货交易所的审计和税务部发函巴林，提出他们对维持“88888”账户所需资金问题的一些疑虑，而且此时里森已需要求伦敦每天汇入1000多万英镑，以支付其追加保证金，但伦敦还是没有引起足够的重视。

令人难以置信的是，巴林在1994年年底发现资产负债表上显示5000万英镑的差额后，仍然没有警惕到其内部管理控制的松散及疏忽。在发现问题至巴林倒闭的两个月里，有很多巴林的高级员和资深专家曾对此问题加以关注，更有巴林总部的审计部门加以调查。但是这些调查，都被里森以极轻易的方式蒙骗过去。

连里森本人也说："对于没有人来制止我的这件事，我觉得不可思议，伦敦的人应该知道我的数字都是假造的，这些人都应该知道我每天向伦敦总部要求的现金是不对的，但他们仍然支付这些钱。"

从"巴林事件"中可以看出，一个组织如果没有严密的控制系统，没有迅速纠错的功能体系，该是多么可怕的事情！

（资料来源：http：//www.docin.com/p－25591627.html）

第一节 控制概述

管理情境

客户服务质量控制

美国某信用卡公司的卡片分部认识到高质量客户服务是多么重要。客户服务不仅影响公司信誉，也和公司利润息息相关。比如，一张信用卡每早到客户手中一天，公司可获得33美分的额外销售收入，这样一年下来，公司将有140万美元的净利润，及时地将新办理的和更换的信用卡送到客户手中是客户服务质量的一个重要方面，但这远远不够。

决定对客户服务质量进行控制来反映其重要性的想法，最初是由卡片分部的一个地区副总裁凯西·帕克提出来的。她说："一段时间以来，我们对传统的评价客户服务的方法不大满意。向管理部门提交的报告有偏差，因为它们很少包括有问题但没有抱怨的客户，或那些只是勉强满意公司服务的客户。"她相信，真正衡量客户服务的标准必须基于和反映持卡人的见解。这就意味着要对公司控制程序进行彻底检查。第一项工作就是确定用户对公司的期望。对抱怨信件的分析指出了客户服务的三个重要特点：及时性、准确性和反应灵敏性。持卡者希望准时收到账单、快速处理地址变动、采取行动解决抱怨。

了解了客户期望，公司质量保证人员开始建立控制客户服务质量的标准。所建立的180多个标准反映了诸如申请处理、信用卡发行、账单查询反应及账户服务费代理等服务项目的可接受的服务质量。这些标准都基于用户所期望的服务的及时性、准确性和反应灵敏性上。同时也考虑了其他一些因素。

除了客户见解，服务质量标准还反映了公司竞争性、能力和一些经济因素。比如：一些标准因竞争引入，一些标准受组织现行处理能力影响，另一些标准反映了经济上的能力。考虑了每一个因素后，适当的标准就成型了，所以开始实施控制服务质量的计划。

计划实施效果很好，比如处理信用卡申请的时间由35天降到15天，更换信用卡从15天降到2天，回答用户查询时间从16天降到10天。这些改进给公司带来的潜在利润是巨大的。例如，办理新卡和更换旧卡节省的时间会给公司带来1750万美元的额外收入。另外，如果用户能及时收到信用卡，他们就不会使用竞争者的卡片了。

该质量控制计划潜在的收入和利润对公司还有其他的益处，该计划使整个公司都注重客户期望。各部门都以自己的客户服务记录为骄傲。而且每个雇员都对改进客户服务做出了贡献，使员工士气大增。每个雇员在为客户服务时，都认为自己是公司的一部分，是公司的代表。

信用卡部客户服务质量控制计划的成功，使公司其他部门纷纷效仿。无疑，它对该公司的贡献将是非常巨大的。

结合上述管理情景，思考并回答下列问题：

1. 该公司控制客户服务质量的计划是前馈控制，反馈控制还是现场控制？
2. 找出该公司对计划进行有效控制的三个因素？
3. 为什么该公司将标准设立在经济可行的水平上，而不是最高可能的水平上？

（资料来源：http：//www. docin. com/p－1761894334. html）

要求：课前进行认真阅读和思考，课上针对问题进行探讨。

理论与实践

控制是管理过程的重要组成部分，是管理过程的最后一个职能环节，它与计划职能相连接，使管理过程形成一个循环过程，它是保证企业计划与实际作业动态相适应的管理职能。一个有效的控制系统可以保证各项活动朝着达到组织目标的方向进行，而且，控制系统越是完善，组织目标就越易实现。

【专家视野】 尽管计划可以制订出来，组织结构可以调整得非常有效，员工的积极性也可以调动起来，但是这仍然不能保证所有的行动都按计划执行，不能保证管理者追求的目标一定能达到。

——斯蒂芬·罗宾斯

一、控制的内涵

控制是保证一个组织的目标实现而采取的各种必要的活动所不可缺少的措施。所谓控制，就是指管理者为了确保组织目标及拟定的计划得以实现，按照既定标准，采用恰当方法对组织各项管理活动及其绩效进行衡量和纠正偏差的过程。如果没有有效的控制系统，一个社会、一个组织就会杂乱无章，就会离开正确的轨道。

在管理中构成控制活动必须有三个条件：

一是要有明确的目的或目标，没有目的或目标就无所谓控制；

二是受控客体必须具有多种发展可能性，如果事物发展的未来方向和结果是唯一的、确定的，就谈不上控制；

三是控制主体可以在被控客体的多种发展可能性中通过一定的手段进行选择，如果这种选择不成立，控制也就无法实现。

二、控制的目的

在现代的管理活动中，控制工作必须达到以下两个目的。

1. 维持现状

这是控制工作的基本目的。所谓维持现状，就是指在变化着的内外环境中，通过控制工作，随时将计划的执行结果与标准进行比较，若发现有超过计划容许范围的偏差，则及时采取必要的纠正措施，以便使系统的活动趋于相对稳定，实现组织的既定目标。

进行控制工作的最佳目的是防止问题的发生。这就要求管理人员的思想应当向前看，把控制系统建立在前馈而不是简单的信息反馈的基础上，在不应发生的偏离计划的情况出现以前就能预测到并能及时采取措施来加以防止。

2. 打破现状

在某些情况下，变化的内外部环境会对组织提出新要求。主管人员对现状不满，要改革、要创新、要开拓局面，就势必打破现状，修改已定的计划。

在一个组织中，往往存在两类问题：急性问题和慢性问题。

经常产生的可迅速地、直接地影响组织日常经营活动的问题是“急性问题”，解决急性问题，多是为了维持现状；长期存在会影响组织素质的问题是“慢性问题”，解决慢性问题是要打破现状。

要使控制工作真正起作用，重点解决慢性问题，打破现状，求得螺旋形上升。

【管理故事】召公谏厉王止谤

厉王虐，国人谤王。召公告曰：“民不堪命矣！”王怒，得卫巫，使监谤者。以告，则杀之。国人莫敢言，道路以目。

王喜，告召公曰：“吾能弭谤矣，乃不敢言。”召公曰：“是鄣之也。防民之口，甚于防川；川雍而溃，伤人必多。民亦如之。是故为川者，决之使导；为民者，宣之使言。故天子听政，使公卿至于列士献诗，瞽献典，史献书，师箴，瞍赋，矇诵，百工谏，庶人传语，近臣尽规，亲戚补察，瞽、史教诲，耆艾修之，而后王斟酌焉。是以事行而不悖。民之有口也，犹土之有山川也，财用于是乎出；犹其有原隰衍沃也，衣食于是乎生。口之宣言也，善败于是乎兴。行善而备败，所以阜财用衣食者也。夫民虑之于心，而宣之于口，成而行之，胡可壅也？若壅其口，其与能几何？”

王弗听，于是国人莫敢出言。三年，乃流王于彘。

三、控制职能与计划职能的关系

控制和计划工作的关系相当密切，具体有以下几个方面：

（1）计划起着指导性作用，管理者在计划的指导下领导各个方面的工作以便完成组织目标，而控制则是为了保证组织所完成与计划一致而产生的一种管理职能。

（2）计划预先指出了所期望的行为和结果，而控制则是按计划指导实施的行为和结果。

（3）只有管理者获取关于每个部门、每条生产线以及整个组织过去和现状的信息才能制订出有效的计划，而这些信息中的绝大多数都是通过控制过程得到的。

（4）如果没有计划来表明控制的目标，管理者就不可能进行有效的控制。

四、控制的特征

1. 控制与计划密切相关

组织的行动不是盲目的，而是按照计划实施的，但是仅仅有了一个计划还远远不够。计划主要解决两个问题：一个是关于效能的，就是解决做什么的问题；另一个是关于效率的，就是解决怎么做的问题。在不确定性很高的内外部条件的综合作用下，到底是不是在朝着目标前进，前进的路径是不是合适呢？这个时候就需要控制。也就是需要拿计划的标准来衡量对照现实的行动进程，发现偏差及时纠正。所以，计划需要控制，控制为计划提供了有力的保证，没有控制，计划就会落空；控制也离不开计划，计划为控制提供了有效的标准，没有计划，控制就会盲目。

2. 控制的范围就是权力的范围

控制代表着评价和要求。在管理上，再科学客观的评价和要求也是以管理者主观意见的形式表现出来的。这也是管理领域的控制和其他领域控制的一个巨大差别。这种主观性就意味着权力。倘若没有权力，那么意见就不能被服从，要求就变成了建议，控制也就变成了参谋。不过，我们应该注意的是，传统的制度权力引起的控制正在被新的影响力和权威性引起的控制所代替。

3. 控制是应变的手段

大千世界，一切尽在变化之中。所不同的是，有些变化不会引起大的后果，可以忽略；有些变化则会产生重大影响，必须予以重视。控制就是要关注在执行过程中的种种变化，对其做出评估，一旦发现问题能够及时采取行动。一方面，要调整行动本身，利用有利，消除不利；另一方面，要审查计划和目标的可行性，随时做出更正。

4. 控制是面向行动的

控制是用既定的标准作为衡量手段，去评估实际的实施情况，并及时做出回应。即使是事前的控制也是建立在即将开始的行动基础上的。所以，没有执行就没有控制。

五、管理者实施控制的驱动因素

1. 对目标的渴望

在前进的道路上到底做得怎么样了，存在什么问题，如何改进以更快更好地实现目标，需要随时做出评估，实施改进，这些都驱使管理者进行控制。

2. 为了消除不确定性带来的威胁

我们的周围充满了动荡不稳的各种因素，从组织外到组织内，从物到人，尽管提前作了必要的计划和安排，但是到底能不能实现目标还是一个未知数。而且，计划本身也往往存在问题，可能计划的前提或过程、预测的基础或结论都有偏差，这样就必须在执行过程中对计划做调整，这增强了控制的价值。

3. 承担责任引发的压力

无论授权与否，管理者毫无疑问地承担着实施计划的责任。一旦失败，就要承担后果。责任的压力促使管理者更积极地关注实施，使一切都在自己的掌控当中，因为任何人都不甘心把命运交到别人的手上。

六、控制的前提条件

1. 控制要有明确而完整的计划

控制与计划是同一个问题的两个方面。计划是控制的依据，没有计划，就无法进行控制。

2. 控制要有组织机构

控制活动需要人来操作，而且是按照一定的组织层次来进行，组织结构越明确、越完整，控制工作就越有效。

3. 控制要掌握必要的信息

要进行控制，必须掌握必要的信息，建立一个信息反馈系统，保证信息流动的畅通，从而保证控制工作的实施。

七、控制的类型

（一）根据控制在管理过程的时间段点不同，可以将控制分为前馈控制、后馈控制和同期控制

1. 前馈控制

前馈控制是在企业生产经营活动开始之前进行的控制，其目的是防止问题的发生而不是当问题出现时再补救。因此，这种控制需要及时和准确的信息并进行仔细和反复预测，把预测和预期目标相比较，并促进计划的修订，控制的内容包括检查资源的筹备情况和预测其利用效果两个方面。

特点是能在偏差发生之前就告知管理者，使他们一开始就采取各种预先防范措施，预防或尽可能地减少偏差的出现，从而把偏差带来的损失降到最低程度。

前馈控制的困难在于：需要及时和准确的信息，并要求管理人员充分了解前馈控制因素与计划工作的影响关系。

2. 反馈控制

反馈控制，亦称成果或事后控制，是指在一个时期的生产经营活动已经结束以后，对本期的资源利用状况及其结果进行总结。由于这种控制是在经营过程结束以后进行的，因此，不论其分析如何中肯，结论如何正确，对于已经形成的经营结果来说都是无济于事的，它们无法改变已经存在的事实。成果控制的主要作用，甚至可以说是唯一的作用，是通过总结过去的经验和教训，为未来计划的制订和活动的安排提供借鉴。其特点是把注意力集中在工作的结果之上，通过对前一阶段工作的总结，对比标准进行测量、比较、分析和评价，发现存在的问题，并以此作为改进下一次工作的依据。

优点：总结规律，为进一步实施创造条件，实现良性循环，提高效率。

致命的缺陷：损失已经造成；存在时间滞后问题。

3. 同期控制

同期控制，亦称现场或过程控制，是指企业经营过程开始以后，对活动中的人和事进行指导和监督。主管人员愈早知道业务活动与计划的不一致，就可以愈快地采取纠偏措施，可以在发生重大问题之前及时纠正。

同期控制的目的是及时纠正工作中发生的偏差，改进本次而非下次工作活动的质量。

同期同步控制是一种主要为基层管理人员所采用的控制方法。

优点：有指导职能，可提高工作能力及自我控制能力。

缺点：受管理者时间、精力、业务水平的制约；现场控制的应用范围较短；易形成心理上的对立。因此，不可能成为日常性的控制办法，只能是其他方法的补充。

【管理故事：扁鹊论医术】扁鹊的医术

魏文王问名医扁鹊说："你们家兄弟三人，都精于医术，到底哪一位最好呢?"扁鹊答："长兄最好，中兄次之，我最差。"文王再问："那么为什么你最出名呢?"扁鹊答："长兄治病，是治病于病情发作之前。由于一般人不知道他事先能铲除病因，所以他的名气无法传出去；中兄治病，是治病于病情初起时。一般人以为他只能治轻微的小病，所以他的名气只及本乡里。而我是治病于病情严重之时。一般人都看到我在经脉上穿针管放血、在皮肤上敷药等大手术，所以以为我的医术高明，名气因此响遍全国。"

管理启示：控制有事前控制、事中控制、事后控制。控制贵在事前控制。

（资料来源：郑立梅. 管理学基础［M］. 北京：清华大学出版社，2006.）

（二）根据控制的结构不同可以将控制分为分散控制和集中控制

1. 分散控制

分散控制是由若干分散的控制机构来共同完成组织的总目标。在这种控制方式中，各种决策及控制指令通常是由各局部控制机构分散发出的，各局部控制机构主要是根据自己的实际情况，按照局部最优的原则对各部门进行控制。

分散控制中整个企业显得适应性较强，但难以进行整体协调。

2. 集中控制

集中控制是由一个集中控制机构对整个组织进行控制。一般说来，集中控制将企业中各个部门的决策权集中到高层管理者手中，经济活动由高层管理者的行政指令来推动，纵向信息流强而横向信息流弱。

集中控制方式比较简单，指标控制统一，便于整体协调。但缺乏灵活性和适应性，机构的变革和创新会很困难。

（三）根据整个组织控制活动的来源不同，可以将控制分为正式组织控制、群体控制和自我控制三种类型

1. 正式组织控制

正式组织控制是由管理人员设计和建立起来的一些机构或人员来进行控制，组织可以通过规划指导成员的活动，通过监督来检查各部门或各个成员是否按规定进行活动，并提出具体更正措施和建议意见。

2. 群体控制

群体控制是基于群体成员们的价值观念和行为准则，它是由非正式组织自发发展起来和维持的。群体控制可能有利于达成组织目标，也可能给组织带来危害，所以要对其加以正确引导。

3. 自我控制

自我控制即个人有意识地按某一行为规范进行活动。这种控制成本低、效果好。但它要求上级给下级以充分的信任和授权，还要把个人活动与报酬、提升和奖励联系起来。

（四）根据组织控制所使用的手段不同，可以将控制分为直接控制和间接控制

1. 直接控制

直接控制是指主要通过行政命令和手段对被控制对象直接进行控制的形式。实现直接控制的关键是对施控人员的精心选择和有针对性地培养。

2. 间接控制

间接控制是指不对运行过程直接干预，而是通过间接的手段来引导和影响运行过程从而达到控制的目的。

（五）按照控制的逻辑发展，可将控制分为试探控制、经验控制、推理控制和最优控制

1. 试探控制

试探控制是完全建立在偶然机遇的基础上，是“试试看”思想在控制活动中的体现。试探控制在成功的同时，常常伴随着失败。这种控制方式有较大的风险，对事关重大的活动，一般不宜采用这种控制方式。

2. 经验控制

经验控制是一种应用广泛的控制方式。把由试探控制得出的结果用于指导下一次控制，就是经验控制。在经验控制中，最重要的是经验的可靠性。它包括两层含义：一是真实性；二是必然性。

3. 推理控制

推理控制也叫逻辑控制，是试探和经验控制相结合的产物。它通过中间起过渡作用的媒介实现控制，因此也叫共轭控制。

4. 最优控制

最优控制是控制方式发展的高级阶段，所谓最优控制，就是符合最优标准的控制。其核心思想是：不仅要保证实现控制目的，而且强调要在较短的时间内，以尽可能少的人力、物力、财力的消耗来实现控制目的。

八、控制的基本过程

控制是根据计划的要求，设立衡量绩效的标准，然后把实际工作结果与预定标准相比较，以确定组织活动中出现的偏差及其严重程度，在此基础上，有针对性地采取必要的纠正措施，以确保组织资源的有效利用和组织目标的圆满实现。

1. 确立标准

标准是人们检查和衡量工作及其结果（包括阶段结果与最终结果）的规范。制定标准是进行控制的基础，没有一套完整的标准，衡量绩效或纠正偏差就失去了客观依据。

控制工作的第一步就必须确立标准，这里所说的标准，是指评定成效的尺度，它是从整个计划方案中选出的对工作成效进行评价的关键指标。标准的设立应当具有权威性。其指标必须满足以下条件方可选为标准：能够较好地反映本单位目标；是对偏差发生最敏感而又较容易控制的地方；在这一点上可以得到经济实惠的信息；便于衡量成效易实现考核的。

【管理故事】有一个小和尚担任撞钟一职，半年下来，觉得无聊至极，“做一天和尚撞一天钟”而已。有一天，住持宣布调他到后院劈柴挑水，原因是他不能胜任撞钟一职。小和尚很不服气地问："我撞的钟难道不准时、不响亮?"老住持耐心地告诉他："你撞的钟虽然很准时、也很响亮，但钟声空泛、疲软，没有感召力。钟声是要唤醒沉迷的众生，因此，撞出的钟声不仅要洪亮，而且要圆润、浑厚、深沉、悠远。"

本故事中的住持犯了一个常识性管理错误，"做一天和尚撞一天钟"是由于住持没有提前公布工作标准造成的。如果小和尚进入寺院的当天就明白撞钟的标准和重要性，他或许不会因怠工而被撤职。工作标准是员工的行为指南和考核依据。缺乏工作标准，往往导致员工的努力方向与公司整体发展方向不统一，造成大量的人力和物力资源浪费。因为缺乏参照物，时间久了员工容易形成自满情绪，导致工作懈怠。制定工作标准尽量做到数字化，要与考核联系起来，注意可操作性。

2. 衡量成效

衡量成效就是按照标准衡量工作实绩达到标准的程度，其实也是控制当中信息反馈的过程。包括衡量的方式和内容。就是我们要知道"如何衡量"和"衡量什么"。通过这一过程，一方面要求主管人员弄清组织目前的实际工作成效，是否与计划偏离；另 方面主管人员通过所获得的信息及时发现预期将要发生的偏差，在我们的组织活动中，要完成这一过程并非易事，需要找出切实可行的手段和方法，并有较高的预见能力。

3. 纠正偏差

利用科学的方法，依据客观的标准，通过对工作绩效的衡量，可以发现计划执行中出现的偏差。纠正偏差就是在此基础上，分析偏差产生的原因，制定并实施必要的纠正措施。这项工作使得控制过程得以完整，并将控制与管理的其他职能相互联结；通过纠偏，使组织计划得以遵循，使组织机构和人事安排得到调整，使领导活动更加完善。一般来说，当情况紧急只能采取应急措施，仅治标就行，但事后还要寻找原因，根除隐患。

造成偏差的原因：

（1）计划操作原因。当由于计划执行者的自身原因使偏差发生时，如工作不认真、缺乏责任心，或能力不够，不能胜任工作等，采取以下措施：重申规章制度，明确责任，明确激励措施，按规定处罚有关人员；或调整工作人员，加强员工培训，改组领导班子等。

（2）计划不合理原因。有时制订计划时不切实际，把目标定得过高，根本达不到；或过于保守，低估自己的实力，把目标定得太低，不能起激励作用。

应注意不能凭一时冲动，随意更改计划。

（3）外部环境发生重大变化的原因。当因外部环境发生重大变化产生偏差时，如当国家政策法规发生变化，国际政治风云突变；某个大客户或大供应商突然破产，自然界不可抗拒灾害等。

在仔细分析的基础上采取一些补救措施，以尽量消除不良影响，然后改变策略，避开锋芒，或变换目标，另辟蹊径。

【课堂思考】某公司为了扭转管理控制中问题丛生的局面和建立企业有效的管理控制系统与控制流程，公司特地聘请了"中大管理咨询公司"为其咨询。在分析该组织管理失控的原因时，咨询工程师老张认为该组织管理失控的主要原因是组织过度分权造成的。但是公司的胡老板认为这不可能，因为他认为是对于下面的监控目标与标准以及偏差信息的纠偏措施出现了问题，但是公司的总工程师认为他们公司在这些方面做的还是很不错的，因为他们通过了ISO9000认证。对于这些不同的说法，你最赞同哪一种？为什么？

第二节 有效控制

管理情境

康泰工业集团的质量控制

康泰工业集团公司是由山东烟台市招远自动化仪表厂发起组建的。自1997年成立以来，公司以科技求发展，靠质量求生存，瞄准国际市场，狠抓企业技术改造和新产品开发，努力抢占国际市场制高点。在短短的2年时间里，先后承担并完成国家和省级“火炬计划”“星火计划”等科研项目18项，获国家专利13项，先后被授予“中国外商投资优秀企业”“山东省高新技术企业”“烟台市出口创汇先进企业”“招远市出口创汇红旗单位”和“烟台市文明单位”等荣誉称号。1998年全集团公司完成产值10280万元，实现销售收入1.2亿元，创利税1200万元，利润260万元，出口创汇800万美元，这些均是集团公司成立前的5倍。1999年1—7月份，其销售收入、利税、出口创汇与去年同期相比分别增长了14%、18%和21%。

集团公司一直狠抓产品质量管理，视产品质量为企业生命。其所属的烟台市招远自动化仪表厂、招远市康泰按摩椅总厂、烟台港远礼品有限公司、招远市康泰五金制品厂四家骨干企业产品共有24个系列、180多个品种。由于加大技改力度，狠抓高技术产品的开发和产品质量提高，为公司赢得了用户和市场。其中“招仪”自动化仪器仪表、“堡垒”防盗保险产品、“荣康”系列按摩理疗器械、“港远”礼品玩具等四大品牌产品，有三个品牌已于1998年通过了ISO9002国际质量认证，两个品牌列入省级名牌；有四种品牌正在申请德国CE认证，五种产品被省级授予“质量信得过产品”荣誉称号。

全员质量管理。康泰工业集团公司开展全员质量管理，狠抓全员质量意识的提高。该集团公司刚成立就设立了“质量管理委员会”，并由一名副总经理具体分管这项工作，充分体现了公司高层管理者对质量管理的重视。全集团设专职质检机构4个，专兼职质检队伍达110人，初步形成了以专职质检人员为核心，专兼职质检人员为主，全员参与的质量管理体系。

自集团公司成立以来，坚持开展了制度性的每年一次的“全员质量管理运动会”，每季一次的“企业质量管理总结会”，每月一次的“各厂质量分析会”，并结合年度和半年工作总结对各企业涌现出来的优秀管理干部、质检员和质量标兵给予大力表彰和奖励。还结合企业精神文明建设在职工中开展了“今天的质量就是明天的效益”大讨论。在行政管理人员中开展了“以一流的工作质量，保证一流的产品质量”演讲比赛；在一线操作人员中开展了“比技能、赛硬功、看质量、争第一、当冠军、创优质”竞争活动；并结合各企业的具体事例和全体员工算了两笔账：一笔是由于质量问题给企业造成的直接经济损失账，另一笔是由于产品质量和服务质量问题给企业形象和产品声誉带来的间接损害账。通过这些活动，使全体员工的质量意识大大提高，形成了人人讲质量、工作保质量的良好氛围。

全过程质量控制。“求木之长，必固其根；欲流之远，必浚其泉。”在质量、管理和科技三者关系中，集团公司认为：管理是基础，科技是前提，没有严格的管理就不可能有工艺技术上的创新和突破，更不可能生产出高质量的产品。

为了把质量管理工作落到实处，公司首先确立了“外购产品、生产产品和产品销售”三条质量主线，狠抓产前、产中、产后质量的有效控制；明确提出在决策层中“只有提高产品质量的义务，没有降低产品质量标准的权利”，在管理层中“只有执行一票否决的义务，没有放过一件不合格品的权利”。

公司要求每个操作者都要做到“一道工序为三道工序服务”，即检查上道工序——对上道工序流下来的产品（零件）质量进行检查认证；保证本道工序——自己加工的产品（零部件）严格按图纸、按标准、按工艺要求进行生产，加工后的产品进行自检、自分、自装隔离；服务下道工序——做到交给下道工序的产品（零件）都合格。并在三条主线间采取“闭环处理”，也就是谁损失、谁负责、谁赔偿，损失到哪里赔偿到哪里，从而大大提高了全员质量管理的自觉性和责任感。

为了从根本上提高产品质量，达到事先控制的目的，集团公司1998年共投入1200万元进行技术改造。改造生产流水线2条，新增生产、检测设备60多台套，在完善科研机构的基础上，充实和调整专业技术人员45人，使工程技术人员达到160多人，占职工总数的40%。在继续加强与清华大学、天津大学、上海自动化研究所等10多所大专院校及科研单位进行合作的基础上，又与上海同济大学、中科院、沈阳仪器仪表研究所等8所高科技开发研究所建立了共同开发、双向交流协作关系，并与世界著名的美国霍韦尼尔、莫尔仪器公司、法国的艾斯克公司等签署了长期国际合作联合开发协议，大大提高了公司高新技术的应用和新产品的开发速度，保障了产品质量和产品创新。

从严质检、层层把关。针对集团公司各企业多产品、多规格、小批量、工艺复杂、执行标准不同等特点，集团公司组织高级工程技术人员、专职质检人员和具有丰富生产经验的老师傅，对各企业的每种产品、每道工序都确定了质量特性和影响质量的因素特性，严格按照ISO9002质量认证标准和各企业所属行业的生产技术标准，修订和完善了各企业的质量控制标准，将其分解到可以直接采取措施的程度。规定了管理项目允许值、检查方法和频次、工艺规程、优质操作法以及设备、计量工具等方面的技术标准、管理标准和质量责任制，切实做到了管理有标准，检查有凭证，测试有手段，责任有分工，全部质量特性落实到岗位，对324道工序、728个质量特性和356个质量因素全部用标准规程、优质操作法、管理图表等进行严格管理和控制。

在加强全面质量管理基础上，进一步完善了自检、互检、巡检、抽检、定检的管理程序，明确了质量责任，实现了层层把关。如按摩椅总厂在生产加工向日本出口的按摩椅铁制品件的“磷化工序质量检查计划表”中规定：首检由操作者、班组长和专职质检员共同进行，检查产品是否符合标准要求，并做好质量记录；互检由班组长进行，主要是核对检查结果，考核操作者，防止误检；巡检由专职检查人员进行，主要核实操作者的检查方法和结果；抽检由车间主任和专职技术人员进行，主要抽检管理制度和考核办法的执行情况及质量特性和因素特性的变化情况，对班组和车间进行考核。

质量为康泰工业集团公司赢得了良好声誉，得到了顾客的认可和信任，为公司今后的发展打下了坚实的基础。

思考题：

1. 案例中康泰工业集团公司是怎样进行质量控制的？其控制属何种类型？

2. 控制的前提条件是什么？如何选择控制标准？

3. 有人说："控制的责任最终落在组织的领导者肩上。"你是否同意这种说法？请结合本案例加以说明。

4. 目前国际上流行零缺陷产品，请你结合当前科技发展态势谈谈其可能性和必要性。

（资料来源：余敬，刁凤琴．管理学案例精析［M］．北京：中国地质大学出版社，2011.）

要求：课前进行认真阅读和思考，课上针对问题进行探讨。

理论与实践

在管理学中所谓有效控制，就是以比较少的人力、财力和物力，较少的精力与时间使组织的各项活动处于控制状态。一旦组织的某项活动出现偏差，则能及时纠正偏差，而且能使偏差所导致的损失降低到最低限度。

一、有效控制的基本原则

1. 控制标准要客观

人对事物的认识与事物本身很容易存在差别，所以，如果不能避免主观因素的渗入，势必会影响管理工作本身的效果。因此，有效的控制要求有客观、准确和适当的标准。不论是定性、定量还是其他的形式，关键是在任何情况下，标准都应是可以测量或考核的。

2. 灵活性的原则

尽管在做计划时，管理人员进行了各种预测，但仍然可能遇到计划中没有预见到的情况，因此，控制措施如果要发挥作用，就必须要求所设计的控制措施有灵活性。

3. 及时性的原则

控制要注意信息收集和传递必须及时，才能及时纠偏，否则不起作用，甚至起消极作用。

4. 突出重点，强调例外的原则

控制要突出重点，不可能面面俱到，找出最能反映体现成果的关键因素控制；控制应强调例外，着重于意外，可集中精力解决问题；对例外的重视程度不仅依大小而定，还要考虑实际情况；必须与关键问题结合起来；

5. 控制趋势的原则

要使控制有效，控制变化趋势则显得非常重要。控制趋势的关键在于从现状中揭示倾向，特别是在趋势刚显露苗头时就敏锐地觉察到。

二、有效控制的基本原理

1. 反映计划要求原理

反映计划要求原理是指控制是实现计划的保证，控制的目的就是为了实现计划，因此，计划越是科学、明确、全面和完整，所设计的控制系统越是能反映这样的计划，控制也就越有效。

2. 组织适应性原理

组织适应性原理是指若一个组织结构的设计越是合理、明确、完整和完善，所设计的控制系统越是符合组织机构中的职务和职责的要求，就越有助于纠正执行与计划标准之间的偏差。

3. 控制关键点原理

控制关键点原理是指为了进行有效的控制，至关重要的是需要注意根据各种计划来衡量工作成效时有关键意义的那些因素。

4. 控制趋势原理（预防性控制）

控制趋势原理是指对控制全局的主管人员来说，重要的是现状所预示的趋势，而不是现状本身。

5. 例外控制原理

例外控制原理是指主管人员越是只注意某些重要的例外偏差，亦即越是把主要精力放在集中控制那些超出一般情况的偏差（特别优异或特别恶劣的情况），控制的效能和效率就越高。例外控制原理与控制关键点原理有相似之处。其区别在于后者强调选择关键的控制点，而前者则强调在关键点上洞察所发生的异常偏差。因此，在实际管理控制中，不能仅仅立足于寻找关键点上的例外情况，而应该把注意力集中于关键点上的例外情况的控制。也就是说，必须把控制关键点原理和例外控制原理相结合。

6. 以人为中心的控制原理

对人的控制越是有效，主管人员及其下属的素质就越高，也就越不需要进行事后控制和间接控制。这意味着任何控制的最直接方式，就是采取有力措施来最大限度地提高主管人员及其组织成员的素质。

7. 系统控制原理

越是具有长远的、发展的、全局的观点，来进行系统控制，控制也就越有效。

8. 弹性控制原理

控制越能保持足够的弹性以适应环境的变化并进行动态的控制，就越能保持在任何情况下，控制工作都依然有效。

三、控制的方法

（一）预算控制

1. 预算的定义

预算是用于计划组织未来支出的有效工具，是一种具体化的数量化的计划，是用数字来表示预计的结果。预算也是一种控制的方法和手段，而且是在管理中使用最广泛的控制方法之一。

2. 预算作用

预算在组织当中的作用主要体现在以下四个方面：

（1）预算可以明确工作目标；

（2）预算可以协调各部门之间的关系；

（3）预算可以控制组织的日常活动；

（4）预算可以作为考核业绩的标准。

3. 预算的局限性

预算是用来编制计划和进行控制的一种手段，但预算工作本身存在一定的局限，而且在实际的预算工作中往往存在着一些不良的倾向，使预算控制有失效的危险。

（1）预算只能控制可以计量的，特别是可以用货币单位计量的业务活动。对于组织那些不能计量的活动，如企业文化、企业形象等方面的改善无法促使管理者加以重视。

（2）预算编制过于繁琐。对于管理中极其细微的支出都作出详尽的规定，导致管理人员丧失管理自己职权范围内活动必需的自由。实际当中的预算细致程度应当根据授权程度来决定，过繁过细的预算会使授权名存实亡。

（3）预算目标取代组织目标。

（4）预算掩盖了某些管理人员的效率低下。

（5）预算不可更改。在实际运用中，计划一旦数量化成为预算之后，往往给员工造成一种不可更改的感觉。这容易使预算控制缺乏必要的灵活性，不利于组织最终目标的达到。

4. 有效预算的保证措施

预算是一种很好的控制工具，但要使预算控制有效地发挥作用，还必须注意做到以下几点：

（1）高层管理部门的支持。

（2）全面充分的信息。

（3）采用灵活的预算编制方法。

5. 预算控制的方法

（1）弹性预算。根据控制的灵活性原则，控制要保持一定的灵活性和弹性，以适应环境的变化。运用到预算编制方面，制订弹性预算，就是要给予预算的费用跟随另一变量（通常为产量或销量）的变化而改变的幅度。弹性预算与固定预算最大的不同在于预算本身具有弹性，可以作机动调整和变动。

弹性预算的做法是，首先对各类费用项目进行分析，并以此确定各项费用与产量或者销售量变化的关系。在生产经营当中，某些费用是固定的，不会随着产量或销量的变化而改变的，如折旧费、厂房维护费等固定费用；某些费用会随着产量或销量的变化而发生轻微的改变；有些费用则是完全可以改变的，会随着产量和销量的变化发生较大的改变。然后在对不同性质的费用进行分析的基础上，制订不同的产量或销量幅度，对不同种类费用确定不同的变化幅度，有些维持不变，有些相应增减或多或少的幅度，使各类费用预算和销量或者产量能够保持一定的合理关系，从而提高预算的适应性和合理性。

（2）零基预算。零基预算的基本原理是任何一个预算期或计划期开始时，把所有的管理活动都看作重新开始，即以零为起点来观察和分析一切的经营和管理活动，任何费用项目的预算制订，都不考虑它们基期的开支情况，而是从零开始重新考虑各项费用开支的必要性及其预算的具体数量。

由于零基预算是由零为起点，重新观察和分析所有的活动和项目，因此编制零基预算的主要缺点在于所投入的人力、物力和时间较多，而编制的工作量也比较繁重。另外，零基预算的优点也很明显。一是零基预算的方法由零为起点的做法，能使预算的制定不受现行的和传统的预算的限制，能充分调动各级管理人员的积极性和创造性；二是重新考虑各项费用支出的必要性和金额，有利于克服随意性支出，促使各级人员精打细算，合理使用资金，提高资金的使用效果。总而言之，零基预算是提高组织预算和控制水平的有效方法，管理者可以根据组织的具体情况考虑采用。

6. 预算工作中常见的错误

（1）预算过繁过细。会限制管理者管理本部门时的自由，花费过多的时间、精力和资金于预算编制，使预算成为负担。

（2）错把手段当目标。预算是管理和实现目标的手段，而不应凌驾于组织目标之上。有些管理人员热衷于使自己部门的费用不超过预算，却忘记了自己的首要职责是实现组织目标。

（3）预算依据不足。仅仅参考“昨天”的资料显然依据不足，而且有些管理者会加大预算基数，因为担心审批过程中申请数会被层层削减。

（4）预算缺乏灵活性。要保证预算的有效性就必须使预算是可变的和灵活的，需要对费用项目进行分析，确定哪些是不变的，哪些是可变的，据此来制订相应的预算。

（二）生产控制

1. 对供应商的控制

目前比较流行的做法是在全球范围内选择供应商，其原因是为了能够有保障地获得高质量低价格的原材料，同时也可避免只选择少数几个供应商可能构成的威胁。大型公司多采用这种方法。

改变与供应商之间的竞争关系。传统的做法是在十余家，甚至数十家供应商中进行选择，鼓励他们互相竞争，从中选取能够提供低价格高质量产品的供应商。

还有一种控制供货商的方法是持有供货商一部分或全部股份，或由本企业系统内部的某个子企业供货。

2. 库存控制

对库存的控制主要是为了减少库存，降低各种占用，提高经济效益。管理人员使用经济订购批量模型，计算最优订购批量，使所有费用达到最小。

3. 质量控制

进行产品质量控制，首先要掌握全面质量管理方法，这是对产品质量实施监控的行之有效的方法。所谓全面质量管理，就是指企业内部的全体员工参与到企业产品质量和工作质量管理工作过程中，把企业的经营管理理念、专业操作和开发技术、各种统计与会计手段等结合起来，在企业中普遍建立从研究开发、新产品设计、外购原材料、生产加工，到产品销售、售后服务等环节贯穿企业生产经营活动全过程的质量管理体系。

全面质量管理的内容包括两个方面：一是全员参与质量管理；二是全过程质量管理。

（三）其他控制方法

1. 比率分析

比率分析就是将企业资产负债表和收益表上的相关项目进行对比，形成一个比率，从中分析和评价企业的经营成果和财务状况。

（1）财务比率。财务比率分析可以帮助我们了解企业的偿债能力和盈利能力等财务状况。

常用的财务比率有以下几类：

流动比率：是组织的流动资产与流动负债之比，它反映了组织偿还需要付现的流动债务的能力。

速动比率：是流动资产和存货之差与流动负债之比。

负债比率：是组织总负债与总资产之比。

赢利比率：是组织利润与销售额或全部资金等相关因素的比例关系。

（2）经营比率。经营比率，也称活力比率，是与资源利用有关的几种比例关系。它们反映了企业经营效率的高低和各种资源是否得到了充分利用。常用的经营比率有以下三种。

①库存周转率：是销售总额与库存平均价值的比率关系。

②固定资产周转率：是销售总额与固定资产之比，反映了单位固定资产能够提供的销售收入。

③销售收入与销售费用的比率：表明单位销售费用能够实现的销售收入。

2. 视察

视察是一种最古老、最直接的控制方法，它的基本作用就在于获得第一手的信息。

视察的优点：能掌握第一手信息；能够使得组织的管理者保持和不断更新自己对组织的感觉，使他们感觉到事情是否进展得顺利以及组织这个系统是否运转得正常；能让上层主管人员发现被埋没的人才，并从下属的建议中获得不少启发和灵感；亲自视察本身就有一种激励下级的作用，它使得下属感到上级在关心着他们。所以，坚持经常亲临现场视察，有利于创造一种良好的组织气氛。

当然，主管人员也必须注意视察可能引起的消极作用。例如，也存在着这样的可能，即下属可能误解上司的视察，将其看作是对他们工作的一种干涉和不信任，或者是看作不能充分授权的一种表现。这是需要引起管理者注意的。

3. 报告

报告是用来向负责实施计划的主管人员全面地、系统地阐述计划的进展情况、存在的问题及原因、已经采取了哪些措施、收到了什么效果、预计可能出现的问题等情况的一种重要方式。控制报告的主要目的是提供一种如有必要，即可用作纠正措施的依据的信息。

对控制报告的基本要求是必须做到：适时；突出重点；指出例外情况；尽量简明扼要。通常，运用报告进行控制的效果，取决于主管人员对报告的要求。管理实践表明，大多数主管人员对下属应当向他报告什么，缺乏明确的要求。随着组织规模及其经营活动规模的日益扩大，管理也日益复杂，而主管人员的精力和时间是有限的。从而，定期的情况报告也就越发显得重要。负责实施计划的上层主管人员需掌握的情况，可归纳为以下四个方面：

（1）投入程度。主管人员需要确定他本人参与的程度；他需要逐项确定他应在每项计划上花费多少时间，应介入多深。

（2）进展情况。主管人员需要获得哪些应由他向上级或向其他有关单位（部门）汇报的有关计划进展的情况，诸如：我们的进度如何；怎样向我们的客户介绍计划进展情况；在费用方面我们做得如何；如何向客户解释费用问题等。

（3）重点情况。主管人员需要在向他汇报的材料中挑选哪些应由他本人注意和决策的问题。

（4）全面情况。主管人员需要掌握全盘情况，而不能只是了解一些特殊情况。

4. 审计控制

审计是对反映企业资金运动过程及其结果的会计记录及财务报表进行审核、鉴定，以判断其真实性和可靠性，从而为控制和决策提供依据。根据审查主体和内容的不同，可将审计控制分为三种主要类型：

（1）外部审计。外部审计是由外部机构（如会计师事务所）选派的审计人员对企业财务报表及其反映的财务状况进行独立的评估。为了检查财务报表及其反映的资产与负债的账面情况与企业真实情况是否相符，外部审计人员需要抽查企业的基本财务记录，以验证其真实性和准确性，并分析这些记录是否符合公认的会计准则和记账程序。

外部审计作用：是间接的，它主要是针对企业的财务记录，不包括计划、政策和作业以及一些非财务部门。

（2）内部审计。内部审计是由企业内部的机构或由财务部门的专职人员来独立地进行的，内部审计兼有许多外部审计的目的。它不仅要像外部审计那样核实财务报表的真实性和准确性，还要分析企业的财务结构是否合理；不仅要评估财务资源的利用效率，而且要检查和分析企业控制系统的有效性；不仅要检查目前的经营状况，而且要提供改进这种状况的建议。

内部审计作用：内部审计提供了一种测定程序和方法，来检查企业在实现其目标、遵循既定政策方面是否成功；内部审计可以对企业政策、计划的可行性和有效性、控制方式等方面提出改进建议和措施；内部审计使高层管理人员对企业的经营管理状况、收支状况和信用状况有了一个清晰的了解和全面的认识。

（3）管理审计。管理审计是利用公开记录的信息，从反映组织管理绩效及其影响因素的若干方面将组织与同行其他组织或其他行业的著名组织进行比较，以判断组织经营与管理的健康程度。

管理审计的作用：通过对企业的外部环境进行客观的预测，确定企业在行业中的位置，拟订今后的发展规划；为企业的管理人员提供企业内部生产经营各个方面的信息和资料，帮助他们正确地进行经营决策和控制。

四、控制过程中遇到的问题

1. 控制过度

控制过度是管理者较常犯的一种错误。如果这种过度的控制是与员工直接相关的，那么就会招致员工的反对，因为他们需要一定的自由度和自主权。多数员工认为控制应与工作绩效直接相关，如果控制涉及与工作无关的领域，就会使员工对这种过分的要求产生抵触情绪。控制过度不仅可能导致员工士气和责任心低下，而且还可能造成不信任，甚至法律纠纷，从长远看无助于组织绩效的提高。

为控制而控制是没有效力的，控制的实施必须与被控制者的工作绩效确实相关。管理者有责任增强员工对控制的理解，同时还有责任去理解员工的要求。控制度的确定需要在工作要求与员工权益间进行平衡，以达到最佳效果。

2. 侧重点不恰当

环境的变化以及资源限制使组织不可能对所有的控制对象施以同样的力量，其中必然有主次之分和侧重点的选择。强调重点是管理控制中一个很重要的原则，但如果侧重点选择不当，则会顾此失彼，难以实现管理目标。例如，一个过分强调产量的生产控制系统会给工人一种必须牺牲质量以达到产量要求的错觉，从而导致次品率升高。这种情况一旦出现，就会使企业付出沉重的代价，不仅需要大量资源返修次品，而且还要花更大的力气找回失去的顾客忠诚度。

侧重点选择不当一般发生在控制面过窄或对不同的控制对象缺乏平衡的时候，这就要求管理者对各种被控制因素，对认识绩效的作用大小有较为清晰的把握，协调好整体与局部的关系、主要与次要的关系。

3. 鼓励低效率

在控制过程中，由于控制手段选择不当或考虑不周，常常会造成实质上对低效率的"奖励"和对高效率的"惩罚"。例如，许多部门经理都会有这样的体验，每到年终该部门都会尽量把预算内剩余的资金花掉。之所以这样做，是因为如果本部门余下的资金过多会使高层管理者认为该部门并不需要这么多的资金，从而削减其下年度的预算，而对那些因铺张浪费而超出预算的部门反而会在下一年得到更多的资金。这种"奖懒罚勤"局面的出现说明管理者在实施预算控制时，没有考虑到其可能带来的负面影响并据此采取对策，结果造成了对低效率的鼓励，长此下去必将挫伤员工的积极性，降低组织的整体效率。

4. 被控者责任过重

一个人认为控制不合理的感受也受其所承受的控制强度的影响。大多数人期望，甚至欢迎对他的活动有某些控制，但是当他的工作受到标准检查和报表等控制越来越多时，需要承担的责任越来越重的时候，他就会产生一种"受压感"。而某些过去已为其接受的标准，也会因为又附加了其他方面的控制，而变得令人讨厌。这些都说明控制有个因人而异、量才而行的问题。

五、化解控制中出现问题的方式

1. 完善控制措施

控制实施走入误区，遇到阻力，从很大程度上说明控制措施的设计不完善，需要进一步加以改进。完善控制措施是避免控制走入误区的最根本途径，它的实质是在进行控制措施设计或再设计时就对控制实施中可能遇到的阻力予以考虑。

2. 鼓励成员参与

因为基层人员对自身的工作最了解，而且还因为当一个人真正地参与了筹划计划和制定标准时，他常常会在心理上觉得自己介入了该项工作，因而变得愿意承担责任，或至少对该事情获得更充分的了解和理解。

3. 实行目标管理

避免控制走入误区，减少控制过程中阻力的另外一条途径便是实行目标管理。这种管理方法建立在将组织目标转化为其成员个人目标的管理哲学基础之上，让组织中的管理人员和一线人员亲自参加工作目标的制定，将所制定的目标作为评价个人绩效的标准，成员在工作中实行"自我控制"。

4. 选择适当的控制风格

控制风格的选择取决于四个因素：个人的管理风格、组织的类型、有关绩效的衡量以及下属的参与欲望。

【案例探析】 一碗牛肉面的故事

一小餐馆主要经营牛肉面，为了让生意火爆，老板聘请了个会做拉面的师傅，但在工资上总也谈不拢。开始的时候为了调动他的积极性，按销售量分成，一碗面给他5毛的提成，经过一段时间，他发现客人越多他的收入也越多，这样一来他就在每碗里放超量的牛肉来吸引回头客。一碗面才四块，本来就靠个薄利多销，他每碗多放几片牛肉老板还赚哪门子钱啊！老板感觉这样下去不行，不然钱全被他赚去了！于是就换了种分配方式，给他每月发固定工资，工资给高点也无所谓，这样他不至于多加牛肉了吧？因为客多客少和他的收入没关系。但固定工资后，由于缺乏激励，他在每碗里都少放许多牛肉，把客人都赶走了！这是为什么呢？因为牛肉的分量少，顾客就不满意，回头客就少，生意肯定就清淡，他（大师傅）才不管你赚不赚钱呢，他拿固定的工钱巴不得你天天没客人才清闲呢！餐馆老板陷入了两难困境，其实，解决这个问题可以从以下几个方面思考：

一是激励的问题。工作需要激励，以此提高人员的主观能动性，设计一个激励机制，在定额约束下的销量或利润累积奖励。如在餐馆中，首先应该根据每碗面的顾客可接受效用制订一个材料定额，大师傅的工资还是按照销售量提成，但前提是月度的材料消耗不得偏离定额太多，例如允许波动幅度为20%，否则只有基本工资，或者说每碗面规定需要添加的牛肉克数，一批牛肉的总量是固定的，拉面的卖出量是可以计算的，多少碗面放多少斤牛肉需要有标准。

二是事前控制与事后监督。任何工作除了要有监督、控制，其余的事情都可以通过沟通来解决。如在这种餐馆里，老板与员工每天有大量时间接触，关系是否和谐非常重要。唯有靠小老板良好的个人魅力并善待下属，才会让大师傅内心产生归属感及满足感，积极工作努力为老板创造利润，到那时候牛肉的多少就不成麻烦了。

三是对关键环节的掌控。由于放牛肉的环节对于牛肉面来说是关键环节，如果让老板或老板娘来放牛肉一切问题就都解决了，因为关键的资源一定要掌握在关键的人手里！关键资源才是最重要的。老板掌握了店面的所有权，才可能有大师傅为他打工；老板娘掌握了牛肉的分发权，才有可能防止材料的浪费和滥用。

四是制度化与标准化。如果餐馆对放牛肉的量和对厨师的约束等都有相关标准和制度，对工作程序、定额消耗以及制度规范等都形成了标准化，那么，问题也就解决了。

（资料来源：http：//www. snjob. com/News/2376. html）

六、有效控制的技巧

1. 采用积极而有效的控制艺术

控制是上级主管部门对下级工作的控制。上级在下级心目中的形象、工作能力等直接影响到下级对控制的态度与看法，因而必须注意控制艺术。

2. 不带偏见的控制态度与做法

在控制过程中，一定要坚持客观公平而不能带有偏见。

3. 利用人际关系实施控制

在企业的诸多人际关系中，有一些由于感情、偏好、亲戚、同学与战友等自发形成的良好关系。因此，要实施有效控制就要注意利用这种关系。

4. 运用实情控制

实情控制是指任何具体的纠正行动都应是根据某个环境中的事实提出来的，而不应是根据来自某一管理人员的压力提出的。在正常的情况下，实情控制的目的并不是希望人人用尽全力工作，相反，控制压力要视具体情况而定。

5. 建立组织文化

建立以共有价值观为核心的组织文化是实现自我控制的有效方法。

本章小结

1. 控制，就是指为了实现组织的目标，由管理者按照计划标准来衡量所取得的成果并纠正所发生的偏差，以确保计划目标的实现的管理活动过程。

2. 在现代的管理活动中，控制工作必须达到两个目的：维持现状，打破现状。

3. 经常产生的可迅速地、直接地影响组织日常经营活动的是“急性问题”；长期存在会影响组织素质的是“慢性问题”。解决急性问题，多是为了维持现状。而要打破现状，就须解决慢性问题。

4. 控制的基本过程：确立标准；衡量成效；纠正偏差。

5. 有效控制的基本原则：控制标准要客观；灵活性的原则；及时性的原则；突出重点，强调例外的原则；控制趋势的原则。

6. 预算是一种以货币和数量表示的计划，是关于为完成组织目标和计划所需资金的来源和用途的一项书面说明。它可以控制各项活动的展开，并为工作效果评价提供检验标准。

7. 生产控制：对供应商的控制；库存控制；质量控制。

8. 审计是对反映企业资金运动过程及其结果的会计记录及财务报表进行审核、鉴定，以判断其真实性和可靠性，从而为控制和决策提供依据。

9. 控制过程的主要问题：控制过度；侧重点不恰当；鼓励低效率；被控者责任过重。

10. 有效控制的技巧：采用积极而有效的控制艺术；不带偏见的控制态度与做法；利用人际关系实施控制；运用实情控制；建立强组织文化。

课后自测

一、单项选择题（在下列各小题中，选择一个最合适的答案）

1. 控制最基本的目的在于（　）。

A. 寻找错误　　B. 衡量业绩

C. 确保行为依循计划发展　　D. 使人们失去自由

2. 统计分析表明，“关键的事总是少数，一般的事常是多数”，这意味着控制工作应该：（　）。

A. 突出重点，强调例外

B. 灵活、及时和适度

C. 客观、精确和具体

D. 协调计划和组织工作

3. 下列控制中，属于过程控制的是（　）。

A. 原料检查

B. 管理部门制定的规章制度

C. 驾驶员在行驶中根据路况随时调整方向和速度

D. 人才招聘时拟订对应聘者的要求

4. 唐太宗即位之初，依据德才兼备和当时官员的职责制定了选拔和考核官员的严格标准，即“四善”“二十七最”“九等”，从控制的角度讲，这是（　）。

A. 事后控制

B. 过程控制

C. 事前控制

D. 综合控制

5. 在计划实施过程中，大量的管理控制工作，尤其是基层的管理控制工作属于（　）。

A. 前馈控制

B. 反馈控制

C. 现场控制

D. 计划控制

二、多项选择题（下列各题中正确的答案不少于两个，请准确选出全部正确的答案）

1. 根据时机、对象和目的的不同，可以将控制划分为（　）。

A. 前馈控制

B. 同期控制

C. 条件控制

D. 反馈控制

2. 有效控制的特征包括（　）。

A. 适时控制

B. 适度控制

C. 客观控制

D. 弹性控制

3. 控制的基本过程是（　）。

A. 确定标准

B. 改变标准

C. 衡量业绩

D. 纠正偏差

4. 适度控制应该注意的问题有（　）。

A. 防止控制过多或控制不足

B. 使控制具有灵活性

C. 处理好全面控制和重点控制的关系

D. 使花费一定费用的控制得到足够的控制收益

5. 财务比率最常用的有（　）。

A. 流动比率

B. 速动比率

C. 负债比率

D. 赢利比率

三、简答题

1. 控制的过程有哪些？

2. 如何进行有效控制？

3. 简述鉴定偏差和矫正措施的过程，如何选择适当的矫正措施？

四、思考题

1. 为什么说无论是正偏差还是负偏差都要引起管理者的重视？

2. 如何理解预算作为控制手段时的不足？

3. 结合实际，谈谈在实施控制过程中，要消除偏差可能会遭遇什么样的阻碍？

案例分析

查克停车公司

如果你在好莱坞或贝弗利山举办一个晚会，肯定会有这样一些名人来参加，如尼科尔森、麦当娜、克鲁斯、切尔、查克·皮克。“查克·皮克？”“当然！”没有停车服务员你不可能开一个晚会，在南加州停车行业内响当当的名字就是查克·皮克。查克停车公司中的雇员有 100 多人，其中大部分是兼职的，每周他至少为几十个晚会办理停车业务。在一个最忙的周六晚上，可能要同时为 6～7 个晚会提供停车服务，每一个晚会可能需要 3～15 位服务员。

查克停车公司是一家小企业，但每年的营业额差不多有 100 万美元。其业务包含两项内容：一项是为晚会料理停车；另一项是不断地在一个乡村俱乐部办理停车经营特许权合同。这个乡村俱乐部要求有 2～3 个服务员，每周 7 天都是这样。但是查克的主要业务来自私人晚会。他每天的工作就是拜访那些富人或名人的家，评价道路和停车设施，并告诉他们需要多少个服务员来处理停车的问题。一个小型的晚会可能只要 3～4 个服务员，花费大约 400 美元。然而一个特别大型的晚会的停车费用可能高达 2000 美元。

尽管私人晚会和乡村俱乐部的合同都涉及停车业务，但它们为查克提供的收费方式却很不相同。私人晚会是以当时出价的方式进行的。查克首先估计大约需要多少服务员为晚会服务，然后按每人每小时多少钱给出一个总价格。如果顾客愿意“买”他的服务，查克就会在晚会结束后寄出一份账单。在乡村俱乐部，查克根据合同规定，每月要付给俱乐部一定数量的租金来换取停车场的经营权。他收入的唯一来源是服务员为顾客服务所获得的小费。因此，在私人晚会服务时，他绝对禁止服务员收取小费，而在俱乐部服务时小费是他唯一的收入来源。

思考题：

1. 你是否认为查克的控制问题在两种场合下是不同的？如查克确实如此，为什么？

2. 在前馈、反馈和现场控制三种类型中，查克应采取哪一种手段对乡村俱乐部业务进行控制？对私人晚会停车业务，又适宜采取何种控制手段？

（资料来源：http：//www. docin. com/p－97985034. html）

项目训练

实训项目　管理控制

一、实训目标

理解控制的重要性

二、实训内容与要求

周三下午是某系部例行办公会议时间。每次会议从下午3点开始，讨论和处理近期需要做的工作，对一些需要作出决策的问题形成决议。每次会议的议题数量平均在3~5个。开始，会议要开到很晚，到6点钟才会结束。后来，系主任要求确定议题数量并排序，结果会议还是开到很晚。再后来，系主任规定例会必须在5点前结束，结果排在前面的议题讨论占用了很多时间，后面的议题没有时间处理，赶上议题紧迫，便无奈又得延长时间。再后来，一些与会者故意把上的课程挪到周三晚上，到点回家吃饭上课，会议可以按时结束了，但许多事情被迫推迟到下周或增加会议次数。

如何很好地解决这一问题？请讨论后提出有效的控制措施。

三、实训成果与检测

根据书面作业评定成绩。

参考文献

［1］王凤彬，李东．管理学［M］．北京：中国人民大学出版社，2016.
［2］邢以群．管理学［M］．杭州：浙江大学出版社，2016.
［3］方振邦．管理学基础［M］．北京：中国人民大学出版社，2015.
［4］兰炜．管理学基础［M］．北京：清华大学出版社，2015.
［5］许天舒，梁玉芬．管理学原理实用教程［M］．北京：中国市场出版社，2014.
［6］张小红．管理学［M］．北京：清华大学出版社，2014.
［7］姜杰．管理思想史［M］．北京：北京大学出版社，2014.
［8］董蓉．管理学［M］．成都：电子科技大学出版社，2013.
［9］阮文彪．管理学原理［M］．北京：中国农业大学出版社，2013.
［10］胡建宏，刘雪梅．管理学原理与实务［M］．北京：清华大学出版社，2013.
［11］卫武．管理学［M］．北京：清华大学出版社，2013.
［12］龚荒．管理学——原理、方法、实训［M］．北京：机械工业出版社，2013.
［13］潘连柏，伍娜．管理学原理［M］．北京：人民邮电出版社，2013.
［14］李德刚．管理学原理［M］．北京：中国铁道出版社，2012.
［15］陈石清．管理学［M］．北京：北京交通大学出版社，2012.
［16］孙在福，殷启鹏．管理学基础［M］．北京：北京交通大学出版社，2012.
［17］江卫华．管理学项目化教程［M］．北京：北京交通大学出版社，2012.
［18］丁苹，孙蔚闻．管理学原理与实务［M］．北京：北京交通大学出版社，2012.
［19］陈千诰，徐伟．管理技巧与实务［M］．北京：北京交通大学出版社，2012.
［20］余敬，刁凤琴．管理学案例精析［M］．北京：中国地质大学出版社，2011.
［21］邢以群．管理学［M］．杭州：浙江大学出版社，2011.
［22］周三多．管理学［M］．北京：高等教育出版社，2010.
［23］黄大勇．管理学［M］．重庆：重庆大学出版社，2010.
［24］李鹏，高建军．管理学［M］．北京：中国商务出版社，2010.